개정

교육의 역사와 철학의 탐구

이주한

창지사

개정판을 내면서

이 책이 출판된 지 벌써 10년이 지났다. 한국교육사와 서양교육사는 통사적 관점에서 접근하면서 각 시대의 배경과 교육적 특징을 서술하고자 하였다. 교육철학은 교육의 본질에 대해 진지한 성찰을 시도하고 교육실제에 크게 영향을 미친 전통적 교육철학과 현대적 교육철학 중에서 대표적인 것들을 모아 기술하였다.

지난 10년간 이 책은 독자들로부터 분에 넘치는 사랑을 받아 왔다. 거의 매 학기 추가인쇄를 할 수 있었던 것은 순전히 독자의 관심과 애정 때문이다. 그간 책의 내용 및 표현과 관련하여 독자들의 애정 어린 지적과 조언도 많이 받았다. 추가인쇄할 때마다 그릇된 내용과 표현을 바로 잡으려고 노력했지만, 찬찬히 들여다볼 때마다 오류가 적지 않게 발견된다. 그리하여 이번에 독자들의 지적과 조언에 기초하여 잘못된 부분을 수정하고, 필요한 내용을 추가로 보완하여 개정판을 펴낸다.

우선 한국교육사에서는 원시사회, 삼국사회, 고려사회의 교육을 하나의 장으로, 서양교육사에서는 고대 그리스와 로마사회, 중세사회의 교육을 하나의 장으로 각각 통합하고, 필요에 따라 내용도 수정하였다. 교육철학 부분에서는 생태주의 교육철학을 추가하여 교육철학의 최근 경향을 반영하고자 하였다.

개정판을 내면서 이 책을 읽는 독자들에게 귀띔해 드릴 것이 하나 있다. 이 책은 수험용 도서가 아니다. 오히려 교육사와 교육철학에 대한 연구서에 가깝다. 그렇기 때문에 이 책은 핵심적인 내용만 요약하여 제시하는 방식으로 집필되어 있지 않다. 따라서 눈으로 대충 훑어보거나 특정한 부분만 따로 떼어 공부하는 방식으로는 이 책의 내용을 이해하기 쉽지 않다. 교육사든 교육철학이든 논리적 흐름에 따라 시종 차근차근 정독해 주시길 당부드린다. 이 책을 가장 잘 이해할 수 있는 방법은 정독이다.

그리고 맨 뒤 저자소개란에 저자의 전자우편 주소를 수록해 두었다. 이 책에서 잘못된 점이나 의문 나는 사항, 보완해야 할 내용에 대해 언제든 저자에게 질문, 조언해 주시면 성심껏 답변하고 반영하도록 할 것을 약속드린다. 많이 부족한 책이지만 독자 여러분의 지속적인 관심과 질정(叱正)을 부탁드린다.

어려운 여건에서도 개정판을 출판해 주신 창지사 관계자 여러분께 감사드린다. 특히, 저자의 게으름 탓에 늦은 원고를 편집하느라 고생하신 편집부 여러분께 마음으로부터 고마움을 전한다.

2017년 1월

저자 씀

목차

PART 02. 서양교육사

PART 03. 교육철학

PART. 01

한국교육사

History of Korean Education

CHAPTER

01 교육사란 무엇인가

01 교육사의 의미와 공부의 필요성

▶ 역사의 의미

일찍이 중국에서는 역사를 일컬어 '춘추(春秋)'라 했고, 우리나라에서는 '통감(通鑑)'이라 하였다. "의문 나는 것은 의문 나는 대로 전하고, 진실한 것은 진실한 대로 전하는 것이 바로 춘추의 법"이라는 말처럼, 춘추란 사실을 있는 그대로 정확하게 기록한다는 의미이다. 즉, 사건에 대한 사실적이고 객관적인 기록이 곧 춘추라는 개념 속에 담겨 있는 역사의 의미이다. 이에 비해 통감이란 어떤 사실을 거울을 통해 비추어 본다는 뜻이다. 이때 사실은 과거를 지칭하는 말이요, 거울은 다름 아닌 현재를 지칭하는 말이다. 이렇게 보면 과거의 사건을 현재라는 거울을 통해 해석하는 것이 곧 통감이라는 말 속에 담겨 있는 역사의 의미이다. 결국, 역사란 과거의 사실 그 자체에 대한 기록이면서, 그 사실을 현재라는 기준에 입각해서 새롭게 해석하는 행위라 할 수 있다. 역사란 "역사가와 사실과의 부단한 상호작용의 과정이요 현재와 과거의 끊임없는 대화"라는 카(E. H. Carr, 1892~1982)의 정의, 역사학은 "사회인으로서 활동하는 인간의 공간적 · 시간적 발전 사실의 인과관계를 연구하는 학문"이라는 베른하임(E. Bernheim, 1850~1942)의 정의, 그리고 "인류사회의 아(我)와 비아(非我)의 투쟁이 시간부터 발전하여 공간부터 확대하는 정신적 활동의 상태의 기록"이라는 신채호(申采浩, 1880~1936)의 정의 역시 모두 역사의 이런 의미를 진술한 표현들이다.

역사 연구의 필요성 ◀

그렇다면 우리가 역사에 관심을 갖고 그것을 심혈을 기울여 연구하는 이유는 어디에 있는가? 그것은 바로 현재와 미래에 있다. 인간은 다름 아닌 사회적 동물이므로 현재 우리가 발을 붙이고 살아가는 이 사회가 도대체 어떤 사회이고 앞으로 어떻게 변해갈 것인지는 우리의 삶에 매우 큰 영향을 준다. 따라서 현재와 미래를 과학적으로 이해하고 예측하는 일은 보다 바람직한 삶을 영위하기 위해 필수불가결한 일이다. 그런데 현재와 미래가 과거의 산물이라는 점에서 과거는 현재와 미래가 성장해 온 과정이요 경로이다. 따라서 과거에 대한 탐구는 현재와 미래에 대한 과학적 이해와 예측에 중요한 단서와 자료를 제공해 준다. 이처럼 우리가 역사를 연구해야 하는 근본적인 이유는 현재와 미래에 대한 관심 때문이요, 현재와 미래에 터한 우리의 삶을 더 이상적으로 영위하려는 소망 때문이다.

교육사의 의미 ◀

교육의 역사인 교육사는 과거의 교육현상에 대한 객관적 기술임과 동시에 재해석이다. 그런데 교육이란 학교라는 일정한 공간에서 형식적으로 이루어지는 계획적 활동만을 의미하지 않는다. 교육이라는 인간 고유의 활동은 본래 우리의 일상생활 모든 영역에 걸쳐 있다. 즉, 인간의 모든 삶이 교육에 직·간접적으로 연관되어 있으며, 이런 의미에서 교육은 삶의 과정 그 자체이고 인간형성과 사회개조를 위한 모든 과정이 곧 교육의 과정이다. 한마디로 말해 교육이란 근본적으로 인간과 사회의 형성 작용인 것이다. 인간과 사회의 형성 작용으로서의 교육의 역사를 연구하는 이유는, 역사 연구의 이유와 마찬가지로, 그것이 현재의 교육문제를 보다 올바르게 이해하고 교육의 미래를 보다 과학적으로 준비하기 위한 자료를 우리에게 제공해 줄 수 있기 때문이다. 특히, 교육의 변화가 빠르고 그 양상이 매우 다양하여 혼란과 무질서가 심화될수록 과거의 교육에 대한 관심을 갖고 연구해야 할 필요성은 더욱 커진다. 왜냐하면, 혼란과 무질서를 바로잡고 교육을 정치시킬 수 있는 지혜를 과거의 교육에서 얻을 수 있기 때문이다. 이와 관련하여 한기언(2004)은 교육사 연구의 목적을 다음과 같이 제시하고 있다.

교육사 연구의 목적 ◀

첫째, 우리가 교육사를 연구하는 까닭은 교육적 예지(叡智)를 얻기 위해서이다. 교육사는 인류가 오랜 세월에 걸쳐 겪어 온 교육경험 및 사상을 역사적 관점으로 정리한 교육적 예지의 집성체이다. 인류가 수많은 시행착오를 통해 축적해 놓은 삶의 경험과 교육 경험을 매개로 하여 과거와 현재 그리고 현재와 미래와의 대화가 가능하다. 그런 대화를 통하여 현재의 교육문제를 해결하고, 미래를 조망할 수 있는 지혜를 얻게 된다.

둘째, 우리가 교육사를 연구하는 또 다른 이유는 교육현실에 대한 본질적 이해를 위해서이다. 현실이란 언제나 역사적 현실이다. 현재는 다른 시대와 무관한 독립적 시점이 아니다. 자세히 관찰해 보면 수많은 교육문제 중 그 어느 하나도 오늘에 와서 갑자기 발생하는 것이 아니라, 과거의 어떤 원인에 의해 발생한 것임을 발견할 수 있다. 한 인간의 품성이 어느 날 갑자기 형성된 것이 아니라 그가 출생하고 성장해 온 오랜 과정에서 형성된 것이듯, 현재의 교육문제 역시 그 교육의 과거 성장과정으로부터 기인하는 것이다. 따라서 과거와 단절된 채 현재의 교육만을 보고자 할 때는 문제의 본질을 정확하게 파악할 수 없다.

셋째, 현대문화에 대한 비판과 미래사회의 발전을 위한 지남(指南)을 얻기 위해서이다. 교육은 그 성격상 현실에 만족하지 않고 더 나은 이상향을 끝없이 추구하는 미래지향적 활동이다. 따라서 교육은 항상 현대문화에 대한 비판과 미래사회의 교육적 발전을 위한 기준과 준거를 마련하는 일에 많은 주의를 기울여야 한다. 교육사는 그 기준과 준거를 마련하기 위한 자료를 과거의 교육적 사건과 사실로부터 발견하여 활용하고자 하는 학문이다.

02 교육사의 연구영역과 방법

앞에서 말했듯이 교육은 인간 및 사회의 형성활동이다. 따라서 넓게 볼 때 인간의 삶과 연관된 모든 사실과 사상은 교육적 의미를 함축한 교육현상이며, 그렇기 때문에 교육학 연구의 대상이 될 수 있다. 이렇게 보면 교육현상에 대한 역사적 연구로서의 교육사의 범위와 방법은 매우 넓고 다양하다.

▶ 교육사의 연구영역

먼저 교육사의 연구영역은 지역을 기준으로 하면 한국교육사, 동양교육사, 서양교육사 등이 있다. 시대를 기준으로 하면 고대교육사, 중세교육사, 근대교육사, 현대교육사 등이 있다. 그리고 분야를 기준으로 하면 교육문화사, 교육사상사, 교육학사, 교육문제사 등이 있다. 교육사의 연구영역을 한기언(1987)의 분류에 따라 제시하면 다음과 같다.

첫째, 문화사이다. 이것은 교육사의 기본 형태로 교육사가 독립된 학문 영역으로 분화되기 이전의 문화사 일반은 곧 교육사라고 보기 때문이다. 이는 교육사를 문화사와 같은 맥락에서 파악하려는 입장이다.

둘째, 교육제도사이다. 이는 일반적으로 형식교육을 규정하는 모든 규정과 법제 및 학교제도, 교원양성제도, 교육행정제도 등을 대상으로 하는 교육사 서술이다.

셋째, 교육사상사이다. 교육사상의 흐름을 교육사상가 중심으로 혹은 사조의 흐름을 중심으로 서술한 것이다.

넷째, 교육학사이다. 이는 교육학의 학문적 연구사이다. 연구의 중심 주제와 경향 및 성과가 어떻게 변천되었는가를 연구하는 것이다.

다섯째, 교육문제사이다. 이는 교육목적, 교수방법, 교육과정, 초등교육, 중등교육, 고등교육, 교사교육 등 다양한 교육문제를 주제별로 서술한 것이다.

교육사 연구방법 ◀

교육사의 연구방법에서도 기준에 따라 다양한 방식으로 분류할 수 있다. 예를 들어, 시간적 차원에서 통사적 접근방법과 특정 시대사적 접근방법, 공간적 차원에서 세계사적 접근방법과 지역사적 접근방법, 사회성의 차원에서 사회사적 접근방법과 인문사적 접근방법, 비교성의 차원에서 개별사적 접근방법과 비교사적 접근방법 등으로 분류할 수 있다. 그러나 교육사 연구 대부분은 특정한 연구방법만을 고수하기보다는 다양한 연구방법을 혼용한다. 또한, 연구방법은 고정되어 있기보다는 시대와 상황에 따라 지속적으로 변화된다. 말하자면, 시대상황의 요청에 따라 새로운 연구방법론이 생겨나기도 하고 과거에 지배적이던 것이 사라지기도 한다.

CHAPTER 02

고려시대 이전의 교육

01 원시사회의 교육

1) 시대적 배경

인류는 매우 오랫동안 채취 및 수렵생활을 하다가 비로소 한곳에 정착하여 생활하기 시작하였다. 이 정착생활은 과거에 비해 복잡한 사회적 관계를 발생시켰다. 정착생활은 씨족이나 부족과 같은 집단을 중심으로 이루어졌는데, 많은 사람이 모여 사는 과정에서 잦은 갈등과 대립이 발생했기 때문이다. 갈등과 대립은 비단 한 집단 내부에서만 아니라 이웃한 집단 간에도 발생하였다. 인구가 증가함에 따라 생존에 유리한 환경이 요구되었기 때문이다. 그리하여 이웃한 집단 간에 크고 작은 다툼이 빈번하게 발생하고, 강력한 힘을 가진 집단은 약한 집단을 통합 · 복속하여 더 큰 집단으로 발전하였다. 그런 과정이 거듭되면서 소규모의 여러 씨족집단이 모여 하나의 부족이 되고 다시 여러 부족이 모여 하나의 부족국가가 되었으며, 나아가 부족국가의 규모가 더 확대되고 조직도 정교해지면서 바야흐로 고대국가 사회가 형성되었다.

2) 원시사회의 교육적 특징

일반적으로 교육활동은 인류의 출발과 함께 시작되었다고 할 수 있다. 교육은 문화가 문자의 형태로 기록 · 보존되기 전부터 인간의 삶을 가능하게 하는 필수적 생활양식이었다. 원시사회의 인간은 있는 그대로의 자연환경에 순응하며 생존에 필요한 단순한 활동들을 부모나 성인들로부터 무의식적으로 모방하였다. 비록 조직적인 교육은 아니었지만, 수렵과 채취, 의복, 주거, 농사, 도구제작 등과 같이 생존이나 생활에 필요한 중요한 지식과 기술을 무의식적 모방을 통해 자연스럽게 터득했을 것이다. 또한, 맹수나 외적의 침입을 대비하여 전투기술을 습득했을 것이고, 애니미즘(animism), 토테미즘(totemism), 샤머니즘(shamanism) 등과 같은 무속적 신앙생활을 통해 자연에 대한 두려움을 극복하고 개인과 집단의 안녕을 꾀하는 방법을 은연중 익히기도 했을 것이다.

이처럼 원시사회의 교육은 성인 활동에 직접 참여하고 그들을 모방하면서 생존에 필요한 기술과 기능을 습득하는 실제적 교육이었다. 모든 연장자가 교사였을 것이고, 모든 생활의 장이 학교였을 것이다. 그리고 생활에 필요한 것이라면 모든 것이 교육내용이었을 것이다. 이 무의식적 모방은 인류의 점진적 발전과정을 통해 점차 의식적 모방의 단계를 거쳐 집단의 안녕과 단결을 위한 의식적·계획적 교육으로 발전하였고, 결국 더욱 체계적이고 조직적인 형식교육이 형성되었다.

원시사회 교육의 단계 ◀

원시사회 교육의 이런 발전과정을 중국의 교육사학자 유병려(劉炳黎)는 자연학습, 유희모방, 자연지식의 획득 등과 같은 모방과 참여의 단계, 생산훈련, 신체 및 군사훈련, 도덕훈련 등과 같은 훈련의 단계, 그리고 입사식, 관례, 할례 등과 같은 성년식 단계로 설명하였다(임시선, 1989 : 29-31).

성년식 ◀

특히, 성년식은 교육사적으로 중요한 의미를 갖는 교육활동이었다. 어느 집단이든 그 집단이 안정적으로 유지·존속되려면 새로운 구성원이 충원되어야 한다. 그리고 그 새로운 구성원들은 그 집단의 질서, 윤리, 규칙, 관습 등을 내면화해야 한다. 성년식은 새로운 구성원에게 집단의 여러 규칙과 관습, 태도를 갖추게 하려는 의도와 계획 속에서 특별한 과업을 부과하고 그것을 성공적으로 수행하도록 요구하는 일종의 종교적·사회적 의식이다. 집단이 위기에 당면해서 그때마다 집단 전원이 단결할 필요가 생기고, 단결해서 위기를 넘김에 따라 집단의 공동의식이 강하게 생기고, 나아가 하나의 신앙으로 뭉치고, 한 사람의 영웅을 선조로 모시게 되었을 것이다. 위기와 고난은 신앙을 낳고, 마술을 낳고, 타부나 토템을 낳았을 것이다. 그리고 이런 것들을 차세대 구성원들에게 진지하고 엄숙하게 전달할 필요가 대두되었을 것이다. 이렇게 해서 서서히 차세대 구성원들을 훈련시키기 위한 성년식이라는 교육방식이 정형화되었을 것이다(우메네 사토루, 1994:43).

성년식의 몇 가지 예를 소개하면, 남서태평양의 섬나라 바누아투(Vanuatu)의 펜테코스트(Pentecost) 주민들은 약 30m 정도의 나무 탑 위에 올라간 뒤 칡의 일종인 번지(bungee)라는 열대덩굴로 엮어 만든 긴 줄을 다리에 묶고 뛰어내리는 성년의식을 거행하였다. 이는 그 부족이 중히 여기는 남성으로서의 담력을 테스트하는 의식이었다. 오늘날의 번지점프는 이 성년식에서 유래되었다고 한다.

또한, 아마존(Amazon) 강 유역의 티구나(Tiguna) 족은 부족 소녀들을 대상으로 성년식을 거행하였다. 이 부족의 소녀들은 초경이 시작되면 1년 동안 남성의 출입이 금지된 헛간에서 생활하면서 어머니로부터 집안일은 물론 여자로서 알아야 할 모든 것을 교육받는다. 그리고 1년이 지나면 소녀는 '위토'라는 열매즙으로 검게 칠하고 깃털로 장식한 관을 쓰고 밖으로 나오는데, 헛간 앞에서는 친척들과 마을 사람들이 소녀를 반갑게 맞는다. 이때부터 본격적인 성년식이 시작되는데, 소녀는 머리카락이 모두 뜯겨져야만 하는 엄청난 고통을 감내해야 한다. 처음에는 친척들이 차례로 소녀의 머리카락을 뽑고 나중엔 마을 여자들이 돌아가며 머리카락을 전부 뽑아버린다. 이 과정이 끝나면 사흘 동안 성년을 축하하는 성대한 잔치가 이어지는데 잔치가 끝나면 소녀는 부족 남자들의 손에 이끌려 아마존 강에 가서 목욕을 하고 다시 집으로 돌아옴으로써 성년의식이 끝나게 된다. 이 외에도 원시사회에는 집단의 특성에 따라 매우 다양한 형태의 성년식이 존재했었다.[1)]

---

1) 참고로 『삼국지(三國志)』 권30 위서(魏書) 동이전조(東夷傳條)에 삼한시대의 풍습과 관련된 이런 기록이 있다. "나라에서 성곽을 쌓을 때 장정들이 필요하여 젊고 용감한 청년들을 모아, 등가죽에 구멍을 내어 새끼줄을 관통하였다. 또한, 그 줄에 큰 나무를 매달아 하루 종일 환호하며 힘을 써도 아프다고 하지 않으면 건장하다고 하였다."(其國中有所爲, 及官家使策城郭, 諸年少勇健者, 皆鑿脊皮, 以大繩貫之, 又以丈許木鍤之, 通日嚾呼作力, 不以爲痛, 旣以勸作, 且以爲健). 『후한서』 권85 동이열전(東夷列傳) 75조에도 이와 유사한 내용이 있다. 그런데 이 기록을 성년식을 묘사한 것이라고 해석하는 경우가 많다. 우메네 사토루는 "이것은 한족에 있었던 성년식 훈련행사인데 무척 고행이 따랐던 것으로 생각된다."라고 해석하고, 그 전

성년식의 가치 ◀

성년식은 첫째, 도덕적 가치를 지니고 있었다. 즉, 여러 가지 참기 어려운 일을 당함으로써 고통이나 배고픔 등을 견디고 이겨낼 줄 아는 능력을 기르고 어른에 대한 복종과 존경심을 배워 나갔다.

둘째, 종교적 가치를 갖고 있었다. 공동으로 숭배하는 토템을 매개로, 그 토템에 대한 집단적 신앙행위를 통해 부족의 역사와 전통, 정치, 사회질서 · 신앙 등을 배워 나갔다.

셋째, 실제적 가치를 갖고 있었다. 성인사회에 새로 가입하는 젊은이들은 동물을 잡는 방법, 불을 피우는 기술, 식사를 마련하는 요령, 집을 짓는 기술, 그 외에 실제 생활에 필요한 기술이나 지식 등을 배워 나갔다(서울대학교 교육연구소, 1997:30).

결론적으로 성년식은 교육사적으로 최초의 계획적 · 의도적 · 의무적 교육활동이라는 성격을 갖는다. 즉, 집단 성원 각자가 개인적 차원의 생존을 위해 일상의 생산활동에 종사하는 일 외에 집단적 차원의 생존과 번영을 위해 집단 공동의 기술과 능력, 태도, 신념 등을 공유할 필요가 있을 때, 자녀를 부모로부터 빼앗아 부족 혹은 국가의 권력 하에서 그것을 강제로 교육하고자 했던 것이다. 이 성년식은 기본적으로 시험과 훈련이라는 두 가지 기능을 수행하였다. 말하자면, 성인사회로의 진입에 필요한 생산능력, 전투능력, 질서유지능력 등에 대한 시험임과 동시에 그 자체가 그런 능력과 용기 그리고 태도를 길러주기 위한 훈련과정이기도 하였다.

거로 三品彰英의 『朝鮮古代研究』를 제시하고 있다(우메네 사토루, 1994:31 참조). 국내 한국교육사 관련 여러 문헌에서도 이 장면을 성년식으로 소개하고 있다. 그러나 상식적으로 볼 때 성곽을 쌓는데 나무꼬챙이로 등가죽을 꿰뚫는 것도 이해하기 어렵거니와, 그 상태에서 환호성을 지른다는 것 역시 납득하기 어렵다. 따라서 이는 성년식이 아니라, 성곽을 쌓을 때 여러 젊은이가 지게를 지고 흥겹게 노동요를 부르며 일하고 있는 장면으로 해석하는 것이 더 타당한 것으로 보인다. 아마 지게문화가 발달하지 못한 중국인들의 눈에 지게를 진 모습이 마치 등가죽을 나무꼬챙이로 꿰뚫어 놓은 것처럼 보였던 것 같다(이병도, 1987:291-292 참조).

3) 고조선의 단군신화와 교육

▶ 단군신화

청동기문화와 철기문화가 발달하면서 한반도에 여러 부족사회가 형성되었는데 그 최초의 사회가 고조선이다. 고조선의 성립과 관련하여 우리나라 건국신화인 단군신화가 형성되었다. 모든 나라의 건국신화는 그 민족 특유의 사유와 생활양식을 반영하고 있을 뿐만 아니라 역사의 발전과정에서 민족공동체의 의식을 하나로 통일하는 구심 역할을 한다. 단군신화도 예외가 아니다. 즉, 단군신화는 당시 우리 민족의 생활상과 의식을 잘 반영하고 있을 뿐만 아니라 우리 민족이 성장하고 발전하는 데 마치 바퀴의 중심축과 같은 역할을 수행해 왔다.

『삼국유사』에 기록된 단군신화의 내용을 간략하게 간추리면 다음과 같다.

> 환인(桓因)의 아들 환웅(桓雄)이 인간 세상에 뜻을 두고 그리워하여 널리 인간을 이롭게(弘益人間) 할 목적으로 농경생활에 밀접한 관련이 있는 바람, 비, 구름을 주관하는 신하들을 거느리고 태백산 꼭대기 신단수(神檀樹) 밑에 내려와 신시(神市)를 열고 곡식, 생명, 질병, 형벌, 선악 등 인간의 360가지 일을 주관하며 인간 세계를 다스려 교화시켰다(在世理化). 그러던 중 곰과 범이 사람이 되기를 청하였으나 백일동안 햇빛을 보지 않고 쑥과 마늘만으로 연명한 곰만이 사람으로 변하게 되었다. 환웅은 여자가 된 곰과 혼인하여 아들을 낳으니 이가 바로 단군왕검이다. 왕검은 왕위에 오른 지 오십 년인 경인년에 평양성에 도읍을 정하고 조선이라 불렀다(『三國遺事』, 卷第一紀異第一).

▶ 단군신화의 교육적 의미

비록 짧은 기록이기는 하지만 단군신화 속에는 다음과 같은 여러 교육적 의미가 함축되어 있다(박의수 외, 2004 : 27).

첫째, 천신의 아들인 환웅과 웅녀의 결합은 하늘과 땅의 만남, 즉 천지(天地)의 화합 혹은 음양의 조화를 의미한다.

둘째, 환웅이 인간세상을 그리워하고 다스리기를 희망했다는 것은 현세지향적 세계관을 반영한다. 즉, 인간세상을 매우 소망스럽게 생각하였다.

셋째, 곰을 승자로 선택한 것은 적극적이고 외향적이며 정복자적인 인간상보다는 극기·인내하고 은인자중(隱忍自重)하는 성자적 인간상을 지향하고 있다.

넷째, 널리 인간세상을 이롭게 한다는 홍익인간의 가치관, 즉 소아(小我)보다 대아(大我)를 존중하는 정신을 반영하고 있다. 이 홍익인간의 이념은 인간존중의 정신으로 면면히 계승되었고, 정부 수립과 더불어 제정된 교육법에도 반영되어 우리 교육의 이념과 목적으로 명문화되어 있다.

또한, 고조선 당시의 풍속과 생활상을 엿볼 수 있는 것으로 팔조금법(八條禁法)이 있다. 그중 3개조만 『한서(漢書)』에 전해지고 있는데, ① 살인한 자는 사형에 처한다, ② 상해를 입힌 자는 곡물로 배상한다, ③ 도둑질한 자는 그 집의 노예가 되며 속죄하고자 하면 오십만 전을 내야 한다[2]가 그것이다. 팔조금법은 점차 봉건사회의 기반이 형성되고 가족제도가 성립됨에 따라 도덕과 예의를 중시하고 미풍양속을 기르기 위한 고조선 고유의 관습법인 동시에 만민교화를 위한 민중교화법이라 할 수 있다. 모든 법제가 그 시대의 가치 판단을 기초로 한다는 사실을 고려할 때 팔조금법은 고조선시대의 도덕교육과 사회교육의 실천적 지침으로 작용했을 것이라는 점에서 그 교육적 의의가 적지 않다.

02 삼국시대의 교육

1) 시대적 배경

한반도에는 고조선 외에도 부여, 옥저, 고구려, 마한, 진한, 변한 등 여러 부족연맹사회가 서서히 성립·성장하고 있었다. 이 중 한반도 북방 지역에서는 고구려가, 한강 이남 지역에서는 백제와 신라가 한(漢) 4군을 몰아내고 주변 부족국가를 통합하는 한편 내부 결속을 공고히 하면서 체제상 고대국가의 면모를 갖추는 데 성공하였다. 그리하여 고구려, 백제, 신라는 서로 견제하고 대립하는 가운데 삼국의 구도를 형성하였다. 삼국시대란 넓게 보면 고구려가 건국된 기원전 37년부터 신라가 삼국을 통일한 676년까지를 일컫지만, 좁게 보면 삼국이 국가체제를 완전히 정립하고 서

2) 相殺以當時相殺 相傷以穀傷 相盜男沒入爲其家奴 女子爲婢 欲自贖者人五十萬

로 대립하던 대략 4세기경부터 7세기경까지를 말한다.

삼국시대는 정치적 측면에서 강력한 왕권을 정점으로 하는 중앙집권적·관료적 정치체제와 엄격한 계급제도를 기반으로 하는 사회였다. 따라서 사회적 권리와 특혜는 거의 소수의 지배계급에 의해 독점되었다. 예를 들면, 학교교육은 지배계급을 위한 귀족교육에 집중되었고 상대적으로 일반 서민을 위한 학교교육은 실시되지 않는 등 봉건사회의 특성이 그대로 드러났다.

사상·문화적 측면에서는 불교와 유교가 유입되었다. 불교와 유교는 전통적 무속신앙 및 낭가사상과 결합되어 정치, 종교, 신앙, 교육 등 우리 민족의 제도와 의식의 발달에 큰 영향을 미쳤다. 특히, 우리나라의 역사 발전과정에서 불교는 국가의 사상적 통일과 서민들의 종교생활, 그리고 비형식 교육에 크게 기여하였고, 유교는 근대화 이전까지 국가의 공식적 통치이념으로 관리 양성과 학교교육의 목적 및 내용에 결정적 영향을 미쳤다.

교육적 측면에서 우리나라 최초로 형식적 교육기관인 학교교육이 도입되었는데 앞서 말한 것처럼 주로 지배계층을 위한 것으로서, 유교의 영향을 받아 국가에서 필요로 하는 관리를 양성하고 학문적 교양을 쌓게 하기 위한 것이었다.

2) 불교 및 유교의 전래와 교육

▶ 불교의 전래

불교가 우리나라에 처음으로 전래된 것은 고구려 소수림왕 2년(372) 전진(前秦)의 임금 부견(符堅)이 파견한 승려 순도(順道)가 불경을 전하면서부터이다. 2년 후 다시 아도(阿道)가 전진에서 파견되었는데, 소수림왕은 초문사(肖門寺)와 이불란사(伊弗蘭寺)를 건립하여 두 승려를 각각 거주하게 하고 392년에는 '불교를 숭상하여 복을 구하라'는 교서를 반포하여 불교를 국가적 차원에서 장려하였다.

백제에 불교가 전래된 것은 침류왕 원년(384)에 동진(東晋)을 통해 들어온 인도의 승려 마라난타(摩羅難陀)가 포교활동을 하면서부터이다. 왕실에서는 불승을 국가적 문화사절로 인정하여 침류왕 2년에 남한산에 절을 창건하고 승려 10인을 두어 불교 유포를 위해 노력하였다. 백제는 고구려의 선진문화와 중국 남북조의 문화를 활발하게 수용하여 찬란한 불교문화의 꽃을 피워 유교와 함께 불교문화를 일본에 전하기도 하였다.

신라는 눌지마립간(訥祇麻立干, 417~458) 때 고구려에서 묵호자(墨胡子)가 현재의 경북 선산 지방에 들어와 불교를 소개한 것이 처음이다. 그 후 다시 고구려에서 아도 등이 들어와 포교활동을 하였으나 쉽게 전파되지 못하였다. 그러다가 법흥왕 14년(527년)에 이차돈(異次頓, 506~527)의 순교를 계기로 국가에 의해 공인되고, 국가와 왕실의 보호 아래 크게 융성하게 되었다.

이렇게 초기에 귀족종교로 수용된 불교는 종래의 무속신앙과 융화되어 점차 위로는 왕부터 아래로는 일반 민중에 이르기까지 민족 전체의 종교로 발전하였다. 불교는 삼국시대 우리 민족에게 종교적 신앙으로서뿐만 아니라 차원 높은 사상을 제공해 주고 생활과 도덕의 근간이 되었으며 국가의 정신적 수호자로서의 역할도 수행하였다. 삼국시대의 정신문화적 측면에 크게 영향을 미친 불교는 교육적으로도 중요한 역할을 수행하였다(박의수, 2004:31-32).

불교의 교육적 역할

첫째, 불교는 대중의 교화에 공헌하였다. 교육이 보편화된 최근에 이르기까지 형식교육을 받고 독서를 할 수 있는 계층은 상류계층에 국한된다. 그러나 불교는 직접 경전을 읽지 못하는 대중에게도 설법이나 간단한 염불을 통해 교화를 할 수 있었다.

둘째, 불교는 국민생활의 실천적 윤리기준을 제공하였다. 특히, 원광법사(圓光法師, 555~638)는 생명존중을 바탕으로 한 윤리 규범인 불교의 오계(五戒)[3]를 세속인이 실천하기 쉽도록 세속오계(世俗五戒)로 개편하여 민중교화의 지침으로 삼았다.

셋째, 불교는 호국정신을 보급하는 데 공헌하였다. 특히, 『인왕경(仁王經)』에는 불법이 성하면 여러 부처님의 보살핌에 의하여 국가가 번영하고, 국가가 번영하면 불법도 성한다는 내용이 실려 있다. 이런 전통은 신라와 고려에 특히 성행하여 국난 극복의 정신적 지주가 되기도 하였다.

---

3) 불자 모두가 지켜야 하는 가장 기본적인 생활규범으로, ① 살생하지 마라(不殺生), ② 도둑질하지 마라(不偸盜), ③ 음행하지 마라(不邪淫), ④ 거짓말하지 마라(不妄語), ⑤ 술 마시지 마라(不飮酒).

넷째, 불교 사찰은 불자는 물론 유생들의 교육기관으로 활용되기도 하였다. 불교 사찰은 대개 산수가 수려하고 공기가 맑은 깊은 산 속에 있다. 따라서 사찰은 유생들에게도 학문 연마와 수신을 위한 장소로 자주 이용되었다.

결론적으로 불교는 형식교육인 학교교육에는 직접 기여하지 못했지만 비형식교육인 생활교육 및 사회교육에 크게 영향을 주어 우리 민족의 세계관 및 인생관 형성과 일상생활을 규제하는 데 유교 못지않은 영향을 미쳤다.

▶ 유교의 전래

한편, 우리나라에 유교가 언제 어떻게 전래되었는가에 대한 정확한 기록은 없다. 그러나 유교와 한자 사용이 밀접하게 관련되어 있다고 볼 때 오히려 불교보다 더 일찍 우리나라에 유입되었을 것으로 추정할 수 있다. 예를 들어, 『삼국사기』에 "고구려는 나라 처음부터 문자를 썼다."(『三國史記』, 卷第二十 高句麗本紀 第八 嬰陽王 十日年條)라는 기록과 소수림왕 2년(372)에 태학(太學)을 설립하여 자제를 교육하였다(『三國史記』, 第六 小獸林王 二年條)는 기록으로 보아 상당히 이른 시기에 유교가 전래되었을 것으로 보인다. 또한, 중국과의 지리적 관계 및 한(漢) 4군의 설치 등으로 미루어 볼 때도 유교가 일찍이 유입되어 국가의 공식적 문자생활과 교육활동에 깊이 개입하고 있었을 것으로 보인다. 특히, 백제의 왕인(王仁)이 일본에 『논어』와 『천자문』을 전한 것이 285년의 일로 고구려에 태학이 설립된 해보다 훨씬 앞선다. 학문과 문화가 한 나라에서 다른 나라로 전해지기 위해서는 반드시 그 나라에서 사전에 충분한 소화와 섭렵이 이루어져야만 한다. 따라서 유교의 유입은 이미 한자와 더불어 고구려 초기부터 이루어졌다고 보아야 한다.

▶ 유교의 전래와 학교교육

한자와 함께 전래된 유교는 우리나라에 처음으로 학교교육이 성립되는 계기를 제공하였다. 문자의 체계적 학습을 위해서는 학교교육이 요구되고, 다시 학교교육은 학문과 사상의 주요 전달매체인 문자의 존재를 전제로 한다. 따라서 한자와 유교의 전래는 우리나라에 학교교육을 성립시키기 위한 조건을 마련한 것이었다.

특히, 당시 삼국이 중앙집권적 국가체제를 확립하는 과정에 있었기 때문에 필연적으로 국가체제에 적합한 고급관리의 양성이 요구되었다. 유교는 원래 정교일치(政教一致)의 학문으로 개인, 가정, 사회라는 세 측면에서 각각 필요로 하는 실천윤리, 말하자면 수기치인(修己治人)의 개념을 기본으로 삼고 있는 학문이다. 그리고 수기의 핵심은 각자에게 내재되어 있는 밝은 덕을 밝히는 데 있었고, 치인의 핵심은 밝은 덕을 기반으로 부모에게는 효, 군왕에게는 충, 친구에게는 신의를 정신적 도덕 규범으로 실천해 나가는 데 있었다. 따라서 유교가 이를 위해 중요하게 여겼던 목표는 충과 효였다. 말하자면, 국가에서 가장 중요한 존재는 군왕이므로 모든 신하는 군왕에게 충성을 다해야 하고, 가정에서 가장 중요한 존재는 어버이이므로 자식은 누구든 부모에게 효를 다해야 한다는 것이다. 충효를 바탕으로 한 유교의 이런 논리는 중앙집권적 귀족국가 확립에, 또 주변국가 정복에 아주 중요한 논리로 작용하였다. 따라서 충효사상을 관리들에게 확산시키고 그를 바탕으로 국가를 경영하는 것은 그들의 초미의 과제였다(서울대학교 교육연구소, 1997:41-42). 이런 시대적 요구에 부응하여 삼국은 공히 현세적 통치이념과 정치철학 및 윤리사상을 가진 유교를 적극 수용하고 학교를 세우고 장려하게 되었던 것이다.

결론적으로 유교의 전래는 우리나라에 학교교육을 성립하게 하는 결정적 계기를 제공하였으며, 이후 역사 발전과정에서 통치이념으로서뿐만 아니라 학교교육의 목적과 내용 그리고 교육방법 나아가 일상생활을 규제하고 지도하는 생활이념으로 굳게 뿌리를 내리게 되었다.

3) 고구려의 교육

고구려는 삼국 중 고대국가로서의 발전이 가장 먼저 이루어졌고 지리적으로 중국과 가장 인접해 있었기 때문에 한자, 유교 등의 중국문화를 가장 일찍 수용하여 장려하였다. 따라서 학교교육 역시 삼국 중 가장 먼저 발달하였다.

태학 ◀

기록에 나타난 고구려의 교육기관은 최초의 관학(官學)인 태학(太學)과 사학(私學)인 경당(扃堂)이다. 태학은 최초의 제도적 교육기관으로 소수림왕 2년(372년)에 설립되었다. 이때는 고구려에 중앙집권적 정치체제가 정립되던 시기였는데, 태학의 설립도 이와 밀접하게 연관되어 있다. 국가의 안정적 통치와 관리를 위해 한편에서는 군사적 · 제도적 안정이 이루어져야 하고 다른 한편에서는 통치이념을 내면화한 유능한 관리가 체계적으로 양성되어야 할 필요가 있었다. 이런 시대적 요구에 따라 설립된 것이 바로 태학이라는 고등교육기관이었다. 따라서 태학의 설립목적은 무엇보다 국가 관료의 양성에 있었을 것이고, 엄격한 계급사회였다는 점에서 입학 자격은 아마도 상류 귀족계급의 자녀에 한정되었을 것이다. 또 태학이 중국의 학제를 모방한 것이라는 점으로 보아 교육과정은 유교 경전인 『시경』, 『서경』, 『역경』, 『춘추』, 『예기』 등 오경과 『사기』, 『한서』, 『후한서』 등 삼사(三史)로 구성되었을 것이다.

한편, 고구려에는 태학과 성격이 사뭇 다른 최초의 사학기관인 경당이 있었다. 『구당서』와 『신당서』에는 경당에 관한 다음과 같은 기록이 있다.

▶ 경당

> 풍속이 서적을 사랑하여 미천한 일을 하는 집에 이르기까지 거리에 큰 집을 지어 놓고 경당이라 하였다. 미혼 자제들이 밤낮으로 여기에 모여 글 읽기와 활쏘기를 익혔다. 그들이 읽은 책은 오경과 『사기』, 『한서』, 범엽의 『후한서』, 『삼국지』, 손성의 『진춘추』, 『옥편』, 『자통』, 『자림』 그리고 『문선』이 있는데 그것을 더욱 아끼고 소중히 여겼다(『舊唐書』, 東夷傳 高麗條).

> 사람들이 배우기를 좋아하여 가난한 마을의 미천한 집안까지도 서로 힘써 배우므로 길거리마다 큰 집을 지어 경당이라 부르고 미혼 자제들이 거기에 모여 경서를 암송하고 활쏘기를 익혔다(『新唐書』, 東夷傳 高麗條).

이런 기록으로 볼 때 경당은 그 기원은 정확하지 않으나 주로 지방에 설립되어 일반 평민과 지방부호의 자제를 대상으로 송경습사(誦經習射)의 문무 겸비 교육을 실시한 사학기관이며, 주요 교육내용은 오경과 삼사, 『삼국지』, 『진춘추』, 『옥편』, 『자통』, 『자림』, 『문선』 등이라는 점을 알 수 있다.

특히, 경당은 문무 겸비라는 측면에서 신라의 화랑도와 매우 유사한 성격을 지니고 있었을 것으로 보인다. 교육내용의 수준으로 볼 때 초등교육을 기본으로 하되 경우에 따라서는 중등 내지 고등교육의 수준도 겸하고 있었을 것이다. 또한, 고려와 조선시대의 서민대중 교육기관인 서당의 전신이 되었을 것으로 보인다.

4) 백제의 교육

안타깝게도 백제에 교육기관이 존재했었다는 직접적 기록은 아직 발견되지 않았다. 그러나 백제가 고구려와 동일한 부족에서 시작되었다는 점에서 고구려의 선진문화로부터 많은 영향을 받았을 것이다. 또한, 지리적으로 중국의 낙랑군, 대방군과 인접해 있었기 때문에 중국문화의 영향도 적지 않았을 것이다. 따라서 국가 초기부터 한자가 사용되고 있었고 상당한 수준의 교육기관이 존재했었을 것으로 추정된다.

이런 추정은 몇 가지 역사적 사실들로 충분히 뒷받침된다. 예를 들면, 고이왕 때 중앙관제를 6좌평 16품 체제로 개편하면서 내법좌평(內法佐平)을 두었는데, 이것은 신라의 예부나 조선시대의 예조에 해당하는 교육행정부서였다. 또한, 고구려의 태학이 설립되기 훨씬 이전인 고이왕 51년(284)에 아직기(阿直岐)를, 그다음 해에 다시 박사 왕인을 일본에 파견하여『논어』와『천자문』을 전하였다. 특히, 왕인은 일본 왕자의 스승이 되어 가르쳤는데 일본이 문자를 알게 된 것은 이로부터 시작되었다고 한다. 그리고 근초고왕 29년(364)에는 박사 고흥(高興)에게 국사책『서기』를 편찬하게 하고 그 후에『백제기』,『백제신찬』,『백제본기』등을 쓰게 하였다. 그리고 백제에는 일찍부터 오경박사, 모시박사, 의박사, 역박사 등 박사제도가 있었으며, 일본은 왕인 이후에도 여러 분야의 전문 박사들을 초빙하여 교육을 받곤 하였다. 박사란 유학의 경전에 정통한 학자로서 가르치는 일을 주무로 하는 관직이다. 또한, 중국『수서』에 "백성들이 독서를 좋아하고 이사(吏事)에 능하며 의약과 음양과 복술 등을 잘 알고 있었다."(『隨書』, 卷第八 列傳 東夷 百濟條)라는 기록이 있는데, 이는 백제인들이 비교적 고등한 문화적 · 지적 수준을 지니고 있었음을 보여 준다.

이런 사실들을 종합할 때 백제에는 높은 수준의 학문과 문화의 발전이 있었고, 그런 학문과 문화의 담지자로서 고구려의 태학과 같은 고등한 교육기관이 존재했을 것이라고 할 수 있다.

5) 신라의 교육

신라는 삼국 중에서 가장 늦게 중국문화를 받아들였으며 통일 전에는 화랑제도를 두어 교육했고, 통일 후에는 국학을 세워 유교중심 교육을 실시하였다.

먼저, 화랑도(花郎徒)는 우리 민족 고유의 독창적인 교육방식을 보여 주는 동시에, 유교, 도교, 불교를 모두 조화 · 통일시킨 교육사상으로서 전인교육을 실시한 이상적인 교육이다.

▶ 화랑도의 기원

화랑도의 기원에 대해 신채호는 상고시대 소도제단(蘇塗祭壇)의 무사, 곧 '선'(仙, 선비)이라 칭하던 사람에서 유래되었는데 이들을 고구려에서는 조의선인(皁衣仙人)이라 하고 신라에서는 화랑이라 칭했다고 하였다. 또한, 최남선(崔南善)은 화랑을 '부루'교단이라 했는데, '부루'는 상고 조선에 고유한 신앙인 태양숭배, 곧 '밝은 뉘'(光明世界)가 변한 말로 이 '부루'가 한자로 적힐 때 '풍류'(風流)라고 했다고 말하고 있다(이만규, 1988 : 46). 이 기록으로 볼 때 화랑도의 기원은 상고시대까지 거슬러 올라간다.

화랑은 원회, 국선, 선랑, 풍월도, 풍류도 등 여러 이름으로 불리기도 하였다. 기록상으로 화랑제도를 조직화, 형식화한 것은 신라 24대 진흥왕 37년(576)이다(『三國史記』, 券第四 新羅本紀 第四 振興王 三十七年條). 이미 오래전부터 고구려와 신라에 자생적으로 존재하던 젊은이들의 종교적 · 군사적 · 교육적 수련단체를 국가에서 공인하고 조직화한 것이다. 『삼국사기』에 따르면, 국가에서 인재를 기르기 위해 남모(南毛)와 준정(俊貞) 두 명의 미녀로 원화를 두었다가 질투로 불상사가 생겨 다시 미남자 두 명을 세워 화랑이라 하였다. 그 후 화랑을 중심으로 좋은 남아들이 구름처럼 모이고 그 단체에서 각각 개인 인격을 수련시키며 인재를 골랐다고 한다.

화랑집단의 최고지도자는 국선(國仙) 또는 풍월주(風月主)였다. 그 밑에 덕망과 용모를 갖춘 귀족 출신의 청소년으로 3~4 내지 7~8명의 화랑이 있었다. 그 밑에 다시 문호(門戶)라는 몇 개의 소집단이 있어 수백 혹은 수천의 낭도가 여기에 속해 있었다. 여기서 화랑은 수하 낭도들의 모범인으로서 인격교육과 도덕교육 및 군사훈련의 책임을 맡았고, 낭도들 중에서 장차 국가에 유용한 인재를 찾아내는 사명을 띠고 있었다. 즉, 화랑은 낭도들의 책임자일 뿐만 아니라 동일시의 대상이었고, 사범으로서 시범적인 생활교육을 통해 낭도들로 하여금 선량하고 아름다운 인격을 갖추도록 하는 책무를 맡고 있었다.

국선과 화랑은 왕족이나 귀족 중에서 선출되었으나 낭도들은 계급의 차별이 없었다. 그리하여 화랑도는 신라의 지배계급과 피지배계급 간에 교량적 역할을 수행하여 상통하고 총화를 이루는 데도 기여하였다. 또한, 화랑도는 국가의 직접적 통제에 의해 조직된 것이 아니라 민간적 조직체였기 때문에 비교적 융통성 있고 자유분방하였다.

화랑도의 교육목적◀

화랑도는 처음부터 인재양성을 목적으로 하는 교육제도 혹은 인재를 선택하기 위한 고시제도로서 출발하였다. 화랑도의 교육목적은 크게 두 가지로 요약할 수 있다(손인수, 1995 : 159-164).

첫째, 용감한 병사와 실천적인 인물의 양성을 목적으로 하였다. "어진 재상과 충성된 신하가 여기에서 나오고, 뛰어난 장수와 용감한 군사가 이로 인해 생겨났다."라는 『화랑세기』의 기록에서 알 수 있듯이, 화랑도교육은 신라를 다스릴 중심인물을 양성하면서 필요한 경우에는 군인이 될 수 있는 국방의 인재를 양성하기도 하였다. 특히, 신라는 북으로 고구려, 서로 백제와 대치하고 있어 군사적 분쟁이 상존하고 있었고 한 걸음 더 나아가 삼국통일의 대업을 갈망하고 있었다는 사실을 고려하면 화랑도교육의 이런 성격은 당연한 것이라 하겠다.

둘째, 화랑도는 종교 · 도덕교육을 목적으로 하였다. 화랑도교육에서 종교와 도덕교육의 기초는 유, 불, 선의 사상에 있다. 『삼국유사』에 "이때부터 사람들에게 악습을 고치어 선행하게 하니, 위로는 공경하고 아래로는 순종케 하여 오상육예(五常六藝)와 삼사육정(三師六正)이 왕의 세상에 널리 행해지게 되었다."(『三國遺事』, 卷第三 塔像 第四 彌勒仙花 未尸郎 眞慈師條)라고 하였다. 이 중에서 오상(仁, 義, 禮, 智, 信)과 육예(禮, 樂, 射, 御, 書, 數)는 유교에서 유래된 사상이고, 삼사(戒, 定, 慧)와 육정(布施, 持戒, 忍辱, 精進, 禪定, 知慧)은 불교에서 유래된 사상이다. 화랑도의 이념은 다음과 같은 최치원(崔致遠)의 '난랑비 서문(鸞郎碑 序文)'에도 잘 나타난다.

> 우리나라에는 현묘한 도(玄妙之道)가 있다. 이를 풍류라 하는데 이 교(敎)를 설치한 근원은 선사(仙史)에 상세히 실려 있거니와, 실로 이는 3교(三敎)를 포함한 것으로 모든 민중과 접촉하여 이를 교화하였다. 또한, 그들은 집에 들어와서는 부모에게 효도하고 나아가서는 나라에 충성을 다하니, 이는 노(魯)나라 사구(司寇, 공자)의 가르침이며, 또한 모든 일을 순리에 따라 처리하고 말보다 행함으로써 가르치는 것은 주(周)나라 주사(柱史, 노자)의 뜻이며, 모든 악한 일을 하지 않고 착한 행실만 하는 것은 축건태자(竺乾太子, 석가모니)의 가르침이다(『三國遺事』, 券第四 新羅本紀 第四 振興王 三十七年條).

유, 불, 선 3교에 기초한 화랑도의 덕목은 원광법사의 세속오계에 명확하게 나타나 있다. 사군이충(事君以忠), 사친이효(事親以孝), 교우이신(交友以信), 임전무퇴(臨戰無退), 살생유택(殺生有擇)의 계율을 통해 충효, 신의, 용기, 인의의 덕목을 가르쳤다. 이런 덕목은 국가생활, 사회생활, 가정생활을 지도하고 규율하는 기본 덕목이었던 것이다.

▶ 화랑도의 교육과정

화랑도의 교육과정은 단편적 지식보다 생활 속에서의 실천을, 사적 활동보다 공동체적 활동을 중시하였다. 도덕과 인격도야의 측면에서 모든 사람이 존경할 수 있는 윤리적 덕목들을 함양하였다. 정서와 신체도야의 측면에서 시와 춤과 음악을 즐기고 명산대천을 유랑하며 호연지기를 함양하고 국토에 대한 넓은 견문과 깊은 애착심을 길렀다. 그리고 무술훈련의 측면에서 창검술, 활쏘기, 말타기, 달리기, 팔매질, 씨름 등을 익혔다.

▶ 화랑도의 교육적 의의

화랑도교육은 우리나라 교육사에 있어서 가장 독창적이고 고유하며 이상적인 것이라 할 만하다. 역사상 모든 교육기관의 성격이나 교육내용이 유교 중심적인 것이었고 모방적인 것이었음에 비해 화랑도교육은 내적 필요에 의해 생겨난 가장 실질적이고 전인교육적인 것이었다. 교육내용상의 외래적 요소도 주체적으로 취사선택했다는 점에서 그 의의가 자못 크다(장찬익 · 노진호 · 이주한, 2005:19). 이런 점에서 신채호는 "조선을 조선되게 해 온 자는 화랑이다. 화랑의 역사를 모르고 조선사를 말하려는 것은 골을 빼고 그 사람의 정신을 찾음과 한 가지의 우책(愚策)이다."(신채호, 1955:221)라고 역설한 바 있다.

▶ 국학의 설립

다음으로 국학(國學)은 공식적으로 31대 신문왕 2년(682)에 중국의 학제를 모방하여 설립되었다. 그런데 진덕왕 5년(651)에 박사, 조교 및 대사(大舍)를 두었다는 기록으로 보아 국학의 전신이 될 만한 학교가 그 이전부터 이미 존재했다고 추정할 수 있다. 그러다가 삼국통일(676)로 인하여 전쟁 과정에서 야기된 대립과 갈등을 해소하기 위해 이념적 통일을 기할 필요가 있었다. 그리고 과거보다 확대된 국가를 효율적으로 관리하기 위해 관리를 더 체계적으로 양성해야 할 새로운 시대적 환경에 직면하게 되었다. 이런 시대적 요청에 따라 제도적 정비를 통하여 설립한 것이 바로 국학이었다.

국학의 설립목적◀

국학의 설립목적은 유학사상의 연구 · 보급과 유학이념에 투철한 국가 관리의 양성이었다. 국학의 입학 자격은 15~30세의 귀족 자제였고, 수업연한은 9년을 원칙으로 하되 개인의 능력에 따라 퇴학을 명하거나 수학기간을 연장해 주기도 하였다. 졸업한 자에 대해서는 17관등 중 열 번째 및 열한 번째 관등인 대나마(大奈麻)나 나마(奈麻)의 관등을 부여하였다.

국학의 교육내용◀

교육내용으로는 『논어』와 『효경』을 공통 필수과목으로 하되 수준에 따라 『예기』 · 『주역』, 『춘추』 · 『모시』 · 『좌전』, 『상서』 · 『문선』을 나누어 부과하였다. 『논어』와 『효경』을 필수과목으로 한 것은 유교의 지도 원리인 충과 효를 강조하기 위함이었다. 그리고 당(唐)의 국자감(國子監)과 달리 『문선』을 부과한 것은 비문(碑文) 제작 등에 필요한 문장력을 기르기 위한 것으로 보인다. 그리고 성덕왕 16년(717)에 국학에 의학박사와 산학박사를 두고 그 후로 천문박사(天文博士), 누각박사(漏刻博士), 율령박사(律令博士) 등을 두어 유학교육은 물론 기술교육과 생활교육을 아우르는 종합적인 교육기관으로 발전하였다.

조직 면에서 국학은 현재의 총 · 학장에 해당하는 경(卿) 1명과 그 아래 박사, 조교 및 대사(大舍, 2명), 사(史, 4명)를 두었으며, 명칭은 35대 경덕왕 때 태학감(太學監)이라 잠시 고쳤다가 36대 혜공왕 때 다시 국학이라 개칭하였다.

국학의 교육방법◀

신라는 국학의 교육을 장려하기 위해 다양한 방법을 동원하였다. 성덕왕 16년(717)에는 공자(孔子)와 10철(十哲) 그리고 72현(七十二賢)의 초상화를 국학 안에 두고 학문을 숭상하는 태도를 배양하였는데, 이는 나중에 문묘제도(文廟制度)로 발전되었다. 또한, 여러 국왕이 국학에 나가 직접 청강하고 학생들을 독려하기도 하였다. 예를 들어, 혜공왕은 765년과 776년에 국학에서 청강하였으며, 경문왕도 863년에 국학에 나가 강론하게 하고 상품을 하사하였고, 헌강왕 역시 879년 국학을 방문하여 청강하였다. 소성왕은 진주와 거제를 녹읍(祿邑)으로 정하여 학생들의 학비조달을 지원하였는데, 이것은 급여 대신 특정 지역에 대한 조세권을 주어 학자금을 조달하도록 한 제도이다. 이 녹읍제는 고려와 조선의 학전제(學田制)로 발전되었다.

03 고려시대의 교육

1) 시대적 배경

고려는 왕건(王建)이 왕위에 오른 918년부터 조선이 건국된 1392년까지 475년간 존속한 사회이다. 통일 신라는 말기에 이르러 중앙귀족 간의 권력쟁탈전, 골품제도의 와해 그리고 지방 호족세력의 등장 등으로 정치 · 사회적으로 극심한 분열과 혼란에 처해 있었다.

왕건은 그 분열과 혼란의 와중에서 지방호족세력, 도당(渡唐) 유학생 출신 세력, 해상세력들을 회유하고 연합하여 고려를 건국하였다. 그러나 지방 호족세력을 비롯한 개국공신들과 이와 결탁한 외척세력은 고려가 정비되어 가는 과정에서 오히려 왕권을 불안하게 하는 요소로 작용하였다. 그리하여 국가의 정치적 안정을 위해 이런 장애요인들을 제거하고 왕권을 강화해야 할 필요성이 대두되었다. 이 작업을 본격적으로 추진한 왕이 4대 광종이었다. 광종은 7년(956)에 노비안검법(奴婢按檢法)을 실시하여 노비를 해방시킴으로써 호족들의 정치 · 경제적 기반을 약화시켰으며, 9년(958)에는 인재등용을 위한 과거제도를 실시함으로써 왕권에 위험이 되는 호족들의 중앙정계로의 진출을 제한하였다. 그리고 11년(960)에는 모든 관료에게 관복을 입도록 하여 관료조직을 국왕을 중심으로 통일함으로써 전제적 성격을 더욱 강화하였다. 이런 일련의 정책들은 전통적인 호족세력의 권력을 약화시키고 신진 관료층을 형성함으로써 왕권을 강화하고 강력한 중앙집권체제를 성립시키는 결과를 가져왔다.

사상 · 문화적 측면에서 고려는 불교를 수신(修身)의 도로, 유교를 치국의 도로 숭상하였다. 불교는 신라 때부터 내려온 전통적 이념으로 고려사회에 이르러 그 전성기를 구가하였다. 고려의 불교는 의천(義天)이나 지눌(知訥)과 같은 고승을 배출하고 학문과 예술의 발달 및 정치와 일상생활에 큰 영향을 주어 인도나 중국과는 다른 독자적 성격을 형성하였다. 그러나 사찰에 토지와 노비의 지급, 승과(僧科)의 설치, 국사(國師), 왕사(王師)제도 등과 같은 승려의 정치참여, 면역과 면세 등과 같은 강력한 불교우대정책은 불교의 세속화를 촉진하고 사원경제의 문란을 초래하여 결국 고려 멸망의 주요 원인이 되기도 하였다.

한편, 고려사회에서 유교는 관료들의 교양과 지식의 근본으로서 건국 초기부터 통치이념으로 자리 잡았다. 왕건은 자신의 집권을 정당화하고 유지하기 위한 명분으로 유교를 내세웠는가 하면, 4대 광종은 과거제도를 설치하여 유학 지식을 갖춘 문신관료를 등용하였다. 그리고 6대 성종은 국자감(國子監)의 설치, 권학관(勸學官)의 파견 등과 같은 강력한 숭유정책으로 유교를 지배적 정치사상 체계로 확립하였다. 이런 정책들은 고위 귀족계층을 문신관료가 독점하도록 하여 결과적으로 문(文)을 숭상하고 무(武)를 경시하는 사회적 풍조를 확산시켰다. 이런 지나친 문치주의는 결국 12세기 무신반란을 야기하여 문신 귀족사회의 붕괴를 가져왔다.

교육적 측면에서 봉건질서 확립에 필요한 통치이념으로 유교를 표방한 고려는 초기에는 신라의 교육제도를 그대로 답습하였다. 그러다가 권력체제의 완비와 더불어 유교적 소양과 지식을 갖춘 관리를 선발하기 위해 과거제도를 설치하는 한편 관리의 양성과 유교이념의 연구와 유포를 위해 여러 학교를 설치하였다. 관학으로 개경에 국자감과 학당, 지방에 향교가 있고, 사학으로 12도와 지방 군, 현에 서당이 있다.

2) 교육제도

후삼국을 통일한 고려는 초기부터 지방의 호족을 비롯한 여러 세력을 견제 · 통제하고 중앙집권적 정치체제의 안정을 꾀해야 하는 정치적 과제를 안고 있었다. 그리하여 고려는 유교적 통치이념을 내면화한 관리를 체계적으로 양성하고 등용함으로써 왕권을 강화하고자 하였다. 그리고 그 과정에서 과거제도를 비롯한 여러 교육제도를 정비하였다. 교육제도의 기틀이 본격적으로 잡히기 시작한 것은 6대 성종시대부터이다. 성종은 국립종합대학 수준의 국자감을 설립하고 왕립도서관인 비서원(秘書院)에 수만 권의 서적을 비치하였다. 뿐만 아니라, 서경의 일반도서관인 수서원(修書院)에는 중국의 사서(四書)를 비롯해 신라 이래의 다양한 서적을 소장하게 하는 등 교육제도의 정비와 학문의 장려에 힘썼다.

고려의 교육제도는 크게 관학(官學)과 사학(私學)으로 나뉘는데, 관학으로 개경에 종합대학 성격의 국자감(國子監)과 중등교육기관인 학당(學堂), 그리고 지방에 중등교육기관인 향교(鄕校)가 설립되었다. 사학으로는 국자감과 유사한 수준의 고등교육기관인 12도(十二徒)와 서민교육을 담당했던 초등교육기관인 서당(書堂)이 있다.

(1) 관학

▶ 국자감의 설립

먼저, 국자감은 성종 11년(992)에 왕명에 의해 설립되었다. 성종은 학교를 세우라는 교(敎)를 내리고 유사(有司)에 명하여 서재(書齋)와 학사(學舍)를 세우고 토지를 급여하였다(高麗史, 卷七四 選擧二 學校考). 그 후 다시 11대 예종 4년(1109)에 여택(麗澤, 周易), 대빙(待聘, 尙書), 경덕(經德, 詩), 구인(求仁, 周禮), 복응(服膺, 戴禮), 양정(養正, 春秋), 강예(講藝, 兵學) 등 7재를 두어 문무교육을 장려하였다. 그리고 17대 인종 1년(1123)에 식목도감(式目都監)을 설치하여 학식과 학규를 세밀히 정비하고 국자학, 태학, 사문학(四門學), 율학, 서학, 산학 등 6학을 두었다. 국자학, 태학, 사문학은 유교 경전과 문학을 전공하는 곳으로 고급관리의 양성과 학문연구를 위한 기관이었다. 율, 서, 산학은 일종의 직업학으로 각기 전문직에 종사할 관리를 양성하기 위한 기관이었다.

국자감은 그 명칭이 설립 당시에는 국자감이었으나 25대 충렬왕 때 국학(國學)으로 개칭되고 26대 충선왕 때 성균관(成均館)으로 개칭되었으며, 31대 공민왕 때 다시 국자감으로 환원되었다가 조선시대에 성균관으로 다시 개칭되었다.

국자감의 구조 ◀

국자감의 구조는 대성전(大成殿), 양무(兩廡)로 구성된 문묘(文廟)와 명륜당(明倫堂)으로 이루어져 있다. 문묘에는 공자를 비롯한 10철과 72현이 배향되었고 명륜당에서는 강학이 이루어졌다. 이런 사실로 볼 때 국자감은 선현에 대한 제사 기능과 교육기능을 동시에 수행한 기관이었다. 학교 안에 문묘를 둔 것은 유교정신을 숭상하고 그 인념을 고취하여 국민을 교화하고자 한 것이었다.

국자감의 직제 ◀

직제는 문종 때를 기준으로 보면 6학을 총괄하는 제주(祭酒)가 1명 있고 그 밑에 사업(司業) 1명, 승(丞) 1명, 국자박사(國子博士) 2명, 대학박사 2명, 주박(主薄), 사문박사, 학정(學正) 각 2명, 학록(學錄) 2명, 학유(學諭) 4명, 직학(直學) 2명, 서학박사, 산학박사 각 2명씩 있었다. 그리고 행정관리로는 부(附), 사(史), 정장(亭長), 학고(學固) 등이 있어 행정의 일을 담당하였다. 국자감의 교수는 국자학, 태학, 사문학에 모두 박사와 조교를 두고 율학, 서학, 산학에는 박사만 두었다. 교수는 경학(經學)에 출중하고 행실이 훌륭하며 근면하고 어질어 타의 모범이 될 만한 사람을 택하였다.

국자감의 입학 ◀

국자감은 수준에 따라 입학 자격이 달랐다. 먼저 국자학은 문무관 3품 이상의 자손, 훈관(勳官) 2품 대현공(帶縣公) 이상 및 3품 이상 훈봉자(勳封者)의 자제에게 입학이 허용되었다. 태학은 문무관 5품 이상의 자손, 정 · 종 3품 증손 및 훈관 3품 이상 유봉자(有封者)의 자제에게 입학이 허용되었다. 사문학은 훈관 3품 이상 무봉(無封) 4품, 유봉 및 문무관 7품 이상의 자제에게 입학이 허용되었다. 그리고 율 · 서 · 산학 및 주현(州縣)의 학생은 8품 이상과 서인(庶人) 그리고 7품 이상의 자제는 원하는 자에게 입학이 허용되었다. 국자학, 태학, 사문학에는 잡로(雜路), 공(工), 상(商), 악(樂), 명(名) 등 미천한 일에 종사하는 자, 크고 작은 부모의 공적에 허물을 입힌 자, 가정의 도가 바르지 못한 자, 역적행위를 하고 귀향한 자, 향촌 · 부곡의 자손, 개인적인 죄를 범한 자는 입학이 허용되지 않았다.

국자감의 교육내용 ◀

교육내용으로는, 경학을 전공하는 국자학, 태학, 사문학은 『논어』와 『효경』을 필수과목으로 하되 국자학에서는 『상서』, 『곡양전』, 『곡량전』을, 태학에서는 『주역』,

『모시』, 『주례』, 『의례』를, 사문학에서는 『예기』, 『좌전』을 이수하도록 하였다. 그 밖에 산술과 시무책을 익히게 하였고, 여가를 이용하여 매일 습자(習字)를 부과하고, 『국어(國語)』(중국의 책이름), 『설문(說文)』, 『자림(字林)』, 『삼창(三倉)』, 『이아(爾雅)』를 읽도록 하였다. 그리고 기술학을 전공하는 율·서·산학에서는 각각 율령, 팔서, 산술을 가르쳤다.

▶ 국자감의 수업연한과 교육방법

수업연한은 국자학, 태학, 사문학은 9년, 율·서·산학은 6년이었다. 그리고 학생 정원은 시대에 따라 다소 차이가 있으나 인종 때의 학식(學式)에 의하면 국자학, 태학, 사문학에 각각 300명씩이었으며 연령에 따라 재학시켰다.

교육방법으로는 박사 또는 조교 1명에 학생 5명 내외를 배정하고 학생 1명에 두 문제 이내로 질문을 하게 해서 그에 대해 논의하고 의문을 토의·분석하게 하였다. 시험은 국자학, 태학, 사문학에 순시(旬試), 세시(歲試)가 있었고, 6학 전체에 졸업시험이 있었다. 세시에서 성적이 불량하거나 3년 연속해서 낮은 점수(下)의 평정을 받으면 퇴학을 당하였다.

▶ 국자감의 장학제도

마지막으로 장학제도로 국자감의 설립과 함께 논밭을 지급하여 장학기금을 충당하였고 예종 9년(1114)에 양현고(養賢庫)를 두어 7재 유학생들의 학비를 충당하였다. 또 충렬왕 30년(1304)에 양현고의 재정을 확보하고 국자감의 부흥을 꾀하기 위해 안향(安珦)의 건의로 섬학전(贍學錢)을 두기도 하였다.

국자감은 대외적으로는 중국의 제도를 모방한 것이기도 하지만, 대내적으로는 고구려의 태학으로부터 통일신라의 국학을 거쳐 내려온 고등교육의 전통을 이어받은 것이다. 국자감은 조선의 성균관으로 계승되어 우리나라 학문사상의 발전에 이바지한 바가 적지 않다.

▶ 향교의 설립

향교는 지방에 설립된 관학으로 지방 관리의 자제 및 서민의 자제를 교육하기 위해 세운 중등교육기관이다. 그 설립연대는 확실히 알 수 없으나, 성종 6년(987)에 12목(牧)에 권학관(勸學官)으로 경학박사와 의학박사를 파견하여 관리와 일반 백성의 자제를 가르치게 했고, 인종 5년(1127)에 "제주(諸州)는 학교를 세워 널리 교도하라."(高麗史, 卷七四 選擧二 學校考)라는 조서를 내려 학교를 설립하게 하였다. 인종 때의 교육자인 김수자(金守雌)의 『행학기』에 "글 읽는 소리가 개성에서 시작하여 멀리 외방에 미친다."라는 기록이 있다. 이런 사실과 기록으로 미루어 볼 때 고려시대의 향교는 성종 대에 발아되어 인종 대에 이르러 본격적으로 지방 군 · 현에 설립 · 운영되었고 상당히 융성했을 것으로 추정된다.

향교의 기능과 교육과정

향교에는 국자감과 유사하게 교육을 담당하는 명륜당과 선현에 대한 제사를 담당하는 문묘가 설치되어 있었다. 다시 말해 향교는 개경에 설립된 국자감의 축소판으로서 교육의 기능과 제사의 기능을 동시에 담당하고 있었다. 향교의 이런 기능은 조선 중기 임진란 등의 잦은 병란(兵亂)과 서원의 발흥으로 유명무실해질 때까지 지방의 유학교육과 향풍순화에 크게 공헌하였다.

교육 수준은 향교에서 성적이 우수한 자를 국자감에 진학시킨 것으로 보아 국자감보다 한 단계 낮은 중등 수준이었다. 이런 사실은 충렬왕 6년(1220) 이색이 "밖으로 향교와 안으로 동서학당(東西學堂)의 학생을 고사하여 십이도(十二徒)로 올리고 십이도 학생을 고사하여 성균관으로 올리자."(『高麗史』, 卷七四 選擧二 學校考)라고 건의한 것을 봐서도 알 수 있다. 향교의 입학은 국자감의 율 · 서 · 산학과 동일하게 문무관 8품 이상의 자제와 서인(庶人)에게 허용되었다.

또한, 향교의 교육과정은 대체로 국자감과 유사했을 것이나 교관이 충분히 충원되지 못하고 재정적 여건 역시 매우 불충분했던 점으로 볼 때 과목 수나 질적 수준에서 국자감에는 많이 미치지 못했을 것이다.

고려시대에 설립된 대표적인 향교로는 여주향교(1196), 강릉향교(충렬왕 이전), 공주향교(1301), 제천향교(1330), 양양향교(1330), 김해향교(1334), 영해향교(1346), 남원향교(1359), 영주향교(1371), 용담향교(공양왕 이전), 통주향교(1389) 등이 있다.

학당의 설립

마지막으로 학당은 고려 후기에 개경에 설치된 관학으로서 지방의 향교와 수준이 유사한 중등교육기관이다. 『고려사』에 "동서학당을 두고 별감을 보내어 교학을 교도하였다."(『高麗史』, 卷七四 選擧二 學校考)라는 기록으로 보아 학당이 최초로 설립된 것은 24대 원종 2년(1261)이었다. 대몽항쟁이 한창이던 당시에 몽고와의 화친으로 문관양성을 위한 유학부흥이 요구되었는데, 그에 부응하여 원종은 강화도 안에 동서학당(東西學堂)을 설치하고 각각 별감을 두어 교학과 교도의 책임을 맡게 했던 것이다. 원종 11년(1279) 개경환도 2년 후 동서학당에 별감을 두어 교육을 담당하게 하였다. 그 후 공양왕 대에 이르러 동서학당은 오부학당(五部學堂)으로 확대 개편되었다. 당시 주자학의 거두이자 성균관 대사성이던 정몽주(鄭夢周)가 동·서 외에 남·북·중앙에 세 개의 학당을 증설할 것을 주장하여 "안에는 오부학당을 건립하고, 밖에는 향교를 설치하여 유학을 진흥시켰다."(『高麗史』, 卷百一七 鄭夢周傳)라는 기록도 있다. 이 제도는 조선시대에 그대로 계승되었다. 서울을 동·서·남·북·중앙 5부로 나누고 각 부에 학교를 하나씩 세워 오부학당이라 하였다. 그러나 세종 때 북부학당이 폐지되어 사부학당만이 존속되었는데, 이를 사학(四學)이라고 한다.

▶ 학당의 특징과 교육내용

학당의 특징은 지방의 향교와 달리 문묘가 설치되지 않았다는 점이다. 다시 말해 지방의 향교가 문묘를 설치함으로써 교육기능과 제사기능을 동시에 담당했다면 학당에는 문묘를 설치하지 않고 순수한 교육기능만을 담당했던 것이다. 이는 이미 개경에 문묘가 설치된 국자감이 있었기 때문이었다.

학당의 교육내용은 정확한 기록이 없어 알 수 없다. 그러나 안향(安珦)이 성리학을 수입한 후 1세기가 넘었다는 점, 조준(趙浚)의 의견서에 성리학의 주요 서적인 사서가 등장하고 있다는 점, 성균관 대사성을 겸직하고 있던 정몽주가 동서학당을 부흥시켜 오부학당으로 확장했고, 그가 이미 성리학의 핵심서인 『대학』과 『중용』을 통달하고 있었다는 점 등으로 미루어 볼 때, 성리학서인 『대학』, 『중용』, 『논어』, 『맹자』와 경서인 『주역』, 『서전』, 『시전』, 『춘추』 등이 주요한 교육내용을 이루고 있었을 것이다. 그리고 학당에서는 성균관에서처럼 질문하고 분석하고 토론하고 궁리하고 실천할 것을 강조하는 교육방법을 채택하고 있었다. 이는 성리학의 학풍이었으며 이색(李穡)이나 정몽주 등 당시의 중추적 학자들에게서도 볼 수 있는 학습지도 방법이었다(서울대학교 교육연구소, 1997:74).

(2) 사학

먼저, 십이도는 고려 문종 이후 개성에 있던 열두 개 사립학교를 총칭하는 것으로 우리나라 역사상 가장 수준이 높고 훌륭한 사립교육기관이다. 십이도의 중심인물은 최충(崔沖, 984~1068)이다. 문하시중(門下侍中)을 지낸 최충은 오랫동안 관직에 종사하다가 국자감의 쇠퇴와 유학의 부진을 한탄하며 관직에서 물러나 사재를 털어 구재(九齋)를 짓고 유생들을 가르쳤다. 그 구재는 낙성재(樂聖齋), 대중재(大中齋), 성명재(誠明齋), 경업재(敬業齋), 조도재(造道齋), 솔성재(率性齋), 진덕재(進德齋), 대화재(大和齋), 대빙재(待聘齋)였다. 고려시대 시문의 대가 이제현(李齊賢)의 "위로는 귀관으로부터 아래로는 주현(州縣)에 거주하는 자에 이르기까지 다 구재에 이름을 걸고 성인의 도를 익혔다."(『益齋亂藁』, 卷九 上)라는 기록에서 보듯이 구재는 날로 흥하고 발전하여 유생들로 문전성시를 이루었다. 최충의 구재는 그의 관직을 따라 시중 최공도 혹은 호를 따라 문헌공도라고 하기도 하였다.

문헌공도의 교육목적과 내용 및 방법

문헌공도의 교육목적은 유교적 인격의 함양과 과거시험 준비에 있었다. 이런 목적에 따라 교육내용은 9경[4]과 3사[5], 시문으로 이루어졌다. 특히, 과거를 중시하던 당시 풍조에 따라 사장(詞章)이 많은 비중을 차지하였다.

문헌공도의 독특한 교육방법으로 하과(夏課)와 각촉부시(刻燭賦詩)가 있었다. 하과는 매년 여름 귀법사, 용흥사 등의 승방(僧房)을 빌어 소요자재(逍遙自在)하며 산수를 노래하고 정서를 순화하는 일종의 하기강습회였다. 각촉부시는 최충이 하과를 개최하던 중 과거에 급제했으나 아직 등용되지 않은 사람을 택하여 교수로 채용했는데, 그중 학문이 고매한 사람이 찾아오면 유생들을 모아 놓고 초에 선을 그어 거기까지 타들어 가기 전에 시를 짓도록 하는 방법이다. 일종의 속작시(速作詩) 모의시험이었던 것이다. 그리고 그 성적에 따라 연회를 베풀고 격려했는데, 그 동작에 있어 진퇴유의(進退有意)하고 장유유서(長幼有序)하여 세인의 찬탄을 받았다고 한다.

최충의 문헌공도가 명성을 크게 얻자 열한 명의 퇴직 유신들이 그것을 모방하여 각각 도를 세웠는데, 시중 정배걸의 홍문공도(弘文公徒), 참정 노일의 광헌공도(匡憲公徒), 제주 김상빈의 남산도(南山徒), 복사 김무체의 서원도(西園徒), 시중 은

---

4) 『周易』, 『詩經』, 『書經』, 『禮記』, 『春秋』, 『周禮』, 『孝經』, 『論語』, 『孟子』.

5) 『史記』, 『漢書』, 『後漢書』.

정의 문충공도(文忠公徒), 평장 김의진 혹은 낭중 박명보의 양신공도(良愼公徒), 평장 황영의 정경공도(貞敬公徒), 유감의 충평공도(忠平公徒), 시중 문정의 정헌공도(貞憲公徒), 서석의 서시랑도(徐侍郎徒), 설립자 미상의 구산도(龜山徒) 등이 그것이다. 최충의 문헌공도와 함께 열한 개의 도를 총칭하여 십이도라 한다.

십이도는 비록 개인이 설립한 사학이었지만 국가의 감독을 받았다. 인종 11년(1113)에는 각 공도의 유생 중에 자의로 다른 공도로 옮기는 자는 동당감시(東堂監試)에 응하지 못하게 함으로써 이유 없는 전학을 방지하였다. 또한, 17년(1120)에는 동당감시 후에 여러 공도 유생을 국자감에서 50일간 학습하게 했고, 접사(接寺) 30일과 사시(私試) 15수(首) 이상 제술(製述)한 자를 정확하게 조사하여 이름 아래에 접사일수(接寺日數)와 제술수수(製述首數)를 기록하여 과거에 응시하게 하였다. 국가에서 사학인 십이도를 예의 주시하여 감독한 것은 그만큼 십이도의 교육을 중시했기 때문이다. 십이도의 수준은 앞에서 인용한 충렬왕 6년(1220) 이색의 "밖으로 향교와 안으로 동서학당의 학생을 고사하여 십이도로 올리고 십이도 학생을 고사하여 성균관으로 올리자."(『高麗史』, 卷七四 選擧二 學校考)라는 상소를 보아 향교와 학당보다 높고 성균관, 즉 국자감보다 조금 낮거나 비슷하였다. 그러나 전성기에는 관학인 국자감보다 더 체계적인 교육을 실시하고 더 많은 과거급제자를 배출함으로써 더 높은 권위와 명성을 얻기도 하였다.

십이도는 국자감과 향교가 부진하고 학당이 설립되기 이전인 고려 중기부터 공양왕 3년(1391) 국자감의 부흥정책으로 인해 폐지될 때까지 340년 동안 존속하면서 사립 고등교육기관으로서 각기의 학벌과 학풍을 형성하며 고려시대의 교육과 유학의 발전에 지대한 공적을 남겼다.

▶ 서당의 설립

다음으로 서당(書堂)이다. 고려시대의 사설 초등교육기관인 서당에 대한 구체적인 기록이 아직 발견되지 않아 정확한 교육상황을 확인할 수는 없다. 그러나 몇몇 단편적인 기록으로 기관의 존재를 짐작할 수는 있다. 그중 가장 정확한 것이 인종 2년(1124)에 송(宋)나라 사신을 수행하여 고려에 왔던 서긍(徐兢)이 지은 『고려도경(高麗圖經)』이다. 이 책에 "마을 거리마다 경관(經館)과 서사(書舍)가 두셋씩 마주 보고 있으며 민간자제의 미혼자가 무리를 지어 스승에게 경(經)을 배우고 더 장성하면 각각 자기들끼리 벗을 택하여 사관(寺觀)으로 가서 공부하고 아래로는 서인과 어린아이까지도 마을의 선생에게 배운다."(『高麗圖經』, 卷四十 儒學條)라는 기록이 있다. 또 이제현(李齊賢, 1287~1367)의 『역옹패설(櫟翁稗說)』에 "광종 이후로는 더욱 문교를 닦아서 안으로는 국학을 숭상하고 지방에서는 향교, 이상(里庠)과 당서(黨序)[6]가 벌여 있어 거문고를 타고 글 읽는 소리를 서로 듣고 사제(師弟)가 서로 함양하고 훈도한다."(『櫟翁稗說』, 全集 1; 서울대학교 교육연구소, 1997:82)라는 기록이 있다. 이런 기록들로 미루어 보아 인종 대에 이미 서당이 민간에 많이 보급·설치되어 지방 민간자제의 초보적인 교육을 담당하고 있었을 것으로 추정된다.

서당의 성격 ◀

더욱이 고구려의 사설 교육기관인 경당의 교육적 전통이 민간에서 자연스럽게 유지되었을 것이라는 점과 신라의 화랑도 및 고등 수준의 국학은 보다 초보적인 교육기관을 필요로 했을 것이라는 점을 고려하면, 서당과 같은 초등교육기관은 고려의 인종 대보다 훨씬 오래전부터 존재해 왔다고 할 수 있다. 오히려 고려시대의 서당은 국가와 지배층의 관심과 지원 없이 민간에 자연발생적으로 이어져 내려온 고구려 이래의 교육적 전통의 산물이라고 보아야 할 것이다. 그리고 조선시대의 서당 역시 그 전통을 그대로 계승한 것이다.

3) 과거제도

과거제도의 성립 ◀

우리나라 관리임용제도의 출발은 신라시대 원성왕 4년에 실시된 독서삼품과였다. 그러나 본격적인 과거제도의 성립은 고려 4대 광종 9년(958)에 후주(後周) 사람으로 고려에 귀화한 쌍기(雙冀)의 건의에 따라 당나라제도를 모방하여 실시하면서부터이다. 중국의 과거제도는 6세기 말(587) 수(隨)나라 문제(文帝)가 중국을 통일한 후 귀족세력을 제압하고 중앙집권적 관료체제를 확립하기 위해 실시한 인사제도에서 비롯되었는데, 이것을 당나라가 계승·발전시켜 왔다. 지방 호족세력의 발호로 인해 왕권이 늘 불안한 상황에 있었던 고려 초기는 호족을 비롯한 여러 귀족세력

6) 이상(里庠)·당서(黨序): 중국에서 오랫동안 지속된 마을 단위의 초등교육기관.

을 제어하고 강력한 중앙집권적 정치체제를 확립해야 하는 시대적 과제에 봉착하고 있었다. 그리하여 이런 과제를 해결하기 위해 광종이 노비안검법, 백관의 공복 제정과 함께 도입한 개혁정책이 바로 과거제도이다. 말하자면, 과거제도는 종래의 건국 공신과 호족을 비롯한 귀족세력을 대체할 수 있는 새로운 관료층을 형성함으로써 강력한 중앙집권적 전제왕권을 확립하기 위한 정치적 목적에서 실시된 것이었다. 그 후 차츰 내용을 보완하여 인종 14년(1136)에 과거시행법인 과거절목(科擧節目)을 제정함으로써 제도의 완비를 이루게 되었다. 이후 과거제도는 고려와 조선의 지배적인 관리 선발방법으로 자리를 잡게 되었다.

▶ 과거의 종류와 시험과목

과거의 종류는 제술업(製述業), 명경업(明經業), 잡과(雜科)로 대별된다. 그리고 잡과는 다시 명법업(明法業), 명산업(明算業), 명서업(明書業), 의업(醫業), 주금업(呪噤業), 지리업(地理業), 하론업(何論業) 등으로 이루어졌다. 제술업과 명경업은 문관, 잡과는 기술 관리를 등용하기 위한 시험으로서 제술업과 명경업이 과거의 중심이었다. 특히, 고려시대는 제술업을 중시했는데, 이는 귀족들이 명경업보다는 문예를 더 숭상하던 시대풍조를 반영한 것이다.

제술업의 고사과목은 경의(經義), 시(詩), 부(賦), 송(頌), 책(策), 논(論) 등이었으나 때에 따라 과목을 달리하기도 하였다. 명경업은 『서경』, 『역경』, 『시경』, 『춘추』, 『예기』 등 유교 경전이 주를 이루었다.

▶ 과거의 절차

제술업과 명경업의 시험절차는 세 단계로 이루어지는데, 중앙과 지방에서 예비시험인 초시(初試)에 합격한 자가 재시험인 국자감시(國子監試)에 응할 수 있었고, 국자감시에 합격한 자에 한해서 본시험인 동당감시에 응할 수 있었다. 예외적으로 국자감에서 3년 이상 재학하면 국자감시를 거치지 않고 바로 동당감시에 응시할 수 있는 자격을 주었다.

동당감시의 합격자는 그 성적에 따라 차등을 두었는데, 제술업은 갑·을로, 명경업은 갑·을·병·정으로 구분하였다. 합격자는 정원을 따로 정하지 않았으나 중엽 이후 대체로 33명으로 제도화되었다. 갑과의 1등을 장원(壯元), 2등을 아원(亞元) 혹은 방안(榜眼), 3등을 탐화(探花)라 칭하였다. 과거는 초기에는 매년 실시했으나 6대 성종 이후에는 3년에 한 번씩 정기적으로 실시하는 식년시(式年試)로 바뀌었다.

과거 응시 자격은 별도의 제한을 두지 않았으나 당시가 엄격한 계급사회였던 점을 감안하면 실제로는 귀족계층의 자녀로 한정되었을 것으로 보인다. 그리고 오역(五逆)[7], 오천(五賤)[8], 불충 · 불효한 자, 향(鄕) · 소(所) · 부곡(部曲) 거주자, 악공(樂工) 및 잡류(雜類)의 자손에게는 응시 자격을 원천적으로 봉쇄하였다.

과거제도와 관련해서 특이한 것은 시험책임관인 지공거(知貢擧)와 급제자가 좌주(座主)와 문생(門生)의 관계를 맺어 일생동안 서로 부자(父子) 혹은 사제(師弟)의 예로 대했다는 점이다. 이 관계는 초기에는 중앙관료의 결속을 다지는 긍정적 역할을 했으나 나중에는 일종의 파벌을 형성하여 정치 세력화됨으로써 사회 · 정치적 문란의 요인이 되기도 하였다.

이 외에 관리를 등용하기 위한 제도로 음서제(蔭敍制)가 있었다. 이는 5품 이상 관리의 자제 중 한 사람에게 과거를 거치지 않고 관리가 될 수 있게 하는 제도이다. 이것은 과거제도의 한계와 귀족적 관료체제의 특성을 반영한 것으로서 문벌 귀족의 형성과 문약(文弱)의 풍토 형성에 적지 않은 영향을 주었다.

---

7) 불교의 다섯 가지 무거운 죄를 말하는데, 오역에 대한 소승불교와 대승불교의 입장은 다소 상이하다. 전자의 오역은 ① 부 · 모 살해, ② 수도자 살해, ③ 부처 상해, ④ 승가의 화합을 깨뜨리는 것이며, 후자의 오역은 ① 불탑 파괴, 경전과 불상 방화, 삼보의 물건을 빼앗거나 시키는 행위, ② 성문이나 연각의 법과 대승불교의 법에 대한 비방, ③ 출가자의 불법수련 방해나 살해, ④ 소승불교의 오역 중 한 가지를 범하는 것, ⑤ 업보가 없다고 생각하고 악한 일을 하거나 가르치는 것이다.

8) 노비, 백정, 광대, 박수무당, 창기.

CHAPTER 03

조선시대의 교육

01 시대적 배경

고려는 14세기 중엽부터 대내적으로 정치 · 경제 · 사회적 갈등과 대외적으로 원(元), 명(明)의 교체에 의한 대외정책의 혼란 등으로 인해 서서히 붕괴의 조짐을 보이고 있었다. 이런 역사적 혼란 속에서 이성계(李成桂)를 위시한 신진세력은 위화도 회군을 감행하여 정치 · 군사적 실권을 확보하였고, 사전(私田)개혁을 통해 경제적 실권을 장악함으로써 고려를 멸하고 조선(朝鮮)을 건국(1392)하였다. 또한, 성리학적 정치이념과 그에 따른 왕도정치와 덕치주의를 표방하고 친명외교(親明外交), 숭유억불(崇儒抑佛) 정책을 실시하였다. 이런 정책들은 대외적으로 명나라의 보증과 대내적으로 유신(儒臣)들의 결속을 유도함으로써 왕권의 정당성을 확보하고 강화하는 데 기여하였다.

▶ 조선의 사회적 성격

태조 이성계의 건국부터 1910년 일제에 의해 주권이 상실되기까지 519년간 지속된 조선사회의 기본성격을 정리하면 다음과 같다(김경식, 2001 : 57-59).

첫째, 정치적 측면에서 강력한 중앙집권적 관료사회였다. 고려는 무신란 이후 귀족사회가 붕괴되면서 점차 관료층의 등장을 허용하기는 했지만, 여전히 일부 지방에만 중앙관료가 파견되었을 뿐 대부분의 지방은 호족에 의해 지배되었다. 이와 달리 조선은 지방의 모든 수령이 중앙의 왕에 의해 파견됨으로써 지방에 대한 중앙의 지배력이 한층 강화되었다.

둘째, 경제적으로 농업을 기반으로 하는 사회였다. 태조가 즉위교서(卽位敎書)에서 농상(農桑)의 장려를 원칙으로 삼거나 국가경제를 지세(地稅)를 중심으로 운영하고 토지의 사유화 및 이농(離農)을 억제했던 것 역시 농본주의의 연장선이었다. 그리하여 다양한 산업의 균형 있는 발전이 저해되고 생산력이 일정한 한계에 봉착하는 등 국가발전을 더디게 하는 결과를 초래하였다.

셋째, 사회적으로 신분사회였다. 고려 역시 신분사회였으나 조선은 중앙관료체제의 확립과 학제 · 과거제의 정비와 더불어 고려에 비해 그 성격이 더욱 강화되었다.

조선의 신분계층은 왕족을 포함한 양반과 그 밑에 중인(中人), 상인(常人), 천인(賤人) 등 네 계층으로 이루어져 있다. 양반은 고위 관직을 실제적으로 독점하고 생산과 부역을 면제받으며 관리가 되면 국가로부터 토지와 녹봉을 받는 등 여러 사회적 특혜와 권리를 향유하던 지배계층이다. 중인은 문관의 하위직과 기술직에 종사는 계층으로서 주로 서울의 중앙에 모여 살아 붙여진 이름이다. 상인은 주로 농 · 공 · 상의 생산을 담당하는 절대다수의 계층으로 제도상으로 과거의 응시나 양반으로의 신분상승이 가능했으나 현실적으로는 극히 제한적이었다. 천민은 노비, 백정, 재인(才人), 박수무당, 창기 등 천업에 종사하는 계층으로 국가나 개인에게 예속되어 재산과 동일시되었으며, 학교교육을 비롯한 다양한 사회적 권리를 완전히 박탈당하였다.

이런 신분제도는 초기에는 비교적 안정적으로 유지되었다. 그러나 중기 이후 점차 동요가 일어나 조선사회의 무질서와 해체의 한 원인으로 작용하였다.

넷째, 사상 · 문화적 측면에서 조선은 유교 중심 사회였다. 조선은 국초부터 억불숭유정책을 국시로 삼아 유교를 치국의 통치이념과 국민생활의 지도이념으로 숭상하였다. 말하자면, 유학은 국가의 모든 제도적 질서를 재편하는 근거를 제공하는 것에서부터 피지배층의 일상생활에 규범을 제공하는 것에 이르기까지 사회 구석구석을 새롭게 비추고 규율하는 사회원리였다(서울대학교 교육연구소, 1997:90-91).

유학의 발달은 학식과 덕망을 갖춘 훌륭한 유학자를 많이 배출하고 수준 높은 학문적 성과를 이룩하여 학문과 예의를 숭상하는 민족적 전통을 수립하였다. 그러나 다른 한편에서 사회 현실을 초월한 지나친 추상적 논의와 공담 그리고 독단과 허례

허식에 치우쳐 다양한 학문과 실용적 기술의 발달을 저해하기도 하였다. 그리하여 임진왜란 이후 지나치게 관념적이고 사변적인 성리학에 대한 반발로 실사구시(實事求是)를 강조하는 실학사상이 대두되게 되었다.

마지막으로 교육적 측면에서 조선사회의 교육은 사회의 기본성격을 그대로 반영하고 있다. 말하자면, 유학이라는 통치이념과 중앙집권적 정치체제 그리고 엄격한 신분질서가 교육의 기본 성격을 지배하고 있었다. 그리하여 교육은 치국의 이념인 유학의 연구·보급과 국가의 유지·관리에 요구되는 관료의 양성을 중추적 목적으로 하였으며, 이는 교육내용, 교육방법, 학교의 운영 그리고 과거 등 교육의 모든 측면을 규제하는 원리로 작용하였다. 그리고 그 연장선에서 국가에서 운영하는 모든 학교교육은 거의 대부분 지배계층인 양반에 의해 독점된 반면 서민대중은 교육받을 기회가 현실적으로 거의 봉쇄되어 있었다.

▶ 조선시대 교육의 시기 구분

조선시대 교육은 크게 네 시기로 나뉘어 발달하였다. 제1기는 교육체제의 정립기(태조~성종, 1392~1506)로서, 교육사상의 확립, 교육체제의 확장과 정비, 교육과정과 방법의 정비, 과거제도의 확립이 이루어졌다. 제2기는 교육의 발전기(중종~경종, 1506~1724)로서, 치국의 이념이자 교육사상인 성리학이 고도로 발달함과 동시에 이황(李滉, 1501~1570)과 이이(李珥, 1536~1584) 등 대사상가가 배출되었으며 교육내용과 방법, 여러 학규가 발달하고 사학이 크게 융성하였다. 제3기는 실학사상기(영조~고종, 1725~1876)로서, 당리당략과 허위공담에 빠진 성리학을 비판하고 문란해진 사회기강과 도탄에 빠진 민생을 구제하기 위한 노력으로 실학사상이 성립하고 발전하였다. 마지막 제4기는 근대교육 형성기(고종~순종, 1876~1910)로서 개화기에 해당하는 시기이다. 이 시기에는 전통적 교육에 대한 반성과 새로운 시대적 흐름에 부응하기 위한 노력으로 정부, 민족 선각자, 선교사들에 의해 서구식 근대교육이 도입되고 추진되었다.

02 교육제도

조선시대에는 통치이념의 근간인 유학이 고도로 발달하고 중앙집권적 정치체제 및 관료제도가 공고히 확립되었다. 이에 따라 통치이념의 연구와 보급 그리고 관리의 양성을 목적으로 학교가 발달하였다. 조선시대의 교육기관과 학제는 기본적으로 고려의 것을 계승하여 더 발전시킨 것이다. 국가에서 설치 · 운영한 관학으로는 오늘날 국립종합대학에 해당하는 고등교육기관으로 한양에 성균관(成均館)이 있었고, 중등교육기관으로 한양에 사학(四學)과 지방에 향교가 있었다. 그리고 왕과 세자 및 종친교육을 위한 왕실교육기관이 있었다. 개인이 설립한 사학으로는 서당과 서원이 있는데, 고려에 이미 상당한 발달을 보였던 서당은 조선에 이르러 양적으로나 질적으로 더욱 발달하였으며, 중기 이후에는 지방 사림(士林)들을 주축으로 수많은 서원이 설립되고 발달하였다.

1) 관학

(1) 성균관

성균관의 명칭 ◀

성균관이라는 명칭은 고려 말에 잠시 사용되었다가 조선 건국 후 다시 본격적으로 사용되었다. 성균관은 국학, 태학, 국자감, 반궁(泮宮), 현관(賢關) 등 다양한 명칭으로 불리어지기도 하였다.

국학이란 중국 『주례(周禮)』의 '국유학(國有學)'에서 따온 말로서 국가의 인재를 기르는 학교라는 뜻이며, 태학의 태(太)는 대(大)의 극(極)으로서 국가가 관리를 양성하기 위해 세운 최고 학부를 지칭하는 이름이고, 국자감은 중국 고대에 고급관리의 적자를 교육하기 위해 세운 국자감에서 모방한 것이다. 여기서 '국자'란 중국 주(周)나라 때 귀족의 적자를 우대하여 부르던 이름이다. 반궁은 성균관이 동문과 서문 남쪽으로 물이 흐르는 곳에 터를 잡는 전례에서 온 말이며, 현관이란 『한서(漢書)』의 "대학은 현명한 선비의 길로 들어가는 관문이다(大學者賢士之所關也)."라는 말에서 유래되었다. 성균관이란 『주례』에서 유래한다. 『주례』에 따르면, 5개의 학교가 있는데 동에는 동서(東序), 서에는 독종(瞽宗), 북에는 상상(上庠), 중앙에는 벽옹(辟雍), 남에는 성균(成均)이 있었다. 특히, 남쪽의 성균에서는 음악을 중심으로 교육하였는데 대사업(大司業)이라는 교직원이 있어 음악의 '성균지법(成均之法)'을 맡았다. 이후 '성균'은 대학을 지칭하는 이름으로 통용되었다.

▶ 성균관의 설립

성균관은 태조가 즉위 7년(1398)에 수도 동북쪽 숭교방(崇敎坊)에 처음 세웠으나, 정종 2년에 화재로 소실되고 태종 7년(1407)에 다시 지었다. 성종 원년(1457)에 성균관 유생 권자후(權自厚)의 건의에 따라 이를 다시 크게 중수하고 돌로 담을 쌓고 동서의 수로를 더 깊이 파고, 민가를 멀리하여 경내를 넓히고, 존경각(尊經閣)과 향관청(享官廳)을 증설하였다. 성균관 건물은 선조 25년(1592) 임진란 때 다시 소실되어 선조 34년(1601)에 대성전(大成殿), 39년(1606)에 명륜당(明倫堂)을 재선하였다. 현재 서울 명륜동 성균관대학교 내에 있는 건물이 바로 선조 때 재건된 것이다.

▶ 성균관의 시설

성균관의 시설은 제일 중요한 문묘와 명륜당 그리고 부속 건물로 이루어져 있다. 문묘는 대성전(大成殿)과 동서의 양무(兩廡)가 있다. 대성전에는 문선왕(文宣王, 孔子)의 위패를 안치하고 양무에는 72현을 비롯한 대유자(大儒者)의 위패를 모셨다. 명륜당은 북쪽 중앙에 본당이 있고 동서에 양재(兩齋)가 있다. 본당은 유생들에게 강학하는 곳이고 양재는 유생들이 거처하는 곳이다.

중요한 부속 건물로는 존경각(尊經閣), 계성사(啓聖祠), 비천당(丕闡堂), 육일각(六一閣), 양현고(養賢庫) 등이 있다. 존경각은 명륜당 동북쪽에 있는 서고이며, 계성사는 명륜당 서북쪽에 있는 것으로 공자 및 그 수제자들의 부친을 제사하는 곳이다. 비천당은 명륜당 서쪽에 있는 것으로 불교를 금지하는 상징으로 과거장으로 활용된 건물이며, 육일각은 대사례(大射禮)를 행하던 곳이고, 양현고는 유생들의 의식에 관한 일용품을 관리하고 공급하던 곳이다. 이 외에도 일양재(一兩齋)와 벽입재(闢入齋)를 비롯한 여러 부속 건물 및 시설이 있었다.

▶ 성균관의 조직

성균관의 조직은 성균관장인 관지사(關知事, 正2品) 1명, 동지사(同知事, 從2品) 2명, 대사성(大司成, 正3品) 1명, 사성(司成, 縱3品) 2명, 사예(司藝, 正4品) 3명, 직강(直講, 正5品) 4명, 전적(典籍, 正6品) 13명, 박사(博士, 正7品) 3명, 학정(學正, 正

8品) 3명, 학록(學錄, 正9品) 3명, 학유(學諭, 縱9品) 3명으로 이루어져 있었다. 『속대전』에는 제주(祭酒, 正3品) 1명을 증원하고 사성과 사예 1명씩 감원하고 사업을 1명 증원하였다. 이 직제는 고종 때까지 계속되었고 갑오년(1894)에는 관장 1명, 교수전임 3명, 직원 등으로 변경하였다.

성균관의 입학 및 수업연한◀

성균관의 입학 자격은 생원과 진사를 원칙으로 하되, 정원이 부족할 경우 사학(四學) 학생, 공신의 적자손(適子孫), 문과나 생진과의 향시, 한성시에 합격한 자 또는 현직 관리 등으로 충원하였다. 입학정원은 초기에는 150명이었으나, 세종 때는 50명을 증원하여 200명으로 하였다. 그러나 재정 형편에 따라 정원을 크게 줄여 70명 내외일 때도 많았고, 영조 때는 『속대전』을 통해 126명으로 재조정하였다. 수업연한은 4년 반이 원칙이나 실제로는 8년 이상 걸리는 경우도 많았다.

성균관의 교육과정◀

성균관의 교육과정은 사서, 오경 및 제사(諸史)를 중심으로 하고 시부(詩賦) 등 제술과목도 부과되었다. 단, 노장(老莊)과 불경 및 잡서는 읽지 못하게 하였다. 사서와 오경의 경우 구재(九齋) 제도를 만들어 학생을 가르쳤다. 말하자면, 먼저 대학재(大學齋)에 들어가 『대학』을 배우고 과정을 마치면 강문(講問)하여 능통한 유생은 다음 단계인 논어재(論語齋)에 올리고, 다시 그 과정을 반복하여 다음 단계로 나아가게 하였다. 이런 방식으로 대학재, 논어재, 맹자재(孟子齋), 중용재(中庸齋), 예기재(禮記齋), 시재(詩齋), 서재(書齋), 춘추재(春秋齋), 역재(易齋)를 순차적으로 학습하게 하였다.

성균관의 교육방법◀

성균관에서는 매일 강(講)을 받고 어려운 점을 논하고 의문을 해결하여 학습을 철저히 한 것을 확인한 뒤에 새로운 내용을 가르쳤다. 또한, 형식만을 취하여 많이 가르치지 않고 반복해서 복습하고 자세히 연구하게 하여 유생 각자의 자질대로 충분히 이해시키고자 하였다. 이는 단순한 주입식이나 획일식이 아닌 개인 기준의 문답식으로서 완전학습을 지향한 매우 우수한 교수법이었다.

각 과목의 학습기간은 『대학』 1개월, 『중용』 2개월, 『논어』, 『맹자』 각 4개월, 『시경』, 『서경』, 『춘추』 각 6개월, 『주역』, 『예기』 각 7개월로 규정되어 있었다. 1개월을 단위로 할 때 20일간은 경서를 가르치고 4일간은 고강(考講)을 하며, 나머지 6일간은 제술을 가르쳤다.

시험의 종류는 연고(年考, 春秋都會), 월고(月考), 순고(旬考), 일고(日考)가 있었는데, 평정은 대통(大通), 통(通), 약통(略通), 조통(粗通), 불통(不通) 5단계로 하되 조통 이하는 벌하였다. 3월 3일과 9월 9일에 실시하는 춘추도회는 의정부, 육조(六曹) 및 제관(諸官)이 파견되어 감독하였고 그 성적을 학적에 기록하여 우수자 3명에게 문과 복시에 응시할 수 있는 특전을 주었다.

▶ 성균관 유생의 일상생활

성균관 유생들은 매우 질서 있고 엄중한 규율에 따라 생활하였다. 전원이 재(齋)에 기숙해야 했으며, 날이 밝기 전 북이 한 번 울리면 일어나고 날이 밝아 북이 두 번 울리면 의관을 정제하고 앉아 독서하며, 북이 세 번 울리면 식당에 들어가 식사를 하였다. 식사를 마치고 명륜당에 들어가 대사성을 비롯한 교수들에게 절하고 나서 강의를 듣고, 저녁이 되면 식사 후 각 방으로 들어가 그날 배운 것을 복습하였다.

특이한 것은 식당에 도기(到記)라고 하는 출석부가 비치되어 있었는데 아침과 저녁 두 차례에 걸쳐 원점(圓點)을 찍게 하였다. 이는 유생들로 하여금 성균관에 성실히 거하게 하기 위한 것으로서, 300개 이상의 원점이 있어야만 과거에 응시할 자격을 주었다.

그리고 유생들의 자치기구로 재회(齋會)가 있었다. 유생들은 대표인 장의(掌議)를 선출하고 그의 주재하에 재회를 열어 성균관 생활에 관련된 중요한 사항을 논의하고 결정하였다. 풍속을 해친 유생에 대해서는 심할 경우 재회에서 출재(出齋)를 명하기도 하였다.

성균관 유생들은 국가정책에 대해 유소(儒疏)를 통해 건의하거나 항의하기도 하였다. 특히, 어떤 정책이나 인물이 유풍(儒風)을 심각하게 해칠 경우 유소를 통해 항의하곤 하였다. 그러나 유소를 아무나 임의대로 작성하는 것은 아니었다. 유생 자치조직인 재회에서 충분히 논의하고, 성균관 교수들의 면밀한 검토와 수정을 받았다. 그런 다음에 문묘에 들어가 선현들에게 엄숙하게 고하고 나서야 비로소 임금에게 보낼 수 있었다. 유소를 통해 국가정책에 항의할 때조차 예로 시작하여 예로 끝내는 것이 바로 성균관 유생들의 수칙이었다. 그리고 유소가 부당하게 거절될 경우 권당(捲堂, 식당에 들어가지 않음)[9], 공재(空齋, 기숙사에서 나옴), 공관(空館, 성균관에서 집단 퇴거함) 등의 집단행동을 취하기도 하였다. 유생들이 공관을 하면 주변의 상점들도 문을 닫고 호응하였으며, 국가에서는 유생들의 사기진작과 학자를 존중하는 기풍에서 유소를 관대하게 수용하여 정책에 반영하는 것이 상례였다.

(2) 사학

사학의 설립 ◀

사학은 원래 고려 말의 오부학당이 조선에 계승된 것으로 태종 11년(1411) 서울의 동·서·중·남·북부에 다섯 개의 학당이 설치되었다. 그러나 세종 때에 북부학당이 폐지되고 네 개의 학당만 갑오개혁(1894)까지 존속했는데 이를 사학(四學)이라 한다.

사학은 성균관의 부속학교와 같은 중등교육기관으로서 지방의 향교와 수준이 비슷하였다. 구조는 명륜당과 양재가 있었으며, 문묘는 따로 두지 않고 순수한 교육기능만을 담당하였다. 국가의 지원이 미비하여 직원은 성균관 교수와 겸직하는 교수 2명과 훈도 2명에 지나지 않았다. 국가에서는 태종 때와 세조 때 교관전임제 및 30개월 근속제를 실시하여 교수의 질을 제고하고자 했으나 성과가 높지는 않았다.

입학 자격은 10세 이상의 양반 자제를 원칙으로 하고 15세에 이르러 그 성적이 출중한 자는 성균관에 입학시켰으며, 각 학의 정원은 100명씩이었다.

---

9) 유소가 집단적 의사표시라면 권당은 집단행동을 의미한다. 권당을 할 경우 성균관 유생들은 종종 식당에 들어가지 않곤 하였다. 이것을 단식투쟁으로 해석하는 경우가 많으나 이는 잘못된 것이다. 성균관의 식당에는 도기(到記)라고 하는 출석부가 비치되어 있어 조석으로 하루에 두 번의 원점을 찍어야 했으며, 일 년에 300번 이상 찍어야 과거에 응시할 수 있었다. 따라서 식당에 들어가지 않는 행위는 단식투쟁이 아니라 암묵적으로 과거 응시를 유보하겠다는 의사표시로 해석해야 한다. 성균관은 고위 관료를 양성하는 유일한 기관이었으므로 성균관 유생들이 과거 응시를 유보할 경우 관료 충원에 큰 차질이 빚어질 수 있었다. 권당의 파장이 컸던 것도 이 때문이다. 권당에는 교실에 앉아 눈뜬장님 행세를 하는 청맹권당(靑盲捲堂)과 대궐까지 곡을 하며 행진하는 호곡권당(號哭捲堂)이 있다. 예에서 시작하여 예로 끝나는 성균관에서 청맹 노릇을 하는 것은 곧 예법을 포기하는 것이었기 때문에 반향이 컸을 것이고, 성균관에서 대궐에 이르는 길은 한양의 중심가였기 때문에 호곡권당 역시 민심에 큰 영향을 주었을 것이다.

교육내용은 성균관과 유사하게 경술(經術)과 문예로 구성되어 있었는데, 필수과목인 『소학』과 함께 『효경』, 사서오경, 『문공가례집』, 제사, 『초사(楚辭)』[10]와 『문선』, 역대 명인들의 시 등 비교적 다양하게 가르쳤다. 그러나 교육과정 운영에서 제술에만 치우치고 경서강독을 소홀히 하는 폐단이 생기자, 세종 때에는 한 달의 절반은 강독에 나머지 절반은 제술에 시간을 할애하도록 강제하기도 하였다.

▶ 사학의 교육내용과 방법

교육방법은 주로 암기에 의존하였다. 유생들은 공부한 내용을 반드시 암기하고 그 뜻을 충분히 이해한 후 다음 내용을 접할 수 있었다. 시험은 사학 자체적으로는 5일마다, 예조에서는 월마다 실시하여 1년간의 성적을 취합하여 왕에게 보고하였다. 또 성균관 대사성은 매월 6일 사학 유생 중 각 20명을 선발하여 남학에 모이게 하고 문신 3명을 통해 고강 혹은 제술로 시험하여 우수한 10명에게 생진과의 복시에 응시할 자격을 주었다.

사학의 재정은 때로는 성균관 양현고에서, 때로는 국가의 풍저창(豊儲倉)에서 지급하였다. 국가는 학전(學田), 어장(漁場) 및 노비가 있어 그 세수로 경비를 충당하거나 노작을 담당하게 하였다.

이렇듯 사학은 국가의 지원과 감독을 받았으나 시설이나 직원 그리고 재정적 측면에서 부진을 면치 못하여 크게 발전하지 못했다. 특히, 임진란 이후에는 정원이 미달하는 등 침체를 거듭하여 유명무실한 채 명맥만 유지되었다.

(3) 향교

향교는 고려 인종 때부터 지방에 설치되어 있던 중등교육기관으로 조선시대에 들어와 크게 발전하였다. 태조가 원년(1392)에 각 지방 관찰사에게 교학(敎學)을 부흥시킬 것을 명하고 향교의 흥폐에 따라 공적을 평가한 이래로 지속적인 장려가 이루어져 대부분의 주·부·군·현에 향교가 설치되었다. 그리하여 성종 대에 이르러서는 전국 8도에 329개교가 설립되었다(『經國大典』, 卷三 禮典).

▶ 향교의 설립

10) 중국 초(楚)나라의 굴원(屈原)과 그 유파의 말(辭)을 모은 책으로 한(漢)나라 유향(劉向)이 편집하였다.

향교의 교육목적

향교의 교육목적은 성현에 대한 제사와 지방 유생의 교육 그리고 사회교화 및 향풍순화에 있었다. 이런 기능을 담당하기 위해서 향교는 선현에 대한 제사를 담당하는 문묘와 교육을 담당하는 명륜당, 그리고 양재를 갖추고 있었다. 따라서 향교는 성균관의 완전한 축소판이었다. 문묘에서 배향하는 성현은 공자를 제외하고 향교의 사정에 따라 다소 차이가 있었다.

입학 자격은 16세 이상의 양반 자제 또는 향리(鄕吏)였고, 정원은 『경국대전』을 기준으로 할 때 부 · 대도호부 · 목의 향교에 각 90명, 도호부의 향교에 70명, 군의 향교에 50명, 현의 향교에 30명이었으며, 16세 이하는 예외로 하였다(『經國大典』, 卷三 禮典).

향교의 교육내용과 방법

향교의 교육내용은 과거준비에 필요한 경서와 지방민의 교화에 요구되는 유교적 도덕규범으로 이루어져 있었다. 따라서 『소학』을 비롯하여 사서오경, 『성리대전』, 『근사록(近思錄)』, 그 밖에 향약이나 가례 등이 주된 교과였다.

교수방법은 성균관이나 사학과 유사하였고, 교육활동은 관찰사와 수령에 의해 감독 되었다. 각 군의 수령은 유생들의 학습결과를 매월 말에 관찰사에게 보고하고, 관찰사는 순행하여 이들을 직접 고강하여 학령(學令)에 의해 상벌하며, 학관의 성적을 기록하고 때로는 일과(日課)와 월강(月講)을 평정하여 우수 유생에게는 조세를 감량해 주었다. 또한, 관찰사는 매년 6월 도회(都會)를 열어 문관 3명으로 고강 혹은 제술로 시험을 보게 하여 성적 우수자에게 생진과 복시의 응시 자격을 주었다. 이를 공도회(公都會)라 한다.

향교의 운영경비는 왕이 하사한 학전과 지방 유림에게서 희사받은 기부금으로 사들인 전지(田地), 어장, 산림 등의 세수로 충당하였고, 교(校)노비가 지급되어 향교에 관련된 각종 노역을 담당하였다.

향교의 사회교육적 기능

앞에서 말했듯 향교는 제사 및 유생교육과 함께 향풍순화에도 노력을 기울였다. 이와 관련된 향교의 활동이 바로 양로례(養老禮), 향음례(鄕飮禮), 향사례(鄕射禮) 등이다. 이는 '유덕한 사람을 받들고 연장자를 존경하며 예의를 홍하게 한다'(尙有德 尊長年 興禮讓)는 유교적 이념의 실천이었다. 양노례는 매년 8월에 덕이 높은 80세 이상의 어른을 초대하여 음식을 대접하는 의식이고, 향음례는 매년 10월에 덕행을 겸비한 어른을 모시고 주연을 베풀며 향약(鄕約)을 읽는 의식이다. 그리고 향사례는 매년 3월 3일이나 9월 9일에 효제충신(孝悌忠信)하고 예의 바른 이를 주빈으로 초대하여 활쏘기와 술과 음악으로 함께 즐기는 의식이다. 이 외에도 『삼강행실록(三綱行實錄)』을 한글로 번역하여 교수나 훈도 등에게 부녀자와 어린이를 가르치게 하고, 그 뜻을 충분히 이해하고 행실이 탁월하면 그 지방의 수령이 상을 내리는 특별강습도 있었다.

조선의 향교는 중기까지 크게 융성했는데 이것은 과거를 통하여 관직에 진출할 수 있는 기회가 열려 있었기 때문이었다. 중기 이후의 향교는 그 본연의 성격이 변질되어 과거준비기관으로 전락해 버리고 말았다. 게다가 지속되는 병란과 흉년 그리고 서원의 출현으로 인해 결국 건전한 교육기관으로서의 기능을 상실한 채 명목만 유지되다가 갑오개혁에 과거제도와 함께 폐지되고 문묘의 기능만 남게 되었다.

(4) 왕실교육기관

조선시대에는 왕을 비롯한 종친들을 교육하기 위한 다양한 교육기관 혹은 제도가 있었다. 그중 가장 대표적인 것은 종학(宗學)이며, 그 외에도 세자시강원(世子侍講院), 세손강서원(世孫講書院), 집현전의 경연(經筵) 등이 있었다.

▶ 종학

먼저 종학은 종친자제들의 교육을 위해 세종 10년(1428)에 설립되었다. 세종은 종학 설립 다음 해 경복궁 건춘문 밖에 학사를 짓고 종학 학식을 규정하여 명실상부한 종친교육기관의 체계를 확립하였다. 직제는 처음에는 종학박사(宗學博士) 4명으로 구성되었으나 나중에 증원되고 학관은 성균관 관원이 겸직하였다. 입학 자격은 15세 이상의 종친 자제로 하였고, 입학정원은 설립 당시에는 40명이었으나 50명으로 증원되기도 했으며, 성종 때에는 150명까지 늘기도 하였다. 주된 교육내용은 경서와 문예였고 『소학』도 중시되었다.

▶ 세자시강원과 세손강서원

세자시강원은 왕세자 교육을 위해 태조 때 설치한 기관으로 영의정, 좌·우의정, 찬성 등의 고관이 주로 교육을 담당하였다. 주로 경서와 제사 그리고 군왕으로서의 도의를 가르쳤는데, 세자시강원의 이런 교육활동을 뒤에 설명할 경연에 비해 격을 낮추어 서연(書筵)이라고도 하였다. 세손강서원은 왕세손 교육을 위해 세종 때 설치한 기관으로 강서원이라고도 한다.

경연◀

경연은 세종 때 학자 양성 및 학문연구를 위해 설치된 집현전의 중요한 업무 중의 하나였다. 이것은 군왕의 덕을 높이기 위해 학문이 높은 집현전 학자에게 경서와 제사를 강론하게 하는 교육기관이었다. 경연은 원래 한(漢)나라에서 황제에게 유교 경전을 강의함으로써 시작된 제도로, 우리나라에는 고려 중기 예종 때 도입되었다가 한때 폐지 혹은 서연으로 격하되기도 하였다. 이 제도는 조선시대에 크게 발전하여 국왕에게 학문과 경서를 강론할 뿐만 아니라 국가정책을 논하는 일종의 정치협의기구로서의 역할도 수행하여 현실 정치에 큰 영향을 미쳤다.

(5) 잡과(雜科)교육

조선은 유학을 숭상하던 사회였기 때문에 실생활에 관련된 생산기술이나 학문은 중시하지 않았다. 그럼에도 불구하고 오늘날 실업교육에 해당하는 잡과교육이 관주도로 운영되어 국가의 운영에 필요한 전문기술인력을 양성하였다. 잡학교육은 교수자나 학생 모두 중인계층에 속한 사람들로 이루어졌으며, 일정한 과정을 거친 후 과거에 응시하여 자격을 부여받고 해당 관서에 등용되었다.

잡학의 종류◀

잡학은 태조가 원년(1392)에 율학박사(律學博士)와 산학박사(算學博士)를 설치하고 이어서 병학(兵學), 율학(律學), 자학(字學), 역학(譯學), 의학(醫學), 산학(算學) 등 6학을 두었으며, 태종 6년(1405)에는 유학(儒學), 이학(吏學), 음양풍수학(陰陽風水學), 악학(樂學)이 추가 설치되어 10학으로 정비되었다. 이 중에 특히 중시된 것은 의료, 치안, 외교에 필수적인 의학과 율학 그리고 역학이었다.

병학은 무인관리를 양성할 목적으로 설치하여 병조에서 담당하고 훈련원에서 주관했다. 무예의 연습과 무경(武經) 그리고 지도(地圖) 학습이 주된 교육내용이었다.

율학은 법령의 집행과 일반 소송을 담당할 관리를 양성할 목적으로 중앙에서는 형조에서 교수 1명과 별제 2명, 훈도 1명을 두어 관리하였고, 지방에서는 각 행정단위의 관청에서 관리하였다.

자학은 문서관리, 교정 등의 사무를 맡아보는 하급관리 양성을 목적으로 하며, 교서관(校書館)에서 담당하였다. 역학은 외교에 필요한 통역관 양성을 목적으로 설치된 것으로 한학, 여진학, 몽고학, 왜학(倭學) 등이 있었고, 사역원(司譯院)에서 담당하였다. 의학은 의원 양성을 목적으로 각 행정구역에 따라 실시되었다. 중앙은 전의감(典醫監)과 혜민서(惠民署)에서 교수와 훈도를 두어 담당했고, 지방은 행정구역의 규모에 따라 일정한 수의 학생을 선발해서 교육하였다. 산학은 전곡회계(錢穀會計) 담당 관리의 양성을 목적으로 호조(戶曹)에서 담당하였다. 유학은 일반 하급관리 양성을 목적으로 실무에 요구되는 유학적 교양을 습득하게 하였으며 예조에서 담당하였다. 음양풍수학은 명과학(命課學), 지리학, 천문학으로 구분되는데 관상감(觀象監)에서 담당하였다. 마지막으로 악학은 궁중 예식에 필요한 악공의 양성을 목적으로 장악원(掌樂院)에서 담당하여 음악과 무용을 교육하였다.

잡학교육은 과거와도 연결되어 있었다. 즉, 과거시험에 역과, 의과, 율과, 음양과가 설치되어 합격자는 종7품에서 종9품의 관직에 임명하였다.

앞에서 말했듯 조선은 유학에 기초한 문치주의 원리에 의해 운영된 체제라는 사회적 한계로 인해서, 잡과 출신 전문기술인들은 사회 유지에 필수적으로 요구되는 일에 종사하고 있음에도 불구하고 그에 응당한 사회·경제적 대우를 받지 못하였다. 그리하여 조선은 실생활과 관련된 과학기술과 생산능력에 있어 후진성을 면치 못했고, 이는 결국 근대화를 지연하는 하나의 원인으로 작용하였다.

2) 사학

(1) 서원

▶ 서원의 기원

서원은 조선 중기 이후 선현봉사(先賢奉祀)와 후진장학(後進奬學)을 목적으로 설립된 사설 교육기관이다. 그 기원은 중종 37년(1542) 풍기군수 주세붕(周世鵬, 1495~1554)이 고려의 유명한 유학자인 안향(安珦, 1243~1306)을 배향하기 위해 그의 고향인 순흥의 숙수사(宿水寺) 터에 사당을 세우고, 이듬해 그 옆에 백운동서원(白雲洞書院)을 설립한 것에서 비롯되었다. 그 후 명종 5년(1550)에 후임 군수였던 이황이 경상감사 심통원(沈通源, 1499~1572)에게 백운동서원에 토지, 서적, 노비 등을 지급해 줄 것을 청하고, 감사가 다시 왕에게 상소를 올렸다. 이에 명종이 '소수서원(紹修書院)'[11]이라는 친필의 편액과 함께 사서오경, 『성리대전(性理大典)』 등의 서적과 토지와 노비를 하사하였다. 이것이 사액서원(賜額書院)의 시초이다. 그 후 사액서원이 되면 국가에서 서적, 토지, 노비 등을 하사받고 서원이 소유한 토지에 대해서는 면세의 혜택이 주어지는 관례가 생겼다. 그리하여 서원이 우후죽순처럼 늘어나 조선 말 고종 때까지 전국에 총 900여 개가 건립되고 그중 사액서원만 해도 270여 개에 달하였다.

서원의 발달 요인◀

서원이 이렇게 발달하게 된 데는 여러 가지 요인이 있을 수 있겠지만,[12] 그중 가장 중요한 요인으로 관학의 쇠퇴와 사림의 발달을 들 수 있다. 학문연구와 인재양성을 목적으로 설립된 성균관, 사학, 향교 등 관학은 조선 초기에는 사회적으로 주어진 목적을 나름대로 성실하게 수행하면서 안정적인 발달을 보였다. 그러나 시간이 지나면서 인재양성이라는 현실적인 목적에 지나치게 치중하여 결국 과거준비를 위한 기관으로 전락하게 됨으로써 순수한 학문연구와 교화의 기능은 유명무실해지고 말았다. 게다가 성균관의 견제, 종학과 사학(四學)의 폐지, 서적의 소탕, 유생의 동태 감시 및 사역 강요, 사대부 자제들의 경학공부 금지 등과 같은 연산군의 교육탄압정책으로 관학의 쇠퇴는 더욱 가속화되었다. 관학의 쇠퇴는 서원의 발달에 결정적 영향을 미친 퇴계 이황 시기에 이르러 극에 달했다. 퇴계는 관학의 몰락과 관련하여 "일반 군·현에 이르러 한갓 허울에 그칠 뿐으로 가르침이 크게 무너져 선비들은 도리어 향교에서 지내는 것을 부끄러워하게 되나, 그 극에 달한 피폐를 구할 방도가 없다."(『退溪全書』, 卷九書 上沈方白通源)라고 한탄하기도 하였다.

---

11) '소수'(紹修)는 "기폐지학 소이수지(旣廢之學 紹而修之)"에서 따온 말로서, "이미 무너진 교학을 다시 이어 닦게 한다."라는 의미이다.

12) 최완기는 직접적인 요인으로 백운동서원, 간접적인 요인으로 연산군의 교육탄압정책에 따른 관학의 쇠퇴와 중종·명종의 홍학정책과 그 후 역대 왕들의 계속적 유지, 문중·문하의 자의적 욕구, 과거풍토의 변화, 지방관과 사림의 교육열 그리고 고려시대 이후 이어져 내려온 사학의 전통 등을 들고 있다(최완기, 1981:21).

한편, 관학의 쇠퇴 이면에서 조선 초기부터 서울과 지방에서 사림세력이 점차 성장해 오고 있었다. 주로 향촌에 은거하면서 순수한 학문연구와 성리학적 사회질서 구현을 위한 도학정치를 희구하던 사림을 중심으로 학문적 성숙이 이루어지고, 그 기반 위에 향촌에 서서히 성리학적 지식인 사회가 형성되기 시작하였다. 그들은 당시의 피폐해진 정치와 과거는 물론 성균관, 사학, 향교와 같은 관학에 대해 비판적인 입장을 견지하고 있었다. 그리하여 학문에 뜻을 둔 유생들은 관학이 교관들의 질적 저하와 피역(避役) 수단으로의 전락 등으로 질적 수준이 매우 저하되자 이를 외면하고, 은거 사림을 중심으로 모여 서로 문하사우(門下師友)의 관계를 맺으며 학풍을 형성하였다. 그들에게 때마침 설립되기 시작한 서원은 기존의 피폐한 관학을 보완 · 대체할 수 있는 기구로 인식되었고, 그 결과 서원의 대대적 설립과 발전이 이루어졌다.

더욱이 당시 정계에는 정치적 입장을 달리하는 정치세력으로 여러 붕당이 존재하고 있었고 그들 상호 간에 권력을 장악하기 위한 치열한 경쟁과 견제가 이루어지고 있었다. 그리하여 집권한 세력이나 그렇지 못한 세력 모두 정치 기반을 강화하여 권력을 유지하거나 장악하기 위한 거점을 모색하고 있었다. 그 과정에서 각 정치세력은 자신의 문벌과 학맥을 대표하는 명유공신을 배향함으로써 내부의 결속과 학문적 명분을 축적하고자 하였다. 그런 상황에서 시의적절한 대안으로 대두된 것이 바로 서원이었다.

▶ 서원의 설립목적

서원의 설립목적은 앞에서 말했듯이 선현봉사와 후진장학이다. 따라서 서원의 기본 구조는 향사를 위한 사당과 교육을 위한 강학당(講學堂)이 중심이었다. 거기에 서원에 따라 교관과 유생들의 숙소인 재(齋), 장서를 보관하는 서고 등이 갖추어져 있었다. 소수서원의 경우, 제향을 위한 사당인 문성공묘(文成公廟), 유생들의 강학 장소인 강학당, 교관들의 집무실 겸 숙소인 직방재(直方齋), 일신재(日新齋), 유생들의 기숙사인 학구재(學求齋), 지락재(至樂齋), 제수를 마련하던 전사청(典祀廳), 도서관인 장서각(藏書閣) 등으로 구성되어 있다.

서원의 조직은 사정에 따라 조금씩 차이가 있었다. 한 예로 최치원(崔致遠)을 제향하기 위해 설립되어 숙종 22년(1696년) 사액을 받은 전북 정읍의 무성서원(武城

書院)의 조직을 보면, 서원의 최고 책임자인 원장, 원장을 보좌하는 부원장인 원이장(院貳長), 강학을 담당하는 강장(講長)과 훈장(訓長), 서원 사무를 결재하는 재장(齋長), 서원 기풍과 원생 훈육을 담당하는 집강(執綱), 서원의 대소사를 감독하는 도유사(都有司), 도유사를 보좌하는 부유사(副有司), 서원의 실제 사무를 관장하는 장의(掌議)와 색장(色掌), 유림회의의 사무를 집행하는 직월(直月), 직월을 보좌하는 직일(直日) 등으로 구성되어 있다(김경식, 2001 : 73).

서원의 입학은 외부의 간섭 없이 서원 각자의 자율적인 통제에 의해 이루어졌으나, 대체로 생원과 진사 이상을 원칙으로 하되 그 이하의 경우에는 학문적 경향과 면학태도 등을 판단하여 입학시켰다. 이로 보아 서원의 원생들은 학문적 자세와 능력을 갖춘 높은 수준의 학자들이었음을 알 수 있다. 특히, 교원은 학문적 수준과 덕망이 높아 유생들의 사표가 될 만한 연장자로서 관찰사의 승인을 얻는 것이 원칙이었다.

정원 역시 일정하지 않고 서원에 따라 천차만별이었다. 숙종 때에 사액서원 20명, 비사액서원 15명, 문묘종사유현서원(文廟從祀儒賢書院) 30명으로 법제화했으나 실제로는 거의 지켜지지 않았다.

서원의 교육내용과 방법◀

서원의 교육내용은 서원에 따라 다소 차이가 있으나 경학과 사장이 중심이 되었다. 대개의 경우 『소학』과 사서오경을 필수로 하고, 『근사록』, 『가례』, 『심경』 및 다양한 역사서 등을 공부하였다.

교육방법은 입지(立志), 정진노력(精進努力), 공부함양(工夫涵養), 궁리(窮理), 역행독서(力行讀書) 등과 같은 주자(朱子)의 공부법에 따르는 것이 보통이었다. 그리고 학습결과에 대한 평가는 강(講)으로 이루어졌다. 강은 학습한 문장을 암송하고 그 뜻을 묻고 답하는 것으로서, 말하자면 문장을 단순히 암기하는 것이 아니라 얼마나 그 뜻을 명료하게 이해하고 자신의 것으로 완전히 소화하여 설명에 막힘이 없는가를 보는 것이다. 강을 통한 평가는 대통, 통, 약통, 조통, 불통 5단계나 혹은 통, 약통, 조통, 불통 4단계로 구분하고 조통 이하는 불합격 처리하였다.

서원의 특징◀

관학 교육기관과 비교할 때 서원의 특징은, 첫째, 번거로운 속세를 떠나 산수 좋고 한적한 장소에 위치하고 있다는 점, 둘째, 성균관과 향교가 문묘배향(文廟配享)하는 곳이라면 서원은 대표적인 명유공신(名儒功臣)을 숭배하고 청년자제를 모아 학문과 덕행을 연마하는 곳이라는 점, 셋째, 국가의 까다로운 학령과 학칙의 구애를 받지 않고 자유롭고 독창적인 방식으로 교육내용과 방법을 발전시킬 수 있었다는 점 등이다.

서원은 초기에는 선현을 배향하고 후진을 장학하며 유교적 향촌 사회를 함양하고 정치에 대한 비판적 공론을 형성하는 등 긍정적인 역할을 수행하였다. 그러나 서원 설립이 남발되고 특권화되면서 결국 그 긍정적 역할을 상쇄하고도 남을 만한 심각한 부작용을 낳았다. 예를 들어, 서원의 증가는 결과적으로 향교를 비롯한 관학의 쇠퇴에 적지 않은 영향을 주었고, 서원 소유의 토지와 노비의 증가 및 면역과 면세의 증가는 국가 재정의 혼란을 가져왔으며, 학맥을 빙자하여 붕당을 이룸으로써 당쟁의 근원지가 되었다. 또한, 향촌사회에서 서원이 세력화되어 불량유생의 협잡소굴이요 민중 위에 군림하여 수탈을 자행하는 대민작폐(對民作弊)의 온상이 되기도 하였다.[13)]

서원의 이런 부작용은 결국 국가의 규제를 불러오고 말았다. 인조 22년(1644)에는 서원 설치를 허가제로 하였고 효종 8년(1657)에는 서원을 여러 곳에 설립하는 자를 엄히 처벌하는 규정을 마련하였다. 또한, 영 · 정조 시대에 대대적인 서원 정비에 들어가 200여 개소를 철폐하였으나 여전히 650여 개소가 남아 있다가, 조선 말기에 권력을 장악한 대원군이 서원 설립을 엄금하고 서원의 모든 특권을 철폐하였다. 그리하여 모범적인 47개의 사액서원만을 제외하고 모두 정비되었다.

(2) 서당

서당은 이미 고려시대에 설치된 사설 교육기관이었다. 사숙(私塾), 서재(書齋), 정사(精舍), 서숙(書塾), 학당(學堂), 강당(講堂), 강사(講舍), 가숙(家塾) 등으로 불리기도 하는 서당은 양반은 물론 서민 자제들을 대상으로 문자교육과 기초적인 유학

---

13) 한 예로 충북 괴산의 화양서원(華陽書院)에서 발행한 묵패(墨牌)를 들 수 있다. 묵패는 재물을 징수하는 통첩과 같은 것으로 대단한 위력을 지녔었다. 이것을 받은 사람은 관 · 민을 막론하고 전답(田畓)을 팔아서라도 바쳐야 했으며, 만일 불응하면 서원에 끌려가 심한 고초를 당하기도 하였다.

입문교육을 실시하던 초등교육기관이었다. 고려는 물론 조선시대 역시 국가에서는 서민들의 기초교육에 관심을 거의 기울이지 않았고 그 당연한 귀결로 국가에 의한 서민교육기관의 설립이 전혀 이루어지지 않았다. 따라서 서당은 서민들의 주체적인 교육욕구에 따라 설립된 자연발생적 교육기관이었다.

서당은 조선시대 중기에 이르러 경향 각지에 크게 확대 보급되었고 성균관, 사학, 향교 등의 관학 및 사학인 서원과 독립된 독자적인 교육프로그램을 정립하였다. 그리하여 서당은 서민대중의 교육기회를 확대하여 그들의 기초적 문해(文解)능력을 향상하고 향촌문화를 창달하는 데 성균관을 비롯한 다른 어떤 교육기관 못지않게 크게 기여하였다.

서당의 유형◀

서당은 국가의 감독을 받지 않았으므로 개인의 의사에 따라 자유롭게 설립하고 폐지할 수 있었다. 서당의 설립 유형은 크게 다음과 같이 구분할 수 있다(정순우, 1985; 신차균 · 안경식 · 유재봉, 2006:76-77 참조).[14)]

첫째, 사숙(私塾) 또는 독서당이다. 대개 문벌가나 유력가가 자제를 교육하기 위해 훈장을 초빙하고 교육비를 부담하는 유형이다. 사숙 형태의 서당에서는 그 가문의 자제와 일가친척 혹은 이웃의 자제들도 무료로 공부하는 경우도 있었으며, 종종 가숙(家塾)용 교재를 개발하거나 간인(刊印)하는 경우도 있었다.

둘째, 동계(洞契)서당이다. 이 유형은 양반계층이나 유력 자산가의 문중에서 학계(學契) 또는 학전(學田)을 조직 · 경영하면서 동네에 서당을 짓고 그들의 자제를 교육시키는 문중서당을 말한다.

셋째, 훈장자영(自營)서당이다. 훈장 자신이 생계를 목적으로 하거나 교육적 관심, 취미로 설립한 서당이다.

---

14) 한편, 이만규는 서당의 유형을 훈장자영서당, 유지독영(獨營)서당, 유지조합(組合)서당, 촌조합서당으로 구분하고 있다. 그런데, '유지조합서당'이나 '촌조합서당'이라는 표현에서 '조합'이라는 용어는 사실 적절하지 않다. 이것은 일본인이 만든 말로 당시 우리말에는 '조합'이라는 용어나 조직이 없었다. 굳이 우리식으로 표현하자면 조합서당은 일종의 학계(學契)를 통해 운영된 서당이라고 해야 할 것이다(장동섭, 1969:18; 김경식, 2001:75-76).

넷째, 문중연립서당이다. 동계서당의 확대형으로서 지체가 비슷한 문중끼리 그 향촌에서 덕망과 학식이 뛰어난 스승을 모시고 문중의 자제들을 교육시킨 고급 서당이다. 통혼권이 같은 집안끼리 유대관계를 두텁게 하는 한편, 같은 문중의 학통을 계승 · 발전시키려는 의도에서 설립된 서당이다.

대개의 서당은 훈장, 접장(接長), 학생으로 구성되어 있었다. 훈장의 학문적 수준은 일정하지 않았다. 경사(經史), 백가(百家)를 통달한 실력 있는 훈장은 흔치 않고 주석과 언해(諺解)를 참고하며 경서의 뜻을 해독하는 정도가 많았으며, 시골에는 한자를 제대로 활용하지 못하는 매우 수준 낮은 훈장도 적지 않았다.

접장은 학생의 대표로서, 비교적 규모가 큰 서당의 경우 학생 중 나이가 많고 학력이 높은 자를 택하여 접(接, 단체)의 장으로 삼고 훈장을 대리하여 학생들을 가르치게 하였다. 접장은 학생들과 직접 접촉하고 교류하기 때문에 서당의 기풍에 훈장보다 더 많은 영향을 미치기도 하였다.

학생은 보통 7~8세부터 15~16세의 아동이었고 20세 내외 혹은 25세 이상인 경우도 있었다. 학생의 학력 역시 차이가 컸으며, 학력이 높은 학생으로 하여금 낮은 학생을 가르치게 하는 것이 상례였다(이만규, 1988 : 179-180).

▶ 서당의 교육내용과 방법

서당의 교육내용은 주로 강독, 제술, 습자로 이루어져 있었다. 강독의 과목으로는 『천자문』, 『동몽선습(童蒙先習)』, 『통감(統監)』, 『소학』, 사서, 삼경, 『사기』, 『당송문(唐宋文)』, 『당율(當律)』 등이었고, 수준이 높은 일부 서당은 『춘추』, 『예기』, 『근사록』 등을 추가하기도 하였다. 제술로는 5언절구, 7언절구, 사율(四律)과 고풍, 18구시 작문이 보통이었고, 서당과 훈장의 품위에 따라 각종 문체를 연습하기도 하였다. 가난한 시골 마을의 작은 서당은 제술이 전혀 없는 경우도 있었다. 습자는 해서(楷書)에서 시작하여 수준이 높아지면 행서(行書)와 초서(草書)를 익혔다(이만규, 1988 : 180).

서당의 교육방법은 주입식, 암기식 및 개별교수법을 병행하였다. 강독의 경우 날마다 자기 실력에 맞게 범위를 정하여 배우고 하루 동안 숙독하되 주산을 놓고 그 횟수를 세었다. 또 하루 동안 숙독한 것은 그다음 날 암송하여 통과한 후에 새로운 내용을 배웠으며, 암송을 못하면 다시 숙독하였다. 그리하여 개인의 능력과 노력 여하에 따라 진도가 천차만별이었다. 그리고 야독(夜讀)을 장려하여 자정이 넘도록 책 읽기를 계속하였다. 교과지도의 순서는 『천자문』 등으로 낱글자를 가르치고, 다음으로 낱글자를 붙여서 음독하는 것을 가르치고, 다음에 단어의 뜻을 가르치고, 마지막으로 스승 없이 스스로 읽고 해석(自讀自解)하게 하였다. 또 특이한 것은 계절과 학과공부를 조화시켜 더운 여름에는 딱딱한 학과를 폐지하고 재미있는 시와 율을 읽거나 짓게 했으며, 봄과 가을에는 『사기』나 고문(古文) 같은 적당한 문자를 읽게 하고, 겨울에는 딱딱한 경서를 읽게 하였다. 그리고 화승작(火繩作)[15]과 같은 놀이를 지식 습득의 과정에 적극 수용하기도 하였다(이만규, 1988:180-181). 또한, 학생이 잘못했을 때에는 자기가 맞을 회초리를 스스로 만들어 오게 하여 그 회초리로 체벌하여 훈육하기도 하였다.

서당의 역할 ◀

서당은 비록 사설이었으나 지방문화의 창달과 민중교육의 효과는 지대하였다. 그리하여 국가에서 서당의 중요성을 인식하여 효종 10년(1656)에 성균관 제주 송준길(宋浚吉, 1606~1672)에게 서당학규(書堂學規)를 짓게 하였다. 그 주요 내용을 살펴보면, "훈장은 그 고을에서 고르되 대학장의(大學掌儀)의 예에 의거하라. 수령은 때때로 친히 가서 학생을 시험하고 감사와 도사(都師)와 교양관도 또한 시험하고 혹은 제술을 시켜라. 만일 실효가 드러나는 자가 있으면 대전(大典)에 따라 훈장에게는 조세를 면제하고 학생에게는 상을 주며, 그 가운데 가장 드러난 자는 임금에게 아뢰어 훈장에게는 동몽교관(童蒙教官)을 주든지 혹 다른 관직을 주어 권장의 도를 보이라."(이만규, 1988:180-181)라고 하였다.

그러나 이런 규정에도 불구하고 실제로는 국가에서 서당을 방치하고 장려하지 않아 대체로 수준이 낮고 내용이 빈약하였다. 만일 국가의 적극적 지원과 개선 노력이 있었다면 서당은 실제보다 향촌교육과 문자보급에 더 크게 기여했을 뿐만 아니라 인재양성에도 효과가 컸을 것이다. 아무튼, 조선의 서당은 고구려부터 고려를 거쳐 면면히 이어져 온 서민들의 독자적이고 주체적인 교육활동의 산물이라는 점에서 다

15) 일정한 길이의 화승에 불을 붙여 놓고 그것이 다 타기 전에 글을 짓는 일로서, 고려시대 12도에서 행했던 각촉부시와 마찬가지로 시를 빠른 속도로 짓게 하기 위한 훈련이었다.

른 교육기관과 분명한 차별성을 지닌다. 동시에 그 영향력의 범위에 있어서 다른 교육기관이 왕을 중심으로 한 소수 지배계급에만 한정되어 있다면 서당은 비록 수준은 낮을지언정 양반을 비롯한 대다수의 서민을 아우르는 대중교육기관이었다는 점에서 우리나라 역사발전의 근간을 이루었다고 평가해도 지나치지 않다.

03 과거제도와 교육

1) 과거의 성격

조선은 고려의 제도를 계승하여 중앙집권적 관료체제의 안정적인 구축을 위해 과거제도를 시행하였다. 형식으로 보면 과거제도는 학교교육과 별개로 존재하였다. 그렇지만 학교교육이 국가의 운영에 필요한 인재를 조직적으로 양성하는 체제라면 과거제도는 그 인재를 효과적으로 발굴하고 관리로 등용하는 체제였기 때문에 둘은 불가분의 관계를 가질 수밖에 없었다. 이런 관계 때문에 학교교육의 목적은 현실적으로 학문연구나 인격함양보다는 과거준비에 더 큰 비중이 두어졌다. 또한, 개인의 입장에서 중앙정계로 진출하여 입신출세와 부귀영달을 이룰 수 있는 가장 확실하고 합법적인 통로였다. 따라서 한정된 관직을 차지하기 위해 치열한 대립과 경쟁이 불가피하였다. 그리고 경쟁과 대립이 극단적인 경우 건전한 학풍의 쇠퇴와 당쟁의 원인이 되기도 하였다.

2) 과거의 종류

과거의 종류는 기준에 따라 다양한 방식으로 구분할 수 있다. 영역을 기준으로 보면 문관(文官)을 선발하기 위한 문과(文科), 무관(武官)을 선발하기 위한 무과(武科), 기술 관리를 선발하기 위한 잡과(雜科)가 있고, 단계를 기준으로 보면 초시(初試), 복시(覆試), 전시(殿試)가 있었다. 또 시험의 형식에 따라 식년시(式年試)와 특별시(特別試)가 있었다. 식년시란 3년마다 정기적으로 보는 시험이며, 특별시란 말 그대로 특별한 경우에 보는 시험이다. 특별시에는 국가에 경사가 있을 때 보는 증광시(增廣試)와 별시(別試), 궁궐의 정원에서 보는 정시(廷試), 성균관 문묘제가 열릴 때 왕의 재임하에 보는 알성시(謁聖試), 창덕궁 춘당대에서 왕의 재임하에 보는 춘당대시(春塘臺試), 현직관료들의 승진시험인 중시(重試), 일정한 시기에 성균관 유생들을 시험하여 등용하는 절일시(節日試) 등이 있었다.

3) 과거의 내용과 방법

(1) 문과

조선은 유학을 근간으로 하는 문치주의 사회였기 때문에 과거제도의 핵심은 문관을 선발하기 위한 문과에 있었다. 문과는 소과(小科)와 대과(大科)로 나뉜다. 소과는 초급시험으로 대과의 예비시험 성격을 띠고 있으며, 대과는 중급 이상의 문관시험이었다. 소과에는 그 단계에 따라 초시와 복시가 있고, 대과에는 초시, 복시, 전시가 있다. 따라서 문과시험에는 총 다섯 단계가 있었던 셈이다.

소과◀

소과에는 생원과(生員科)와 진사과(進士科)가 있었는데 이를 합해 생진과 혹은 사마시(司馬試)라고도 불렀다. 소과 초시에는 서울에서 실시하는 한성시(漢城試)와 각 도에서 실시하는 향시(鄕試)가 있다. 시험과목은 생원과는 명경(明經), 진사과는 제술(製述)이었고, 응시 자격은 경향의 유생과 통덕랑(通德郎)[16] 이하의 문관에게 주어졌다.[17] 합격자는 각 도의 정원[18]에 따라 생원과와 진사과 각각 700명씩이었다. 소과 복시는 예조의 주관으로 한성에서 치러졌는데, 그 대상은 소과 초시 합격자와

16) 조선시대 문반계열 정5품의 관직.

17) 단, 죄를 범해 영구히 임용될 수 없는 자, 처벌된 관리의 자제, 재가(再嫁) 혹은 실행(失行)한 부녀자의 자제 및 자손, 서자의 자손 등은 제외하였다. 이는 대과의 경우도 마찬가지였다.

18) 한성시에서 200명, 향시에서 경기도 60명, 경상도 100명, 충청 · 전라 각 90명, 강원 · 평안 각 45명, 황해 · 함경 각 35명.

사학(四學), 향교의 유생 중 승보(陞補)[19], 사학합제(四學合製)[20], 공도회(公都會)[21] 합격자였다. 시험과목은 초시와 동일하나 시험 전에 『소학』, 『가례』를 고강(考講)하여 이름을 기록한 뒤 실시하여 생원 및 진사 각각 100명씩을 선발하였다. 합격자들에게는 백패(白牌)가 주어지고 성균관 입학과 대과 응시 자격이 주어졌다. 또 선비로서의 사회적 지위를 공인받고 하급관료에도 등용될 수 있었다.

▶ 대과

대과는 소과의 복시 합격자를 대상으로 하는 시험으로 문과 혹은 동당감시(東堂監試)라고도 불렸다. 시험은 초시, 복시, 전시 세 단계로 이루어졌다. 초시는 성균관, 한성 및 각 도에서 실시되었으며, 시험 장소에 따라 관시(館試), 한성시, 향시라고 하였다. 초시의 응시 자격은 생원과 진사로서 성균관에서 300일 이상 학업을 닦은 자나 경향의 유생 및 통훈대부(通訓大夫)[22] 이하의 문관에게 주어졌다. 합격자는 관시에서 50명, 한성시에서 40명, 향시에서 150명으로 총 240명이었다. 시험과목은 제술과 명경이었고, 초시를 대신하여 전국의 유생에게 성균관 대사성이 시행하는 통독(通讀)이 있었다. 복시는 초시 합격자와 통독 통과자를 대상으로 예조의 주관으로 실시되었으며, 『경국대전』, 『가례』, 사서삼경 등의 강론과 제술을 통해 33명을 선발하였다. 대과의 전시에서는 왕의 재임하에 복시 합격자들을 대상으로 제술을 시험해서 갑과 3명, 을과 7명, 병과 23명의 등급을 결정하였다. 갑과 수석 합격자는 장원(壯元), 2등은 방안(榜眼), 3등을 탐화(探花)라 했으며 장원은 종6품, 방면과 탐화는 종7품, 을과는 정8품, 병과는 정9품의 품계가 주어졌다. 그리고 현직 관리 중에서 합격한 자는 장원 4등급, 방면과 탐화 3등급, 을과 2등급, 병과 1등급을 승진시켰다. 대개 급제자는 나라에서 특별한 대우를 하였으며 관리로 임명된 사람은 물론 아직 임명되지 않은 사람이라도 살인죄를 범하지 않는 한 함부로 구속하지 못하도

19) 성균관의 대사성이 사학과 향교의 유생에게 시험을 실시하여 성균관의 결원을 보충하던 제도이다.

20) 사학 유생들의 학업을 권장하기 위해 생원진사시 초시 대신 보았던 시험으로, 성균관 대사성이 주관했고, 합격하면 생원진사시 복시에 응시할 자격을 주었다.

21) 각 도에서 매년 관내 유생에게 시행하는 시험으로서 주로 고강(考講)의 형태로 실시되었다. 여기에 합격한 자는 다음 해 생원, 진사의 복시에 응시할 수 있다.

22) 조선시대 문반계열 정3품의 관직.

록 법률로 보장하였고, 일반인들도 그들을 각별히 존경하고 우대하였다.

(2) 무과

무과는 고급 무관의 등용시험으로서 고려 말에 제도적 설치가 있었으나 실제로는 실시되지 않았다. 그러다가 조선시대에 들어와 문무양반의 관료체제의 확립과 함께 태종 2년(1402)에 용호방(龍虎榜)을 설치하여 처음으로 실시하였다.

초시 ◀ 문과와 달리 무과에는 소과와 대과의 구분이 없었으며 다만 초시, 복시, 전시의 세 단계만 있었다. 무과 초시에는 중앙의 훈련원에서 실시하는 원시(院試)와 각도의 병마절도사가 실시하는 향시(鄕試)가 있었다. 초시의 응시 자격은 무관의 자제들을 원칙으로 하되 향리나 양인으로 무경(武經)과 무예에 소질이 있는 자도 포함하었다. 선발인원은 원시에서 70명, 향시에서 120명이었으며, 시험과목은 목전(木箭), 철전(鐵箭), 편전(片箭), 기사(騎射), 기창(騎槍), 격구(擊毬) 등이었다.

복시 ◀ 무과 복시는 초시 합격자를 대상으로 병조와 훈련원의 주관하에 한성에서 실시된 것으로 회시(會試)를 열어 28명을 선발하였으며, 시험과목은 강서(講書)와 무예였다.

전시 ◀ 무과 전시는 왕의 재임하에 복시 합격자를 대상으로 실시되는 시험으로 기격구(騎擊毬), 보격구(步擊毬), 강서로 시험하여 갑과 3명, 을과 5명, 병과 20명의 서열을 결정하였다. 전시 합격자는 등급에 따라 관리로 등용하였으며 그 품계는 문과의 경우와 같았다.

그 외에도 무과에는 도시(都試)가 있었다. 이것은 매년 봄가을에 병조와 훈련원, 그리고 각 지방 병사의 주관하에 군사, 동 · 서반의 종5품 이하의 한량(閑良) 등을 선발하는 시험이었다. 또한, 무과에도 증광시, 별시, 알성시, 춘당대시, 외방별과(外方別科)[23] 등의 특별시가 있었으며, 내금위(內禁衛)에서도 시험을 통해 무관을 등용하였다.

23) 문 · 무과 시험을 위해 외방의 응시자들이 한성까지 와야 하는 불편을 덜게 하기 위해 평안도, 함경도, 강화도, 제주도 등에서 실시한 특별시.

(3) 잡과

잡과는 사역원, 관상감, 전의감, 형조 등에서 종사할 기술 관리를 등용하기 위한 시험으로, 중인계급의 자제 중 중앙이나 지방의 해당 관청에서 실시되는 잡학교육의 이수자를 대상으로 실시되었다. 분야는 역과(譯科), 의과(醫科), 음양과(陰陽科), 율과(律科)가 있었으며 소과와 대과는 분류되지 않고 그 단계도 초시와 복시만 있었다. 간혹 실시되는 증광시 외에는 특별시가 없었으며, 거의 전적으로 식년시에 의존하였다.

초시는 매 식년 전해 가을에 한성에서 각 사(司)의 주관하에, 복시는 각 사와 예조의 주관하에 실시하였다. 복시 합격자에게는 종7품에서 종9품의 품계가 주어지고 사역원이나 해당 관청의 권지(權知)[24]에 등용되었다.

4) 과거제도와 교육

▶ 과거제도와 학교교육의 관계

조선시대 학교교육의 목적은 인재를 양성하는 것이었고 과거제도는 그 인재를 선발하는 전형적인 방법이었다. 따라서 학교교육과 과거제도는 불가분의 관계로 밀착될 수밖에 없었다. 이런 관계는 결국 성균관, 사학, 향교, 서원 등 대부분의 교육기관을 과거준비기관으로 자리 잡게 하였다. 그리하여 과거시험의 과목은 학교의 교과목이 되고 다시 학교의 교과목은 바로 과거시험의 과목이 되었으며, 교육방법과의 관계에서도 마찬가지였다.

과거와 학교의 밀착성은 양자의 제도적 관계에서 더욱 분명하게 드러난다. 이를테면, 성균관에서 300일 이상 수업에 참여한 유생에게 대과에 응시할 수 있는 자격이 주어졌고, 그 외에도 관시(館試), 도회(都會), 알성시(謁聖試), 절일제(節日製)[25], 황감제(黃柑製)[26], 전강(殿講), 정시(庭試) 등의 시험이 성균관 유생에게 특혜로 주

24) 고려와 조선시대 특정 벼슬의 임시직 혹은 그 후보자.

25) 성균관 유생(儒生)에게 보이던 시험으로 절제(節製)라고도 한다. 매년 인일(人日, 1월 7일)·상사(上巳, 3월 3일)·칠석(七夕, 7월 7일)·중양(重陽, 9월 9일)에 실시하였다.

26) 제주도에서 매년 진상하는 황감(黃柑)을 성균관과 사학의 유생들에게 나누어 주고 동시에 시험을 보게 하는 제도로 감제·황감과(黃柑科)라고도 한다.

어졌다. 또한, 향교와 사학의 학교시험에서 성적이 우수한 유생 일부에게 생원시의 회시(會試)에 직접 응시할 수 있게 하였다. 역으로 성균관은 초시에 합격한 생원과 진사를 그 입학 원칙으로 정하여 일정한 단계의 과거 합격을 필수요건으로 요구하였다.

과거제도의 역할 ◀

과거와 학교의 밀접한 연관성은 무엇보다 학교교육을 촉진시키고 실력주의에 입각한 관리등용제도를 확립하는 데 기여하였다. 그러나 그런 긍정적 영향에도 불구하고 과거는 학교교육의 정상적인 발전에 적지 않은 역기능을 하였다. 그 역기능 중 가장 심각한 것은 학교교육의 목적, 내용, 방법에 편협성을 초래했다는 점이다. 학교교육은 국가에서 요구하는 인재를 양성하는 것도 중요하지만, 그 못지않게 필수적인 것은 학문을 진지하게 탐구하는 지성적 능력과 몸소 실천궁행하는 실천성을 두루 겸비한 고매한 인격인을 기르는 일이다. 그러나 학교가 과거준비기관으로 전락하게 됨으로써 과거와 직접 관련된 편협한 내용만 부각되고 과거와 무관한 다양한 학문은 도외시되고 말았다. 게다가 시대가 거듭될수록 관직의 한정과 학교졸업자 및 과거 합격자의 양산이라는 구조적 모순이 심화되어 과거는 인재등용의 불공평과 부정협잡의 장으로 변해갔다.

이와 같은 과거제도의 폐해를 이만규는 "고려 광종 때부터 조선 고종 때까지 936년간의 긴 세월을 두고 과거로 말미암아 지식은 실속 없이 겉치레만 화려하여 천박하여지고, 학문은 모리와 투기의 도구로 변하고, 세상의 도리는 협잡과 부정으로 변하였으며 인재등용은 공평을 잃었다."(이만규, 1988:97)라고 혹평한 바 있다. 그 외에 조선시대의 과거제도의 폐해에 대한 주요 학자들의 비판을 몇 가지 소개하면 다음과 같다(이만규, 1988:97-99).

율곡 이이는 "요즘 세상은 과거로써 인재를 뽑으니 하늘을 통할 학문과 남보다 뛰어난 훌륭한 실천이 있어도 과거가 아니면 도를 행할 지위에 나갈 수가 없다. … 과거 외에 다른 방법이 없으니 선비의 풍습이 변하는 것은 말세의 폐습이요, 사장만을 기억하고 암송하는 것을 옛사람이 이단이라 하였다. 치도의 해를 가히 알 수 있으며 … 나라에서 사람을 씀에 오로지 문사(文士)만을 취하니 … 비록 성현호사(聖賢豪士)가 이때에 난다 하더라도 뚜렷이 드러나기 어렵고 절개 있는 행동과 능력 있는 선비는 더욱 앞으로 진출할 수 없다."라고 하였다.

안정복(安鼎福, 1712~1791)은 "광종이 중국의 풍속을 즐겨 숭모하여 단행했으나 … 마침내 선비의 풍습이 허위해지고 인재가 풀이 죽었다. 전례대로 좇아서 이제까지 이르렀는데도 변할 줄을 모르니 탄식하여 마지 않는다."라고 했으며, 조광조(趙光祖, 1482~1519)는 "국가가 인재를 뽑는 데 오로지 과거에만 의지하니 세상의 도리가 점점 흐트러지고 선비의 풍습은 날로 변하며, 과거과목을 배우는 자는 오직 사상을 암기하기에만 힘쓰니 의리의 여하를 몰라서 교화가 일어나지 않고 다스리는 도가 날로 천해진다."라고 하였다.

그리고 조익(趙翼, 1727~1814)은 "우리나라가 인재를 뽑는 데 경서를 보지 않고 외우는 것을 정식으로 삼은 까닭에 모두 암송하는 데 힘써 글의 이치에 어둡고 문자에 짧다."라고 했으며, 마지막으로 이의현(李宜顯, 1669~1745)은 "선비가 글의 뜻을 연구하지 않고 암송과 제술만 일삼으며 다른 사람으로 하여금 대리시험을 보게 하면서도 꺼리지 아니하여 사람들이 이것을 예사로 안다. 그러므로 명경과에 급제한 자로서 문학을 모르는 자가 많으며 … 선비가 적게 읽고서 오직 앞사람의 것을 표절하여 과명을 얻었으므로 식견이 보잘것없고 학술을 가히 논할 것이 없다."라고 하였다.

04 실학사상과 교육

1) 실학의 개념과 등장 배경

▶ 실학의 개념

실학이란 17세기에서 19세기 중엽까지 조선의 학문, 정치, 경제, 사회 그리고 교육 등 여러 문제를 개혁하려 했던 새로운 학풍을 일컫는다. 원래 실학이라는 용어는 그 이전에 수기치인과 실천궁행이라는 유학의 본질에 충실한 학문을 지칭하는 의미로 사용되었다. 예를 들어, 고려 말 신흥 유학자들이 부패한 불교에 대하여 그들이 추구하는 인륜도덕의 실천규범인 예학(禮學)을 실학이라 했으며, 조선 초 정통 유학자들이 기교와 화려함을 추구하는 비실용적 사장학(詞章學)에 대해 자신들의 학문인 성리학을 실학이라고 하였다.

그러나 여기서 말하는 실학은 조선 후기 영 · 정조 시대를 전후하여 특정한 시대적 상황에서 대두된 특정한 학문적 경향, 말하자면 공리공담을 일삼는 성리학을 지양하고 도탄에 빠진 민생을 구제하려 했던 새로운 실사구시의 학을 지칭한다.

실학의 등장 배경◀

실학의 등장 배경은 크게 내적 요인과 외적 요인으로 구분할 수 있다. 먼저 내적 요인으로 조선의 정치 · 사회적 변화와 불안정을 들 수 있다. 조선은 건국 후 고려사회의 부패와 모순을 일소하고 성리학이라는 통치이념과 그에 기초한 정치 · 사회제도를 바탕으로 안정적인 발전을 이루었다. 그러나 성리학에 대한 지나친 숭상은 다른 이론이나 사상을 이단시함으로써 학문 · 사상적 폐쇄성을 초래하였다. 그리고 성리학 중심의 극단적 문치주의와 사대부 중심의 엄격한 신분질서는 일상생활에 관련된 산업과 기술을 천시하는 사회적 풍토를 야기하여 산업의 발달을 저해하였고 그 결과 민중들의 삶은 점점 도탄에 빠져들었다.[27)]

또한, 건국 초기부터 유지된 엄격한 신분계급 질서는 한정된 관직을 놓고 사대부들 간의 대립과 경쟁은 물론 심할 경우 당쟁과 사화를 촉발하여 그 과정에서 많은 사대부가 몰락해 갔다. 그들 중 선대로부터 많은 농토를 물려받아 안정적인 생활을 유지하던 삼남 지방의 양반을 제외한 서울 · 경기 지방의 양반들은 말이 양반이지 실제로는 평민보다 못한 비참한 생활에 빠져들었다. 그리하여 그들 사이에서 기존의 사회체제에 대한 불만과 불평이 널리 확산되어 가고 있었다. 여기에 임진왜란과 병자호란은 정치적 혼란, 경제적 파탄, 민생의 피폐를 더욱 부채질하여 국가적 위기가 더욱 심화되어 갔다.

요컨대 16~17세기 조선의 학문, 정치, 경제, 사회질서는 봉건사회의 구조적인 모순과 한계를 여실히 노출하고 있었다. 따라서 사회적 병폐의 근본 원인에 대한 심각

---

27) 현상윤(1947)은 성리학의 폐해로 모화사상, 당쟁, 가족주의, 계급사상, 문약, 산업능력의 저하, 상명주의(尙名主義), 복고주의 등을 들고 있다.

한 비판과 자아반성 그리고 그에 대한 대안의 적극적인 모색이 요구되고 있었다. 그리하여 진보적인 사대부들은 이런 국가적 위기를 극복하고 도탄에 처한 민생을 구하기 위한 다양한 사회개혁안을 적극적으로 탐색하면서 새로운 학풍을 형성하기 시작하였다.

다른 한편 실학이 발생하게 된 외적 요인으로 서학(西學)과 고증학(考證學)의 전래를 들 수 있다. 16세기 초 서양에서 발생한 종교개혁으로 인해 천주교는 새로운 선교지를 찾아 동양으로 진출하기 시작하였다. 그리하여 마테오 리치(Matteo Ricci, 1552~1610) 등이 중국과 일본에 기독교와 서구 문물을 전파하였다. 마침 사신으로 연경(燕京)에 갔던 이수광(李睟光, 1563~1628)이 1614년에 『천주실의』, 『교우론』을 들여오고 『지봉유설(芝峰類說)』을 지어 서양의 사정과 천주교 지식을 소개하였다. 이어 정두원(鄭斗源, 1581~?)이 1631년에 중국에 사신으로 다녀오면서 홍이포(紅夷砲), 천리경, 자명종 등과 마테오 리치의 『천문서』, 『직방외기(職方外紀)』, 『서양국풍속기』, 『천문도』 등의 서양 문물과 서적을 들여왔다. 또 제주도에 표류한 네덜란드인 벨테브레(Veltevree, 朴淵)와 하멜(Hendrik Hamel)이 서양의 발전된 화포 제조법과 역법을 조선에 전했으며, 병자호란 때 볼모로 청나라에 잡혀갔던 소현세자가 1645년에 서양의 과학 서적과 천주교 서적을 가지고 돌아왔다. 이렇게 다양한 경로로 유입된 서양의 문물과 학문 그리고 종교는 조선에 큰 반향을 불러일으켰고, 특히 천주교는 몰락 양반으로서 새로운 사상을 모색하던 남인(南人) 학자들에게 깊은 영향을 미쳤다.

서학의 유입과 함께 청나라에서 전래된 고증학 역시 실학의 발생에 큰 영향을 주었다. 고증학은 명나라 말 청나라 초에 일어난 과학적·실증적 연구 학풍이다. 그것은 고서(古書)를 두루 참고하고 확실한 실증적·귀납적 방법을 택하여 글자와 구절의 음과 훈을 치밀하게 밝힘으로써 종래의 연구방법에 큰 혁신을 가져왔다. 특히, 고증학은 경세치용(經世致用)을 주장하여 민생 우선의 정치이론과 철학을 제공하였다. 때마침 청나라와 빈번하게 접촉하면서 고증학이 조선에 유입되어 형이상학적 성리학에 대한 대안을 모색하던 진보적 지식인들에게 활발하게 수용되었다. 그리하여 유형원(柳馨遠, 1622~1673), 이익(李瀷, 1629~1690), 정약용(丁若鏞,

1762~1836), 홍대용(洪大容, 1743~1783), 박지원(朴趾源, 1737~1805) 등 대표적 실학자들의 개혁사상 형성에 직접적인 영향을 미쳤다.

실학의 성격 ◀

이런 내·외적 요인으로 조선 후기에 발생한 실학은 한마디로 범(汎)유학적·탈성리학적인 성격을 갖고 있다고 규정할 수 있다. 말하자면, 실학은 유교 원래의 본질로 돌아가자는 의미에서 유학에 속해 있으면서도 관념론적 공리공론에 빠져있던 당시의 주자학을 비판하고 극복하고자 했다는 점에서 탈성리학적이라고 할 수 있다. 종래의 성리학과 비교할 때 실학이 지닌 특징은 다음과 같이 정리할 수 있다.

첫째, 민족주의적 성격이다. 성리학은 중국을 세계의 중심으로 인식하고 중국의 사상과 문화 및 문물을 숭앙하고 모방하려는 모화사상에 기초해 있다. 따라서 성리학자들은 우리나라의 문화, 사상, 지리와 역사를 무가치한 주변적인 것에 불과한 것으로 인식했기 때문에 적극적인 관심과 연구의 대상으로 삼지 못했다. 그러나 실학자들은 성리학의 모화사상에서 벗어나 우리나라의 실정, 말하자면 우리나라의 지리와 문물, 역사와 풍토 그리고 문화를 주체적으로 연구하고 그 결과를 체계화하고자 하였다.

둘째, 민본주의적 성격이다. 기존 성리학은 지배계층의 이익을 옹호하고 대변하는 세계관에 기초해 있었기 때문에 서민대중은 지배와 다스림의 대상이었을 뿐이었다. 그러나 실학자들은 민중의 이해와 직접 관련된 토지제도 및 군역제도의 개혁과 신분제도의 철폐, 교육 기회의 균등을 주장하는 등 민중의 입장에 기초한 민본주의적 사회개혁사상을 추구하였다.

셋째, 근대 지향적 성격이다. 성리학이 중세 봉건사회에 적합한 이념체계라면, 실학은 그 내용적 지향성에 있어 근대적 성격을 지닌다. 예를 들어, 앞서 말한 토지제도의 개혁이나 노비제도의 철폐, 실사구시에 기초한 과학적·실증적 탐구, 금속화폐의 유통, 상공업의 육성, 외국과의 문물교역 확대, 과학적 서구학문 수용 등과 같은 주장은 근대 지향적 성격을 내포하고 있다.

2) 실학사상의 전개

실학은 시기적으로 볼 때 대체로 경세치용을 강조하는 흐름, 이용후생을 강조하는 흐름 그리고 실사구시를 강조하는 흐름 등 세 흐름으로 전개·발전되었다.

(1) 경세치용파

▶ 경세치용파

18세기 전반 실학 발달 초기에 농민의 입장에서 토지제도, 조세제도, 행정 및 군사제도, 교육제도 등 사회제도 전반의 개혁을 추구하는 흐름이 나타났다. 이를 경세치용파 혹은 중농학파(中農學派)라고 하며, 유형원(柳馨遠), 이익(李瀷), 정약용(丁若鏞) 등이 대표한다. 유형원은 실학의 체계를 세운 사람으로 토지제도를 비롯하여 조세제도, 과거제도, 신분제도 그리고 관제와 교육제도 등 사회 전반에 걸친 개혁을 주장하였다. 특히, 균전론(均田論)을 통해 토지를 재분배하고, 사농일치(士農一致)의 원칙에서 신분차별을 없앨 것을 주장하였다. 또한, 균등한 교육기회를 제공하여 능력 위주로 관리를 선발하며, 상공업의 발전이나 화폐유통에 따른 농촌경제의 침체를 방지할 것을 주장하였다. 이익은 양반 및 노비제도, 과거제도, 사치와 미신숭배 풍조의 시정과 개혁을 주장했는데, 특히 한전론(限田論)을 통해 양반의 토지 독점을 방지하여 농촌경제를 안정시켜야 한다고 강조하였다. 정약용은 경제치용의 학문을 집대성한 사람으로 『목민심서』, 『경세유표』, 『흠흠신서』 등 많은 사회개혁서를 저술하였다. 그는 특히 여전론(閭田論)을 통해 실제로 농사짓는 사람만이 토지를 소유하게 하며, 지배층의 토지를 몰수하여 공동소유하고 공동노동·공동경작·공동분배함으로써 농민의 경제적 평등을 꾀하자고 주장하였다.

(2) 이용후생파

▶ 이용후생파

경세치용파가 토지개혁 등 주로 농촌문제해결을 강조한 것에 비해 18세기 후반에는 농업을 포함한 상공업의 진흥 및 기술의 발달 등을 강조하는 흐름이 출현하였다. 이런 흐름을 이용후생파라고 하며, 상업을 강조했다 하여 중상학파(中商學派) 그리고 청나라 문물의 영향을 많이 받았다고 하여 북학파(北學派)라고도 한다. 유수원

(柳壽垣, 1694~1755), 홍대용(洪大容), 박지원(朴趾源) 등이 대표한다. 이들의 주장은 농업 중심의 이상국가론에서 탈피하여 더 구체적인 부국강병 방안을 제시했다는 점에서 의의가 크며, 이후 개화사상의 등장에 많은 영향을 주었다. 유수원은 북학파의 선구자로서 정치, 경제, 사회, 문화 전반에 걸친 개혁을 주장했으며, 특히 사·농·공·상의 직업적 평등화와 전문화, 상인 간의 합자 및 상인의 생산자 고용 등을 통해 상공업을 진흥할 것을 제안하였다. 홍대용 역시 균전제(均田制), 기술문화 혁신, 신분제도 철폐, 공리공담을 일삼는 성리학의 극복 등을 주장했고, 박지원은 청나라의 실제 생활과 기술을 경험한 후 상공업 진흥의 필요성을 절감하고 『열하일기(熱河日記)』를 저술하였다. 그는 이 책에서 선박과 수레 이용, 화폐유통, 문벌제도 개혁 등을 강조하는 등 정치, 경제, 사회, 문화 전반에 걸친 개혁을 주장하였다.

(3) 실사구시파

실사구시파 ◀

19세기 전반에 구체적 사회개혁론을 제시하기보다는 고증학의 엄밀하고 객관적인 연구방법론에 기초하여 사물의 이치와 본질을 밝혀내는 데 주력한 흐름이 나타났는데, 이를 실사구시파라 한다. 이 흐름에 속하는 학자들은 눈으로 보고 귀로 듣고 손으로 만져 보는 것과 같은 실질적 실험과 연구를 거쳐 아무도 부정할 수 없는 객관적 사실을 통하여 정확한 판단과 해답을 얻고자 하였다. 김정희(金正喜, 1786~1856), 김정호(金正浩, ?~1864), 최한기(崔漢綺, 1803~1875), 이제마(李濟馬, 1838~1900) 등이 여기에 속한다. 이들은 경서(經書) 및 금석(金石), 고전 등의 고증과 우리나라의 역사, 지리, 자연, 산물, 의학 등에 대한 사실적이고 주체적인 연구를 시도하였다. 특히, 평심정기(平心靜氣), 박학(博學), 독행(篤行)의 실사구시 태도를 중시한 김정희는 경학(經學)은 물론 금석학(金石學), 역학(易學), 시, 서, 화 등 다양한 영역에 걸쳐 남다른 족적을 남겼다. 그리고 김정호는 30여 년에 걸쳐 전국을 직접 돌아다니며 우리나라 지리 연구에 전념하여 조선시대에 가장 정확하고 정밀한 과학적 실측지도인 '대동여지도'를 완성하였다. 이는 객관적이고 실제적인 사실에 입각하여 진리를 탐구하려는 실사구시 태도가 낳은 결과였다.

3) 실학사상과 교육

조선 후기에 들어 사상 · 정치 · 사회적 모순과 병폐를 개혁하기 위해 등장한 실학은 필연적으로 교육의 개혁에 대해서도 많은 관심을 기울일 수밖에 없었다. 실학에 의해 전개된 교육개혁론을 몇 가지로 나누어 살펴보면 다음과 같다.

(1) 새로운 교육적 인간상의 제시

실학은 공리공담과 허례허식, 사대주의적 모화사상, 문약과 산업능력의 저하 등과 같은 성리학의 폐해를 비판하면서 교육을 통해 길러내고자 하는 새로운 이상적 인간상을 제시하였다. 실학은 그런 교육적 인간상으로 실천 역행하는 성실인상, 노작을 통해 학문과 기술을 습득하는 근로인상과 허명(虛名)과 가식을 버리고 실질을 숭상하는 유용인상, 자신의 힘으로 자기 생활을 할 수 있는 자주인상을 추구하였다. 또한, 실학은 몰(沒)민족정신에 반대되는 자아를 각성할 수 있는 주인정신, 합리주의 정신, 즉 비판, 과학, 실증의 정신을 기르고자 하였다. 그리고 국민의 평등과 생활안정을 기본 정신으로 했기 때문에 조선사회에 민본주의와 민주적인 사상을 싹트게 하였다(손인수 · 이원호, 1981 : 89-90).

(2) 학제의 개혁

또한, 실학의 개혁정신은 봉건적인 교육제도를 근대적인 제도로 개혁하고자 하였다. 유형원은 성균관, 학당, 향교로 이루어진 기존의 학제가 학교의 본질적 사명인 양사선현의 기능을 제대로 담당하지 못하고 있을 뿐만 아니라 가장 기초적인 초등 단계의 교육을 결여하고 있으며, 중앙과 지방의 불균형을 초래하고 있다고 비판하였다. 그리고 그 대안으로 태학을 최고학부로 하는 중앙과 지방의 이원적 학교제도를 제안하였다. 말하자면, 중앙에 최고학부인 태학을 설치하고 그 밑에 중앙에는 중학, 사학, 방상(坊庠)을, 각 지방에는 영학(營學), 읍학(邑學), 향상(鄕庠)을 설치할 것을 제안하였다. 홍대용도 전국을 9개 도로, 각 도는 9군으로, 각 군은 9현으로, 각

현은 9사(司), 각 사는 9개의 면으로 나누어 조직해야 한다고 보았다. 그리고 면에서 도에 이르는 모든 행정단위에 학교를 세우고 면마다 재(齋)를 두어 8세 이상의 모든 아동이 교육받도록 해야 한다고 주장하였다. 유형원과 홍대용이 제안한 학제는 초 · 중 · 고등교육을 단계별로 체계화하고 모든 계층을 아우르고 있다는 점에서 근대적 · 민주적 학제라 할 수 있다.

(3) 과거제도의 개혁

모든 실학자는 공통적으로 기존의 과거제도가 건전한 학풍을 헤치고 양반 사대부들의 관직독점과 부정부패의 온상이 되고 있다고 비판하면서 과거제도를 과감히 철폐할 것을 주장하였다. 유형원, 이익, 홍대용 등은 공히 과거제도를 철폐하고 공거제(貢擧制)를 도입할 것을 제안하였다. 유형원은 시문(時文)을 위주로 하는 기존의 과거로는 행실을 바로 알 수 없다고 보고, 앞서 말한 새로운 학제와 연계된 새로운 인재등용제도를 도입하자고 주장하였다. 즉, 각 학교에서 덕행과 학력을 기초로 시험과 천거를 통해 단계별로 최고 학교인 태학에 진학시키고, 태학에서는 다시 우수한 사람을 조정에 천거하면 조정에서는 그들을 관리수습기관격인 진사원(進士院)에서 1년 동안 교육하고, 그중 능력과 인격의 차등에 따라 관직에 임명하자는 것이다. 이익은 정치에서 어진 인재를 얻는 일보다 급한 것은 없다고 보고, 훌륭한 인재를 얻기 위해 당쟁으로 병들고 현실과 유리된 기존의 과거제도를 폐지해야 한다고 주장하였다. 그리고 그 대안으로 모든 과목을 한 번에 시험할 것이 아니라 5년에 한 번 실시하되, 매년 한 과목씩 시험하여 응시자가 각 과목을 충분히 준비할 수 있도록 할 것과 공거제를 병행함으로써 인재를 고루 등용하여 문벌과 파벌을 혁파할 것을 제안하였다.

(4) 교육평등의 추구

실학은 신분의 차별과 직업의 귀천을 철폐하고 모든 사람에게 교육받을 기회를 균등하게 부여해야 한다는 근대적 민본주의 사상을 견지하였다. 예를 들어, 유형원은 "오늘날 지방의 향교에서 양반은 동재에 거처하고 서민은 서재에 거처하게 한다. 그리하여 비록 서재가 비어 있어도 양반은 들어가기를 꺼려하고, 동재가 비어 있어도 서민은 그곳에 들어갈 수 없으니 매우 잘못된 일이다. 마땅히 한 가지로 하여 편의에 따라 들어가 거처하게 하고 등급을 정하여 차별해서는 안 된다."(『磻溪隧錄』, 卷九 敎選之制下 學校事目)라고 당시의 교육풍토를 질타하였다. 또 학제 중 가장 기초적 단계인 중앙의 방상이나 지방의 향상에 신분과 직업에 관계없이 모든 사람이 입학할 수 있도록 허용하고 그 이후의 과정은 철저히 개인의 능력에 따라 진학하도록 하여 관직의 세습을 막자고 주장하였다. 또 이익은 민본주의 사상에 기초하여, 교육기회나 관리등용에서 신분, 가문, 적서(嫡庶), 지역 간의 모든 차별을 폐지하고 오직 능력의 차이만을 인정하자는 교육기회 균등론을 내세웠다. 홍대용 역시 "재능과 학식만 있으면 비록 농상의 자식이 낭묘(廊廟, 조정)에 들어가 앉아도 방자할 것이 없고 재능과 학식이 없으면 공경(公卿)의 자식이 하인이 되어도 한탄할 것이 없다."(『湛軒書』, 卷四 內集補遺 林下經綸)라고 하여 신분과 관계없이 재능 있는 모든 이에게 교육의 기회를 제공해야 한다는 혁신적인 개혁사상을 주창하였다.

(5) 민족주의 교육 추구

실학사상이 갖는 또 다른 교육적 특징은 중국 중심의 세계관에서 벗어나 민족적 주체성을 함양하기 위한 교육을 주창했다는 점이다. 이익은 우리나라 역사서인 『동국통감』은 모르면서 중국의 역사만을 알려고 하는 사대부들의 몰역사적인 행태를 비판하고, 『동국사』와 『퇴계집』을 교육과정은 물론 과거과목에도 포함시켜야 한다고 주장하였다. 뿐만 아니라, 자신의 문하생인 안정복에게 우리나라의 역사를 다룬 『동사강목』을 직접 저술하게 하였다. 실학의 집대성자라고 할 수 있는 정약용은 민족적 주체성을 특히 강조했는데, 스스로 우리나라의 정치, 경제, 사회, 교육, 문화, 문물 등 실제적 문제를 다룬 수백 권의 책을 직접 저술하기도 하였다. 그는 또한 당시 학교에서 주요 교재로 활용하던 『천자문』, 『사략』, 『통감절요』 등의 중국서 대신 『삼국사기』, 『고려사』, 『동국통감』, 『국조보감』, 『문헌통고』, 『여지승람』, 『연려실

기술』 등 우리나라의 역사와 문물을 다룬 책을 읽히고 과거 과목에 포함시켜야 한다고 주장하였다. 이 실학자들의 노력은 결국 화이사상에 기초한 반민족적 사대주의 교육을 민족적 주체교육으로 전환하기 위한 것이었다.

이렇듯 실학의 교육개혁론은 당시 교육의 근본적인 한계와 모순을 비판하고 그에 대한 적절한 대안을 제시한 개혁적이고 근대적인 교육론이었다. 그러나 서학의 탄압을 비롯한 정치 · 사회적 여건의 미성숙과 해당 실학자들의 정치권력의 미약성으로 인해 중심적인 시대사조로 발전하지 못하고 퇴조의 길을 걸을 수밖에 없었다. 그 결과 실학은 그 사상적 근대성에도 불구하고 자주적 개국과 근대화로 연결되지 못해 구체적 결실을 맺지 못한 채 막을 내리게 되었다. 그러나 새로운 교육적 인간상 제시, 체계화된 근대적 학제의 연구, 능력에 따른 인재선발 및 등용제도 제시, 민본주의에 입각한 교육기회의 균등화, 민족주체성의 제고 등과 같은 실학정신은 근대교육의 맹아로서 우리나라 교육사 발전에 적지 않은 공헌을 했다고 평가할 수 있다.

CHAPTER 04

개화기의 교육

01 시대적 배경

조선 중기 이후에 나타나기 시작한 여러 정치 · 사회적 혼란상은 18세기 이후 실학자들의 각고의 노력에도 불구하고 전혀 해결되지 못한 채 시간이 갈수록 오히려 점점 더 가중되는 양상을 띠고 있었다. 그리하여 대내적으로 오랫동안 누적되어 온 정치 · 사회적 모순과 대외적으로 한반도에서의 패권을 노린 열강의 급박한 각축전으로 19세기 후반의 조선은 국가 존망의 총체적 위기에 직면하고 있었다.

대내적으로 조선은 60여 년에 걸친 외척들의 세도정치로 인해 국가기강 해이와 삼정문란 등 정치적 부정부패와 타락이 극에 달해 있었다. 정치적 문란의 피해는 농민들에게 그대로 파급되어 가렴주구, 가뭄과 흉년 등으로 빈부격차가 심화되고 생활이 도탄에 빠져 유랑 농민들이 증가하였다. 그리하여 세도정치의 부패와 학정에 대해 홍경래의 난과 진주민란과 같은 민중의 저항이 야기되었다. 이런 가운데 서울에서는 이미 오래전에 유입된 천주교가 점점 더 확산되고 있었고 지방에서는 동학이 민중들의 큰 호응과 함께 생활 깊숙이 파고들고 있었다.

대외적으로도 19세기 후반 한반도를 둘러싼 국제정세가 매우 급박하게 전개되고 있었다. 서구 열강은 산업혁명을 통해 자본주의 경제체제를 구축하고 상품시장과 원료공급지 확보를 위해 무력을 앞세워 아시아 여러 나라에 경쟁적으로 진출하고 있었다. 바야흐로 서세동점(西勢東漸)의 세계사적 조류가 조선에도 거세게 밀려오고 있었다. 그 예로 영국은 아편전쟁을 통해 중국의 문호를 개방(1854)하고 한반도로의 진출을 꾀하고 있었으며, 미국은 1854년 일본의 문호를 개방하고 다시 한반도에 접근하고 있었다. 일본은 문호개방 이후 미국, 영국, 러시아, 네덜란드, 프랑스와 통상조약을 체결(1858)함과 동시에 1868년 메이지유신(明治維新)을 통해 개혁을 단행하여 근대적 국가체제를 형성하고 한반도에 진출하고 있었다. 또한, 러시아가 부동항을 찾아 남동진하면서 한반도에 영향력을 행사하고 있었으며, 청나라 역시 오래전부터 조선정부에 개입하여 간섭하고 있었다. 이처럼 한반도를 중심으로 한 영국, 미국, 러시아, 청나라, 일본 등의 국제적 역학관계는 조선으로 하여금 획기적인 대응책을 마련하지 않으면 안 되도록 압박하고 있었다.

그러나 조선은 이런 대내외적 위기를 원만하게 극복하기에는 자생력이 너무 쇠약해져 있었다. 그리하여 1876년 운양호 사건을 빌미로 삼은 일본의 강압에 의해 불평등한 한일수호조약(병자수호조약)을 체결하고, 이를 계기로 서구열강과 통상수호조약을 연속해서 체결함으로써 문호를 개방하게 되었다. 특히, 일본은 조선에 대한 외교적 · 경제적 · 정치적 · 군사적 압력을 점점 확대하다가 청일전쟁, 갑오개혁 및 러일전쟁을 통해 주도권을 확보하였고 1905년에는 강압적인 을사늑약을 체결하여 보호권을 확립, 한반도 침략을 위한 실질적 교두보를 구축하였다. 그리하여 조선은 1910년 강제적 한일합병을 통해 국권을 상실하고 마침내 일제의 식민지로 전락하는 치욕을 당하기에 이르렀다.

개화기 주요 세력◀

19세기 중반부터 한일합병에 이르기까지 문호개방과 관련하여 위정척사파와 동학 그리고 개화파 등 크게 세 세력이 형성 · 대립하였다.

위정척사파◀

위정척사파는 성리학을 신봉하는 보수적 유생들에 의해 주도된 흐름으로써, 전통적 유교질서를 보존함과 동시에 외세를 철저히 배격하고자 하였다. 1866년 병인양요가 일어나자 당시 대표적 유학자인 이항로(李恒老, 1792~1868)와 기정진(奇正鎭, 1798~1876) 등은 서양세력이 국가의 위기를 조장한다고 비판하면서 서양과의 통상을 반대하였다. 그 후 한일수호조약이 일어나자 최익현(崔益鉉, 1833~1906)도 왜양일체론(倭洋一體論)을 내세워 일본 역시 배척해야 한다고 주장하였다. 또한, 전국의 유생들은 김홍집(金弘集, 1842~1896)이 일본에서 『조선책략(朝鮮策略)』을 들여와 보급시키자 상소를 올려 격렬히 비판하고, 1894년 갑오개혁 후에는 개화망국론을 주창하며 개화파와 일본에 대해 대대적인 저항운동을 전개하였다. 이 저항운동은 급기야 왕과 정부에 대한 소극적 비판을 넘어 보다 적극적이고 물리적인 항일의병운동으로 전개되어 나갔다.

위정척사파는 외세의 제국주의적 침탈에 맞서 민족적 주체성을 끝까지 견지하고자 했다는 점에서 긍정적 측면이 있다. 그러나 주체적인 근대화 방법론을 제시한 것이 아니라 조선왕조의 전통적인 정치 · 사회 · 경제체제를 그대로 유지하려는 데 그 목적을 두었다는 점에서 전근대성을 면치 못하였다.

▶ 동학파

한편, 이 시기 개화문제와 관련된 또 하나의 주요한 세력으로 동학이 있었다. 동학은 1860년 최제우(崔濟愚, 1824~1864) 등이 창시하였다. 이것은 유 · 불 · 선 및 천주교 교리의 일부를 통합한 자생적 민족종교임과 동시에 반봉건 · 반외세를 기본 모토로 하는 사회개혁사상이었다. 동학은 봉건왕조의 압제와 착취 그리고 일본을 비롯한 제국주의의 정치 · 경제적 침탈에 시달리는 농민들 속에 광범위하게 침투하여 그들을 의식화하고 조직화해 나갔다. 그 와중에 1894년 전라도 고부군수의 가렴주구가 심화되자 접주 전봉준(全琫準, 1854~1895)이 분노한 동학 농민들을 규합하여 봉기했다가 외국군의 철병, 12개 폐정개혁안[28] 실시 등을 정부로부터 확약을 받고 자진 해산하였다. 그러나 일본이 오히려 궁궐 침입, 명성황후 살해, 친일내각 수립 그리고 청일전쟁 유발 등 제국주의적 침략을 노골화하자 또다시 봉기하였다. 그러나 체계적으로 조직되고 신무기로 무장한 일본군과 정부군의 합동공세를 이기지 못하고 진압되고 말았다.

동학은 결국 외세의 간섭, 개화파와의 적대적 대립, 농민군의 통일적 지휘체계와 조직력의 미흡, 전략 전술상의 미숙, 무기의 열세, 국제정세의 인식 부족 등의 원인

---

28) ① 동학도와 정부는 원한을 씻고 협력한다. ② 탐관오리는 그 죄상을 조사하여 엄징한다. ③ 횡포한 부호는 엄징한다. ④ 불량한 유림과 양반의 무리를 징벌한다. ⑤ 노비 문서를 소각한다. ⑥ 천인 차별을 개선하고 백정이 쓰는 평량갓을 없앤다. ⑦ 청상과부의 개가를 허용한다. ⑧ 무명의 잡세를 일체 폐지한다. ⑨ 관리 채용에는 지벌(地閥)을 타파하고 인재를 등용한다. ⑩ 왜(倭)와 내통하는 자는 엄징한다. ⑪ 공사채를 물론하고 기존의 것을 무효로 한다. ⑫ 토지는 평균하여 분작한다.

으로 패퇴하고 말았다. 그러나 농민대중이 주체가 된 반봉건·반외세의 근대 지향적 민중항쟁이라는 점에서 그리고 이후 일본의 침략에 대한 반일 의병투쟁의 선도가 되었다는 점에서 우리나라 개화기는 물론 국권상실기의 독립운동사에 중요한 역사적 의의를 지닌다.

개화파 ◀

개화기의 흐름에 있어 가장 주도적인 역할을 했던 것은 무엇보다 개화파라 할 수 있다. 최한기(崔漢綺), 박규수(朴珪壽, 1807~1877), 오경석(吳慶錫, 1831~1879), 유대치(劉大致, 1831~?) 등과 같은 지식인들은 개항 이전부터 성리학의 형이상학적 성격을 비판하고, 외국과의 교류를 확대하여 선진적인 과학적 지식과 새로운 서구 문물을 수용해야만 한다고 역설하였다. 이들은 개화파의 핵심인물인 김옥균(金玉均, 1851~1894), 박영효(朴永孝, 1861~1939), 서광범(徐光範, 1859~?), 홍영식(洪英植, 1855~1884), 유길준(兪吉濬, 1856~1914) 등에게 직·간접적으로 영향을 미쳤다. 그리하여 개화파가 당시 정세에서 선도적 역할을 수행하는 데 기여하였다.

개화파는 1882년 임오군란을 계기로 개화방법론의 차이로 온건파와 급진파로 다시 분화되었다. 온건개화파를 대표하는 인물로는 김홍집(金弘集), 김윤식(金允植, 1835~1922), 어윤중(魚允中, 1848~1896) 등이 있다. 이들은 동양의 정신을 기초로 서양의 과학기술을 수용하자는 동도서기론(東道西器論)을 주창하면서 청나라의 양무운동(洋務運動)[29]을 모델로 삼아 수구파와의 타협을 통해 점진적인 개혁을 시도하였다. 이에 비해 급진개화파는 일본의 메이지유신을 개혁의 모델로 삼아 서양의 과학기술과 제도를 수용하여 조선의 모든 제도를 급진적으로 개혁해야 한다는 입장을 취했다. 이런 입장을 취한 대표적 인물은 김옥균, 박영효, 홍영식 등이었다. 이들은 갑신정변(1884)과 갑오개혁(1894~1896) 등을 통해 정치, 경제, 군사, 경찰, 교육 등 사회 전 영역에 걸쳐 서구와 일본 지향의 근대적 개혁을 추진해 나갔다. 그러나 1896년 명성황후가 시해되자 고종과 왕세자가 신변의 위협을 느끼고 러시아 공관으로 피신하는 아관파천(俄館播遷)이 발생하였다. 이로 인해 개화파의 개혁정책은 소

29) 청나라 말기 관료들 주도로 이루어졌던 근대화운동으로서 유럽의 근대적인 기술을 도입하여 봉건체제를 유지, 보강하려 했던 자강운동이다.

기의 성과를 거두지 못하고 좌절되고 말았다.

한편에서 실학적 문제의식을 계승하고 다른 한편에서 개항과 함께 유입된 서구 과학기술문명의 자극을 받아 형성된 개화파는 조선 봉건질서의 개혁을 추진함으로써 우리나라 근대화에 기여한 긍정적인 측면이 있다. 그러나 부정적인 측면에서 친일적 경향에 지나치게 경도되어 오직 일본의 힘에 의존했을 뿐만 아니라 소수 지식인 중심에서 벗어나 가장 핵심적 개혁주체인 민중의 지지를 이끌어내는 데 실패하였다. 그리하여 개화운동을 범민족적 근대화운동으로 전환하는 데는 한계를 가질 수밖에 없었다.

02 근대학교의 설립

개화기의 극심한 사상 · 정치 · 경제 · 사회적 혼란과 열강의 제국주의적 침탈 위기 속에서도 각계각층은 교육근대화를 위한 노력을 경주하였다. 이 시기 교육근대화운동은 크게 정부 당국, 기독교 선교사들, 그리고 민족주의자들의 주도하에 공교육제도를 수립하고 근대적 학교를 설립하는 방향으로 추진되었다. 이하에서 각 세력이 추진한 근대학교 설립 과정을 자세히 살펴보기로 한다.

1) 공교육제도 수립과 정부에 의한 근대학교의 설립

급변하는 세계정세에 부응하기 위해 정부는 다양한 각도로 교육근대화를 위해 노력하였다. 그 노력은 사절단과 유학생 파견, 교육 관련 법령의 제정, 근대적 관학의 설립 등으로 구체화되었다.

▶ 사절단 · 유학생 파견

정부는 1876년 일본과 강화도조약을 체결한 후 김기수(金綺秀, 1832~?)를 일본에 수신사로 파견하였고, 4년 뒤인 1880년에는 김홍집을 대표로 하는 수신사 일행을 파견하였다. 이들은 군사, 교육, 산업 등 각 분야를 시찰하고 일본의 문물을 적극적으로 배우고 도입할 것을 강력히 주장하였다. 다음 해에 정부는 박정양(朴定陽, 1841~1914), 조병직(趙秉稷, 1833~1901), 어윤중(魚允中), 홍영식 등 젊은 양반 자제들로 구성된 조사시찰단을 파견하여 일본의 행정, 군사, 교육, 산업 등을 자세히 시찰하도록 하였다. 또 같은 해에 영선사 김윤식 등을 천진에 파견하여 청나라의 근대식 무기제조 및 사용법과 군사제도를 배우도록 했고, 1882년에는 서재필 등 61명의 학생을 일본에 유학시켰다. 그리고 1883년에는 민영익(閔泳翊, 1860~1914) 등 8명의 사절단을 미국에 파견하여 약 9개월 동안 미국의 발달된 문물을 견학하게 하였다.

근대학교 설립◀

정부의 교육근대화 노력은 근대적 학교의 설립으로도 이어졌다. 정부가 최초로 설립한 근대식 학교는 동문학(同文學)이다. 이것은 1883년에 독일인 묄렌도르프(P. G. von Moellendorf)가 외국어 통역관의 필요성을 느껴 통상아문(通商衙門)의 부속기관으로 설립한 외국어교육기관으로 통변학교(通辯學校)라고도 한다. 40명의 학생을 선발하여 오전, 오후 두 반으로 나누어 주로 영어, 일어 및 서양식 계산법을 교육하였다. 그러다가 1886년에 설립된 육영공원(育英公院)으로 그 기능이 대체되었다. 육영공원은 민영익의 건의로 서양문화 및 문물 수용에 필요한 영어구사능력을 갖춘 관리를 양성하기 위해 설립한 학교이다. 좌 · 우 양원(兩院)으로 나누어 젊은 현직 문무 관리와 재능 있고 총명한 양반 자제 30명을 뽑아 미국인 길모어(George W. Gilmore) 등에게 가르치게 하였다. 교육과정은 독서, 습학(習學)부터 시작해서 외국어, 수학, 자연, 과학, 지리, 역사, 정치학, 국제법, 경제학 등으로 진행되도록 조직되었으며, 모든 교과서가 영어로 구성되고 강의도 영어로 이루어졌다. 동문학과 육영공원은 급변하는 시대적 상황에서 전통적 교육을 근대적 교육으로 전환하는 데 일종의 교량 역할을 수행했다는 점에서 그 교육사적 의의를 찾을 수 있다.

교육제도 개혁◀

정부가 근대교육제도를 본격적으로 도입한 것은 우리나라 근대화 과정에서 결정적 전기가 된 갑오개혁 이후의 일이었다. 정부는 김홍집을 수반으로 하는 군국기무처를 설치하고 정치, 경제, 사회, 군사, 교육 등 사회 전반에 걸친 개혁을 단행하였다. 의정부 밑에 교육업무를 담당하는 학무아문을 두어 여러 교육개혁조치를 추진하였다. 이때 추진된 개혁조치 중 대표적인 것을 들면, 신분제도 타파, 문무차별 철폐, 문벌을 가리지 않는 인재등용, 과거제도 폐지 및 새로운 관리등용제도 도입, 우수학력자들의 해외 유학 등이다.

1895년 초에는 홍범14조[30]를 반포하여 젊은 인재들을 외국에 유학시켜 선진 학술과 문물을 학습하도록 하겠다는 의지를 표명하였고, 같은 해에 교육조서를 발표하여 신교육의 필요성과 중요성을 강조하였다. 특히, 고종의 '교육입국조서'[31]는 교육

30) ① 청국에 의존하는 생각을 끊고 자주독립의 기초를 세운다. ② 왕실전범(王室典範)을 작성하여 대통의 계승과 종실(宗室), 척신(戚臣)의 구별을 밝힌다. ③ 국왕이 정전에 나아가 정사를 친히 각 대신에게 물어 처리하되, 왕후, 비빈, 종실 및 척신이 간여함을 용납하지 않는다. ④ 왕실사무와 국정사무를 분리하여 서로 혼동하지 않는다. ⑤ 의정부와 각 아문의 직무권한의 한계를 명백히 규정한다. ⑥ 부세(賦稅)는 모두 법령으로 정하고 명목을 더하여 거두지 못한다. ⑦ 조세부과와 징수 및 경비지출은 모두 탁지아문(度支衙門)에서 관장한다. ⑧ 왕실은 솔선하여 경비를 절약해서 각 아문과 지방관의 모범이 되게 한다. ⑨ 왕실과 각 관부(官府)에서 사용하는 경비는 1년간의 예산을 세워 재정의 기초를 확립한다. ⑩ 지방관제도를 속히 개정하여 지방 관리의 직권을 한정한다. ⑪ 널리 자질이 있는 젊은이를 외국에 파견하여 학술과 기예를 익히도록 한다. ⑫ 장교를 교육하고 징병제도를 정하여 군제의 기초를 확립한다. ⑬ 민법 및 형법을 엄정히 정하여 함부로 가두거나 벌하지 말며, 백성의 생명과 재산을 보호한다. ⑭ 사람을 쓰는 데 문벌을 가리지 않고 널리 인재를 등용한다.

31) 고종의 '교육입국조서' 전문을 밝히면 다음과 같다. "짐이 생각하건대, 조종(祖宗)께서 업(業)을 시작하시고 통(統)을 이으사 이제 5천 년이 지났도다. 이는 실로 우리 열조(列朝)의 교화와 덕택이 인심에 젖고, 우리 신민이 능히 그 충애(忠愛)를 다한 데 있도다. 그러므로 짐이 한량없이 큰 이 역사를 이어 나가고자 밤낮으로 걱정하는 바가 오직 조종의 유훈을 받들려는 것이니, 너희들 신민은 짐의 마음을 본받을지어다. 너희들 신민의 선조는 곧 우리 조종이 보육한 어진 신민이었고, 너희들 신민은 또한 너희들 선조의 충애를 잘 이었으니 곧 짐이 보육하는 어진 신민이로다. 짐과 너희들 신민이 힘을 같이하여 조종의 큰 터를 지켜 억만년 평안함을 마저 이어가야 할지로다. 아! 짐이 교육에 힘쓰지 아니하면 나라가 공고하기를 바라기 심히 어렵도다. 세계의 형세를 살펴보건대 부강하고 독립하여 웅시(雄視)하는 모든 나라는 모두 다 그 인민의 지식이 개명하였도다. 이 지식의 개명은 곧 교육의 선미(善美)로 이룩된 것이니 교육은 실로 국가를 보존하는 근본이라 하리로다. 그러므로 짐은 군사(君師)의 자리에 있어 교육의 책임을 몸소 지노라. 즉, 교육은 그 길이 있는 것이니 헛된 이름과 실제 소용을 먼저 분별하여야 하리로다. 독서나 습자로 옛사람의 찌꺼기를 줍기에 몰두하여 시세의 대국(大局)에 눈 어두운 자는 비록 그 문장이 고금을 능가할지라도 쓸데없는 서생에 지나지 못하리로다. 이제 짐이 교육의 강령을 보이노니, 첫째, 오륜(五倫)의 행실을 닦아 속강(俗綱)을 문란하게 하지 말고, 풍교(風教)를 세워 인세(人世)의 질서를 유

을 국가 중흥의 가장 핵심적인 방법으로 판단하고 모든 국민에게 교육에 힘쓸 것을 호소한 것이다. 그 핵심적 내용은 첫째, 교육은 국가 보존의 근본이며, 둘째, 신교육은 허명을 버리고 과학적 지식과 실용을 추구하며, 셋째, 교육의 기초는 덕육, 지육, 체육에 있으며, 넷째, 많은 학교의 설립과 인재양성이 국가 중흥과 국가 보존을 위해 시급하다는 것이다.

고종의 입국조서 정신에 따라 1895년 4월에 최초의 현대식 학교법규인 '한성사범학교 관제'를 공포하는 등 학교 관련 제 법령을 제정하는 한편 그 법령에 따라 각급 학교를 설립하고 교과서를 편찬하는 등 본격적인 근대학교 설립의 길을 열었다. 1905년 을사늑약 체결 이전까지 제정 · 공포된 학교 관제 및 규칙을 정리하면 다음과 같다.

지하며 사회의 향복(享福)을 증진시킬지어다. 둘째, 몸을 기를지니 동작을 떳떳이 하고 근로와 역행을 주로 하며, 게으름과 평안함을 탐하지 말고, 괴롭고 어려운 일을 피하지 말며, 너희의 근육을 굳게 하고 뼈를 튼튼히 하여 강장(康壯)하고 병 없는 낙(樂)을 누려 받을지어다. 셋째, 지(知)를 기를지니 사물의 이치를 끝까지 추궁함으로써 지를 닦고 성(性)을 이룩하고, 아름답고 미운 것과 옳고 그른 것과 길고 짧은 데서 나와 남의 구역을 세우지 말고 정밀히 연구하고 널리 통하기를 힘쓸지어다. 그리고 한 몸의 사(私)를 꾀하지 말고 공중의 이익을 도모할지어다. 이 세 가지는 교육의 강기(綱紀)이니라. 짐은 정부에 명하여 학교를 널리 세우고 인재를 양성하여 너희들 신민의 학식으로써 국가 중흥의 대공(大功)을 세우게 하려 하노니, 너희들 신민은 충군(忠君)으로 애국하는 마음으로 너희의 덕과 몸과 지를 기를지어다. 왕실의 안전이 너희들 신민의 교육에 있고, 국가의 부강도 또한 너희들 신민의 교육에 있도다. 너희들 신민이 선미한 경지에 다다르지 못하면 어찌 짐이 다스림을 이루었다 할 수 있으며, 정부가 어찌 감히 그 책임을 다하였다 할 수 있고, 또한 너희들 신민이 어찌 교육의 길에 마음을 다하고 힘을 다하였다 하리오. 아비는 이것으로써 그 아들을 고무하고, 형은 이것으로써 아우를 권면하며, 벗은 이것으로써 벗의 도움의 도(道)를 행하고 분발하여 멎지 말지어다. 나라의 분한(憤恨)을 대적할 이 오직 너희들 신민이요, 국가의 모욕을 막을 이 오직 너희들 신민이니, 이것이 다 너희들 신민의 본분이로다. 학식의 등급으로 그 공효(功效)의 고하를 아뢰되, 이런 일로 상(上)을 좇다가 사소한 결단(缺端)이 있더라도 너희들 신민은 또한 이것이 오직 너희들의 교육이 밝지 못한 탓이라고 말할지어다. 상하가 마음을 같이 하기를 힘쓸지어다. 너희들 신민의 마음이 곧 짐의 마음이니, 힘쓸지어다. 진실로 이와 같을진대 짐은 종조의 덕광(德光)을 사방에 날릴 것이요, 너희들 신민 또한 너희들 선조의 어진 자식과 착한 손자가 될 것이니, 힘쓸지어다."

〈표 4-1〉 을사늑약 이전까지 제정 · 공포된 학교 관제 및 규칙

학교 관제 및 규칙	공포 연월일	학교 관제 및 규칙	공포 연월일
한성사범학교 관제	1895. 4. 16.	보조공립소학교 규칙	1896. 2. 20.
외국어학교 관제	1895. 5. 10.	의학교 관제	1899. 3. 24.
성균관 관제	1895. 7. 2.	중학교 관제	1899. 4. 4.
소학교령	1895. 7. 19.	상공학교 관제	1899. 6. 24.
한성사범학교 규칙	1895. 7. 23.	외국어학교 규칙	1900. 6. 27.
성균관 경학과 규칙	1895. 8. 9.	농공상학교 관제	1904. 6. 8.

이 학교 관제와 규칙은 대부분 일본의 학제를 모방한 것이며, 특히 소학교, 중학교 및 사범학교가 그러했다. 성균관 관제 및 경학과 규칙은 종래 500년 동안 우리나라 최고학부로 중시되어 온 성균관을 시내사조에 맞게 개편하려는 데 목적이 있었다. 그리하여 성균관에서는 종래의 경서 외에 작문, 역사, 지리, 산술 등을 교과목으로 제정하고 수업연한을 3년, 각 학년을 2학기제로 개편하는 등 근대식 학교제도를 모방하였다. 이로써 정부는 갑오개혁 이후 을사늑약 체결 때까지 약 10년간에 걸쳐 형식상으로나마 1천 년 동안 내려오던 구교육제도를 폐지하고 근대식 교육제노를 수립하였다(장찬익 · 노진호 · 이주한, 2005 : 63-64).

▶ 근대적 학교들

한편, 여러 학교 관제와 규칙이 제정됨에 따라 각급 관립학교가 설립되었다. 1895년에 한성사범학교를 비롯하여 영어, 일어, 불어 등의 외국어학교, 법관양성소가 설립되었고, 1896년에는 러시아어학교가 설립되었다. 1899년에는 경성의학교와 상공학교, 1900년에는 한성중학교, 1904에는 농상공학교 등이 설립되었다. 1905년까지 설립된 소학교는 서울 8개, 지방 50여 개교에 달했다.

정부에서 설립한 이상의 각종 학교는 교육을 근대화하려는 의지의 결과였으나 재정적 지원의 부족과 국민들의 이해 부족으로 큰 성공을 거두지는 못했다. 특히, 1905년 이후 통감부가 교육내용에 대한 통제를 강화하고 그로 인해 친일 교육장으로 변하자 민족적 반감이 확대되어 국민들로부터 더욱 외면당하게 되었다(박의수 외, 2004 : 104).

2) 선교사에 의한 근대학교의 설립

개항 이후 서양 각국의 선교단체들은 의료 및 교육활동을 통해 조선에 기독교를 전파하고자 하였다. 즉, 신체적 질병으로부터 구제하는 의료사업과 서양의 근대적 문화를 조선에 소개하고 민중을 계몽하는 교육사업을 기독교 선교의 주요 수단으로 삼았다.

선교사들의 입국과 학교 설립 ◀

개신교 선교사들이 조선에 본격적으로 입국한 것은 한미수호통상조약 체결 후부터이다. 뉴욕의 감리교 선교 본부가 1883년 미국을 방문한 민영익 등에게서 조선의 사정을 듣고 선교의 필요성을 느껴 재일 선교사 매클레이(R. S. Maclay)를 조선에 파견한 것이 처음이다. 매클레이는 선교 본부의 요구에 따라 1884년 6월 조선에 입국하여 고종황제를 알현하고 교육과 의료사업을 허락받았다. 이를 계기로 1884년에 미국의 선교사 알렌이 입국하고, 그 이듬해에 언더우드(H. G. Underwood), 아펜젤러(H. G. Appenzeller), 스크랜턴(M. F. Scranton) 등이 입국하였다.

알렌은 1885년에 최초의 근대적 국립의료기관인 광혜원(廣惠院)을 서울 재동에 설립하여 의료사업을 시작하였고, 이어 1886년에는 16명의 학생을 선발하여 서구의 근대적 의료기술을 가르치는 등 교육사업을 시작하였다. 광혜원은 후일 세브란스의학전문학교와 연세대학교 의과대학으로 발전하였다.

아펜젤러는 1885년 8월에 먼저 들어와 있던 의사 스크랜턴의 집을 빌려 수업을 시작하였다. 이에 고종황제가 교육에 대한 아펜젤러의 의지를 인정하여 1886년 6월에 인재를 배양하는 학교라는 의미의 배재학당이라는 교명과 간판을 하사하였다. 그 후 배재학당은 날로 발전을 거듭하여 학생 수가 증가하고 교육과정, 교육방법 등이 현대적으로 잘 정비되어 근대적 기독교 학교로서 선구적 역할을 담당하였다.

또한, 언더우드는 입국한 후 잠시 광혜원에서 화학과 물리학을 가르치다가 고아원 설립의 필요성을 느껴 1886년에 고아원학교인 구세학당을 세웠는데, 이것이 오늘날 경신중·고등학교의 전신이다. 또 그는 1887년에 정신여학교를 설립했을 뿐만 아니라, 1914년에 경신학교 대학부를 병설했는데 이는 연희전문학교의 전신으로서 나중에 연세대학교로 발전하였다.

스크랜턴 부인은 이화학당의 설립에 크게 기여하였다. 외교의 중요성을 인식하고 있던 명성황후가 궁녀를 보내 통역관 양성을 부탁하자 스크랜턴은 1886년 5월 궁녀 1명을 상대로 교육을 시작하였다. 그리고 그다음 해 학생이 7명으로 증가하자 명성황후로부터 이화학당이라는 교명을 하사받았다. 이화학당은 오늘날 이화여자대학교의 전신으로 우리나라 최초의 여학교이며, 여성교육기관의 효시이다.

이후 1894년에 평양에 감리교계 학교인 광성학교, 숭덕학교, 정의여학교, 1895년에 부산에 오늘날 동래여중·고등학교의 전신인 일신여학교 등이 설립됨으로써 각 지방에까지 기독교계 선교학교가 우후죽순처럼 증가하였는데, 1910년 2월까지 설립된 기독교계 선교학교는 796개교나 되었다.

▶ 선교계 학교들의 역할과 평가

선교계 학교의 교육과 기독교 문화가 1900년대 초반까지 우리 사회와 교육을 근대화하는 데 크게 기여한 것은 분명하다. 비록 선교를 목적으로 한 것이었지만, 기독교는 신교육의 도입과 보급, 한글의 연구와 보급, 자유민권사상 고취, 실업과 근로정신의 각성, 남녀평등과 여권 신장, 반상의 구별 철폐, 우상과 미신 타파, 음주, 흡연, 아편, 축첩 금지 및 관혼상제 개선, 서양 의술의 보급과 병자의 치료를 통한 육체적 구원 등 여러 측면에서 크게 기여한 것은 부정할 수 없다(한규원, 1997:51-139).

그러나 부정적 측면에서 미국자본주의의 한국침략의 도구로서 기능했다는 평가를 받기도 한다. 이와 관련하여 베커(H. T. Becker)는 미국이 기독교 선교사 등을 통해 세계 각지에서 실시한 교육사업에 대해 "이 교육적 감화의 방향은 미국이 오로지 새로운 판매시장을 개척하고, 기백만의 유색인 대중에게 문화재와 투자에 대한 수요를 환기시켜 이를 높이려는 정책적 요구와 완전히 일치"하며, "게다가 원주민을 경제적으로 이용하는 일과 경제력을 증대하는 일은 미국인이 교육 분야에 있어서 노력을 기울이는 원동력인 것"(윤건차, 1987:194)이라고 언급한 적이 있다. 이것은 기독교계 학교의 본질적 성격을 상당히 적절하게 지적한 말로 보인다.

실제로 미국의 대외교육정책은 군사전략의 요충지이며, 이미 열강들의 각축장이 되고 있던 한반도에서 보다 철저하고 교묘하게 적용되었다. 이는 미국이 기독교라는 이름 아래 '자유, 평등, 박애'의 간판을 내걸고 교육을 통해 한국민에게 친미사상을 주입시켜 자신에게 순종 또는 협력하는 기독교도 양성에 힘을 쏟았다는 것을 의미한다. 그리고 미국은 이를 기초로 한국의 정치, 경제, 군사, 문화에 걸친 모든 영역의 지배권을 확립하여 한국을 미국화하려고 하였다(윤건차, 1987 : 194).

당시 한국민이 희망했던 것은 기독교가 아니라 개인 또는 국가와 결부된 근대문명이고 근대학문이며 근대교육이었다. 그러나 일본의 한국침략 위협이 구체화됨에 따라, 상대적으로 기독교에 대한 국민의 공포감은 차츰 불식되고 오히려 나라의 운명을 기독교에 맡기려는 사람들이 적지 않게 늘어났다. 그들은 서양문명을 이상적인 것으로 인식하였으며, 기독교를 서양문명과 동일한 것으로 간주하였다. 그리고 그러한 사고방식은 곧바로 구미제국에 대한 사대주의를 조장하였다. 그리하여 공교육과 비종교적 민족교육에 집중되어야 할 민중의 교육 에너지가 기독교 선교사가 주도하는 기독교계 학교로 집중되고 말았다. 물론 기독교계 학교가 민중계몽과 항일투사 육성에 적지 않게 기여한 점은 충분히 인정되어야 할 것이다. 그러나 그 이면에서 민족적 주체성의 형성에 부정적 영향을 미침으로써 결과적으로 한국근대의 민족운동을 적지 않게 왜곡시켰다는 점도 간과되어서는 안 된다. 이는 구교육의 결함을 내재적으로 극복하는 동시에 민중을 계몽함으로써 역사주체를 형성해 나가야 할 한국근대 교육운동이 그 성장과정에서 매우 큰 약점을 자기 안에 구조화하고 있었음을 의미한다(윤건차, 1987 : 196-197).

3) 민족 선각자에 의한 근대학교의 설립

19세기 말부터 국운이 점차 기울자 당시 선각자들은 다양한 방법으로 구국운동을 전개하였다. 이들은 제국주의 열강의 침략을 막아내고 국권을 회복하는 길은 국민을 계몽하고 민족정신을 각성시키는 것이라는 믿음 아래 각종 문화운동, 강연회, 토론회, 육영사업, 민중교화사업 등을 펼쳐나갔다. 특히, 1905년 을사늑약을 통해 일본의 침략이 노골화되자 수많은 애국적 계몽사상가들은 민족정신 자각과 반일 구국운동을 위해 학교를 포함한 각종 단체를 설립하고 신문을 창간하였다. 이때 설립된 주요 단체들을 보면, 독립협회, 보안회, 헌정연구회, 대한자강회, 신민회 등의 구국단체, 독립신문, 황성신문, 대한매일신문, 만세보 등의 신문, 국민교육회, 동서개

진교육회, 여자교육회 등의 교육단체, 서우학회, 서북홍학회, 한북홍학회, 기호학회, 교남학회, 태극학회, 호남학회, 관동학회 등이다. 학교만 보더라도 1908년까지 민족 선각자들에 의해 설립된 학교가 전국적으로 무려 5,000여 개에 달하였다.

▶ 최초의 민족계 근대학교

민족 선각자들에 의해 설립된 최초의 근대적 학교는 1883년에 세워진 원산학사(元山學舍)이다. 원산학사는 함경남도 원산 · 덕원의 민간인들이 외세에 대응하기 위해 젊은 세대에게 근대적 지식을 교육하여 인재를 양성할 목적으로 세운 학교이다. 원래 전통적 서당을 개량하여 운영하다가 민관 합동으로 설립 기금을 모아 1883년에 근대적 학교로 발전시킨 것이다. 설립 초기에는 문예반(50명)과 무예반(200명)으로 나누어 운영하였다. 문예반은 경의(經義)를, 무예반은 병서(兵書)를 가르치되 산수, 물리, 기기, 농업, 양잠, 광채(鑛採), 외국어, 법률, 국제법, 지리 등을 문무 공통과목으로 하였다. 이 원산학사는 교사진, 시험방법, 벌칙, 도서관리, 사무관리 등 근대적인 학교경영체제를 갖추고 있었다. 원산학사는 무엇보다 지방 민간인들이 외세의 도전에 대응하기 위해 주체적으로 자금을 모아 설립한 최초의 근대학교라는 점, 그리고 단순히 외국의 학교를 모방하지 않고 전통적 서당을 계승하여 근대학교로 발전시켰다는 점에서 교육사적 의의가 크다.

▶ 민족계 근대학교들

원산학사를 시발로 하여 전권대사[32]로 서구 여러 나라를 순방하고 돌아온 민영환이 1895년에 홍화학교를, 1896년에는 민영기가 중교의숙[33]을 설립하였다. 그리고 뒤를 이어 1897년에 정신여학교, 1898년에 순성여학교가 설립되었고, 1899년에는 안창호에 의해 점진학교가 설립되었다. 점진학교는 남녀공학을 실시한 최초의 사립 초등학교였다.

1900년대에 들어 학교설립운동은 더욱 가속화되었다. 이 시기 민족주의자에 의해 설립되어 항일 독립정신의 고취와 애국지사 배출에 크게 기여한 대표적인 학교를 보면, 이용익의 보성전문학교(1905), 엄주익의 양정의숙(1905), 민영휘의 휘문의숙(1906), 남궁억의 현산학교(1906), 이승훈의 오산학교(1907), 안창호의 대성학교

32) 한 국가를 대표하여 다른 나라에 파견되어 주재(駐在)하면서 외교적 교섭을 하며 자국민에 대한 보호 감독의 임무를 수행하는 일급 외교 사절이다.

33) 의숙(義塾)이란 근대 시대에 공익적 목적으로 기부한 돈으로 설립한 교육기관을 지칭한다.

(1908)[34] 등이다. 특히, 대성학교는 규모나 내용 그리고 체제 면에서 사립학교의 모범이 될 정도로 잘 체계화되어 있었다.

이렇게 하여 1883년 원산학사의 설립부터 1908년까지 세워진 사립학교는 서울의 100여 개교, 평안북도의 약 2,000여 개교를 포함하여 모두 5,000여 개교나 되었으며, 학생 수는 약 20만 명에 달하였다. 그러나 1908년 통감부의 사립학교령에 의한 사학 탄압에 따라 1909년에 2,250개교로 대폭 축소되고 말았다.

근대 민족사학의 기본 성격은 국권회복을 위한 인재 및 지도자 양성, 애국심 및 항일 민족의식 고취, 개명 · 자강의 실현, 전인적 인간육성 등으로 요약할 수 있다.

1910년 이전까지 설립된 대표적인 사학들을 표로 정리하면 다음과 같다.

〈표 4-2〉 개화기 민족 선각자들에 의해 설립된 학교

학교명	연대	설립자	위치	학교명	연대	설립자	위치
원산학사	1883	부원읍민	원산	대성학교	1908	안창호	평양
낙영의숙	1895	사회유지	서울	오산학교	1907	이승훈	정주
흥화학교	1895	민영환	서울	강명의숙	1907	이승훈	정주
중교의숙	1896	민영기	서울	보창학교	1907	이동휘	강화
정신여학교	1897	김양당	서울	봉명학교	1907	이봉래	서울
순성여학교	1898	찬양회	서울	서북협성학교	1907	서북학회	서울
개성학교	1898	박기종	부산	정리사	1907	유일선	서울
점진학교	1899	안창호	강서	양산학교	1907	김구	안악
시무학교	1899	민영기	서울	양실학원	1907	사회유지	의주
문동학원	1901	신규식	청원	보강학교	1907	김구	재령
낙연의숙	1901	서광세	서울	장훈학교	1907	사회유지	서울
우산학교	1902	양재새	서울	기호학교	1908	기호학회	서울
청년학원	1904	전덕기	서울	동덕여자의숙	1908	김인자	서울
서전의숙	1905	이상설	용정	양원여학교	1908	윤고라	서울
양정의숙	1905	엄주익	서울	신명학당	1908	김홍식	김제
광성실업학교	1905	전소론파	서울	협동학교	1908	김동삼	안동

34) 1907년도에 설립되었다는 설도 있다.

학교명	연대	설립자	위치	학교명	연대	설립자	위치
한성법학교	1905	사회유지	서울	성명학교	1908	김창숙	성주
보성학교	1905	이용익	서울	보명여학교	1908	보명여자교육회	서울
휘문의숙	1906	민영휘	서울	양정여학교	1908	최성경	서울
숙명여학교	1906	엄귀비	서울	대동전수학회	1908	대동학회	서울
진명여학교	1906	엄귀비	서울	보인학교	1908	보인학회	서울
애국학교	1906	사회유지	평양	소의학교	1908	장지영	서울
보성중학교	1906	이용익	서울	신영학교	1908	윤세영	안산
중동학교	1906	신규식	서울	융희학교	1909	유길준	서울
현산학교	1906	남궁억	양양	양산중학교	1909	김홍량	안악
양규의숙	1906	여자교육회	서울	화산중학교	1909	민영조	고산
화야의숙	1906	이철용	포천	의명학교	1909	정태균	안의
신학원	1907	여자교육회	서울	중남중학교	1910	남정철 등	공주
서우사범학교	1907	서우학회	서울	용산여학교	1910	김옥경	서울
동인학교	1907	대한동인회	서울	명덕학교	1910	김도순	강서

4) 교육근대화의 성격과 방향

1876년 한일수호조약부터 1910년 경술국치에 이르는 개화기는 한마디로 표현하여 우리나라의 교육근대화기라 할 수 있다. 개화기 이후 근대화교육의 기본 성격은 사관에 따라 다양하게 정의되고 평가될 수 있다. 김인회는 한국 근대화교육의 성격과 방향을 제도적 교육과 비제도적 교육 두 측면에서 잘 조감하고 있다(김인회, 1994:112-116).

▶ 근대화교육의 성격

첫째, 교육근대화의 동기는 18세기 이전까지의 조선시대 교육의 한계에서 필연적 결과로 유발된 것이다. 또한, 교육근대화는 19세기 이후 한국역사에 생명력을 불어넣는 원동력이 되었다.

둘째, 19세기까지의 조선시대 교육의 결과로 교육근대화의 필연성이 제기되었지만 동시에 교육근대화를 저해한 적응력 및 융통성의 결여 또한 조선시대 교육의 한계에서 비롯된 유산이었다.

셋째, 한국 교육근대화 과정에서 서구문화의 영향이 직·간접으로 크게 작용하였다. 그러나 그것은 국내에서 자생적으로 형성되고 유발된 수용태세와 동기라는 내적 조건이 갖추어져 있었기 때문에 가능하였다.

넷째, 한국 교육근대화 과정에 영향을 미친 서구제국이나 일본의 작용은 항상 자기네 편의 이익을 위한 것이었지 한국의 역사나 한민족의 발전을 위한 것은 아니었다. 그것은 20세기 이후 오늘날까지의 교육근대화 과정에서도 마찬가지이다.

다섯째, 교육근대화 과정의 역사는 제도적 교육을 통한 근대화운동과 비제도적 교육을 통한 근대화운동의 두 가지 대응방식이 상보적으로 전개되어 왔다. 그중에서 제도적 교육은 특히 근대화 과정 초기에 소극성, 영세성을 면치 못했다. 20세기 이후에도 관이 주도하는 제도적 교육은 비교적 보수성이 강하며, 교육투자에 인색했다. 전체적으로 말해서 19세기 이래로 교육 관료는 민중 위주의 교육을 지향하는 자세에서는 인색하고 소극적이었던 데 비해 민간주도형의 제도적 교육이 공교육 투자의 결함을 보충해 왔다. 따라서 한국에서의 교육근대화의 주도권은 사학 쪽에 있었다고 할 수 있다.

여섯째, 비제도적 교육을 통한 근대화운동은 1896년 이래 독립신문, 독립협회 등의 민중교육운동에서부터 본격화되었다고 말할 수 있으며, 그 교육의 사상적 성격은 자유민권, 자강개혁, 자주독립을 지향하는 민주주의와 민족주의라고 규정할 수 있다.

일곱째, 교육근대화를 향한 움직임은 초기에는 위로부터의 개혁이라고 할 수 있는 하향적 성격으로 전개되다가 차츰 각 계층이 포괄되는 민족운동의 성격으로 변하였다. 그것은 교육근대화 추진과정에서 소수의 지식층으로 구성된 엘리트집단의 힘만으로는 한계가 있음을 경험을 통해 알게 되었기 때문이다. 그 결과 비제도적 교육이 강화되고 교육근대화운동이 교육구국운동, 민족운동의 성격으로 확대 심화되었다.

여덟째, 비제도적 교육을 통해 민중을 지도하고 민족운동을 전개한 지식인 집단의 엘리트의식은 근대화를 향한 민중교육운동에서 장애요인 내지는 한계성을 드러내곤 하였다. 1896년 설립되어 1899년에 해산된 독립협회가 서울을 비롯한 도시 중심의 민중운동에 치중했고 각 지방의 지회설치에 소극적이었을 뿐만 아니라 그것도 해산되기 직전에 가서야 추진되었으며, 그나마 국민의 대부분을 구성하면서 가장 강대한 잠재력을 지니고 있었던 농민계층을 대상으로 조직 활동을 전개하는 문제에는 등한히 했던 것이 그 좋은 예다.

아홉째, 한국의 교육근대화의 방향은 엘리트중심의 교육에서 민중참여의 교육으로, 그리고 민중중심의 교육으로 전개되어 왔다고 요약할 수 있다. 그것은 우리나라의 근대화과정이 봉건체제에서 벗어나 민족주의와 아울러 시민적 민주주의의 방향을 지향할 수 있다는 가능성을 암시하는 것이다. 교육내용에 있어서도 교육근대화의 방향은 숭문주의에서 점차 실학주의로 발전해 왔다. 그것은 우리나라 근대화의 성격이 성리학적 관념 위에서 세워진 정체사회에서 벗어나 외래의 문물을 수용하여 주체적으로 응용함으로써 민족의 역량을 기르는 개방적이고 가변적인 산업사회를 지향하고 있음을 나타내기도 하는 것이다.

▶ 근대적 교육개혁의 좌절 요인

이상에서 설명한 것처럼 개화기에 교육근대화를 위한 교육개혁 노력이 다각도로 경주되었음에도 불구하고 결과적으로 큰 성공을 거두지 못하고 좌절되고 말았다. 이 시기 교육개혁의 좌절된 주요 요인을 몇 가지로 나누어 정리해 보면 다음과 같다(윤건차, 1987 : 241-254).

첫째, 관립학교에서 대표적으로 나타난 입학자의 신분차별이다. 교육기회의 균등을 법령으로 성문화하기는 했지만, 실제로는 여전히 관립학교 입학자의 다수는 양반계급 출신자였다. 그 결과 일부 기독교계 학교를 제외하고 한국의 근대교육은 사회 각층의 유능한 인재를 체계적으로 발굴하고 거기에서 얻은 새로운 활력을 제도적으로 정치지도층에 공급하는 데 실패하였다.

둘째, 근대교육의 중심을 이루는 신학문의 도입이 부진했다. 근대학문의 도입·보급은 교육개혁 전체의 성패를 좌우하는 중요한 과제였음에도 불구하고, 정부는 외국 문헌을 연구하고 체계적으로 번역·출판하는 사업을 활발히 벌이지 않았다. 이로 인해 학교에서 내실 있는 근대적 교과서와 신학문에 능통한 교사가 부족하여 여전히 유교적 한문 교과서를 사용하는 학교가 많았다.

셋째, 유학생 파견사업의 실패이다. 국가 재정의 파탄과 정부의 행·재정적 지원의 부족, 유학생 개인의 자질 부족 등으로 인해 유학생이 세계 선진 각국에 다양하게 파견되지 못하고 중국과 일본에 집중되었으며, 신학문의 도입과 근대적 인재의 육성에 실패하였다.

넷째, 교육개혁에 있어서 재정적 보장이 결정적으로 약하였다. 만성적인 재정난에 허덕이던 정부는 청일전쟁 이후 계속되는 정치적 혼란으로 인해 더욱 심한 재정적 핍박을 받고 있었기 때문에 교육근대화에 요구되는 학사예산에 턱없이 부족할 수밖에 없었다.

다섯째, 관리임용제도의 불공정한 운영이다. 과거제도의 폐지에 따라 새로운 관리임용제도가 정상적으로 운영되어야 했음에도 불구하고, 일부 정부고관에게만 임용권을 부여하는 등 부실한 관리임용제도로 인해 청년에게 면학의욕을 고취시키지 못해 근대학교의 발전이 성공적으로 이루어지지 못하였다.

여섯째, 서당을 중심으로 한 구교육기관을 근대적으로 변환시키고자 하는 노력이 부족했다. 근대적 국민교육제도의 확립을 지향하는 교육개혁은 모든 지역, 모든 계층의 젊은이에게 근대교육의 기회를 제공해야 하고, 그러기 위해서는 이미 널리 확산되어 있던 기존의 서당, 향교, 서원 등을 효율적으로 활용했어야 함에도 불구하고 이에 대해 방기하였다.

일곱째, 외국 열강의 지원에 의존했던 사대주의적 교육정책이다. 정부의 사대주의적 태도로 인해 교사의 양성과 채용, 교육내용의 구성, 교과서 작성 등 여러 측면에서 비주체적 · 비민족적 · 비민중적 경향이 초래됨으로써 근대교육의 발전이 왜곡되었다.

03 통감정치기의 교육

일본은 러일전쟁을 일으키고 한일의정서(1904.2.)와 제1차 한일협약(1904.8.)을 체결하여 고문정치를 시작함으로써 본격적으로 조선의 식민지화 준비에 착수하였다. 이 협약에 따라 학무고문에 시데하라 다이라(幣原坦)를 취임시켜 식민지화 준비를 위한 교육정책을 펴기 시작하였다. 이어 1905년에는 제2차 한일협약, 즉 을사늑약(1905.11.)을 체결하여 조선의 외교권을 박탈함으로써 조선을 반식민지 상태로 만들고 그 이듬해에 통감부를 설치하여 통감정치를 시작하였다. 이때 통감이 된 이토 히로부미(伊藤博文)는 통감부 서기관 다와라 마고이치(俵孫一)와 학정 참여관 미쓰지 주조(三土忠造)를 통해 교육을 간섭하였다. 그리고 1907년에는 고종을 강제로 퇴위시키고 한일신협약을 체결하여 법령제정권, 관리임명권, 행정권 및 일본 관리 임명권 등을 확보하고 소위 차관정치를 실시하였다. 이에 따라 다와라가 학부차관에 임명되어 조선의 교육행정을 지배하는 실질적인 최고 권력자가 되었으며, 1908년에는 사립학교령을 반포하여 교육에 대한 지배권을 장악하였다. 이런 일련의 과정을 거쳐 조선은 결국 1910년 굴욕적인 강제합병을 당하기에 이르렀다.

을사늑약 이후부터 한일합병에 이르기까지 통감부 교육정책의 골간은 우민화(愚民化)와 친일화, 사학의 통제 및 교과서 검인정으로 요약될 수 있다. 이는 조선인의 자주적인 독립정신을 마비시키고 친일적 세계관을 갖게 함으로써 장차 조선병합을 수월하게 진행하기 위한 주도면밀한 정지작업이었다.

1) 우민화 및 친일화 정책

▶ 통감부 교육정책의 목적과 방법

통감부 교육정책의 기본 목적은 우리 민족의 우민화와 친일화였다. 일제는 이런 목적을 달성하기 위해 보통학교령, 사범학교령, 고등학교령, 외국어학교령, 사립학교령 등을 제정함으로써 학제의 전반적인 개편을 단행하였다. 이 학제개편은 수업연한을 단축했다는 점, 고등교육에 관련된 법령을 제정하지 않음으로써 한국인에게 고등교육의 기회를 박탈하고 중등교육을 최종교육으로 제한했다는 점, 주로 실무자 및 근로자 양성을 위한 실업교육에 치중했다는 점 등으로 특징화된다. 그리고 이런 특징은 결국 통감부 교육정책의 목표가 한국인의 지적 수준을 저급한 상태로 유지시켜 그들의 의도대로 조종할 수 있는 우민을 만드는 데 있었음을 방증한다.

또한, 통감부는 친일동화교육을 위해 보통학교의 확장과 일본어교육의 확대에 치중하였다. 일제는 보통학교의 수업연한을 단축하는 대신 학생 수를 증가시켰는데 이는 민심을 수습함과 아울러 아직 미성숙한 유년기에 일본 정신을 효과적으로 주입함으로써 친일화를 꾀하려는 데 목적이 있었다. 또 보통학교와 고등학교의 교육과정에 일본어를 매주 6시간씩 배당했는데, 이는 국어와 한문을 합친 주당 6시간보다 더 많은 것이었다. 이는 결국 일본어 학습을 통해 친일적 사고를 가진 한국인을 양성함으로써 식민지 지배를 원활히 하겠다는 발상과 다름이 없었다.

통감부는 교과서의 편찬과 교과내용의 편성을 통해서도 친일화를 획책하였다. 1905년 6월 가장 먼저 일본어 교과서인 『일어독본』을 편찬하는 한편, 이어서 지리, 역사, 산술, 이과, 수신 등도 일본어로 편찬하려고 하였다. 그러나 한국인의 거센 저항에 부딪혀 뜻을 이루지 못하였다. 당시 학부에서 편찬한 일본어독본, 일본역사를 비롯해서 모든 교과는 일본의 제도와 문물의 우수성을 선전하여 친일감정을 고취하는 내용으로 채워져 있었다. 나아가 객관적 역사적 사실조차도 왜곡하여 편성하는 경우도 많았다. 이를테면, 한국의 역사, 지리 교과서에 "한국인종은 일본 운족(雲族)의 일부분이며, 일본인이 고대부터 고려에 이주한 자가 많기 때문에 고려를 '여왜'(麗倭)라고 부르는 칭호가 있다."(1908년 10월 27일 자 「大韓每日申報」 논설)라는 내용을 삽입한 바 있다. 또한, 일제는 소위 모범교육이라는 명분하에 공·사립학교에 일본인 교원을 배치하여 친일교육을 강화하였다. 보통학교의 경우 전임교장을 두지 않고 관찰사, 부윤, 군수 등이 겸직하게 하는 대신 일본인 교사에게 교감직을 수행케 했으며, 고등학교의 경우에도 학감의 직책을 담당하게 하여 교육을 감독함으로써 학교의 운영과 교육 전반을 실질적으로 장악하였다. 이 모든 교육정책과 운영은 결국 배일사상과 독립정신을 말살하고 일본 정신을 은연중 주입하려는 목적에서 이루어진 것이었다.

2) 사학의 탄압 및 교과용 도서의 검인정

사학 탄압◀

국운이 점차 기울고 일제의 침략 징후가 날로 농후해지자 국권회복은 오직 교육을 통한 인재 및 지도자 양성과 근대적 지식과 기술 보급 그리고 애국심과 항일 민족의식 고취에 있다는 인식이 널리 확산되어 갔다. 이런 인식의 확산은 구체적으로 대대적인 사학설립 운동으로 이어져 1908년까지 전국에 총 5,000여 개에 달하는 사립학교가 설립되었다. 이에 일제는 조선 식민지화의 효율적 준비를 위해 사학의 설립과 교육내용을 엄격히 통제하여 배일·항일사상을 불식하고 친일사상을 배양해야 할 필요성을 느끼게 되었다. 그리하여 통감부는 사립학교가 교육 본연의 목적을 수행해야 한다는 미명하에 1908년 8월 26일에 칙령 제62호로 사립학교령을 공포하고 그해 10월 1일부터 시행에 들어갔다.

▶ 사립학교령

이 사립학교령은 사학의 설립, 개교, 폐교 및 학교 운영에 대한 모든 권한을 학부대신 하에 두고, 교과용 도서는 학부에서 편찬한 것이나 검정을 받은 것으로 제한하며, 지방관이 학교 감독을 책임지며, 기존의 학교 역시 이 법령에 따라 재인가받아야 한다는 내용으로 요약된다. 사립학교령에 숨겨진 의도를 분석하면 다음과 같다(장찬익·노진호·이주한, 2005:70).

첫째, 사립학교의 설립은 학부대신의 인가를 받도록 하고 학교 유지의 기초가 될 만한 재원의 확보를 인가기준으로 부과함으로써 기존의 사립학교를 정비하고 나아가 학교의 신설을 억제하려는 것이다.

둘째, 학부가 편찬했거나 검인정하지 않은 교과용 도서는 사용할 수 없도록 함으로써 사립학교에서 사용하는 배일적 또는 애국적 교과서를 일소하려는 것이다.

셋째, 법령과 명령을 위반하여 유해하다고 생각될 때 학부대신이 폐쇄할 수 있도록 함으로써 사학을 철저히 탄압·통제하려는 것이다.

사립학교령의 공포에 의해 결국 사학 설립을 통한 교육구국운동은 커다란 난관에 부딪힐 수밖에 없었다. 사립학교의 신설이 매우 어려워졌을 뿐만 아니라 기존의 학교조차도 까다로운 조건에서 재인가받아야만 했기 때문이었다. 구체적인 예로 당시 한국 민간인이 설립한 기존의 학교 중에서 재인가를 신청한 1,217개 학교 중 인가된 학교는 겨우 42개교에 불과하였다. 이에 비해 선교계 학교는 재인가를 신청한 778개교 모두가 인가되었다. 이런 수치로 볼 때 사립학교령은 민족계 사립학교의 통제와 탄압에 그 목표가 있었음을 짐작할 수 있다. 또 1910년 당시 학부의 인가를 받은 학교 수는 총 2,250개교로서 이 중 선교계 학교가 823개교, 순수 민족자본에 의해 설립된 학교가 1,402개교였다. 1908년 사립학교 수가 총 5,000여 개였던 것을 감안할 때 약 60%에 가까운 사립학교들이 폐지되었던 셈이다.

교과용 도서 검인정

또한, 통감부는 항일 애국의식과 독립정신을 고취하기 위해 편찬해서 활용하던 교과서의 내용을 통제하고자 1908년 학부령으로 '교과용도서검정규정'을 공포하였다. 즉, 사립학교에서 사용할 수 있는 교과서를 학부에서 편찬한 것, 학부대신의 검정을 받은 것, 이상에 해당되지 않을 경우 학교장이 학부대신의 인가를 받은 것으로 제한하여 자주독립과 주권회복을 주창하는 교과서를 일소하고자 하였다. 그 결과 1910년 당시 검정 출원된 총 117종의 교과용 도서 중 55종만 승인되었는데, 자연 · 실업교과는 대부분 승인되었음에 반해 수신, 국어, 역사, 지리 등은 거의 승인되지 않았다. 인가 출원의 경우도 이런 경향과 유사하였다. 총 448건 중 380건이 인가되었는데, 검정과 마찬가지로 수신, 국어, 역사 등의 경우 인가율이 매우 낮았다.

이렇게 역사를 비롯하여 정치 · 사상적 성격이 강한 도서의 인가비율이 현저히 낮은 것은 당시 한국의 현실을 직시하도록 하거나 배일사상을 고취하여 한일관계를 저해하거나 애국심을 고취하여 독립정신을 배양하려는 교과를 엄격히 통제했음을 의미한다.

CHAPTER 05

일제 강점기의 교육

01 시대적 배경

일제 강점기란 우리나라가 일제에 의해 강제로 병합된 1910년부터 광복을 성취한 1945년까지를 일컫는 것으로 우리나라 역사에서 가장 치욕스럽고 불명예스러운 시기이다. 19세기 중반 이후 사회 전반에 걸친 혼란과 서구열강 및 일본의 도전을 극복하고 근대화된 국가로 거듭나기 위해 각계각층에서 각고의 노력을 기울였다. 그럼에도 불구하고 수천 년 동안 보존해 온 주권을 더욱 공고히 하고 근대국가로의 안정적 전환을 이루기에는 국가의 총체적 역량이 부족하였다. 그리하여 결국 짧게는 27대 519년 동안 유지된 조선 왕조가 폐망하고 길게는 5천 년이라는 유구한 세월을 거쳐 지켜 온 민족의 주권이 일제에 넘어가는 민족적 비운을 겪고 말았다.

▶ 일제의 한국 지배정책의 특징

일제의 한국 지배정책은 한마디로 말해 무한성을 그 특징으로 한다(장찬익 · 노진호 · 이주한, 2005:76). 일제는 법적으로는 일본제국신민으로서, 사상적으로는 일선동조론(日鮮同祖論)에 의해서, 교육적으로는 동화교육을 통해서 한국 민족의 비민족화를 획책하였다. 정치적으로는 권리는 박탈한 채 의무만 부과하였으며, 경제적으로는 가장 저열한 단계의 노동만을 강요하고 온갖 부존자원을 갈취하였다. 문화적으로는 고유한 말과 글을 빼앗고 그들의 신을 강요했는가 하면 대대로 내려온 성과 이름조차도 바꾸게 하였다. 군사적으로는 헌병을 동원하여 폭압을 휘두르고 수많은 젊은이를 전쟁터로 내몰아 죽게 했으며, 수십만 여성을 위안부로 동원하여 성을 착취하였다. 요컨대 정치, 경제, 문화, 군사, 교육 그리고 심지어 일상적인 인간생활에 이르기까지 한민족의 완전한 말살 및 철저한 일본화, 비인간화와 노예화를 획책한 것이 바로 일제의 정책이었던 것이다.

일제의 교육정책 역시 그 연장선상에서 전개되었다. 말하자면, 교육정책은 식민지정책의 일환으로 수행되었으며, 그 기본노선은 동화교육을 통해 한민족을 일본화한다는 데 두었다. 그리하여 그들의 식민지교육의 원리는 내적으로는 기만이었고 외적으로는 무력이었다. 즉, 입으로는 동근동조론(同根同祖論)을 합리화하고 행동으로는 통제, 사찰, 탄압을 목적으로 하는 군경 등의 폭력기구를 두고 교육침략을 감행하였다. 그 구체적인 실천내용은 첫째, 일본어교육의 강요, 둘째, 일본의 역사와 문화 그리고 생활양식의 강요, 셋째, 근대적 생산기술, 특히 초보적인 농업기술의 전수 등이었으며 근대적 학교제도의 이식을 통해 그것을 실현시키려 하였다(김경식, 2001:178).

일제의 침탈에 대해 남녀노소, 이념을 막론한 각계각층의 다양하고 치열한 항일독립운동을 전개하였다. 독립운동의 방식도 3·1운동이나 6·10만세운동과 같은 비폭력운동, 의병이나 광복군 등의 무장독립투쟁, 신문·잡지를 통한 문화운동, 민족적 사학의 설립과 야학 등과 같은 교육운동 등 다양하였다. 따라서 일제강점기는 비록 주권을 상실한 채 침묵과 굴종을 강요받던 치욕의 시기이기도 하지만 다른 한편에서 독립과 해방에 대한 강렬한 열망과 의지를 주체적으로 분출한 저항의 시기이기도 하였다.

02 일제 식민지교육의 전개

일제의 식민지교육정책의 흐름은 크게 네 단계로 구분할 수 있다. 제1단계는 통감정치기(1905~1910)로 식민지교육의 준비기이며, 제2단계는 헌병통치기(1910~1919)로 식민지교육의 추진기이다. 그리고 제3단계는 문화정치기

(1919~1938)로 식민지교육의 본격화기이며, 제4단계는 군국주의기(1938~1945)로 황국신민화교육의 강행기이다. 통감정치기 교육의 특징은 앞 장에서 이미 살펴보았으므로, 이하에서는 2단계부터 교육의 특징을 살펴보기로 한다.

1) 식민지교육 추진기

1910년 8월 29일 한일합병에 의해 조선총독부가 설치되고 초대 총독으로 당시 통감이던 육군대장 데라우치 마사타케(寺內正毅)가 임명되었다. 데라우치는 헌병과 경찰을 통합하여 중앙의 경무총장에 헌병사령관을, 각도의 경무부장에 헌병대장을 임명하여 이른바 헌병경찰정치를 통해 철저한 무단탄압정책을 강행하였다. 그리하여 모든 정치적 결사와 집회, 한글 신문의 발간이 금지되고, 일반 관리는 물론 교원까지도 제복을 착용하고 심지어 허리에 칼을 차고 수업을 진행하는 등 폭압적 공포정치를 자행하였다. 또한, 민족정신의 배양을 억제하고 철저한 일본인화교육을 위해 교육제도 전반에 걸친 개혁을 단행하였다. 이를 위해 여러 교육령과 규칙을 제정하였는데, 조선교육령(1911), 사립학교규칙(1911), 개정사립학교규칙(1915), 교원시험규칙(1916), 서당규칙(1916), 교원심득(1916), 각급학교제규칙(보통학교, 고등보통학교, 여자고등보통학교, 실업학교 및 전문학교규칙) 등이 그것이다. 특히, 조선교육령은 식민지교육의 기본지침을 밝힌 것으로 첫째, 충량한 국민의 양성, 둘째, 시세와 민도에 맞는 교육, 셋째, 일본어의 보급을 기본방침으로 삼고 있다. 여기서 말하는 충량한 국민의 양성이란 일본 천황에 절대적으로 충성하고 복종하는 신민을 기른다는 의미이다. 그리고 시세와 민도에 맞는 교육이란 시대의 흐름에 순종하고 일본신민으로서의 의무와 도리를 다하도록 교육하겠다는 의미이다. 또 일본어를 보급하는 교육은 한민족의 언어와 문화를 일본의 그것으로 대체하여 궁극적으로 일본인화하겠다는 것이다.

▶ 제1차 조선교육령의 특징

조선교육령의 기본방침은 교육체제의 개편과 교육과정의 운영에도 그대로 드러나 있다. 교육행정체제의 정점에는 총독부의 내부무 학무국이 있었으며, 일본인 관리가 모든 행정업무를 독점하고 식민지교육을 강행하였다. 학제의 골격은 보통학교

(3~4년), 고등보통학교(4년), 여자보통고등학교(3년), 그 위에 사범과(1년) 및 전문학교(3~4년), 그리고 실업학교(2~3년)와 간이실업학교로 이루어졌다.

일제는 일본인을 위한 학교와 한국인을 위한 학교를 별도로 조직했을 뿐만 아니라 한국인 학교의 수업연한을 일본인 학교보다 1~2년씩 짧게 하였다. 그리고 한국인을 위한 대학은 설립하지 않았다. 이는 결국 한국인의 지성발달을 의도적으로 봉쇄함으로써 노예화하겠다는 의도와 다름이 없었다.

교육과정 운영에서도 이런 특징이 분명하게 드러난다. 당시 각 학교의 교과를 살펴보면, 보통학교의 교과는 수신, 국어(일어), 조선어 및 한문, 산수, 이과, 창가, 제조, 도화, 수공, 재봉, 수예, 농업초보, 상업초보 등으로 구성되어 있다. 고등보통학교의 교과는 수신, 국어(일어), 조선어 및 한문, 역사, 지리, 수학, 이과, 실업, 습자, 도화, 창가, 체조 등으로 구성되어 있다. 여기에서 보통학교의 경우 국민교육에서 가장 중요한 역사와 지리가 빠져 있음을 알 수 있다. 이는 장구한 역사를 지닌 문화민족으로서의 주체성이 함양되지 못하게 하기 위함이었다. 또한, 일제가 중시한 것은 오늘날 국민윤리에 해당하는 '수신'이었는데, 이는 충효와 순종을 덕목화함으로써 한국인을 일본에 묵종하는 유순한 노예적 국민으로 기르기 위한 도구과목이었다.

수업시간 편성을 보면, 보통학교의 경우 일본어가 주당 10시간이었음에 반해 조선어와 한문은 1~2학년 6시간, 3~4학년 5시간, 여자고등보통학교의 경우 일어가 6시간임에 반해 조선어는 2시간으로 전체적으로 국어가 일어의 절반 수준에 지나지 않았다. 명칭에서도 국어를 외국어화하여 조선어라고 하고 일어를 국어라 했으며, 조선어와 한문을 제외한 모든 교과서가 일어로 편찬되고 공식적 교수용어는 물론 교내에서의 일상언어 역시 일어를 사용하도록 강요하였다.

나아가 일제는 식민지통치에 적합하지 않은 학교들은 과감히 폐쇄하였다. 예를 들어, 오랜 역사를 자랑해 온 고등교육기관인 성균관을 1911년에 폐쇄하고 그 대신 단순히 사회교화의 기능만을 담당하는 경학원을 설치하였다. 이로써 우리나라의 전통적인 고등교육기관은 완전히 사라지게 되었다. 또한, 일제는 육영공원과 여러 외국어학교를 폐쇄하여 발전된 서구문화의 수용과 외국에의 진출을 봉쇄하였고 한성사범학교 역시 폐쇄하여 한국인 교원양성을 가로막고 일본인 교원으로 대치하고자 하였다.

한편, 일제는 1911년 사립학교규칙을 제정하고 이를 다시 1915년에 개정하여 사립학교를 엄격하게 통제하였다. 이 규칙에는 학교의 설립 · 폐쇄 및 학교장과 교원의 채용은 총독부의 인가를 받아야 하고, 수업연한, 교과목, 교과과정 및 매주 수업일수, 학생정원, 학년 · 학기, 입학자 등의 사항에 대해 총독의 인가를 받아야 한다고 명시되어 있다. 교과서는 총독부가 편찬한 것이나 검정을 받은 것으로 해야 하며, 법령에 위배되었을 경우 학교의 폐쇄, 학교장 · 교원의 해고를 명할 수 있다는 내용도 포함되어 있다. 사립학교의 운영 전반을 규정하고 있는 이 규칙은 결국 새로운 사학의 설립을 가로막을 뿐만 아니라 기존에 설립 · 운영되어 오던 학교도 폐쇄하려는 목적에서 제정된 것이었다. 이로써 1910년에 2,250개였던 사립학교가 1915년에는 1,154개로, 1919년에는 742개교로 현저하게 감소하였다.

이렇게 일제의 탄압에 의해 관학이 친일교육의 온상이 되고 사학 역시 자유롭지 못하게 되자 한국민들의 향학열이 일제의 손이 아직 미치지 못하는 서당으로 옮아갔다. 그리하여 이전에 비해 서당 수가 상대적으로 증가하였다. 그러자 일제는 1918년 서당규칙을 제정하여 고유의 초등교육기관인 서당까지 통제하기 시작하였다. 이 규칙에는 서당에서도 일본어를 가르칠 것, 서당 교사는 사상의 계발에 힘쓰고 언동을 주의할 것, 공립보통학교장이 서당을 시찰 감독할 것, 불량교재를 사용하지 말 것 등이 명시되어 있다. 1911년 이래 점차 증가 추세에 있던 서당은 이 서당규칙의 적용을 받기 시작하면서 다시 감소하기 시작하였다.

2) 식민지교육 본격화기

한일합병 이후 일제는 총칼을 앞세운 무단통치를 통해 한국민을 억압하고 노예화하려고 하였다. 그러나 일제의 폭압은 지식인부터 노동자, 농민에 이르기까지 전 한민족의 분노와 저항의식을 불러일으켰다. 그리하여 각계각층에서 무장 의병활동과 민족계몽운동 등 때로는 적극적으로 때로는 소극적으로 다양한 항일독립운동을 줄

기차게 전개해 나갔다. 그리고 때마침 미국 대통령 윌슨이 제창한 "모든 민족의 운명은 그 민족 스스로 결정한다."라는 민족자결의 원칙에서 자극받아 1919년 3월 1일 민족대표 33인이 '독립선언'을 발표하고 전국적으로 200여만 명이 참여한 범민족적 시위운동을 전개하였다.

이는 한편에서 일제에 대한 결사의 저항의식과 민족적 역량을 일제와 세계에 선포한 것임과 동시에 다른 한편에서는 지난 10년간에 걸친 일제의 식민지탄압정책이 명백한 한계에 부딪혔음을 의미하는 것이었다. 이러한 범민족적 저항운동에 놀란 일제는 민심을 수습하고 국제사회의 여론을 무마하기 위해 폭압적 무단정치에서 소위 유화적 문화정치로 정책을 전환하지 않을 수 없었다. 1919년 8월에 총독으로 새로 부임한 사이토 마코토(齋藤實)는 훈시에서 "헌병경찰제 대신에 보통 경관에 의한 경찰제도로서 하며, 복제를 개정하여 일반 관리, 교원 등의 제복대검을 폐지하고 조선인의 임용 대우 등을 고려하려고 한다. 요컨대, 문화적 제도의 혁신으로 유도제시(誘導提撕)하고서 그의 행복과 이익증진을 도모하며 장래 문화 발달과 민력 충실에 응하여 정치상 · 사회상의 대우에 있어서도 일본인과 같은 취급을 할 궁극 목적을 달성하도록 하겠다. 언론, 집회, 출판 등에 대해서도 질서와 공안 유지에 방해가 되지 않는 한 상당한 고려를 가하여 민의의 창달에 기하려고 한다."(손인수, 1995 : 633)라고 밝혀 정책적 전환을 선언하였다.

그러나 유화적 문화정치는 폭력적 식민지정책을 은폐하고 미화하려는 것일 뿐 실제로는 더 은밀하고 정교하게 한민족의 문화와 정신을 말살하려는 시도에 불과하였다. 오히려 일제는 일시동인(一視同仁), 내선일체(內鮮一體), 내선공학(內鮮共學), 일선융화(日鮮融和), 내지준거주의(內地準據主義), 내지연장주의(內地延長主義) 등 기묘한 논리를 내세워 동화주의 교육을 더욱 확대하고 철저히 해 나갔다(조무남 · 피정만 · 김기수, 1999 : 110). 이것이 기만술책이라는 사실은 1919년 당시 736개소였던 경찰관서의 수가 1920년에 2,746개로 늘어나고 경찰관의 수도 6,387명에서 20,134명으로 대폭 늘어났다는 사실만 보더라도 충분히 확인할 수 있다(박의수 외, 2004 : 126-127).

일제 식민지정책의 전환에 따라 교육정책도 일정한 변화를 보이는 것은 당연한 일이었다. 교육에 대한 일제의 응급조치는 1919년 12월에 고등보통학교와 여자고등보통학교의 규칙을 변경하여 그 교육내용을 수정한 것과 사립학교의 종교과목에 대한 종래의 방침을 수정한 것이다. 수정된 방침의 주요 내용은 종래의 학제에서 고등보통교육에서의 실업과를 존중하고, 보통학과의 종합적 성격을 유지하려는 독특한 방침을 일부 포기했다는 데 있다. 이것은 일제 초기 소위 시세와 민도에 맞는 교육을 실시한다는 방침 아래 일본 본토의 일반 중등학교에서 볼 수 없는 실업과에 편중된 교육내용과 교육적 차별대우에 대한 한국인의 불평을 완화하기 위한 조처였다.

또한, 일제는 1920년 3월에 사립학교규칙을 개정하여 각종 사립학교의 교과목에 대한 제한을 철폐하고 교원자격을 완화하였다. 그들은 같은 해 12월에 교육령 일부를 개정하여 4년을 원칙으로 하는 보통학교 수업연한을 6년까지 연장할 수 있도록 하였다. 동시에 보통학교 교과목에 일본역사와 지리를 새로 추가하고, 이과, 도화, 체조를 필수과목으로 하여 일본 소학교와 대체로 동등한 정도가 되게 하였다. 그리고 고등보통학교에 2개년 이내의 보습과를 두게 하고, 그 교과과정을 고쳐 일본 내의 중학교와 거의 같은 정도로 하였다. 이런 조처 역시 교육적 차별대우에 대한 한국인의 감정을 완화하기 위한 것이었다(장찬익 · 노진호 · 이주한, 2005:80-81).

▶ 제2차 조선교육령의 특징

나아가 일제는 1921년 조선교육령을 개정하고 1922년에 공포하여 형식상 일본의 학제와 동일한 학제를 만들었다. 이때 개정된 교육령에 따른 교육제도의 변화는 대체로 다음과 같이 정리할 수 있다(손인수, 1971:169-172; 1995:636-637).

첫째, 보통학교의 수업연한은 4년에서 6년으로, 고등보통학교는 4년에서 5년으로, 여자고등보통학교는 3년에서 4년(또는 5년)으로 연장하였다.

둘째, 종래 각급 학교에서 폐지되었던 조선어가 필수과목으로 부과되었다.

셋째, 한국인과 일본인의 공학을 원칙으로 했다.

넷째, 새로 사립학교와 대학 설치의 길을 마련하였다.

다섯째, 실업교육, 전문교육, 대학교육은 일본의 제도에 따랐다.

이렇게 학제가 일본의 학제와 동일하게 개정된 것은 범민족적 항일운동을 전개한 결과라 할 수 있다. 그러나 학교의 연한을 연장하며 한국인에 대한 차별대우를 철폐하고 동등한 교육기회를 제공하는 등 일제의 개정된 교육정책은 반일감정을 무마하기 위한 형식상의 정책에 불과했다. 사실 내용적으로는 더 적극적이고 교묘하게 민족정신을 말살하려는 저의가 숨겨져 있었다. 일본어교육을 더 강화하는 한편 일본의 역사와 지리를 새로 삽입하며, 고등교육의 기회를 철저히 봉쇄하는 등 내용적인 측면에서는 동화교육이 종전보다 오히려 더 강화되었던 것이다.

일제의 식민지교육정책에 대해 우리는 항일동맹휴학, 민족계몽운동, 6·10만세운동, 광주학생운동, 야학, 조선민립종합대학교 설립운동 등 다양한 교육적 저항운동을 통해 독립을 위한 투쟁을 전개해 나갔다.

3) 황국신민화교육 강행기

일제는 1937년에 중국을 침략하여 중일전쟁을 도발하고 다시 1941년에는 진주만을 기습함으로써 태평양전쟁을 도발하였다. 그리하여 일제는 한국을 대륙침략을 위한 병참기지로, 그리고 전쟁수행을 위한 인적·물적 자원의 배후공급지로 간주하고 한국인을 온갖 잔인무도한 방법을 동원하여 수탈하고 착취하였다. 이에 따라 교육도 군국주의 파시즘의 전체주의적 국가체제에 따라 완전히 군부의 통제하에 편성되어, 교육이라기보다는 군사능력의 배양이라는 방향으로 추진되었다(정재철, 1985:463).

1936년에 미나미 지로(南次郎)가 총독으로 부임했는데, 그는 조선군사령관, 육군대신, 관동군사령관 등을 역임한 인물로서 철저한 전쟁 확대론자였다. 그는 1936년 동경에서 발표한 성명서에서 진정한 내선융화의 실효를 거두어 일시동인의 성지(聖志)를 받들어야 한다고 강조하였다. 그리고 다음 해 9월 제2차 도지사회의에서 국체명징(國體明徵), 선만일여(鮮滿一如), 교학진작(教學振作), 농공병진(農工竝進), 서정쇄신(庶政刷新) 등 5대 강령을 발표하였다. 그는 또 1937년에 '황국신민의 서사'를 제정하여 암송하게 했으며, 이어 1938년에는 국체명징, 내선일체, 인고단련이라는 3대 교육방침을 제정하였다. 국체명징이란 국체에 대한 확고한 신념으로 천황에게 목숨을 바쳐 충성을 바친다는 것이다. 그리고 내선일체란 한국과 일본은 동일한 조상을 가진 동일한 국가이므로 한국인도 일본의 국가적 목적에 헌신해야 한다는 것이다. 또 인고단련이란 어떤 난관에도 결사불굴(決死不屈)하는 정신으로 국가의 목적 달성을 위해 인내하고 실천해야 한다는 것이다. 한마디로 이 3대 방침은 한국의 정신과 문화를 완전히 말살하여 철저한 황국신민으로 개조하려는 것이었다.

▶ 제3차 조선교육령의 특징

일제는 1938년 3월 이 방침을 토대로 하여 제3차 조선교육령을 제정 · 공포하였다. 그 주요 내용을 살펴보면 다음과 같다.

첫째, 보통학교는 소학교, 고등보통학교는 중학교, 여자고등보통학교는 고등여학교로 학교 명칭을 일본 학교와 동일하게 개칭하였다.

둘째, 당시 수업연한이 4년인 보통학교가 상당수 있었는데, 이를 모두 6년제로 연장하기에는 어려우므로 당분간 4년제로 유지하되 장기적으로 연장하였다.

셋째, 기존 공립학교는 한국인과 일본인을 구분하여 교육했으나 신설 학교는 공학을 원칙으로 하였다.

넷째, 일본인 소학교 교원양성기관과 한국인 보통학교 교원양성기관으로 분리되어 있던 종래의 사범학교를 하나로 통합하였다.

다섯째, 조선어 외에 모든 교과목, 교과과정, 교수요목 등을 일본과 동일하게 하였다. 소학교 교과서는 문부성에서 편찬한 것을, 중학교와 고등여학교의 교과서는 조선총독부 혹은 문부성에서 검정한 것을 조선총독부의 인가를 받아 사용하도록 하였다.

여섯째, 조선어를 수의과목(선택과목)으로 하고 수업시수를 감축하였다. 그러나 실제로는 조선어 수업이 일제의 압력으로 인해 거의 개설되지 못하였다.

1941년에는 국민학교령을 반포하여 종전의 소학교를 초등학교로 개칭하고 그 목적을 '황국의 도에 따라 초등 보통교육을 실시하여 국민의 기초적 연성(鍊成)을 이루는 데 있다'고 하였으며, 동시에 조선어를 교육과정에서 완전히 추방하였다. 특히, 수신, 역사, 지리 등의 과목을 통해 일본정신을 주입하는 데 심혈을 기울였다. 예를 들어, 수신과목에 일본어, 일황(日皇), 일본국기 및 국가 등에 관한 단원을 삽입하여 일본식의 충효관념, 국가에 대한 복종과 희생정신 등을 주입하였다. 역사 과목에서는 한일 간의 역사적 관계를 왜곡 날조하여 한일합병, 내선일체, 동근동조론, 황국사관, 신풍(神風)사관 등을 주입하였고, 지리과목에서는 한국의 지정학적 특징을 지리결정론적 입장에서 해석하여 복종적 노예근성을 형성하고자 하였다.

제4차 조선교육령의 특징

그리고 1943년 3월에는 제4차 조선교육령을, 10월에는 교육에 관한 전시비상조치령을 발표하여 완전한 전시교육체제를 확립함으로써 교육 본래의 기능을 배제하고 전쟁을 위한 수단으로 전락시켰다. 나아가 이런 교육정책을 그 이후의 학도동원체제정비에 관한 훈령(1944.4.), 학도동원본부의 설치(1944.4.), 학도근로령(1944.10.), 결전교육조치요강(1945.3.), 전시교육령(1945.5.) 등을 통해 더욱 강화하였다. 그리고 패망 직전에는 각급 학교에 학도대를 결성하도록 하여 학생들을 군사훈련과 무력증강을 위한 군수지원 작업에 동원하였다.

일제 말기 그들에 의해 저질러진 만행은 학도병 강제징집 및 노동착취, 노동자의 강제징용, 금품과 미곡의 강제징발, 강제적 창씨개명, 애국채권 발행, 위안부 강제동원, 궁성요배 및 신사참배 강요, 한국인 저명인사에 대한 공갈협박과 회유 등 그 종류와 정도에 있어서 한이 없었다.

일제 식민지교육 정책의 결과

일제의 식민지정책은 광복 이후 오늘에 이르기까지 우리 민족에게 해결하기 어려운 많은 난제를 남겨 놓았다. 예를 들어, 문화적 전통과 생활양식의 급격한 단절로 인해 민족문화의 계속적인 발전과 성장이 저해되었으며, 남북 간의 분열 및 친외세와 반외세 간의 분열과 같은 민족의 분열과 갈등이 심화되었다. 또한, 주체적 근대화 실패로 인한 정치, 문화, 교육, 경제, 군사 등 여러 영역에서 대외 의존성이 심화되었고, 세계사의 흐름을 주도할 민족적 역량에 대한 자긍심과 사기가 저하되었다. 이런 문제들은 광복된 지 70년이 지난 오늘날까지도 곳곳에서 발목을 붙잡고 국가의 발전을 가로막는 장애요인들이다. 따라서 모든 역량을 모아 시급히 해결하고 극복해야 할 것이다.

03 항일구국 교육운동의 전개

1) 3 · 1독립운동

1910년 한일합병부터 1945년 광복에 이르는 일제강점기에 일제는 모든 수단과 방법을 동원하여 한국 민족의 말살과 일본화를 획책하였다. 그러나 다른 각도에서 보면 주권회복을 위한 민족적 노력이 치열하게 경주된 것도 사실이다. 예를 들어, 한편에서는 급진적 무장투쟁의 방식으로, 다른 한편에선 점진적 애국계몽운동의 방식으로 일제의 침략에 대항하였다. 이 양자가 완전히 하나의 운동으로 결합되어 표출된 것이 3 · 1독립운동이었다. 근본적으로는 오래전부터 다양한 형태로 축적되어 온 항일적 민족 에너지가 원동력이 되어, 현실적으로는 1919년 1월 윌슨이 '민족자결주의 원칙'을 제창한 국제정세를 배경으로, 1919년 2월 8일 일본유학생 600명이 동경의 기독교청년회관에 결집하여 일본경찰의 폭력적 저지에도 불구하고 독립선언서를 발표하였다. 이어 3월 1일 민족대표 33인이 서울에서 인류평등의 대의와 민족자존의 권리를 선언하는 독립선언서를 발표하였다.

▶ 3 · 1독립운동의 중요성

3 · 1독립운동이 독립운동사에서 특별한 중요성과 의의를 갖는 것은 비폭력주의에 입각하여 선언서를 낭독한 민족대표들을 뛰어넘어 모든 계층의 민중이 많은 희생을 감내하면서도 과감한 투쟁을 전개했기 때문이다. 3 · 1운동 3개월 동안 간도를 포함한 전국 각지에서 전개한 집회횟수는 1,542회, 총인원 2,023,098명, 사망자 7,509명, 부상자 15,961명, 체포된 사람 46,948명이었다. 이 운동은 사회의식과 민족의식이 발달했던 학생, 교사, 종교가 등의 지식층이 주도했으나 농민, 노동자, 상공업자 등이 전체 시위자의 85% 정도를 차지하였다. 이 운동에 참여했던 국내의 학교 및 학생 수는 관립 10개교 1,587명, 공립 75개교 3,778명, 일반 사립학교 37개교 1,549명, 종교계 사립학교 98개교 9,072명으로 총 220개교 15,986명이었고, 공립보통학교 68개교 3,422명이었다(윤건차, 1987 : 415-415).

▶ 3 · 1독립운동의 교육사적 의의

학생과 교사를 중심으로 계층고하와 남녀노소를 불문하고 범민족이 참여한 이 운동은 이후 항일민족운동사에 중대한 영향을 미쳤음은 물론 교육사적으로도 중요한 의의를 갖는다. 3 · 1독립운동의 교육사적 의의를 살펴보면 다음과 같다(손인수, 1975 : 152-159).

첫째, 3 · 1운동은 관공 · 사립 구별 없이 전개된 학생들의 민족감정의 총화였다. 그 후 철저한 민족주의 정신을 가진 학생들은 노예적 식민교육을 배척하는 기운이 높아지고, 일제에 의해 직접적으로 통제되는 관 · 공립학교를 기피하고 사립학교를 선호하는 경향이 강해졌다.

둘째, 사립학교 간은 물론이고 학생 간에도 유대의식이 더욱 강화되었다. 3 · 1운동 후 일제의 철퇴가 내리면 내릴수록 사학들은 민족주의 정신에 기초하여 서로 간에 뜨거운 유대의식을 맺어 나갔다. 그리하여 학교 간에 자매결연이 이루어지는가 하면, 1920년 6월에 '조선교육회'라는 협의회가 결성되고 1924년 9월에는 '조선총학생연합회', 1925년 9월에는 사회주의 계열의 '조선학생사회과학연구회' 등이 결성되었다.

셋째, 3 · 1운동 후에 '아동중심'의 교육과 '인간본위'의 교육사상 그리고 '조선본위'의 교육이 주창되었다. 1920년 8월 소파 방정환이 처음으로 '어린이'라는 말을 사용하고 그 이듬해 5월 1일 '천도교 소년회'를 창설하여 어린이 속으로 뛰어들었다. 또한, 1919년 선교사 피셔(J. E. Fisher)가 그의 저서 『한국의 민주주의와 선교교육』에서 배우는 사람의 개성 존중, 능력 존중, 가르침과 배움의 자유 확립, 미래를 위한 준비로서의 교육을 강조하였다. 그 이후, 최현배(崔鉉培)가 『조선민족 갱생의 도』를 집필하여 인간본위와 조선본위의 교육을 제기했는가 하면, 1927년에 조선교육회와 신간회에서도 인간본위와 조선본위의 교육을 주창하였다. 그리하여 각급 학교에서 한국역사와 한국어에 대한 관심이 더욱 고조되었다.

넷째, 3 · 1운동은 우리나라 학생운동의 전통을 세웠다. 학생들은 3 · 1운동에서 조직적 전위역할을 수행했을 뿐만 아니라, 그 정신을 6 · 10만세운동, 광주학생운동을 통해 계승하였다.

다섯째, 3 · 1운동은 대한민국 임시정부의 조직과 선포에 큰 영향을 주었다.

여섯째, 3 · 1운동은 여성의 사회참여 의식과 남녀평등 의식을 환기하여 한편에선

직 · 간접적 독립운동으로서, 다른 한편에선 신문명에 대한 여성 자신의 자각과 계몽운동으로서의 여성운동을 자극하였다.

2) 민립대학설립운동

▶ 민립대학설립운동의 전개

개항 이후 일제에 의해 점점 잠식되어 가는 민족 현실 앞에서 실력양성을 통해 후일의 독립을 준비하자는 교육구국론이 전개되고, 그에 따라 수많은 민족계 사립학교가 설립되었다. 교육구국운동은 한일합병으로 잠시 주춤하다가 범민족적인 3 · 1 독립운동을 계기로 다시 고조되기 시작하였다. 이런 시대 상황에서 이전의 교육구국운동 경험을 갖고 있는 민족주의 진영에서 한국인을 위한 교육은 한국인 자신의 손에 의해 실시되어야 한다는 여론이 확산되기 시작하였다. 그 결과로 나타난 것이 바로 민립대학설립운동이었다. 말하자면, 민족의 장래를 보장받기 위해서는 근대적 고등지식을 습득한 인재의 양성이 필수적이며, 그를 위해서는 한국인에 의한 고등교육기관의 설립이 절실히 요구된다는 인식이 민립대학설립운동으로 구체화되었던 것이다.

사실 민립대학을 설립하려는 움직임은 합병 이전부터 있었다. 그 예로 1907년부터 국채보상운동으로 모금운동을 하던 중 합병이 되자, 이미 모금된 기금으로 민립대학을 설립하기 위해 기성회를 조직하고 총독부에 대학설립 인가를 신청했으나 거절당하였다. 또 합병 이전부터 기독교계 학교인 숭실학교와 이화학당에서 이미 대학부를 설치 · 운영하고 있었으나 1915년 개정사립학교규칙과 전문학교규칙에 의해 전문학교로 격하되었다. 그리고 보성전문학교가 기성회를 설치하고 대학인가를 신청했으나 역시 일제 총독부에 의해 거절당하였다.

그러다가 3 · 1운동을 계기로 다양한 민족운동이 전개되고 각종 민족단체가 결성됨에 따라 민립대학설립운동이 본격적으로 전개되기 시작하였다. 민립대학설립운동은 조선교육회에 의해 주도되었다. 1922년 11월 한국인의 자력으로 교육을 일으켜야 한다는 인식하에 이상재(李商在), 한용운(韓龍雲), 이승훈(李昇薰), 남궁억(南宮檍) 등 각계 인사들은 이상재를 대표로 하는 조선민립대학 기성준비회를 조직하였다. 조선일보와 동아일보 등 당시 언론도 민립대학설립의 필요성을 적극적으로 홍보하고 선전하였다. 그리하여 1923년 3월 29일 발기인 1,170명 중 460여 명의 대표가 서울 조선중앙기독교청년회관에서 발기총회를 개최하고 여러 사업계획[35]을 통과시켰다. 그리고 같은 해 4월 2일 제1회 중앙집행위원회가 개최되어 이상재가 위원장으로, 한용운, 이승훈 등 9명이 상무위원으로 선출되고, 1923년 말까지 각 지방에 100여 개의 지방부가 조직되어 적극적인 모금운동이 전개되었다. 뿐만 아니라, 간도와 봉천, 미국 하와이 등 국외에도 지방부가 확산, 조직되고 모금운동이 진행되었다. 당시 동아일보가 이 운동을 일컬어 '민중문화운동의 선구', '최초의 가장 큰 민중운동'이라고 표현한 것만 보더라도 이 민립대학설립운동의 반향이 얼마나 큰 것이었는지 짐작할 수 있다.

민립설립대학운동의 좌절 요인 ◀

그러나 민립대학설립운동은 결국 성공을 거두지 못하고 좌절되고 말았다. 그 원인은 다양하겠지만 일제의 탄압과 방해공작이 가장 큰 원인이었다. 일제는 민립대학기성회가 배일사상을 고취한다는 이유를 내세워 강연회를 중지시키고 청중을 강제로 해산하는가 하면 기금을 낸 유지들을 경찰서에 연행하여 그 동기와 목적 등을 위압적으로 심문하는 등 온갖 탄압을 자행하였다. 또 일제는 민립대학설립운동이 전국적으로 확산되는 조짐이 보이자, 서둘러 1923년 12월에 경성제국대학 창설위원회를 설치하고 다음 해 5월에 경성제국대학관제를 공포하여 관립경성제국대학을 설립하였다. 경성제국대학은 일제가 민립대학설립운동을 저지하기 위한 최선의 방법이었다(김호일, 1982 : 54). 대학의 목적도 "대학은 국가에 수용되는 학술이론 및 응용을 교수하고 아울러 그 온오(蘊奥)[36]를 공구(攻究)[37]함으로써 목적을 삼고, 겸하여 인격의 도야와 국가사상에 유의하여야 한다."(이만규, 1988 : 183)라고 하여 일본주

35) 이 사업계획의 연차별 중점 사업을 보면 다음과 같다. 민립대학설립 기금 1천만 원을 3년간 분할 모금하되, 1차 연도에는 400만 원으로 대지 5만여 평을 구입하여 교실 10동, 대강당 1동을 건축하며, 법과, 경제과, 문과, 이과의 4개 대학 및 예과를 설치한다. 2차 연도에는 300만 원으로 공과를 증설하고 이과와 기타 학과의 충실을 기한다. 3차 연도에는 300만 원으로 의과와 농과를 설치한다.

36) 학문이나 기예(技藝)가 깊고 오묘함.

37) 학문 따위를 힘써 연구함.

의와 보수주의를 근본이념으로 일본정신을 한국인에게 주입하려고 한 것이었다.

게다가 당시에 발생한 심각한 자연재해도 민립대학설립에 큰 장애요인으로 작용하였다. 즉, 1923년과 1924년의 극심한 가뭄과 대홍수로 인해 민립대학설립에 필요한 기금모금에 결정적 차질이 발생했던 것이다. 이로써 한국인의 손으로 고등교육기관을 직접 설립·운영하여 항일독립운동에 필요한 민족적 지도자와 인재를 양성하려던 계획은 불가피하게 좌절되고, 민립대학의 설립은 결국 광복 이후에야 비로소 이루어지게 되었다.

3) 노동야학운동

▶ 노동야학운동의 선개

노동야학은 을사늑약 이후 애국계몽운동의 일환으로 설립되기 시작하여 1930년대 말까지 끈질기게 계속된 반식민화 민족교육운동이요 민중운동이었다. 노동야학은 1906년에서 1907년 사이에 보성야학과 마산노동야학 등을 출발로 설립되기 시작하여 1919년까지 약 50개교가 설립되었다. 그리고 3·1운동을 거치면서 양적·질적으로 급속한 성장을 이루어 전국 각지에서 우후죽순으로 설립되었다. 그리하여 1920년 100개교, 1921년 257개교, 1922년 132개교, 1923년 134개교, 1924년 107개교, 1925년 173개교가 생겨났다. 또 지방마다 야학은 연합을 도모하고 통일된 교육을 실시하기 위해 연합조직을 형성하였다. 이를 통해 공동으로 교재를 편찬하고 교사를 훈련하며 순회 선전 강연으로 야학진흥을 도모하였다. 그리고 특정 기관이나 단체에 의해 집단적인 야학설립 현상도 나타났는데, 1927년 9월에 창립된 의주농민회는 그해 11월 81개 농민야학을 설립하여 1,080명의 학생을 가르쳤고, 가평청년회는 면내 13개리에 13개의 노동야학을 설립하였다(이규환·강순원(편), 1984:323-324).

그러나 노동야학의 설립은 1925년 이후부터 탄압을 받기 시작하여 1931년에 이르러 본격적으로 폐쇄되기 시작하였다. 그 대신 농촌진흥회 중심으로 야학이 설립되었는데, 이는 황국신민교육을 위해 일제가 설립한 식민주의 야학이었다. 일제는 야학조차도 식민통치와 일본화를 위한 도구로 이용했던 것이다.

노동야학의 설립자는 매우 다양하지만 개인 및 유지가 가장 많았고, 농민 · 노동자 단체, 청년단체도 많았다. 이들에 의해 설립된 야학 수는 대략 1,464개였다(이규환 · 강순원(편), 1984:325). 개인이나 유지는 대개 초등 이상의 교육을 받은 선각자 또는 민족의 현실을 개탄하면서 교육을 통해 민족을 구하려는 애국지사들이었다. 특히, 노동자 · 농민단체들은 단순한 교육적 차원에서 벗어나 노동야학을 사회운동과 연결시키는 중요한 역할을 담당하였다. 그리고 청년단체들 역시 매우 진보적 성격을 지닌 단체로서 주로 사회주의 사상의 영향을 이념적 지주로 하여 민족해방운동을 전개하였으며, 그로 인해 각지의 청년단체들은 일제의 감시와 혹독한 탄압에 시달려야 했다.

노동야학의 학생들은 농민 · 노동자 · 아동 및 부인 그리고 도시 빈민 등 다양했지만, 농민 · 노동자가 절대다수를 차지하였다. 이는 당시 직업 분포상 국민의 대부분이 농민이었고 점차 노동자 수가 증가함과 아울러 노동운동이 활성화되던 현실과 밀접하게 관련되어 있다. 야학의 학생 수는 10명부터 200명에 이르기까지 매우 다양했으나 대개 40~50명 정도였다.

노동야학의 교사는 대부분 지역의 선각자들이나 지식계층이었는데 당시의 민족적 상황에 대하여 진보적 의식으로 대처해 나가려는 선구자들이었다. 이들은 스스로 야학을 설립하여 무보수로 가르친 경우가 많았다. 단체가 주도하는 노동야학의 경우 주로 그 단체의 간부들이 교사로 활동하였다. 이들은 당시의 민족운동과 사회운동을 주도해 나가던 계층이었으므로 매우 진보적인 의식을 소유하고 있었다. 노동야학 교사들의 학력 구성을 보면 신교육을 받은 자들로서 보통교육 이상의 교육을 받은 자라면 누구나 다 자원하여 교육하였으며, 심지어 배우고 있는 학생들이 교사로 봉사하는 경우도 적지 않았다(이규환 · 강순원(편), 1984:328).

노동야학의 학제는 보통 단기과정과 정규과정 두 종류가 있었다. 단기과정은 문맹퇴치를 위해 농한기 등을 이용해 운영한 과정이며, 정규과정은 1년 이상의 기간 동안 정규 교육과정에 따라 운영한 과정이었다. 전반적으로 노동야학의 수업연한은 1년이었으며, 특수한 경우는 보통학교 교육과정과 같은 기간을 교육하기도 하였고 속성으로 일반과정보다 줄여 교육하기도 하였다(이규환 · 강순원(편), 1984:330).

노동야학의 교육내용은 야학에 따라 다양했는데, 전반적으로 문맹퇴치를 위한 내용 외에 실용적 교과가 주종을 이루었다. 그러나 경우에 따라 의식개발을 위한 시사와 토론 등의 과목도 있었고 조선역사, 지리 등의 애국교과도 찾아볼 수 있다(이규환 · 강순원(편), 1984:330-331).

▶ 노동야학운동의 의의

요컨대 노동야학은 노동자 · 농민의 지식 향상 및 의식화와 이를 통한 민족적 역량의 성숙을 도모하면서 시작되었다. 또 일제의 무단통치하에서도 계속 명맥을 유지해 오다가 1920년대에 들어서면서 본격적으로 설립되기 시작하여 일제의 계속된 탄압에도 불구하고 1930년대 말까지 민중 속에서 끈질기게 그 생명력을 유지하며 항일독립운동의 자양분을 제공하였다. 이는 고구려 경당부터 고려와 조선의 서당에 이르기까지 끊이지 않고 지속되어 온 민중들의 주체적 교육의지와 열망의 연장이라 할 수 있다.

4) 문맹퇴치운동 및 항일 학생운동

▶ 문맹퇴치운동의 전개

민족계몽운동의 일환으로 전개된 또 다른 운동으로 조선일보와 동아일보에 의한 문자보급운동과 문맹퇴치운동을 들 수 있다. 1920년대에 들어 일제가 유화적 식민정책을 통해 식민지교육을 본격화하자 조선일보와 동아일보는 문자보급과 문맹퇴치를 위해 대대적인 운동을 전개하였다. 이는 당시 80%에 달하는 문맹자들에게 한글을 보급하여 문맹을 퇴치함으로써 궁극적으로 민족의식을 고취 · 선양하려는 민족계몽운동이었다.

먼저 조선일보는 "아는 것이 힘, 배워야 산다."라는 표어를 내걸고 1929년 7월 14일부터 하계방학을 맞아 귀향하는 중등 이상의 남녀학생을 동원하여 전국 각지에서 문맹퇴치운동을 시작하였다. 1929년 한 해에 이 운동에 참여한 학생 수는 409명, 문맹을 깨우친 사람은 2,849명이었고, 그다음 해에는 양정, 중동, 배재, 경신 등 46개 학교 900명의 학생이 참여하여 10,567명의 문맹을 깨우쳤다(손인수, 1995:664).

동아일보는 1928년 4월 1일을 기해 '글장님 없애기 운동'을 벌일 것을 선언했으나 일제의 방해공작에 의해 실패하고, 1931년 소위 '브나로드(vnarod)'[38]라는 슬로건을 내걸고 문맹퇴치를 위한 본격적 계몽운동에 돌입하였다. 동아일보는 학생들에게 고향에서 문맹퇴치운동과 문화운동 등을 무보수로 전개할 것을 강력히 호소하였고, 이에 고등보통학교 학생으로 구성된 학생계몽대와 전문학교 이상의 학생으로 구성된 학생강연대 그리고 학생기자대가 조직되었다. 그리하여 1931년부터 1934년까지 4회에 걸쳐 전국적 규모의 문맹퇴치 및 문화운동이 전개되었다. 4년간의 통계를 보면 강습대원 수 총 5,769명, 강습소 수 총 1,320개소, 강습생 수 총 98,598명, 배부된 교재 수 210만 부에 이르렀다(손인수, 1995 : 668).

여기에 1931년에 새로 조직된 조선어학회는 언론사를 후원하여 전국 주요 도시에서 조선어강습회를 개최하거나 문자보급을 위해 한글교재를 편찬 · 배포하였다. 주로 사립학교 교원으로 구성된 조선어학회 회원들이 스스로 전국을 순회하며 한글강습회를 개최함으로써 한글보급에 크게 기여하였다.

사실 조선일보나 동아일보는 이 운동을 단순한 계몽운동에 국한시키려 했으나, 여기에 참여한 학생들은 농민들에게 은연 중 항일사상을 교육하는 경우가 많았다. 따라서 문자보급운동과 문맹퇴치운동은 형식적으로는 계몽운동이었으나 실제 내용에 있어서는 항일 민족의식을 고양한 민족교육운동이요 민중들의 지적 수준을 향상시킨 민중교육운동이었다. 그리하여 일제는 이 운동을 예의 주시하여 감시하고 조선일보 111건, 동아일보 193건의 집회를 금지하는 등(손인수, 1995 : 667) 그 확산과 유지를 막기 위해 탄압을 가했던 것이다. 그리고 1935년에는 결국 모든 집회가 전면적으로 금지되어 문맹퇴치운동은 막을 내리고 말았다.

항일학생운동의 전개 ◀

한편, 주권상실기에 주권회복을 위한 항일 민족교육운동에서 빼놓을 수 없는 것이 학생운동이다. 합병 이후 학생들이 주축이 되어 전개한 최초의 구국운동은 2 · 8 독립선언이다. 이승만(李承晩)을 위시한 미국의 한인대표들이 한국의 문제를 호소

38) '브나로드'란 '민중 속으로'라는 뜻이다. 브나로드 운동은 19세기 후반 러시아의 지식인들이 농민 자치공동체(Mir)를 기초로 민중계몽을 위해 문화운동이다. 1873년에서 1874년을 정점으로 하여 약 2,500명에 달하는 러시아의 진보적인 젊은 지식인들이 민중 속으로 들어가 그들과 함께 생활하며 인민주의 혁명사상을 선전하고 교육하였다.

하기 위해 파리강화회의에 파견되었다는 소식을 접하고, 동경조선유학생학우회는 1919년 1월 동경 기독교청년회관에서 집회를 갖고 거족적 독립운동을 전개할 것을 결의하였다. 최팔용(崔八鎔), 송계백(宋繼白), 김철수(金喆洙) 등을 실행위원으로 선출하고 독립선언서와 결의문을 작성하는 한편 재외 망명 독립운동가들과 연계하였다. 2월 8일 당일 유학생들은 조선기독교청년회관에서 유학생대회를 열어 도쿄 유학생 600여 명이 운집한 가운데 일제의 침략을 고발하고 조선의 독립을 선언하며 대일항쟁의 결의를 다졌다. 이 사건으로 실행위원회 10명을 포함하여 27명의 유학생이 검거 · 구속되었다.

이 운동은 국내로 파급되어 3 · 1독립운동 발발에 결정적 영향을 주었다. 국내 학생들이 동경유학생들의 2 · 8독립선언에서 자극받아 대대적인 대중적 독립운동을 일으킬 결심을 굳히게 되었기 때문이다. 처음에는 국내 전문학교 학생들이 기성층과는 별개로 학생들만의 시위운동을 벌일 계획이었다. 그러나 계획을 수정하여 기성층이 계획하는 운동에 합류하기로 하고, 선언문 배부 및 대중 동원 등 전위적 역할을 담당하였다(金大商, 1969:37). 3 · 1운동으로 일경에 의해 체포되거나 조사를 받은 학생이 20,000여 명(그중 중학생이 3,712명)(이현희, 1976:88)이라는 통계를 통해서도 이런 사실을 확인할 수 있다.

3 · 1운동 이후에도 학생들은 동맹휴학, 비밀결사, 학생단체의 조직, 문화계몽운동, 가두시위 등을 통해 항일 독립운동을 지속적으로 전개하였다. 특히, 1926년 6월 10일 순종의 장례식을 기해 일어난 6 · 10만세운동은 3 · 1운동 이후 발생한 계획적 · 조직적 반일 학생운동의 대표적 사례이다. 연희전문학교의 이병립(李炳立), 박하균(朴河鈞), YMCA 영어과의 박두종(朴斗鍾), 중앙고보의 이선호(李先鎬), 이황희(李晃熙), 경성대학의 이천진(李天鎭) 등이 주축이 되어, 순종의 국장일에 많은 민중이 참배할 것을 예상하고 이날 거국적인 대일항쟁운동을 전개하고자 계획하였다. 이를 위해 격문(檄文)을 인쇄하고 태극기를 제작하는 등 치밀한 사전준비를 하였다. 격문에는 "조선인교육은 조선인본위로", "보통교육은 의무교육으로", "보통학교 용어는 조선어로", "중등 이상 학생의 집회는 자유로", "대학은 조선인 중심으로" 등의 내용을 담고 있었다. 그리고 장례일 당일 단성사 앞, 동대문, 청량리 등지

에서 연도에 격문을 뿌리고 만세시위를 벌였으며 수많은 군중이 이에 호응하였다. 이 사건이 파급되어 고창, 순창, 정주, 군산, 울산, 평양, 홍성, 공주, 강경, 전주 등 지방에서도 만세시위운동이 전개되었다. 이 사건으로 서울에서 210명, 전국 지방에서 1,000여 명의 학생이 체포되었다. 그리고 권오설(權五卨), 박내원(朴來源), 민창식(閔昌植) 등 사회주의 계열의 학생들도 격문 10만 장을 인쇄하는 등 전국 규모의 민족운동을 전개하고자 계획했으나 사전에 발각되어 시위에 참여하지는 못하였다. 6·10만세운동에 나타난 학생들의 반일 항쟁의식은 그 이후 학생운동을 포함한 모든 항일 독립운동에 직·간접적으로 적지 않은 영향을 미친 것은 두말할 나위가 없다.

1929년 11월 3일에 발생한 광주학생운동 역시 대표적 항일 학생운동이다. 일제의 식민통치와 식민지교육에 저항하고 민족의식을 고취하기 위한 목적으로 1926년 11월 3일 광주고보, 광주농업학교, 전남사범학교 재학생을 중심으로 성진회(醒進會)가 결성되었다. 그러나 이 조직은 핵심인물의 졸업 등으로 1927년 10월 자진 해산되고, 11월 다시 같은 회원들로 독서회 중앙본부(讀書會中央本部)가 결성되었다. 이 독서회에는 각 학교의 재학생과 졸업생은 물론, 민족주의 계열과 사회주의 계열이 통일된 반일 독립운동을 위해 협력해서 조직한 신간회까지도 참여하였다. 이 단체는 일제에 대해 식민지교육의 즉각적 중단과 한국의 역사 및 언어교육, 사회과학연구 보장 등을 주장하고, 이를 관철하기 위해 각 학교의 동맹휴학을 주도하였다. 그러자 일제 총독부는 정학과 퇴학 그리고 체포와 구속의 방법으로 이들을 탄압하였다.

일제의 탄압으로 반일감정이 한창 고조되고 있던 차에 1929년 10월 나주역에서 광주중학의 일본 학생들이 광주여고보 한국 여학생들을 희롱한 사건이 발생하였다. 이 일은 광주중학의 일본 학생들과 광주고보의 한국 학생들 간에 집단싸움으로 비화되었다. 특히, 일본 경찰이 일본 학생들만 두둔하고 광주일보 역시 일본 학생 편을 들어 보도하자 이에 불만을 품은 한국 학생들이 광주일보사를 습격하였다. 한·일 학생 간의 충돌은 결국 호남 전역으로 확대되었을 뿐만 아니라 항일 독립운동으로 발전하게 되었다. 이에 신간회, 독서회 등이 학생들의 항일투쟁을 격려하고 후원하여 전국적인 규모로 확대되었다. 그리하여 같은 해 12월 식민지 차별교육에 분노하고 있던 194개교 54,000여 명의 학생이 궐기하여 가두시위나 동맹휴학 등을 전개하며 일제에 항거하였다. 이 사건으로 582명이 퇴학과 함께 최고 5년의 형벌을 받았고 2,330여 명이 무기정학 처분을 받았다. 이 광주학생운동은 일제 강점기 가장 격렬하고 최대 규모인 학생운동으로서 젊은 학생들의 항일 독립정신이 여실히 드러난 독립운동이었다.

이상에서 살핀 학생운동은 36년간에 걸친 식민통치에서 벗어나 결국 민족의 독립을 쟁취하고야 만 지난한 과정의 자양분이 되었다. 또 그 정신은 단절되지 않고 광복 이후에도 1960년 4 · 19의거, 1980년 5 · 18광주민주화운동 그리고 1987년 6 · 29 민주화운동 등으로 면면히 이어져 내려왔다.

PART. 02

서양교육사

History of Western Education

CHAPTER 01

중세사회 이전의 교육

01 그리스 · 로마의 교육

1) 그리스의 교육

(1) 시대적 배경

현대 서양의 문화적 전통은 헬레니즘(Hellenism)과 헤브라이즘(Hebraism)에서 기원한다. 그중 헬레니즘은 기원전 6~4세기경에 그리스 반도를 중심으로 형성된 문화를 일컫는데, 이것이 오늘날 서양의 철학, 예술, 정치 등 문화적 원류가 되었다.

유럽 남동부 발칸 반도 남단에 위치해 있던 고대 그리스는 스파르타(Sparta), 아테네(Athens) 등 수많은 폴리스로 이루어진 복합적 도시국가였다. 그리스 문화는 기원전 13세기경 반도 북방으로부터 남하한 이오니아 족(Ioniana), 아케아 족(Achaeans), 도리아 족(Dorians) 등이 그리스 반도에 정착하면서부터 시작되었다. 원래 그리스로 남하하기 이전에 에게 해(Aegean Sea) 주변의 크레타 섬(Creta Island), 키클라데스 제도(Kykladhes Islands), 그리스 본토의 남부, 소(小)아시아 서해안의 트로이(Troy) 등 광범위한 지역에 걸쳐 에게문명이 발달해 있었다. 그리스인들은 바로 이 에게문명을 기초로 주변 오리엔트 지역에 이미 꽃피우고 있던 이집트 문화 등을 수용하고 발전시켜 그들만의 독특한 문화를 형성하였다.

그리스인들은 지리적인 특성상 몇 개의 작은 부족들로 연합된 폴리스를 형성하며 세력을 서서히 확장하다가 기원전 6세기경에 그리스 본토와 지중해, 흑해, 아프리카 북부에 이르기까지 1,000여 개의 도시국가를 수립하였다. 그리스인들은 이렇게 수많은 폴리스로 분열되어 있었으나 혈연, 언어, 문화를 공유하며 강력한 동족의식을 소유하면서 단일민족으로서의 고유한 문화적 전통을 지속적으로 유지하였다. 그들은 헬렌(Hellen)의 후손이라는 의미로 자신들을 헬레네스(Hellenes)로, 그들이 사는 곳을 헬라스(Hellas)라고 칭하고, 이민족인 바르바로이(Barbaroi)와 엄격히 구별하고자 하였다. 그리고 4년마다 올림피아의 제우스(Zeus) 신에게 제사를 지낼 때 모든 폴리스가 모여 올림픽경기를 열어 민족적 단결을 꾀하기도 하였다.

고대 그리스 문화가 일찍부터 꽃피우고 서양문화의 원류가 될 수 있었던 것은 그리스 문화만이 갖는 다음과 같은 독특한 특성 때문이었다.

첫째, 그리스 문화는 인본주의에 기초하고 있었다. 서양문화의 또 다른 근원을 형성한 오리엔트 지역의 헤브라이인들의 신 관념이 신성하고 신비로운 것이었음에 반해, 그리스인들은 역으로 인간적인 관점에서 신을 해석하고 이해하였다. 그리하여 타고난 인간의 성정과 욕구를 억압하지 않고 자유롭게 발산하려는 자연주의적 경향을 갖게 되었다. 그만큼 그리스인들은 세계와 인간의 삶을 인간중심적으로 해석하였으며, 그런 바탕 위에서 인간의 이성과 개성을 지속적으로 확대시켜 나갔다.

둘째, 그리스 문화는 세계주의적 성격을 지니고 있다. 그리스인들은 이집트를 비롯하여 바빌로니아(Babylonia) 문화, 헤브라이 문화, 페니키아(Phoenicia) 문화, 페르시아(Persia) 문화 등 주변의 다양한 문화를 폭넓게 흡수 · 모방하였다. 헬레니즘은 그런 다양한 문화를 수용하고 더욱 세련되게 정돈하고 발전시킴으로써 형성된 복합적인 문화이다. 특히, 기원전 337년 마케도니아(Macedonia)에 의해 정복된 후 그리스의 언어, 사상, 문화는 세계 각지로 전파됨으로써 후에 서양문화의 본산이요 전범(典範)을 이루게 되었다.

셋째, 그리스 문화는 학문적 · 예술적 측면에서 조화와 균형을 이룬 완전성을 추구하는 특징을 지니고 있다. 완전성을 추구하려는 이런 경향은 예술의 영역에서도 나타났다. 그들은 이미 기원전 5세기경에 소위 '황금비율'이라고 할 만큼 완벽한 균형을 이룬 파르테논(Parthenon) 사원을 건축하는 등 건축, 조각, 회화, 공예 등 여러 조형예술 분야에서 조화와 통일을 하나의 기본원리로 삼고 있었다. 나아가 이런 특징을 반영하여 지 · 덕 · 체를 겸비한 인간을 이상적 인간상으로 설정하고 구체적인 현실 세계 속에서 그런 인간상을 실현하고자 하였다.

넷째, 그리스 문화는 자유시민 공동체인 폴리스라고 하는 독특한 정치체제에 기초하고 있다. 자연적 · 사회적 · 종교적 요인에 따라 분립되어 있던 폴리스들은 그 형태와 특색에서 매우 다양하였다. 그러나 대개의 경우 자유와 자치를 이상으로 하는 정치체제로서, 그 속에서 시민들은 누구나 자유롭게 정치에 참여할 수 있었다. 그 결과 가장 전형적인 폴리스인 아테네를 비롯하여 많은 폴리스에서 민주정치가 발달하였으며, 다양성이 존중되고 각 개인의 자유와 개성이 충분히 발휘될 수 있었다.

(2) 스파르타와 아테네의 교육

이하에서 그리스의 대표적인 폴리스인 스파르타와 아테네의 교육을 통해 그리스 교육의 모습을 살펴보기로 한다.

▶ 스파르타의 사회적 특징

먼저, 스파르타는 그리스 반도 중부의 도리아 족이 펠로폰네소스(Peloponnesus) 반도 남동부에 위치한 험준한 산맥들 사이로 길게 늘어서 있는 라코니아(Laconia) 평원의 선주민들을 정복하고 세운 폴리스이다. 기원전 6세기 이후에는 그리스 최강의 도시국가로 성장하였다. 스파르타에는 크게 세 종류의 계급이 존재하였다. 첫째는 정복자인 스파르타인들로 구성된 시민계급으로서, 전체 인구의 약 5~10%를 차지하였다. 둘째는 페리오이코이(Perioikoi)라고 하는 스파르타 주변의 반자유민들로서 정복자였던 스파르타에 반항하지 않고 자발적으로 복속됨으로써 변경에 취락을 만들어 비교적 자유롭게 살았으나 시민권은 없었다. 셋째는 헬로트(Helots)라고 하는 국가 소유의 노예들로서, 이들은 각각의 스파르타인에 배속되어 그들의 경작지에서 농사를 담당하고 수확물의 절반 이상을 공출하였다. 스파르타인보다 압도적으로 많은 이들은 종종 반란을 일으켰기 때문에 스파르타인들에게 항상 두려움과 경계의 대상이었다. 이런 계급구조의 특징으로 인해 스파르타는 강력한 전체주의적 군국주의 체제를 채택할 수밖에 없었다. 정복자로서의 지위를 유지하기 위해서는 절대다수를 차지하던 피정복민들의 지속적인 반란을 무력으로 진압하지 않으면 안 되었기 때문이다. 그렇기 때문에 스파르타인들은 그리스인들이 일반적으로 추구했던 지혜와 이성을 소유한 인간을 중시했으면서도, 다른 한편에서 건강한 신체와 강력한 전투능력을 유독 더 강조하지 않으면 안 되었다. 그리하여 전설적인 입법자 리쿠르고스(Lykurgos)는 강력한 군국주의 법을 제정하여 신체활동을 중심으로 하는 엄격한 교육을 실시하였다.

스파르타의 교육적 특징

따라서 스파르타의 교육은 무엇보다 정치 · 군사적 필요와 목적에 따라 이루어졌다. 즉, 교육에서 가장 강조된 것은 신체적 · 군사적 훈련과 국가에 속한 시민으로서의 도덕적 훈련이었다. 그러므로 스파르타 교육의 목적은 용기와 군사적 기술, 법과 관습에 대한 복종심, 윗사람에 대한 존경심을 기르는 데 있었다(Good, 1955 : 20).

이런 교육목적을 달성하기 위해서 교육에 대한 국가적 차원의 철저한 관리가 이루어졌다. 그리스의 다른 도시국가에서는 부모가 각각의 자녀를 거의 자신의 의사에 따라 마음대로 교육해도 좋도록 되어 있었다. 그러나 스파르타에서는 국가가 정하는 훈련을 거치지 않은 사람은 어느 누구도 시민이 될 수 없었고 국가로부터 토지를 배당받을 수도 없었다. 새로 태어난 아이는 해당 지역의 장로(長老)들에게 검사를 받아야 하며, 허약한 아이는 저절로 죽도록 내버려 두거나 농노들에게 넘겨줘 버렸다. 검사에 합격한 남자아이는 7세까지 어머니의 손에서 양육되다가 그 이후에는 가정의 통제에서 지역사회의 통제로 이관되었다. 7세에서 18세에 이르기까지 남자아이들은 단계가 높아질수록 점점 심해지는 여러 단계의 훈련을 받았다. 18세가 되면 '에페보스(ephebos, 사관후보생)'가 되어 지방으로 파견되어 농노들에 대한 감시 임무나 변방 수비 임무를 띠고 군인으로 복무를 시작하였다. 20세가 되면 정식으로 군대에 편입하여 30세까지 복무하며 실전에 참가하였다. 10년간의 현역 복무를 마치고 30세가 되면 성인으로서 완전한 시민권을 얻고 결혼을 할 수 있었다(Boyd and King, 1975 : 12).

교육내용은 다른 폴리스들과 달리 신체적 · 도덕적 훈련이 주류를 이루었고 지적 · 미적 요소는 희박하였다. 아동기에는 달리기, 높이뛰기, 레슬링, 투창, 원반던지기 그리고 기초적 군사훈련 과목을 배웠고, 청년기에 이르면 그 외에 검술, 승마, 수영, 수렵 및 무용도 익혔다. 음악도 군사상의 목적이나 국가제전상의 필요에 의해 중시되었다. 이에 반해 지적인 훈련은 매우 저조하였다. 리쿠르고스 법전의 암기나 호메로스(Homeros, B.C. 800? ~ 750) 시의 암송 등과 같이 일상생활에 필요한 최소한의 읽기와 쓰기만을 배웠다.

교육방법은 교육목적과 내용에 적합한 혹독한 훈련과 치열한 경쟁, 강제적 주입 등이 중심을 이루었고, 실전적 경험이 중시되고 필요하면 언제든지 체벌이 가해졌다. 심지어 매를 맞을 때 움츠리거나 신음소리를 내지 않고 의연한 모습으로 가장 많이 맞는 사람에게 상을 주는 등 체벌을 일종의 체력 단련이나 인내력 훈련으로 생각하였다. 강력한 훈련을 통해 길러진 스파르타인에 대해 당시 그리스 사람들은 군인으로서는 나무랄 데 없이 훌륭하다는 것을 인정하면서도, 그 체제는 스파르타 밖의 자유로운 조건하에서 살기에는 적합하지 않은 사람을 만든다고 비판했다고 한다(Boyd and King, 1975 : 13-14).

스파르타 교육체제의 또 다른 특징은 여성교육을 강조했다는 점이다. 스파르타 사람들은 여성교육의 가치에 대해 훨씬 분명하게 인식하고 있었기 때문에 다른 폴리스와 달리 여아들에게 집 밖에서 자유롭게 생활하도록 했고, 용감하고 의지 굳은 남아의 어머니로서 부족함이 없도록, 남아들과 거의 다름없는 훈련을 받도록 했다. 여아들은 그들 전용의 운동장에서 남아와 마찬가지로 달리기, 공놀이, 원반던지기, 씨름, 노래, 춤 등을 배웠다. 스파르타 남자 군인 못지않게 스파르타 여인들이 당시의 많은 그리스인에게 보모나 어머니로서 명성을 떨친 것은 바로 이런 훈련 덕택이었다(Boyd and King, 1975 : 15).

▶ 아테네의 사회적 특징

다음으로 아테네는 이오니아 족이 선주민들을 평화적으로 통합하며 아티카(Attica) 지방에 세운 도시국가이다. 기원전 6세기 초까지 아테네의 정치체제는 귀족주의 체제였다. 폴리스 형성과정에서 토지를 소유한 소수의 귀족이 귀족회의를 형성하고 정치 · 군사적 권력을 독점하였다. 그러나 권력을 독점한 귀족들과 일반 평민들의 갈등과 대립이 심화되자 집정관 솔론(Solon)이 기원전 594년에 귀족들의 토지 소유의 한계를 정하고 재산에 따라 평민들에게도 참정권을 부여하는 등의 입법을 단행하였다. 이로써 아테네는 민주정치가 발달할 수 있는 제도적 단초를 마련하게 되었다. 그리고 아테네가 주도되어 치른 페르시아전쟁(B.C. 500~497)에서 승리하고 난 이후 한층 민주정치가 더 발전하게 되었고, 페리클레스시대(B.C. 457~429)에 아테네의 민주주의는 완성을 보기에 이르렀다.

아테네의 교육적 특징

민주정치의 발달과 함께 아테네의 지리적 위치도 아테네의 교육에 큰 몫을 하였다. 스파르타와 달리 아테네는 잘 발달된 해안을 끼고 있어서 초기부터 해상활동이 활발하였다. 이런 조건에서 아테네인들은 주변의 다양한 문화를 접하고 경험할 수 있었으며, 그에 따라 자유로운 개성의 신장이 가능했다.

철저한 국가주의에 입각해 있던 스파르타와 달리 민주주의가 발달한 아테네에서는 심신과 영혼이 조화를 이룬 도덕적 교양인이 이상적 시민상이요 인간상이었다. 이런 특징으로 인해 아테네의 교육은 심신의 조화, 도덕적 교양, 시민적 책임을 두루 갖춘 전인적 자유시민을 양성하는 것을 목적으로 삼았다.

아테네의 학교교육은 7세 이후부터 시작되었다. 그 이전에는 가정에서 부모의 따뜻한 보호하에 각종 완구를 가지고 즐겁고 안락하게 성장하였다. 7세부터 16세까지는 교복(敎僕, Paidagogos)의 보호와 지도하에 시민으로서의 예절이나 품행을 교육받았으며, 정신교양을 위한 음악학교(Didascaleion)나 신체단련을 위한 체조학교(Palaistra)에 다녔다. 음악학교에서는 초기에는 노래와 수금만을 배웠으나, 나중에는 읽기 · 쓰기 · 셈하기 등도 배웠다. 체조학교에서는 오종경기[1]와 수영, 권투, 우아한 걸음걸이 등 전쟁에 필요한 건강한 신체와 우아하고 잘 조화된 몸을 위해 필요한 내용들을 가르쳤다. 16세가 되면 교복에서 벗어나 성인체육관인 김나지움(Gymnasium)에 들어가 2년 동안 체육교사의 전문적 지도하에 더 높은 수준의 신체단련을 받았다. 이 체육관은 공립으로서 경비의 절반을 국가에서 지원하였는데, 주된 종목은 체조학교에서 가르친 과목 외에도 승마, 경마, 활쏘기, 투석, 전차경주, 조정 등이었다. 또 이 시기에 아테네 젊은이들은 성인들과 자유롭게 접촉하며 산술, 천문학, 수학, 물리학, 문학, 수사학, 변론술 등을 배우기도 하였다. 18세부터 20세까지

1) 높이뛰기, 달리기, 씨름, 창던지기, 원반던지기.

2년간 에페보스에 들어가 아테네 신전에서 선서[2]를 마치고 본격적인 군사훈련을 받았다. 20세가 되면 에페보스에서 제대하여 완전한 시민권을 획득하고, 솔론의 법에 따라 모든 사람이 정당에 가입하여 정치활동에 참여하였다. 또한, 이후에도 심신의 수양을 게을리하지 않아 체육관에 찾아가 청소년들과 체육을 하거나 음악을 즐기며 심신수련을 위해 노력하였다.

한편, 스파르타와는 달리 아테네에서는 여성의 사회적 지위가 매우 낮았다. 여성들은 참정권을 가질 수 없었음은 물론 지적 교육이 오히려 여성들의 정숙함과 덕을 해친다고 간주되어 교육의 기회를 박탈당하였다. 다만 가정에서 가사, 방적, 재봉, 육아 등에 필요한 교육을 받았을 뿐이었다.

▶ 후기 아테네교육의 특징

그러나 아테네의 교육은 페르시아전쟁 이후에 여러 면에서 많은 변화를 보였다. 아테네는 페르시아전쟁을 승리로 이끈 후 그리스 반도의 정치적 · 경제적 · 문화적 맹주로서의 지위를 굳히게 되었다. 이로 인하여 민주정치가 화려하게 발달하고 개인주의와 자유주의가 급속도로 확산되었다. 이런 사회적 상황의 변화는 필연적으로 교육적 변화를 요구하게 되었다. 그리하여 아테네 후기의 교육은 심신이 조화된 애국적 시민을 양성하던 초기의 교육과 달리 개인 중심적이고 인문적 교양을 중시하는 방향으로 급변하게 되었다. 예를 들어, 초등교육에서 과거와 달리 문자와 지식교육이 중시되고, 중등교육에서는 7자유과(seven liberal arts)[3] 등 인문교양교육이 강화되었다.

---

2) 에페보스 선서는 다음과 같다. "나는 나의 신성한 무기를 더럽히지 않으며 대열에 있는 나의 동료를 저버리지 않는다. 나는 단독으로든 나의 동료들과 함께든, 신전과 공동재산을 지키기 위하여 싸운다. 나는 나의 조국이 내가 처음 알았을 때보다 더 작은 나라가 아닌, 더 크고 훌륭한 나라가 되는 것을 보고 죽는다. 나는 나의 상관에게 복종하며 현재 있는 것이든 장차 제정될 것이든 모든 법령을 준수한다. 누구든지 법령을 뒤엎거나 어기려고 하는 사람이 있으면 나는 단독으로든 나의 동료들과 함께든 그 법령을 수호하기 위하여 끝까지 투쟁한다. 나는 신전과 우리 조상의 종교를 명예롭게 한다. 아글라우로스(Aglauros), 에니알리오스(Enyalios), 아레스(Ares), 제우스(Zeus), 탈레스(Thallo), 아우크소(Auxo), 헤게모네(Hegemone)여, 나를 도우소서."(Boyd and King, 1975 : 20-21)

3) 7자유과는 3학 4과를 합한 것으로 3학은 문법, 수사학, 변증법, 4과는 산수, 기하, 음악, 천문학으로 이루어져 있다.

이 시기의 두드러진 교육적 양상 중 하나는 소피스트(sophist)가 출현하여 활발하게 활동했다는 점이다. 민주주의의 발달과 경제적 풍요는 청년들로 하여금 정치적 입신양명에 관심을 돌리게 하였고, 교육을 그 도구로 간주하게 하였다. 그리하여 교육은 웅변술, 수사학 등 정치에 필요한 지식과 기술을 전수하는 수단으로 인식되었다. 이런 사회적 풍조와 함께 등장한 것이 바로 자칭 지자(智者)요 현자(賢者)인 소피스트이다. 이들은 정치 일선으로의 진출을 위한 준비로서 사장(詞章)과 웅변술과 수사학을 중시하고, 진리의 탐구나 학문연구보다는 보수에 따라 진위를 변론함으로써 후기 아테네의 교육을 주관주의, 상대주의, 개인주의, 물질주의적 경향으로 변질되게 하는 데 큰 영향을 미쳤다.

2) 로마의 교육

(1) 시대적 배경

로마의 사회 문화적 특징◀

로마는 기원전 8세기경 라틴 족이 이탈리아 반도 중부의 서부 연안 라티움(Latium) 지방에 세운 도시국가로서, 처음에는 왕정이었으나 기원전 509년에 공화정이 되면서 이탈리아 반도를 통일하고 차츰 세력을 확장하여 마케도니아, 그리스, 소아시아, 시리아(Syria) 등을 정복하여 대제국으로 성장하였고, 기원전 27년에는 제정으로 바뀌었다. 그 후 395년에 동·서로마로 분열되었다가 476년 서로마제국이 멸망하면서 고대 로마의 역사가 막을 내렸다.

로마는 역사적으로 그리스의 헬레니즘과 헤브라이의 헤브라이즘을 흡수하고 융해하여 중세를 거쳐 근·현대에 전달해 준 가교의 역할을 수행했다는 평가를 받는다. 이 거대한 제국 로마가 존재하지 않았던들 현대 서양문명의 양대 원류인 헬레니즘과 헤브라이즘이 세계문화의 주류로 성장·발전하기는 불가능했을 것이다. 로마인들은 새로운 철학과 사상 혹은 예술을 창조하지 않았다. 그럼에도 불구하고 다양한 선진 문화를 적극적으로 모방·흡수하고 융합하여 현실 세계에 폭넓게 적용하는 능력이 탁월하였다. 헬레니즘과 헤브라이즘이 세계문화로 성장할 수 있었던 것도 사실은 그들의 이런 현실적·실제적 능력 덕분이었다.

로마는 문화적으로 몇 가지 두드러진 특징을 지니고 있었다.

첫째, 로마인들의 민족성은 모방성이 강할 뿐만 아니라 실제적 · 현실적이고 융통성이 있었다. 그들은 그리스인들만큼 창조적이지는 않았으나, 그리스인들이 탐구한 진리나 학문, 예술, 종교, 문학, 철학 등을 배우고 모방하여 현실사회에 적용하고자 하였다. 그들은 그리스인들만큼 심미적 예술성은 뛰어나지 않았으나 군사, 정치, 법, 건축과 토목 등 현실 생활에 관련된 영역에서는 그리스인들보다 훨씬 더 뛰어났다. 말하자면, 로마인들은 그리스인들에 비해 비록 지적 · 예술적 창조성은 부족했지만, 그리스의 문화를 실제 사회에 현실적으로 생활화한 실천인으로서의 재능은 매우 탁월하였다.

둘째, 로마인들은 도덕성과 준법정신이 탁월하였다. 그들은 12동판법(Law of Twelve Tables), 자연법(Jus Naturale), 시민법(Jus Civile), 만민법(Jus Gentium) 등 매우 우수한 법률체계를 갖추고 있었다. 그리고 로마 청년들은 이런 법률들이야말로 나중에 자기 생활의 실제적 안내가 된다고 믿고 열심히 암기하고 실천하였다. 로마인들은 법률을 성실히 준수하며 권리와 의무를 이행하였으며, 그 과정에서 유례를 찾기 힘든 국가에 대한 강력한 애국심과 공동체적 단결심을 배양하였다.

셋째, 로마인들은 사회 조직과 관리에 있어서도 천재성을 발휘하였다. 로마사회는 모든 고대사회가 공통으로 그랬듯이, 철저한 계급사회였다. 로마의 계급은 완전한 시민인 귀족, 참정권은 없으나 자유민 신분인 평민, 농노와 노예 등 크게 세 계급으로 나뉘어 있었다. 이런 사회조직을 지탱하는 또 다른 지주로서 가족제도가 있는데, 로마는 시민이자 가장으로서의 아버지의 권리를 절대시한 오대부권(五大父權)[4]에 기초한 강력한 가부장제 사회였다. 이 가부장제에 기초하여 아버지 중심의 강력한 가정교육이 이루어지고, 이 가정교육을 통해 애국적이고 건실하며 준법정신이 투철한 로마시민이 양성되었다.

넷째, 로마인들은 변론을 매우 좋아하였다. 로마는 이미 왕정시대로부터 시민 대중의 의사를 반영하는 정치체제를 발달시켜 왔으며, 그 과정에서 필연적으로 웅

4) ① 자식에 대한 아버지로서의 권리, ② 아내에 대한 남편으로서의 권리, ③ 노예에 대한 주인으로서의 권리, ④ 자유인끼리의 계약 체결과 상호우대의 권리, ⑤ 재산에 관한 권리.

변, 설득, 자유토론, 대화가 중시될 수밖에 없었다. 유창한 언변으로 대중을 설득하고 감동시키면 정치적으로 두각을 나타내어 장차 정치적 지도자가 될 수 있었기 때문이다. 그리하여 키케로(Cicero, B.C. 106~43)와 퀸틸리아누스(Quintilianus, 35?~95?)의 예에서도 볼 수 있듯이, 그들은 웅변가를 교육받은 이상적 인간상으로 상정하였고 웅변술을 주요한 교육내용으로 삼았다.

로마인들이 지니고 있던 이상의 특질들은 결국 로마를 세계적인 대제국으로 성장시키는 원동력이 되었다. 그러나 건전한 국민성도 유럽 전역을 정복하고 난 이후에는 서서히 변질되기 시작하였다. 즉, 수많은 피정복민의 세금과 노예들의 노동을 통해 막대한 부를 축적하고, 게다가 후기 아테네의 개인주의적 문화에 심취하면서 사치와 퇴폐 · 향락에 빠져들게 되었다.

(2) 로마의 교육

앞에서 언급한 것처럼 로마의 정치체제는 왕정, 공화정, 제정을 거치며 발전하였다. 따라서 교육의 발전과정도 이 정치체제에 따라 살펴보는 것이 적절할 것이다.

왕정시대의 교육 ◀

먼저, 로마 왕정시대의 생활양식은 초기 그리스의 도시국가들과 다를 바 없이 매우 단순한 형태였다. 따라서 교육도 다른 많은 원시부족에서 나타나는 것과 마찬가지로 생활 속에서 성인들의 생활을 직접적으로 모방하면서 배우는 모방교육의 형태를 유지하였다. 말하자면, 생활에 필요한 다양한 지식과 기술을 직접적인 경험과 체험, 부모 및 성인의 시범을 통한 훈련 등의 형태로 학습하였다. 따라서 가정과 사회가 주된 교육의 장소였으며, 교육을 전담하는 형식적 학교는 따로 존재하지 않았다.

공화정시대의 교육 ◀

다음으로 공화정시대의 교육이다. 공화정시대란 일반적으로 기원전 509년 공화정이 수립된 때로부터 기원전 27년 제정이 수립될 때까지의 시기를 이른다. 공화정시대는 한마디로 로마가 끊임없는 정복전쟁을 수행하며 지속적으로 성장 · 발전하던 시기이다. 이런 시기적 특성으로 인해 공화정시기의 교육은 순수 로마적인 사회조직과 순수 로마적인 고유한 사상 아래서 이루어진, 따라서 순수 로마적인 교육의 특징을 발휘한 시기이다(목영해 외, 2004:191).

공화정시기를 일관적으로 관통하고 있는 교육의 이상은 강한 의지를 지닌 실천적 인간의 양성이었다. 교육의 이상이 이렇게 규정될 수 있는 것은 무엇보다 당시의 로마가 지속적인 정복전쟁 중이었다는 사실에서 기인한다. 외부와의 끊임없는 전쟁은 애국심으로 무장한 강력한 군대와 질서 있는 국민을 요청하였으며, 이런 시대적 상황으로 인해 강인한 의지와 실천성을 기르는 것을 교육의 이상으로 삼았던 것이다. 이런 이상 아래 교육은 전쟁 시든 평화 시든 유용인, 실천인, 덕을 소유한 선인(善人)을 기르고자 하였다. 물론, 여기서 말하는 덕이란 동정심, 순종, 용기, 용맹, 근면, 정직, 열정, 냉정, 위엄, 인내심, 중후함 등을 의미한다(Wilds, 1959 : 121-122).

이 시기의 교육은 절대적인 부권의 책임하에 철저하게 가정을 중심으로 이루어졌다. 로마의 남아들은 교육의 책임자인 아버지의 지도하에 군인 혹은 시민으로서의 책임과 의무를 엄격하게 생활화하였다. 아버지는 가성이나 국성 혹은 신과 조상에 대한 제사에 아들을 동반하여 참여하였고, 위대한 전쟁영웅이나 정치가에 대한 이야기를 들려주었다. 그리고 경작과 파종 등 경제생활에 필요한 지식과 기술, 승마, 수영, 권투, 검술 등 전쟁에 요구되는 기술을 시범을 통해 가르쳤다. 그리고 읽기 · 쓰기 · 셈하기 등 기초적인 문자나 12동판법 등 기초적인 법률을 가르치기도 하였다. 여아들은 '마트로나(matrona)'[5]라 칭하는 어머니를 모방하며 생활교육을 받았다. 말하자면, 가정은 아버지와 어머니의 지도하에 올바른 행동과 사회적 의무감을 훈련받는 곳이었으며, 아버지는 주로 지적 교육을, 어머니는 주로 일반적인 훈육을 담당하였다(Boyd and King, 1975 : 62). 부유한 가정의 경우 킬로(chilo)라고 하는 문법교사를 종으로 두어 자녀를 가르치기도 하였으며, 루두스(ludus)라고 하는 사설 초등학교에 보내어 읽기와 쓰기 등을 배우게 하였다.

포에니전쟁 후 그리스의 영향을 받으면서부터 형식적 학교교육이 등장하기 시작하였다. 즉, 공화정 말기에 이르러 초등학교인 루두스 외에 보다 수준이 높은 중등학교인 문법학교가 세워졌다. 로마의 청소년들은 그라마티쿠스라고 하는 문법학교

5) 로마인들은 자녀를 가진 어머니를 '마트로나'라 칭하며 존경했는데, 이는 존경과 고귀와 덕망의 상징이었고, 더불어 어머니로서뿐만 아니라 오늘날 기초교육 · 초등교육의 담당자로서 막중한 임무를 지닌 교사의 존칭이기도 하였다(Wilds, 1959 : 125).

의 교사들로부터 그리스문법과 로마문법, 그리스 위인전, 호머(Homer)의 『일리아드(*Iliad*)』와 『오디세이(*Odyssey*)』 등을 배웠다. 또한, 정치가 양성을 목적으로 하는 고등 수준의 수사학교도 설립되었는데, 여기에서는 주로 문법학교 수료자들을 대상으로 웅변술을 가르쳤다.

제정시대의 교육 ◀

마지막으로 제정시대의 교육이다. 로마의 제정시대는 B.C. 31년 옥타비아누스(Octavianus, B.C. 63~A.D. 14)가 악티움(Actium)해전에서 승리하고 집권한 이후부터 476년 서로마제국이 멸망할 때까지 일컫는다. 초기 약 200여 년 동안 로마는 평화를 유지하며 최고의 전성기를 누렸다. 그러나 이 평온한 시기에 로마 특유의 건실한 정신은 해이해지고 그리스 후반의 개인주의적 문화에 서서히 매몰되기 시작하였다. 즉, 높은 애국심과 준법정신, 견실한 도덕성, 실용적이며 실제적인 태도가 극단적 개인주의와 물질주의, 퇴폐와 향락으로 점점 잠식되고 있었다.

이런 시대적 변화로 인해 교육에서도 중요한 변화들이 나타나게 되었다. 가장 두드러진 특징은 교육의 기본 성격이 실제와 실용을 중시하던 순수한 로마식 교육에서 개인적 교양을 강조하는 그리스식 교육으로 전환되었다는 점이다. 그리하여 그리스의 문예교양을 습득하고 장차 시민으로서의 정치생활에 필요한 웅변능력을 기르는 지적 발달이 주요한 교육목적으로 자리 잡았다. 지식교육을 중시하는 시대적 흐름으로 인해 학교교육이 발달하였다. 이를테면, 공화정시대에 가정교육의 보조적 기관에 지나지 않았던 루두스가 실질적인 초등교육기관으로 자리를 잡게 되었다. 이 루두스에는 주로 6~7세의 아동이 입학하였으며, 3R's[6]와 12동판법, 그리스의 시와 동화 등 초보적인 내용을 학습하였다.

공화정 말기부터 나타난 중등교육기관인 문법학교도 이 시기에 이르러 크게 발달하였는데, 크게 두 종류의 문법학교가 성행하였다. 하나는 그리스어 문법학교이고 다른 하나는 라틴어 문법학교이다. 전자는 그리스어를 중심으로 후자는 라틴어를 중심으로 교육했는데, 전자가 후자에 비해 양과 질 모두에서 훨씬 더 우수하였다. 또한, 제정시대에는 고등교육도 많은 발전을 보였다. 고등교육기관에는 수사학교와

6) 읽기(reading), 쓰기(writing), 셈하기(arithmetic).

철학학교가 있었는데, 수사학교가 대부분을 차지하였다. 로마가 그리스의 문화를 수용하는 과정에서 로마 고유의 정신과 생활양식을 교란한다고 하여 원로원이 한때 수사학교 및 철학학교의 폐지와 수사학자 및 철학자의 추방을 명령하기도 하였다. 그러나 이미 문학과 사상 등 그리스의 고급문화를 맛본 로마인들로부터 그것을 금지하는 것은 사실상 불가능한 일이었다. 그리하여 나중에는 오히려 국가에서 보조금을 지급하거나 학교의 설립을 관장하거나 교사들에게 과세를 면제해 주는 등 적극적으로 지원하였다. 그리하여 수사학교와 철학학교는 그 규모나 질적 수준에 있어 고등교육기관으로서 손색이 없는 면모를 갖추게 되었다. 수사학교의 주된 목적은 로마사회의 이상이요 국가에 봉사할 선인인 웅변가를 양성하는 데 있었다. 이 학교에서 16~17세 이후의 청년들은 수사학, 그리스어 및 라틴어 문법, 웅변술, 자연과학 등을 배움으로써 장차 직업 및 정치생활에 필요한 능력을 연마하였다. 학생들은 토론회, 재판 현장 등에 직접 참여 · 참관하여 웅변 및 변론술을 배우면서 차후에 필요한 정치적 식견과 능력을 연마하였다.

결론적으로 로마는 그 기질적 · 사회적 · 정치적 특성으로 인해 일정한 변화는 불가피했지만 교육을 통해 그리스의 문예와 사상을 적극적으로 수용 · 보존하였다. 뿐만 아니라, 중세 1,000년을 뛰어넘어 르네상스시대로 그것을 전달해 주는 문화적 가교의 역할을 훌륭히 수행함으로써 서양문화와 교육의 발전에 크게 기여한 것만은 부인할 수 없는 사실이다.

02 중세사회의 교육

1) 시대적 배경

▶ 중세의 사회적 특징

중세란 서로마제국의 멸망(476년)부터 동로마제국의 멸망(1453년)과 문예부흥운동 발발 이전까지 약 1,000년간의 시기를 지칭한다. 로마는 오랜 역사 과정에서 자체의 사회적 모순이 누적되고 북쪽에서 게르만족이 대이동을 시작함에 따라 395년 동 · 서로 분열되기에 이르렀다. 그 후 동 · 서로마는 극한의 대립을 겪다가 결국 80여 년 만에 서로마제국이 멸망하게 되었다. 이에 따라 로마의 지배하에 있던 광대한 지역은 크게 3개의 문화권으로 나뉘게 되는데, 그 하나는 유럽이며 다른 하나는 동로마제국, 즉 비잔틴제국(Byzantium Empire)이며, 나머지 하나는 이슬람의 사라센제국(Saracens)이다. 이 중에서 유럽은 고대 그리스와 로마의 문화, 기독교 문화, 게르만 문화가 결합되면서 중세의 독특한 문화적 특징을 형성했는데, 그중에서도 가장 중요한 영향력을 행사한 것은 기독교 문화였다.

기독교는 중세 1,000년 동안 정치 · 사회 · 문화 · 사상 등 모든 측면에서 결정적인 역할을 수행하였다. 기독교는 로마사회의 말기적 현상들, 이를테면 민중들에 대한 정치적 억압과 경제적 수탈 및 착취, 지배계급의 퇴폐적 향락과 사치, 게르만족의 횡포 등 사회 전반의 무질서와 혼란 속에서 성장하였다. 당시 민중들은 온갖 폭정과 억압에서 해방된 풍요롭고 자유로운 새로운 세상을 갈구하고 있었으며, 그런 세상을 현실적으로 실현해 줄 강력한 정치지도자를 고대하고 있었다. 이런 상황에서 민중들에게 동방에서 강한 희망의 빛이 비쳤다. 그 빛은 예수(Jesus)였고 기독교였다. 예수는 절대자인 신을 통해 모든 인간의 평등이 실현될 수 있고 가난하고 억압받는 모든 사람이 영원히 구원받을 수 있다고 설파하였다. 당연히 수많은 민중이 평등과 사랑 그리고 구원을 약속하는 예수의 가르침에 깊숙이 매료되었고 그에 따라 기독교는 유럽 전역에 급속도로 전파되었다. 기독교의 급속한 확산에 놀란 로마 지배계급이 온갖 위협과 협박을 통해 그 확산을 저지하고자 했으나 기독교는 이미 지배계급에까지 깊이 파고들고 있었다. 이에 스스로 기독교로 개종한 로마의 콘스탄티누스(Constantinus, 274~337) 황제는 313년 밀라노 칙령(Milan Edict)을 통해 기독교 신앙의 자유를 공인하였고, 테오도시우스(Theodosius, 347~395)는 392년에 기독교를 국교화하기에 이르렀다. 예수 탄생 이후 채 4세기가 지나기도 전에 전 유럽이 기독교화된 것이다. 이로써 기독교는 중세 유럽의 정치, 사회, 문화 전반을 신과 그 신에 대한 신앙 그리고 신앙공동체로서의 교회 중심으로 재편되게 하는 결정적 단초를 마련하게 되었다.

기독교와 함께 중세 유럽을 특징화하는 또 다른 요소는 정치 · 경제적 골간인 봉건제도(feudalism)이다. 봉건제도란, 학자에 따라 다소 다르게 정의되기는 하지만, 일반적으로 6~7세기에서 14~15세기에 유럽에 나타난 제도로서 농토를 매개로 형성된 지배와 예속의 관계를 기저로 한 사회제도를 말한다. 이 봉건제도는 은대지제도(恩貸地制度)와 종사제도(從士制度)의 결합을 통해 형성되었다.

은대지제도란 국왕, 교회, 수도원, 호족 등이 충성과 봉사, 정치적 · 군사적 결속을 기대하며 제3자에게 그에 대한 보상으로 토지를 증여하는 토지제도 혹은 토지 그 자체를 의미한다. 이것은 3세기 이후 황제가 국경지대를 경비한 게르만인들에게 은혜 혹은 특전으로 토지를 하사한 것에서 연유되어 8세기경에 이르러 크게 성행하였다.

그리고 종사제도는 지역의 수장이나 유력자와 자유민 미성년자 사이에 형성된 게르만족의 주종제도이다. 당시 많은 미성년자는 주인의 저택에 기거하면서 무기, 말, 식사 등을 제공받으며 무예를 연마하다가 전시에는 전사로서 봉사하고, 성년이 되어 가정을 갖게 되면서부터 주인으로부터 독립하였다. 이 탁신의례(託身儀禮) 제도가 나중에는 전시뿐만 아니라 평시에도, 그리고 미성년시기뿐만 아니라 성년시기에도 지속적으로 유지되는 종신적 주종관계로 발전했는데, 이것이 종사제도이다.

은대지제도와 종사제도가 결합됨으로써 대략 8~9세기에 이르러 왕, 대영주, 중소영주, 기사, 농노가 농토를 매개로 하여 위계적인 주종 혹은 군신의 관계를 맺는 봉건제도가 성립 · 정착되었다. 말하자면, 신하는 주군에게 충성을 서약하고 군사력과 노동력을 제공하는 대신 주군은 신하에게 보호와 부양의 의무를 지고 봉토(封土)를 제공함으로써 사회 전체가 마치 피라미드와 같은 계급구조를 이루었던 것이다. 봉건제도는 10~13세기에 최고조로 발달하였다. 그러나 그 이후 도시의 발달과 화폐경제의 보급으로 점차 약화되다가 근대에 이르러 붕괴되고 말았다.

중세는 절대적 신앙체계를 기초로 하는 기독교 문화와 엄격한 위계적 신분질서를 기초로 하는 봉건제도에 의해 지탱되었다. 따라서 다양한 문화와 사상의 발달이 억압될 수밖에 없었다. 찬란했던 고대 그리스 · 로마의 문화와 사상은 기독교적 사회체제에 적합하게 대체되거나 재편되었다. 철학은 신학으로 대체되었으며, 지적 · 개인적 · 심미적 문화와 실제적 · 사회적 문화는 도덕적 · 금욕적인 기독교 문화로 대체되었다.

교육적 특징 ◀

이에 따라 교육의 성격도 필연적으로 근본적인 변화를 겪을 수밖에 없었다. 그리스·로마의 교육을 지배하고 있던 현세주의, 자연주의, 인본주의, 심미주의, 주지주의, 공동체주의는 이제 내세주의, 초자연주의, 신본주의, 금욕주의, 주정주의, 개인주의로 변화되었다. 교육권도 개인, 가정, 국가에서 교회로 이관되었다. 교육의 목적도 지·덕·체가 조화된 교양인과 유능한 시민의 양성에서 신을 공경하고 교회의 교리에 순종하는 인간의 양성과 내세에서의 영원한 구원을 위한 준비로 변화되었다. 한마디로 말해 기독교적 인간상의 구현을 위한 기독교 교육으로 철저한 변모가 이루어진 것이다.

중세 기독교사회는 교부철학(patristic philosophy)과 스콜라철학(scholasticism)에 의해 이념적으로 뒷받침되었다. 중세는 철학사적으로 대략 9세기경을 기점으로 전기와 후기로 나눌 수 있다. 전기가 주로 봉건적 사회질서와 그에 따른 이념체계가 정립되던 시기라면, 후기는 사회 및 이념체계가 최고조로 발달했다가 서서히 약화 혹은 붕괴되던 시기이다. 교부철학은 신 중심, 내세 중심적인 기독교 질서가 수립되는 과정에서 인간 중심, 현세 중심적인 그리스·로마의 사상을 배격하고, 기독교 교리를 옹호하고 정당화하기 위한 철학이다. 스콜라철학은 중세 후반기 상·공업 및 화폐경제의 발달, 도시의 발달, 십자군 원정의 실패, 흑사병의 창궐 등으로 봉건제도와 기독교적 신앙체계가 흔들리면서 이전의 독단적 신앙을 합리적 신앙으로 전환시켜 기독교의 신앙적 권위를 회복하고자 했던 철학이다.

그러나 스콜라철학의 노력에도 불구하고 중세 유럽사회는 점차 맹아적 시민사회가 형성되기 시작하였다. 그리고 이런 사회적 변화의 영향을 받아 기존의 기독교교육과는 엄격히 다른 세속교육이 형성·발달하게 되었다. 11세기 후반부터 대학이 발흥하거나 시민계급에 필요한 생산교육과 직업교육을 위한 시민학교들이 나타나는 현상이 그 대표적인 예이다. 그리고 세속교육은 이미 와해 일로에 있는 중세적 사회체제의 붕괴를 더욱 가속화시키고 급기야 고대 그리스·로마의 문화와 사상을 복구하려는 14~16세기의 문예부흥운동을 촉발시키는 동력으로 작용하였다.

2) 기독교 교육

기독교가 중세의 지배이념으로 확고하게 자리 잡게 된 데에는 여러 사회 · 정치적 요인과 함께 예수의 기적과 희생, 12사도의 목숨을 건 전도활동, 신자들의 순교 등과 같은 종교적 요인도 작용했음은 재론할 필요도 없다. 이와 동시에 문답학교, 문답교사학교, 수도원학교, 본산학교 등과 같은 체계적인 교육제도를 수립하여 이교도를 기독교도로 조직적으로 교화시킨 교육적 요인도 기독교의 성장과 발달에 크게 기여하였다.

▶ 문답학교

먼저 문답학교이다. 예수 사후 기독교도들에게 주어진 최대의 사명은 복음(福音)의 전파, 즉 이교도의 기독교도화였다. 이런 사명을 완수하기 위해 2세기경부터 작은 규모로 설립되기 시작한 학교가 있었는데, 이것이 문답학교이다. 4세기에는 기독교가 국교화된 데다가, 북쪽에서 게르만 족이 대이동을 시작함으로써 포교의 대상이 훨씬 확대되었다. 그에 따라 문답학교의 수가 증가하고 수준도 더욱 높아졌다. 이 문답학교는 이교도에게 세례를 베풀기 위한 예비교육기관이었다. 초기에는 성인을 주 대상으로 하다가 나중에는 아동을 포함시켰으며, 수학연한도 초기에는 단기간이었으나 차츰 2~3년 정도로 연장되었다. 교육내용은 대부분 성경 및 교리, 3R's 등이 중심이었으나, 경우에 따라 철학, 자연과학, 문학, 수사학, 문법 등 세속적인 과목이 포함되기도 하였다.

▶ 문답교사학교

다음으로 문답교사학교이다. 문답학교가 일반대중의 교화를 위한 초급단계의 학교라면, 문답교사학교는 문답학교의 교사를 양성하고 교회의 지도자를 양성하기 위한 비교적 높은 수준의 학교였다. 그리하여 문답교사학교는 고급문답학교라고도 불린다. 당시 기독교의 확산에 가장 큰 이념적 걸림돌은 성격상 기독교와 대립적인 그리스철학이었다. 따라서 교회의 지도자들은 그리스철학에 대항하여 기독교를 정당화할 이론적 기반을 구축함으로써 교회와 기독교를 보호해야 하는 과제를 안고 있었다. 이에 따라 지적으로 보다 우수한 지도자, 즉 호교가를 체계적으로 양성할 필요가 있었다. 이런 필요에 따라 성립되고 발전한 학교가 문답교사학교이다.

문답교사학교의 교육내용은 신학을 비롯하여 그리스철학, 수사학, 천문학, 물리학, 역사, 문학, 과학 등이었다. 신학 외에도 비종교적인 그리스 학문을 연구하고 교수한 것은 교회 지도자들이 기독교를 옹호하기 위해 적대적인 학문을 세밀하게 이해하고 그 장단점을 정확하게 파악해야 했기 때문이다. 이로써 기독교와 그리스철학의 교섭이 이루어지기 시작하고, 그 과정에서 플라톤철학이 유입되어 교부철학의 이론적 기초로 활용되었던 것이다.

수도원 학교 ◀

다음으로 수도원(monasterium)은 '홀로'를 의미하는 'monos'에서 유래되었다. 로마 공화정 말기인 기원전 3세기경부터 스토아학파(stoicism)가 발달하여 일부 지식인들 사이에 금욕주의가 자리 잡고 있었다. 여기에 로마사회의 부패와 향락, 기독교의 내세 지향성과 예수 재림에 대한 기대, 기독교도에 대한 탄압 등이 결합되면서 이미 1세기경부터 세속에서 벗어나 조용한 산간에 은둔하면서 여러 세속적 · 육체적 욕구를 억제하며 심신을 수양하는 현상이 나타났다. 그 후 3세기경에 이르러 정치권력과 결탁하여 교회의 세속화가 가속화되자 이에 실망한 기독교도들이 늘어나게 되고, 이에 따라 4세기 초에 일부 기독교도들이 은둔적 수도생활을 하게 되면서 수도원이 본격적으로 시작되었다.

최초의 기독교 수도원은 305년경 성 안토니우스(St. Antonius, 251?~356?)가 신자들을 홍해 연안의 사막에 이끌고 들어가 고행을 시작하고, 그의 제자인 성 파코미우스(St. Pachomius, 290?~346)가 나일 강가에 최초의 수도원을 설립하여 1,400여 명의 신자와 공동의 수도생활을 한 데서 비롯되었다(한동일, 1985 : 70). 수도원의 발달에 결정적 계기를 제공한 것은 베네딕트 수도원이다. 6세기 초반에 베네딕투스(Benedictus, 480?~550?)가 수도원의 엄격한 생활규칙을 계율로 정했는데, 이 계율이 수도원 생활의 이상과 내용에 관한 하나의 전형이 되었기 때문이다. 이 계율이 추구하는 수도원생활의 이상은 정결(chastity), 청빈(poverty), 순종(obedience)이다. 이 계율에 따라 수도사들은 하루에 적어도 7시간 이상 개간, 농경, 목공, 야금, 직물 등의 노동에 종사해야 했으며, 그중 4시간은 독서와 문헌 수집 및 필사(筆寫)작업을 해야 했다. 이 독서, 문헌 수집, 필사작업은 서양 역사상 수도원이 단순한 종교적 수양기관 이상의 중요한 가치를 갖게 한 요인으로 작용하였다. 왜냐하면, 그런 작업을 통해 수도원이 고대 그리스 · 로마의 문화를 근대로 전달해 줌으로써 장차 문예부흥운동을 가능하게 했기 때문이다. 말하자면, 수도원은 중세 유일의 문화 보존기관으로서 고대와 근대를 연결하는 가교역할을 수행했던 것이다.

또한, 수도원은 교육적으로도 중요한 기능을 하였다. 규모가 큰 수도원 경우, 내부에 학교를 두고 장차 수도사가 되고자 하는 5~7세의 아동을 수용하여 대략 15세까지 교육하였다. 그리고 9세기 이후에는 조금 더 세분화되어 교양을 갖추고자 하는 일반인 자제들을 별도로 수용하고, 수도사 후보생들은 내교(schola interior)에서, 일반인 자제는 외교(schola exterior)에서 가르쳤다.

수도원학교의 교육과정은 초등과와 고등과로 분리되어 있었다. 초등과에서는 3R's와 음악, 라틴어, 문법, 시 등을 부과했으며, 고등과에서는 7자유과를 부과하였다. 다만, 규모에 따라 3학만을 부과하거나 7자유과 외에 신학까지 부과하는 경우도 있었다. 수도원학교의 교육방법은 한마디로 엄격주의였다. 기상해서 취침할 때까지 모든 과정이 엄격한 규율과 감독에 의해 이루어졌으며, 필요에 따라 체벌, 고행, 단식 등과 같은 소위 '스파르타식' 방법도 활용되었다.

▶ 본산학교

마지막으로 본산학교이다. 본산학교는 중세 기독교학교 중에서 가장 수준이 높은 고등교육기관으로서, 각 교구의 본산 소재지나 도시에서 중심이 되는 교회에 설치된 학교이며, 사원학교 혹은 감독학교라고도 한다. 또 귀족이나 부호들의 기부에 의해 설치되는 경우도 있어 기부학교라고도 한다. 이 학교는 4~5세기경에 출현하여 8세기에 칼 대제(Karl Der Gross, 742~814)의 장려로 발달하였으며, 11~12세기경에 최고의 전성기를 이루었다.

본산학교의 교육목적은 성직자 및 기독교 지도자의 양성과 일반 귀족 자제의 교양교육에 있었다. 장래의 희망에 따라 학생들을 내교와 외교로 나누어 수용하였고 학생 수는 대략 40명 이내였으며, 성서와 신학 그리고 7자유과 등을 교수하였다. 학교의 전반적인 관리는 반드시 본산에 속해 있는 성직자가 맡았으며 그 아래에 교육을 담당하는 전문적인 교사(magister)를 두었다.

이 본산학교가 수행한 가장 두드러진 역할은 무엇보다 고등한 학문연구를 통해 중세 후반기 스콜라철학의 발달에 결정적으로 기여했다는 점이다. 사실 스콜라철학을 형성하고 발전시킨 핵심적인 인물들은 그 이름에서도 드러나듯이 주로 이 본산학교의 교장(magister scholarum)이나 학자(scholaticus)들이었다. 이미 전술했듯이, 신학 및 그리스철학에 대한 이들의 수준 높은 연구는 나중에 대학의 성립은 물론 근대 문예부흥을 가능하게 했던 지적 자양분이 되었다.

3) 세속적 교육

중세사회가 기독교에 의해 지배되었다고 해서 세속교육이 전무했던 것은 아니다. 이미 8세기경에 프랑크(Frank) 왕국[7]의 칼 대제에 의해 국가적 교육사업이 전개되었는가 하면, 10세기를 전후한 시기에 기사교육이 널리 발달하고 있었다. 또한, 중세 후반기에 이르러 전술한 수도원학교와 본산학교를 모태로 하여 대학이 발흥하였으며, 근대적 교육의 맹아라 할 수 있는 시민교육이 태동하였다.

칼 대제의 교육사업◀

먼저 칼 대제의 교육사업을 살펴보기로 한다. 칼 대제는 로마제국 멸망 후 점차 세력을 확대해 가던 게르만 민족을 정치 · 종교 · 영토상으로 통합하는 대업을 달성하였으며, 기독교를 수호한 공로를 인정받아 교황으로부터 '신성로마황제'로 대관(戴冠)되기도 하였다. 그가 이룩한 업적 중에서 두드러진 것은 적극적인 교육 및 교화사업을 통해 고전문화, 기독교, 게르만 민족정신으로 이루어진 유럽문화를 개화시켰다는 점이다. 그는 궁정학교(宮廷學校)를 세워 왕족과 궁중대관의 자제를 교육했는가 하면, 781년 자신을 방문한 영국 요크(York) 본산학교의 교장이자 저명한 석학이며 교육자인 알퀸(T. Alcuin, 735~804)을 초빙하여 궁정학교의 교육을 더욱 발전시켰다.

최초의 의무교육령◀

칼 대제는 궁정학교 외에도 전 국민에게 학문과 문화를 보급하기 위해 다양한 노력을 기울였다. 그 한 예로 787년에 수도원에 칙령을 내려 무학무지한 수도사나 교사가 없도록 할 것을 지시했는데, 이는 서양의 역사에서 나타난 최초의 교육령이었

7) 게르만계의 프랑크 족이 세운 왕국으로 476년부터 843년까지 지속되었다. 부족국가에서 출발했으나 다른 게르만 민족을 통합함으로써 피레네(Pyrenees) 산맥에서 엘베(Elbe) 강에 이르는 서유럽 대부분을 포함한 대제국으로 성장하였다. 서유럽 최초의 기독교적 게르만 통일국가로서 기독교 문화 및 중세 여러 제도의 모체가 되었으며, 843년 이후 독일 · 프랑스 · 이탈리아 등으로 분열하였다.

다. 789년에는 종교회의를 통해 법령을 반포하여 수도원학교와 본산학교에 재학 중인 모든 학생에게 장차 지망하는 바와 관계없이 문자, 산술, 문법, 찬송가 등을 가르칠 것을 지시하였다. 802년에는 3차 포고령을 반포하여 각 교구로 하여 학교를 설립하여 교구 내의 모든 자제에게 종교교육 및 세속적 보통교육을 실시하도록 하고, 라틴어 외에도 독일어를 가르치도록 명하였다. 이 포고령에는 "국민으로서 모든 아동은 교육받지 않으면 안 된다."라고 명시되어 있는데, 이것은 비록 실천되지는 못했지만 세계 최초의 의무교육령이라는 중요한 교육사적 의의를 갖는다.

▶ 기사교육

다음으로 기사교육이다. 기사는 봉건제도의 성립과 함께 출현한 상류 무사계급이다. 봉건제도의 성립과 발전의 과정은 한마디로 게르만 민족의 침략과 그에 대한 방어의 전쟁사이다. 특히, 프랑크 왕국의 마르텔(K. Martell, 688?~741) 대제는 사라센(Saracen)의 침략 시 기존의 종사제도를 활용하여 부하에게 봉도를 지급하고 직위를 수여하는 대신 주군에서 충성을 서약하고 영토를 방어하도록 하였다. 이때 영토를 방어하던 군대가 기마병을 주축으로 구성되어 있었기 때문에, 상류계급의 무사를 일컬어 '기사', 그리고 그들 특유의 이상적 규범을 '기사도'라고 하였다.

기사가 갖추어야 할 이상적 규범은 크게 세 가지로 분류된다. 첫째는 군인으로서의 규범으로 용기, 충성, 관용이며, 둘째는 종교적 규범으로 순종, 정결, 경건이며, 셋째는 사회적 규범으로 예절, 겸손, 친절이다. 그리고 기사들에게 이런 이상적 규범을 갖추도록 하기 위해, 비록 형식화된 학교에서 이루어진 것은 아니라고 하더라도 나름대로 체계를 갖춘 교육이 이루어졌다. 기사교육의 목적은 한마디로 기독교적 무사 양성이다. 경건한 기독교적 신앙에 기초하여 왕에게 충성을 바치고, 약자를 보호하는 기사가 바로 이상적 기사였으며, 그런 기사를 양성하는 것이 교육의 일차적 목적이었다.

기사교육은 그 목적에 따라 일정한 제도적 체계를 갖춘 단계와 내용이 있었다. 제1단계는 가정교육의 단계이다. 출생에서 7세까지의 교육은 모친이나 시녀의 손에 의해 이루어졌으며, 주로 신체단련과 도덕성의 도야 그리고 기초적 신앙심 함양 등에 주안점이 있었다. 제2단계는 시동(page)단계로서, 대략 13~14세까지 친척 기사의 집이나 영주의 저택 혹은 궁정에 들어가 군주나 귀족 혹은 귀부인을 시중들면서 궁정과 귀족의 생활규범을 익혔다. 제3단계는 종자(squire)단계로서, 14~15세에서 20세까지의 시기이다. 이 시기에는 주인으로 모시는 기사를 직접 보필하며 장차 기사가 되기 위한 직접적인 교육을 받았다.

이 기사제도는 십자군원정 시기에 최고로 발달했다가 그 후 점차 쇠퇴하였다. 그러나 기사교육이 인문교육이나 종교교육은 물론 실생활에 필요한 실용적 경험교육을 중시하여 문자 그대로 문무를 겸비한 인간상을 추구했다는 점, 그리고 근대에 신사로 계승되어 유럽인들의 이상적 인간상이요 교육받은 사람의 전형으로 자리 잡았다는 점에서 그 교육사적 의의가 적지 않다.

대학의 성립◀

다음으로 대학의 성립이다. 중세 후반기 가장 두드러진 교육적 특징 중 하나는 대학의 성립과 발흥이다. 중세의 대학은 앞에서 살펴본 수도원학교와 본산학교를 모태로 동방 사라센문화의 유입과 시민사회의 발달 등 여러 요인의 영향을 받아 11세기 말 이후에 성립되기 시작하였다.

대학 발흥 배경◀

이 시기에 대학이 발흥하게 된 배경적 요인은 크게 다음의 네 가지로 설명할 수 있다.

첫째, 학문적 배경이다. 사실 고대시대에도 학문을 연구하고 교수한 제도인 대학이 이미 존재했었다. 그러나 기독교의 초자연주의와 신비주의, 게르만의 침입 등으로 인해 9세기 이전에 소멸해 버렸다. 그 대신 기독교의 수도원과 본산학교가 발달하여 7자유과 등을 중심으로 하는 수준 높은 학문연구와 교수의 전통이 이어져 오고 있었다. 게다가 12세기경 십자군원정 및 상업과 교역의 발달로 타문화와 활발하게 접촉하는 과정에서 이미 대학이 존재하고 있던 동방의 이슬람문화로부터 자극을 받아 현대 대학의 모태가 되는 학교들이 성립되기 시작하였다.

둘째, 의학적 배경이다. 당시 사회가 페스트와 같은 전염병에 시달리고 있었고 더욱이 십자군전쟁으로 부상자들이 속출했기 때문에 의학적 지식과 기술이 절실하게 요구되었다. 이런 사회적 필요에 따라 설립된 대표적 대학이 살레르노(Salerno)대학이다. 이탈리아 남부에 위치한 살레르노는 기후가 온화하고 온천이 많아 원래부터 유명한 요양지였다. 따라서 각처에서 많은 환자가 몰려들게 되었고, 자연스럽게 의학 연구의 필요성이 일찍부터 대두되었다. 이런 필요에 따라 전통적인 그리스 의학과 새로운 사라센 의학(이미 이슬람의 대학들은 의학을 주요 과목으로 다루어 왔었다)을 더욱 심도 있게 연구하게 됨으로써 대학으로 발전하게 되었다.

셋째, 경제적 배경이다. 중세 후반기에 이르러 상업과 무역이 활발하게 이루어지기 시작했고 그로 인해 11세기 이후 점차 시민사회가 성립하게 되었다. 그런데 상업과 무역을 중심으로 하는 시민사회는 단순한 전통적 규율과 관습에 의해 통제되던 중세사회에 비해 훨씬 복잡하고 다양한 사회적 관계로 이루어져 있기 때문에, 그만큼 이해관계도 복잡할 수밖에 없었다. 복잡한 이해관계는 결국 빈번한 분쟁을 낳았고, 경제적 이해를 둘러싼 분쟁을 해결하기 위해 전문적인 법률지식에 대한 연구가 요구되었다. 이런 배경에서 발생한 대학이 바로 법학을 중심으로 발달한 볼로냐(Bologna)대학이다. 전통적으로 상업도시로 유명한 볼로냐에 저명한 법학자 이르네리우스(Irnerius, 1055~1130)가 사숙을 세워 학생들을 가르치면서 볼로냐대학이 시작된 것이다.

넷째, 정치적 배경이다. 당시 대부분의 대학은 황제나 국왕 또는 교황의 인가를 받아 설립되었다. 여러 정치세력은 사회적 명성과 권위를 인정받는 단체나 기관에 각종 특권을 부여하면서 자신의 세력권에 둘 필요가 있었다. 예컨대, 황제 프리드리히 1세(Friedrich I, 1122?~1190)는 1158년에 볼로냐대학을 공인하였고, 13세기 중엽에는 교황도 공인하였다. 황제 루이 7세(Louis Ⅶ, 1120?~1180)는 1180년에, 교황은 1198년에 각각 파리(Paris)대학을 공인하였으며, 황제 프리드리히 2세(Friedrich II, 1194~1250)는 1231년에 살레르노대학을 공인하였다. 이처럼 대학의 발흥은 황제나 교황 등 지배세력의 정치적 이해관계와 밀접하게 관련되어 있다.

이상과 같은 배경에서 성립한 중세사회의 대학은 애초에 정치적 · 종교적 제약을 받지 않는 사설 연구단체 혹은 연구조합에서 출발하였다. 그리하여 그 이름도 슈투디움 게네랄레(Studium Generale), 즉 일반연구소였다. 이때 '일반'이라는 말은 국가와 지방에 관계없이 모든 학생에게 개방되어 있다는 의미이다. 여기에 상공인들의 연합인 조합을 의미하는 '우니베르시타스(Universitas)'가 결합됨으로써 '교수와 학생의 조합(Universitas Magistroroum et Scholarium)'라고 불렸다. 우니베르시타스라는 말은 원래 단순히 선생이나 학생의 조합을 뜻하였다. 이 조합은 12세기 당시

유럽 전역에 걸쳐 두드러지게 나타난 장인들의 조합을 본따서, 선생과 학생의 상호 부조와 보호를 목적으로 조직된 것이다(Boyd and King, 1975 : 138). 이것이 바로 오늘날 종합대학을 의미하는 'university'라는 용어의 기원이 되었다. 그리고 조합구성원인 학생들이 기숙하는 합숙소를 '콜레기움(Collegium)'이라고 했는데, 오늘날 단과대학을 의미하는 'college'는 여기서 유래하였다.

중세 대학의 교육과정은 학교에 따라 차이가 있으나 대략 14세기 중엽에 이르러 학사과정(baccalaureate), 교사자격과정(licence), 교사임용과정(mastership)으로 정착되었다(Boyd and King, 1975 : 147). 또한, 설립 때부터 대학마다 특색 있는 학과를 가졌으나 점차 다른 학과도 개설하였다. 완전한 조직을 갖춘 경우 신학과, 법학과, 의학과 및 그 예과(豫科)로서 문과를 두어 4개 분과로 구성되었다. 문과에서는 7자유과를 중심으로 아리스토텔레스와 심리학, 자연철학, 도덕철학 등을 연구했고, 신학과에서는 페트루스 롬바르두스(P. Lombardus, 1095~1160)의 『명제서(命題書)』 및 성서와 토마스 아퀴나스(T. Aquinas)의 『신학범론(神學汎論)』을 연구하였다. 그리고 법학과에서는 국법으로서의 로마법과 현행법 및 사원법, 그라티아누스(Gratianus)가 1140년 무렵 편찬한 교회법 전집을 주로 배웠다. 의학과에서는 갈레노스(Galenos)나 히포크라테스(Hoppokrates)의 의학서를 위시하여 그리스, 사라센, 유대, 살레르노의 의학서를 공부하였다(한동일, 1985 : 87).

각 학부의 수업연한은 일정하지는 않았으나 대략 4~8년이었으며, 수업방법은 아직 인쇄술이 충분히 발달하지 않아 주로 강의와 토론에 의존하였다.

대학의 특권 ◀

앞에서 말했듯이 각 대학은 황제나 교황에 의해 부여된 여러 특권을 소유하고 있었다. 대표적인 것을 보면 첫째, 교수와 학생은 병역, 세금, 부역이 면제되었다. 둘째, 대학에는 독립된 법정이 설치되어 있어 교회나 국가로부터 치외법권의 특권을 누렸다. 셋째, 학위 수여권이 있었다. 넷째, 교수와 학생은 자유롭게 여행할 수 있는 권리와 신분을 보장받을 권리를 지니고 있었다. 중세 대학의 특권 중 학위 수여권은 오늘날에도 그대로 유지되고 있으며, 다른 특권들도 다소 변형되거나 약화된 형태로 남아있다.

시민교육의 성립 ◀

다음으로 시민교육이다. 시민교육은 대학교육과 더불어 중세 후반기에 나타난 대표적인 교육적 특징이다. 10~13세기경 기독교를 지배이념으로 하는 봉건적 사회체제가 최고조로 발달했지만, 그 이면에서는 오히려 장차 봉건체제를 뿌리부터 와해시키게 될 맹아가 서서히 싹트고 있었다. 즉, 농업생산력과 인구의 증가, 상 · 공업 및 화폐경제의 발달, 도시의 발달 등 봉건체제와는 근본적으로 성격이 다른 현상들이 부분적으로 나타나고 있었다. 게다가 십자군원정을 기폭제로 하여 동 · 서의 교역이 더욱 활발해지고 농노들의 이탈이 가속화되었으며, 남부 이탈리아를 중심으로 자유무역도시가 발달되고 상 · 공업을 통해 부를 축적한 새로운 시민계급이 형성되었다. 그리고 부를 바탕으로 하는 신흥 시민계급은 다양한 상 · 공업조합을 조직하여 자신들의 이익을 보호하는 등 장차 봉건세력을 대체할 수 있는 독자적 세력을 구축해 오고 있었다. 따라서 중세의 종교교육이나 기사교육과는 전혀 다른, 말하자면 생산교육이나 직업교육과 같은 자유시민들의 세속생활에 필요한 새로운 교육이 요구되었다. 이에 따라 후에 역사가들이 시민학교(burgner school) 혹은 도시학교(city school)라고 부르는 학교들이 속속 출현하게 되었다.

시민학교에는 중등 수준의 학교와 초등 수준의 학교가 있었다. 전자는 주로 상류층 자제들이 장차 자유도시의 지도자가 되기 위해 필요한 교양과 자질을 기르도록 하거나 대학을 준비하도록 하기 위한 것이었다. 그리고 후자는 하류층 자제들에게 생산과 직업에 필요한 보통교육을 실시하기 위한 것이었다. 시민학교는 수도원학교나 본산학교 등과 같이 체계적이고 수준 높은 교육과정을 갖지 못하였다. 또 운영형식이나 교육내용으로 볼 때 세속적인 학교임은 틀림없으나 당시 사회가 여전히 기독교의 강력한 영향권하에 있었으므로 종교의 영향으로부터 완전히 탈피했다고 보기 어려운 측면도 있다. 그리고 교육방법은 회초리를 유일한 교구라고 할 만큼 단순한 암송과 비인도적인 체벌에 거의 전적으로 의존하였으며, 교육 여건도 매우 열악하고 비위생적이었다.

▶ 시민교육의 교육사적 의의

그럼에도 불구하고 시민교육과 시민학교는 교육사적으로 매우 중요한 의의를 갖는다. 우선 서양의 역사에 있어서 피지배계급에 속해 있던 사람들이 최초로 자신의 주체적 요구에 의해 학교를 설립하고 자제들을 교육하기 시작했다는 사실 자체에 큰 의의가 있다. 또한, 이때부터 서서히 발달하기 시작한 시민교육이 19세기에 이르러 공교육 및 의무교육제도에 의해 일반화되었고 현대의 초 · 중등교육도 그 연장선상에 놓여있다는 점에서, 중세 후반기의 시민교육은 아직은 발아되지 않은 근 · 현대적 교육의 씨앗과 같다고 평가할 수 있다.

도제교육 ◀

마지막으로 중세 후반기에 상공인 자제들을 위한 비형식교육으로 도제교육이 발달하였다. 당시 상공인들은 대개 직업상의 이익공동체인 조합에 속해 있었는데, 조합을 떠난 개별 상공인은 안정적인 직업생활을 영위할 수 없었다. 특정한 직업에 종사하고자 할 경우 해당 조합에서 규정한 일정한 단계의 훈련을 통해 기술을 습득해야만 가능하였다. 그 단계는 도제(apprentice)단계, 직공(journey man)단계, 장인(master)단계 등 세 단계로 이루어져 있다.

도제단계는 대략 7~8세 정도의 아동이 장인 밑에 들어가 약 7~8년 동안 숙식을 같이하면서 장인의 일을 도우며 기술을 습득하였다. 어느 정도 기술을 습득하고 나면 두 번째 단계인 직공이 되는데, 이 단계에서는 원래의 장인을 떠나 약 3년간 각지 장인의 공장이나 영업소를 다니며 임금을 받고 일을 하며 기술을 습득하였다. 또한, 장인 밑에 속해 있는 도제를 가르치기도 하였다. 이 과정을 거쳐 기술이 완숙되면 장인이 되기 위해 조합에 작품을 출품하여 심사를 받았다. 심사에서 합격하면 조합에서 주관하는 의식을 치르고 완전한 장인으로 인정받으며, 이때부터 자신의 독립적인 공장이나 점포를 차리고 도제를 거느리며 직업생활에 임하였다.

이 도제교육은 19세기 근대학교의 출현과 더불어 그 기능을 학교에 이양하게 되면서 급격히 쇠퇴하였다. 그러나 도제교육은 교회로부터 완전히 분리되어 세속적 조합에 의해 이루어진 실생활교육으로서, 이후 유럽의 근대적 산업발전에 기여한 바가 적지 않다. 또 오늘날 유럽에 수공업 분야뿐만 아니라 교육과 학문연구 분야에서조차 도제적 성격이 강하게 남아있는 것도 이 도제교육의 영향과 무관하지 않다.

CHAPTER 02

근대사회의 교육(Ⅰ)

01 문예부흥기의 교육

1) 시대적 배경

▶ 문예부흥운동의 정의와 사회적 배경

문예부흥이라고 번역되는 르네상스(Renaissance)는 원래 재생, 부활을 의미하는 것으로 프랑스어 'renaître(재생하다, 소생하다)'에서 유래되었다.[8] 이것은 좁게 보면 고대 그리스 · 로마의 고전을 재생하는 것을 의미한다. 그러나 넓게 보면 문학, 철학, 미술, 음악 등의 문예를 포함하여 과학, 경제, 정치, 사회 등 인간생활 전반에 걸쳐 중세사회의 속박으로부터 벗어나려는 14~16세기의 인간해방운동, 사회개혁운동을 의미한다.

역사 발전과정 전반을 보면, 어떤 특정한 문화형태가 고정되어 버리기도 하지만, 조만간 그것을 타개하고 변혁하려는 움직임이 나타난다. 그리하여 더 발전된 문화가 창조된다. 근대문화의 여명인 문예부흥운동도 고정되어 버린 중세 기독교 문화

---

8) '르네상스'라는 용어를 역사적 개념으로 처음 사용한 것은 프랑스의 역사학자 미슐레(J. Michelet, 1788~1874)이다. 그는 『프랑스사』에서 이탈리아를 중심으로 전개된 고대 그리스 · 로마문예의 부흥을 의미하는 용어로 처음 사용하였다. 이것을 차용하여 스위스 역사학자 부르크하르트(J. Burchhart, 1818~1897)가 『이탈리아 문예부흥기의 문화』에서 14~16세기 유럽에 나타난 그리스 · 로마문예의 부흥운동을 지칭하는 보편적 개념으로 사용하기 시작하였다(한규원 · 이항재, 1996 : 79-80).

를 개혁하려는 욕구에서 시작되었다. 기독교도 출현 당시에는 인간 내면에 대한 순수하고 진지한 성찰과 정체된 사회에 대한 혁신적 열정이 있었다. 즉, 초기 기독교는 유대의 전통세력인 파리사이(Parisaios)파의 외형주의, 형식주의, 법률주의에 저항하였고, 쇠락하는 로마사회에 양심의 각성을 촉구하였으며, 야만적인 게르만 민족을 신앙과 예법으로 세련시켰다.

그러나 창조와 혁신을 추구했던 기독교도 정신과 세속의 양 영역에서 지배적인 세력으로 성장하자, 고정된 사상과 제도로 기성의 문화와 체제를 고수하려는 보수적 입장으로 전환되어 버렸다. 로마교황청을 중심으로 철저한 교회제도망을 조직하여 강대한 세력을 구축함으로써 성직자는 물론 일반인들의 일상생활까지도 철저히 규제하고 속박하였다. 다른 한편으로 교부철학과 스콜라철학이 기독교 교리를 체계화하면서, 일상의 세계관과 인생관 일체를 신성불가침의 종교 아래에 두고, 그것을 조직적으로 주입하였다. 그 과정에서 그리스·로마의 고전마저도 '신학의 노예'가 되어 기독교 이론에 필요한 만큼만 채용되었다. 교황이 종종 칙서를 통해 일상생활의 규범을 제시했는가 하면 과학자의 주장과 이론을 교회의 견해와 모순된다는 이유로 가혹한 박해를 가하기도 하였다.

문예부흥기의 진보적 사상가들은 외적으로 기독교의 권위와 중압에 대해 인간적 반항을 함과 동시에 내적으로는 자아의 발견을 시도하였다. 이들의 눈에 중세의 기독교 문화는 자아의 요구를 억압하고 인간 본연의 천성을 죄악시하며 세속의 욕망을 억제하고 인고를 강요하였다. 이들은 그런 기독교에 대항하면서 인간 본연의 천성을 아름답게 보고 현세적 가치를 중시하며 명랑한 생활 가운데서 진실한 행복을 누려야 한다고 생각하였다. 그리하여 이들은 인간본위, 현세주의의 사상과 생활을 고대문예의 근본정신으로 인식하고, 그에 공감하고 동경하며 그 부흥을 열망했던 것이다(한동일, 1985:92-93).

문예부흥운동의 성격 ◀

요컨대 문예부흥운동은 봉건적이며 기독교적인 윤리 및 습속, 제도에 반항하고 인간의 자유를 구가하며 비기독교적인 문화를 동경하고 현세의 행복을 최고의 목표로 추구하였다. 이것은 기독교적 이데올로기에서 벗어나 인간의 새로운 발견을 위한 시도였으며, 인간을 중심으로 세계를 이해하고 해석하려는 휴머니즘이었다. 즉,

신본주의에서 인본주의로, 내세주의에서 현세주의로, 금욕주의에서 자연주의로, 권위주의에서 이성주의로, 억압주의에서 자유주의로, 교회 중심에서 개인 중심으로 전환하려는 운동이었다.

▶ 문예부흥운동의 발생 요인

문예부흥운동을 태동시킨 요인은 크게 내적 요인과 외적 요인으로 구분할 수 있다. 먼저 내적 요인으로 단테(A. Dante, 1265~1321), 페트라르카(F. Pertarca, 1304~1374), 보카치오(G. Boccaccio, 1313~1375) 등과 같은 선각자들의 사상을 들 수 있다. 단테는 중세적 특성과 근대적 특성을 동시에 지니고 있어 중세와 근대를 연결해 주는 가교였다. 그는 당시 사회의 부패와 귀족이나 교회지도자들의 죄를 인간적인 눈으로 비판하였다. 중세적 세계관과 문화를 인정하면서도 다른 한편에서 고대를 동경하고 인간의 성정을 예찬함으로써 개인과 시민으로서의 인간의 가치를 더 강조하였다. 문예부흥운동의 최대 공헌자라고 할 만한 페트라르카는 당시의 지배적인 사상이던 스콜라철학과 아리스토텔레스주의를 강력하게 비판하고 고전에 대한 흥미와 관심을 각성시키고자 하였다. 그 예로 최초의 근대시집인 『서정시집』을 통해 중세적 인간상에서 벗어난 새로운 근대적 인간상을 제시하고 있다. 또한, 보카치오는 불후의 명작인 『데카메론』을 통해 중세 기독교의 위선과 부패를 비유적으로 비판하고, 인간의 자연적 성정을 중세적 억압으로부터 해방시키려고 하였다. 또 그는 라틴어고전을 부활시키는가 하면 도서관을 세우는 등 문예부흥운동의 선구자적 역할을 수행하였다.

다음으로 문예부흥운동을 촉발시킨 외적 요인을 살펴보면 다음과 같다.

첫째, 십자군원정의 실패이다. 중세 말기 도시발달, 산업발달, 시민계급 형성, 봉건제도 붕괴 등의 현상으로 중세적 인생관의 한계가 드러났고, 이는 곧 인간과 자아를 발견하고 해방하려는 욕구로 이어졌다.

둘째, 스콜라철학이 내부로부터 붕괴되는 현상이다. 철학을 신학의 노예로 한 스콜라철학에서 철학상의 진리는 신학상의 진리가 될 수 있으나, 신학상의 진리는 철학상의 진리가 될 수 없다는 모순에서 벗어나지 못해 급기야 새로운 사상을 요구하게 되었다.

셋째, 동로마제국의 멸망으로 비잔틴(Byzantine)학자들이 대거 이탈리아로 망명하면서 그리스 학문과 예술을 가져왔다. 이는 인간적 욕구로 목말라하던 유럽인들을 지적으로 강렬하게 자극하였다.

넷째, 인쇄술의 발달이다. 구텐베르크(J. Gutenberg, 1397~1468)에 의한 금속활자 인쇄술의 발견은 서적을 많이 보급하게 됨으로써 문예부흥운동의 전파가 가능하게 되었다.

다섯째, 지리상의 발견이다. 새로운 대륙의 발견은 인간의 우주관과 세계관을 변혁시켰다. 예를 들어, 마르코 폴로(M. Polo, 1254~1323)의 인도와 중국 원정, 콜럼버스(C. Columbus, 1336~1506)의 아메리카 신대륙의 발견, 마젤란(F. Magellan, 1480~1521)의 세계일주 등은 새로운 우주관을 형성하는 데 큰 계기가 되었다(윤완, 2003:268-269).

문예부흥운동의 발전

문예부흥운동은 주로 피렌체(Firenze), 베네치아(Venezia), 제노바(Genova), 밀라노(Milano) 등 남부 유럽 이탈리아의 여러 도시에서 시작되었다. 이 도시들은 14세기 후반 십자군원정 이후 신흥 상인계급의 대두로 부가 증대되고 발전했던 곳이었다. 그리고 15세기 후반에는 알프스 산맥 북쪽의 네덜란드, 프랑스, 독일 등 북유럽으로 점차 확산되어 나갔다. 이탈리아의 초기 문예부흥운동은 개인주의적 색채가 짙어, 당시 이탈리아인들은 고전문학을 통해 주로 자신의 개인적 교양을 높이고 개성을 발달시키고자 하였다. 그리하여 자유로운 개인적 성정의 만족을 지나치게 추구하여 종종 무절제한 방종에 빠지기도 하였다. 그러나 북유럽의 후기 문예부흥운동은 초기와 달리 진정한 자아해방과 자유롭고 참신한 문화건설운동으로 발전하게 되었다. 즉, 문예부흥운동이 알프스를 넘어 북유럽에 전파되고 나서 그리스·로마 문예의 연구에서 만족하지 않고, 그리스 및 헤브라이 원전을 참고하여 신·구약성서를 성실히 연구하고자 하였다. 그 결과 기독교의 왜곡된 정신과 태도를 배격하고 그 본래의 정신에 충실을 기하려는 경향이 형성되었다. 따라서 북유럽의 문예부흥운동은 개인의 향락적·자기 충족적 경향에서 벗어나 사회와 민중의 진실한 생활원리를 파악하고 고양하려고 하는 종교적·도덕적인 사회운동으로 발전하였다. 그리고 이런 경향은 마침내 종교개혁운동으로까지 이어지게 되었다(장찬익·노진호·이주한, 2005:132).

2) 인문주의 교육

▶ 인문주의 교육의 정의

문예부흥운동은 교육 부문에서 곧 인문주의 교육운동으로 나타났다. 인문주의 교육이란 중세의 스콜라주의에서 벗어나 인간성을 회복하려는 근대 초기의 새로운 교육경향을 가리키는 말이다. 스콜라주의는 교육의 목적을 영혼의 구원과 내세에 대한 준비에 두었고, 교육내용의 중심은 신학과 신학적 논의를 뒷받침하기 위한 논리학에 두었다. 이는 현실 생활의 필요를 충족하기 위한 교육이라기보다 성직자를 양성하거나 신앙생활을 위한 것으로서 한마디로 신중심주의 교육이었다. 스콜라주의 교육은 당연히 문예부흥기의 새로운 시대정신에 맞지 않았다. 현세의 삶을 긍정하고 보다 인간다운 새로운 삶을 이상으로 추구하는 사람들은 고전작품을 통해서 접하게 된 고대 자유인의 삶의 모습에서 그것을 발견하였다. 그것은 각 개인이 자율성과 주도성을 갖고 자기 삶의 주인이 되는 것을 말한다. 이들은 고대 로마의 교육적 전통 속에서 인간이 중심이 되는 교육을 찾아 복원함으로써 자신들이 고전 속에서 재발견한 새로운 삶의 이상을 실현하고자 하였다. 이것이 곧 인문주의 교육이다(신차균 외, 2006:202).

▶ 인문주의 교육의 유형

문예부흥기에 전개된 인문주의 교육은 크게 개인적 인문주의(individual humanism)와 사회적 인문주의(social humanism) 두 유형으로 구분된다. 전자는 문예부흥기 초반에 주로 이탈리아에서 일어난 인문주의 교육을 지칭하며, 후자는 후반에 북유럽에서 일어난 인문주의 교육을 지칭한다.

(1) 개인적 인문주의 교육

▶ 개인적 인문주의의 교육목적

개인적 인문주의는 이탈리아 문예부흥운동의 특성에 따라 개인의 교양과 자유, 그리고 개인의 풍요로운 삶을 중시하는 반면, 도덕적 · 종교적 · 사회적 측면은 상대적으로 경시하였다. 개인적 인문주의의 교육목적을 살펴보면 다음과 같다.

첫째, 개인적 인문주의 교육의 일차적 목적은 개인의 교양 함양과 사고의 자유, 자기표현 및 창조적 활동의 자유에 있었다. 중세사회에서는 모든 활동이 기독교의 기준에 따라 규제되고 억압되었기 때문에 기독교적 이념에 벗어난 개인의 교양은 무가치한 것이었고 사고의 자유나 창작활동의 자유도 보장되지 않았다. 그러나 문예부흥운동의 근본적 기조는 고대의 고전에 나타난 아름답고 자유롭고 존엄한 인간성을 회복하는 것이므로 사고와 창작활동의 자유가 강조될 수밖에 없었다. 개인교양과 자유를 중시하는 교육은 현대교육의 기본이 되기도 한다.

둘째, 지성, 육체, 덕성의 조화로운 발달을 도모했던 그리스인들의 자유교육을 추구하였다. 파두아(Padova)대학의 교수였던 파올로 베르제리오(P. Vergerio, 1349~1420)는 『교육론』에서 "우리는 자유인에 합당한 교육을 자유교육이라고 한다. 그것은 그로써 덕과 지혜를 획득하여 실천하는 교양이다. 그리하여, 심신의 최고 천부적 능력을 일깨우고 훈련하고 발전시켜 인간을 고상하게 하며, 그 존엄성에 있어서 최고의 위치를 차지하게 하는 교육을 자유교육이라고 부른다."(한동일, 1985 : 99)라고 말한 바 있다. 이런 생각에서 근대인들은 지적 교양뿐만 아니라 체육에도 능통하고 훌륭한 도덕적 품성을 갖춘 인간의 양성을 목적으로 삼았다. 소위 '건전한 신체에 건전한 정신'이라는 말도 지 · 덕 · 체가 조화된 원만한 인격을 강조한 것이다.

셋째, 개성의 신장을 목적으로 하였다. 문예부흥은 본질적으로 인간성을 속박하던 중세적 굴레에서 벗어나 각자의 개성을 자유롭게 발현시킴으로써 인간정신을 해방시키려는 인간해방운동이다. 따라서 개인의 능력과 성격 혹은 욕망 등은 억제하고 통제해야 할 악한 것이 아니라 마음껏 드러내야 할 자연스럽고 선한 것이다. 그리하여 근대인들은 고대 아테네의 개성의 발현과 자아실현으로 회귀하고자 하였다.

개인적 인문주의의 교육내용 ◀

인문주의 교육의 이런 목적은 필연적으로 중세의 종교적 편협성으로부터 탈피한 다양하고 풍부한 교육내용을 요구하였다.

첫째, 중세의 학문과 교육을 지배했던 신학 대신에 인문과학과 자연과학을 아우르는 다양한 과목이 교육내용으로 도입되었다. 그리스 · 로마의 고전문학과 라틴어는 물론 7자유과 중 문법, 수사학, 수학 등을 가르쳤다.

둘째, 중세는 신체적 측면을 철저히 억압한 반면 인문주의 교육은 신체의 건강과 단련 등 신체적 요소를 강조하였다. 그 결과 체육이 교육내용으로 중시되었다.

셋째, 심미적 요소 또한 주요한 교육내용으로 자리 잡았다. 금욕주의로 인해 전적으로 배제되었던 중세와 달리, 시, 음악, 미술, 무용 등 다양한 예술 과목이 도입되었다.

회화, 조각, 건축, 음악 등 예술 분야뿐만 아니라 시, 수학, 물리학, 해부학 등 문학과 자연과학에도 두루 능통했던 레오나르도 다 빈치(L. da Vinci, 1452~1519)나 미켈란젤로(Michelangelo di L. B., 1475~1564) 등과 같은 걸출한 인물들이 이 시기에 배출될 수 있었던 것도 바로 이런 다양한 교육내용의 영향이었다.

▶ 개인적 인문주의의 교육방법

교육목적과 교육내용의 변화에 따라 교육방법도 더 다양해지고 인간적인 방향으로 변화되었다.

첫째, 중세와는 달리 교과서나 문헌 등이 학습경험의 주요한 자원이 되었다. 이는 인쇄술의 발명에 따라 도서의 보급이 더 용이해졌기 때문이었다.

둘째, 중세의 학교에서 사용하던 구두(口頭) 논의 대신 논문을 쓰게 하였으며, 그리스어, 라틴어를 산(living) 언어로 취급하였다.

셋째, 중세의 억압과 체벌 대신에 개성과 흥미를 중시하였다. 앞서 말한 베르제리오는 학습에서 개인차가 있음에 유의하여 개성을 존중하고 심신을 조화롭게 발달시켜야 한다고 주장하였다. 그리고 베지오(M. Vegio, 1406~1458)는 체벌을 비판하고 명예심의 각성과 이용을 역설하였다. 또 비토리노(Vittorino da F., 1378~1446)는 아동의 요구와 능력에 맞는 자유교육을 중시하고 육체와 정신을 조화롭게 발달시키기 위한 활동과 유희를 강조하였다. 구아리노(B. Guarino, 1374~1460) 역시 1459년에 저술한 『교수 및 학습의 형태와 순서』에서 교사 자신의 교양을 강조하고 체벌보다는 경쟁심을 자극할 것을 주장하였다.

▶ 개인적 인문주의 교육의 변질

그러나 개인적 인문주의가 발달해 갈수록 로마시대의 대표적 문장가요 웅변가인 키케로의 문체를 작문의 모범으로 지나치게 추켜세우는 경향이 나타나기 시작하였다. 이를테면, 비토리노는 키케로의 편지와 수사학적 저작을 완벽한 라틴문학의 표본으로 여겨, "절대로 키케로에서 벗어나지 말라."라고 젊은 학자들에게 격률처럼 가르쳤다(Boyd and King, 1975 : 168). 이런 경향은, 특히 15세기 말에 이르러 더욱 두드러져 키케로에 나오지 않는 단어나 어구를 전적으로 배제하고 그의 문체와 형식을 학문의 유일한 관심사로 삼게 되었다. 이렇게 키케로의 문장 형식만을 극단적으로 중시하고 맹목적으로 추종하는 경향을 키케로주의(ciceronianism)라고 한다.

키케로주의의 교육목적은 오직 완전한 라틴어 문법을 배우는 것이었다. 키케로주의자들은 라틴어 문법의 완전한 전형은 키케로의 문장에 이미 구현되어 있다고 확신하였다. 그리하여 학교의 모든 교육과정을 키케로의 작품을 연구하는 것에 한정하였다. 교육의 방법도 철저히 키케로의 문장형식을 모방하고 암기하며 반복하는 것으로 제한하였다.

사회적 인문주의의 대표자인 에라스뮈스(D. Erasmus, 1464~1536)는 키케로주의에 대해 "순수한 라틴어에 집착해 보았자 사람들을 독립적 사고로 이끄는 것보다는 오히려 형식에 사로잡히도록 만든다. 키케로의 라틴어로는 기독교 복음조차도 해석할 수 없다. 왜냐하면, 키케로 자신도 결국 기독교 복음을 알고 있지 못했기 때문이다."라고 비난하였다(Ulich, 1952 : 51). 또 정통한 서양교육사가인 보이드(W. Boyd)도 키케로주의의 극단적 편협성과 관련하여 "고대 문학에 대한 사랑을 통하여 중세의 질곡으로부터 인간의 마음을 해방시키려고 했던 약속의 시대는 지나가고, 그 영향하에서 새롭게 창조되었던 학교가 이제는 문학적 규칙과 형식이라는 무미건조한 부담을 안게 되리라는 불길한 조짐이 나타났다."라고 비판하였다(Boyd and King, 1975 : 168).

(2) 사회적 인문주의 교육

사회적 인문주의의 교육목적 ◀

이탈리아의 인문주의가 독일, 프랑스, 네덜란드 등 북유럽으로 확산되면서 초기와 달리 교육에서 종교, 도덕, 사회 등을 강조하는 경향으로 변화되었다. 이런 인문주의 경향을 사회적 인문주의라고 한다. 인문주의가 15~16세기에 북유럽에서 전파된 것은 당시 인문주의가 한창 유행이던 이탈리아에 유학한 북구 학자들의 영향에 의해서였다.[9] 특히, 인문주의가 북구에서 널리 확산된 데에는 1376년에 창설된 공

---

9) 그중에서도 로이힐린(J. Reuchlin, 1455~1522)이 대표적인 인물이었다. 그는 독일의 인문학자로서 그리스어, 라틴어, 헤브라이어 등 폭넓은 언어적 소양을 갖추고 있었으며, 인문주의와 헤브라이어를 독일에 도입하는 데 크게 기여하였다.

동생활형제단(Hieronymians)의 역할이 크게 작용하였다. 이 단체는 경건한 마음과 인도주의 정신에 따라 빈곤하고 무지한 하류계급의 교육에 헌신하였다. 또한, 인문학을 학교에 도입했을 뿐만 아니라, 여러 학교를 하나의 체제로 운영하는 방식을 창안하여 서로 다른 학교들이 동일한 정신과 방법에 따르도록 지도하기도 하였다. 그리하여 이 단체는 인문주의가 북유럽으로 확산되는 데 크게 기여하였다. 북구 문예부흥을 이끈 대표적 인문주의자인 아그리코라(R. Agricola, 1434~1485), 빔펠링(J. Wimpfeling, 1450~1528), 에라스뮈스(D. Erasmus, 1466~1536) 등도 이 단체의 활동으로부터 적지 않게 영향을 받은 사람들이다.

사회적 인문주의에서 추구했던 교육의 목적은 첫째, 개인의 자유와 교양 함양이 아닌 사회개혁과 인간관계의 개선에 있었다. 예컨대, 빔펠링은 "세계의 모든 서적, 즉 가장 학술적인 서적, 가장 철저한 연구가 저자의 허영에만 봉사해서 인류의 선을 발전시키지 않고 또 발전시킬 수 없다면 무슨 필요가 있겠는가?"(Wilds, 1959 : 264) 라고 역설하였다. 이는 학문과 교육이 인류사회의 개혁에 이바지해야 한다는 주장이다.

둘째, 사회적 인문주의는 객관적 · 사회적 · 종교적 · 도덕적 교육을 중시하였다. 예를 들어, 아그리코라는 사회적 · 도덕적 행위의 실천을 교육목적으로 삼았으며, 빌펠링은 교육의 목적이 아동의 선성의 육성과 악성의 제거에 있다고 하였다. 또 에라스뮈스는 생활습관보다는 학문과 도덕을, 학문과 도덕보다는 경건을 더 중시하였다.

사회적 인문주의자들은 사회개혁과 인간관계의 개선, 종교적 심성과 도덕성을 중시했기 때문에 당연히 당시의 종교적 부패에 대해 비판적 입장을 취할 수밖에 없었다. 이들의 문제의식은 나중에 종교개혁을 불러일으키는 근본적 동인으로 작용하였다. 마르틴 루터(M. Luther, 1483~1546)가 1517년 비텐베르크(Wittenberg) 성당에 95개 조항의 반박문을 내건 조그마한 소요를 대대적인 종교개혁으로 발전시킨 진정한 주체도 사실은 로이힐린, 빔펠링, 에라스뮈스 등을 비롯한 북구 인문주의자들이었다(박준철, 2001 : 13).

사회적 인문주의의 교육내용

사회적 인문주의에서 강조했던 교육의 내용도 개인적 인문주의와는 사뭇 달랐다. 사회적 인문주의의 교육내용의 특징을 보면 첫째, 고전과 성서문학의 결합을 꾀했다는 점이다. 에라스뮈스는 기독교의 순수한 정신은 궁극적으로 고대인의 인생철학과 일치한다고 보고 신앙과 이성을 조화시키고자 했으며, 그 연장선에서 그리스어 성경을 라틴어로 번역했는가 하면 교부들의 저서에 대한 해설서를 만들어 학교에서 가르치기도 하였다.

둘째, 사회적 인문주의자들은 교육내용으로 어학을 중시했는데, 특히 라틴어, 그리스어, 헤브라이어가 중시되었다. 앞서 말했듯이 로이힐린은 헤브라이어를 독일에 소개했고, 에라스뮈스는 파리, 옥스퍼드 및 이탈리아에서 고전어 학습에 열중하고 이후 그리스어 및 라틴어 고전을 간행하기도 하였다. 또 공동생활형제단이 리에쥬(Liege)에 설립한 한 학교는 단계별로 각각의 교육내용 프로그램으로 구성된 여덟 개의 반으로 운영되었다. 그 학교에서 근무한 바 있는 슈투름(J. Sturm, 1507~1589)의 보고에 따르면, 1년 차에는 초보문법, 2년 차에는 쉬운 글을 모아 놓은 선집, 3년 차에는 쉽게 고쳐 쓴 산문작가의 작품과 라틴 산문, 4년 차에는 역사가의 저작과 초급 그리스어를 가르쳤다. 그리고 5년 차에는 고급 그리스어, 논리학, 수사학, 산문, 6년 차에는 그리스 문학과 작문, 고급 논리학, 수사학, 7년 차에는 유클리드 기하학, 로마법, 아리스토텔레스와 플라톤, 8년차에는 신학과 변증법을 가르쳤다. 여기에서도 그리스어와 라틴어 등 어학교육이 매우 강조되고 있음을 알 수 있다(Boyd and King, 1975 : 172). 이 외에 역사, 지리, 과학, 체육, 음악, 미술 등도 가볍게나마 취급하였다.

사회적 인문주의의 교육방법

마지막으로 교육방법상의 특징을 보면 첫째, 학습자의 흥미와 능력을 중히 여겼다. 아그리코라는 학습의 내용과 범위를 아동의 능력에 기초하여 결정해야 한다고 주장하였다. 그리고 에라스뮈스 역시 교육의 종류와 수준은 어떤 외적 조건에 의해서가 아니라 아동 자신의 능력에 의해서 결정되어야 한다고 보았다. 특히, 그는 태아교육, 유아교육, 가정교육의 중요성을 역설하고 체벌 대신에 애정에 따른 교육, 개인차와 능력에 따른 개별교육, 일상적 용어의 활용, 학습의 흥미를 제고하기 위한 유희적 방법의 활용 등 상당히 진보적인 교육방법을 제시하였다.

둘째, 어학교육에 있어 이중번역 방법을 중시하였다. 즉, 라틴어를 모국어로 번역하고 다시 모국어를 라틴어로 번역하도록 하였다.

셋째, 연습과 반복의 방법을 강조하는 한편 학습의 순서를 체계화하였다. 예를 들어, 학습한 내용을 분명하게 이해한 후 연습하고 그다음에 기억하며, 기억한 것은 다시 반복 연습을 통해 생활에 응용하고 활용하도록 하였다. 그리고 학습을 이미 알고 있는 쉬운 것으로부터 아직 알지 못하는 어려운 것으로 점차적으로 확대해 나가도록 하기도 하였다.

이상에서 살펴본 개인적 인문주의와 사회적 인문주의의 교육적 특징을 간략하게 비교・요약하면 다음과 같다(장찬익・노진호・이주한, 2005:134-135).

첫째, 개인적 인문주의 교육은 도덕과 종교를 경시하고 미적・문학적 교육을 중시했으나 사회적 인문주의 교육은 도덕과 종교를 중시하였다.

둘째, 개인적 인문주의 교육은 귀족적 경향을 갖고 있었으나 사회적 인문주의 교육은 민주주의 사상을 갖고 있었다.

셋째, 개인적 인문주의 교육은 개인주의, 자연주의를 부활시켰으나 사회적 인문주의 교육은 사회적・도덕적・대중적 개혁과 진보에 더 많은 노력을 기울였다.

02 종교개혁기의 교육

1) 시대적 배경

▶ 종교개혁의 발생배경과 성격

종교개혁은 중세 말 및 근세 초 유럽사회의 총체적인 근대화과정과 그 맥락을 같이 한다. 이미 중세 말부터 인간성 회복을 지향하는 움직임들이 나타나기 시작했으며, 그에 따라 교회는 경제적・정치적・이념적으로 많은 도전을 받게 되고 그 권위가 계속 실추되어 갔다. 예를 들어, 정치적으로 세속적인 지배세력인 국왕을 중심으로 하는 중앙집권적 통일국가가 서서히 성립되기 시작하여 교황의 절대적 지배권력을 견제하게 되었다. 경제적으로는 상공업을 근간으로 하는 새로운 시민계층이 형성되고 자유상업도시가 발달하여 교회의 사회경제적 기반이었던 봉건제도를 지속적으로 와해시켜 갔다. 또한, 이념적으로 르네상스의 인문주의는 기독교적 지배이데올로기의 허구성을 더욱 여실히 드러내 주었다. 그리고 십자군원정의 실패, 흑사병의 창궐, 새로운 지리상의 발견 그리고 여러 과학적 발달 등도 기독교와 봉건질서의 붕괴 및 세속화에 큰 영향을 주었다. 이처럼 중세 말 및 근세 초기는 교황을 중심으로 하는 당시 기독교 세력이 총체적인 영역에서 그 기운을 다하고 역사의 뒤편으로 물러날 운명에 처해 있었던 때였다.

따라서 종교개혁은 단순히 종교영역에서 발생한 독립적 교회개혁운동이 아니라, 신과 교회 및 내세주의에 입각한 전근대적 봉건사회가 인간과 현세적 삶을 중시하는 새로운 근대사회로 전환되는 도도한 역사적 흐름 속에서 나타난 사회개혁운동이다. 그러므로 인간의 재생 및 해방을 추구한 이탈리아의 개인적 인문주의가 북유럽에서 사회적 인문주의로 발달하고, 이 사회적 인문주의가 다시 종교 및 사회생활 전반에 걸쳐 꽃 피우면서 나타나게 된 것이 바로 종교개혁이다. 따라서 북구 르네상스의 사회적 인문주의는 종교개혁으로 완성되었다고 할 수 있다(Wilds, 1959 : 279).

문예부흥운동과 종교개혁운동의 관계 ◀

양자가 본질적으로 이런 공통적 성격을 기반으로 하고 있으면서도 문예부흥운동이 그리스 · 로마의 문예를 부흥함으로써 새로운 인간을 형성하고자 했다면, 종교개혁은 성서에 복귀함으로써 새로운 사회를 건설하고 도덕과 종교를 개혁하려고 했다는 점에서 차이가 있다. 문예부흥이 개인주의적 · 자기중심적이었던 반면 종교개혁은 사회적 · 공동체적이었다는 점에서도 다르다. 즉, 문예부흥은 동방무역에 성공한 상업자본가 계급을 기반으로 일어난 운동으로서 주로 심미적 가치를 동경하고, 개인적 · 귀족적 교양과 세속적 명예를 추구하며, 그런 경향으로 인해 종종 향락과 방종에 빠지기도 하였다. 이에 비해 종교개혁은 농업, 광업, 목축, 임업 및 그 산물을 취급하는 상업 등 비교적 견실한 생업에 종사하는 서민계급을 기반으로 일어난 운동으로서, 개인적으로 순수함과 진실한 신앙을 추구함과 동시에 로마 가톨릭교회의 세속화와 타락에 반항하였다.

하나의 근본정신이 상이한 특징을 지니면서 문예부흥과 종교개혁으로 전개된 이유는 알프스 산맥을 중심으로 남북이 역사적으로 서로 다른 배경을 가지고 있었기 때문이었다. 즉, 이탈리아를 중심으로 하는 남부 유럽 사람들은 그리스 말기부터 로마제국에 이르기까지 세계주의적 분위기 속에서 실제로는 개인적 소양을 길러왔다. 그들의 문화는 직접적으로 그리스 · 로마의 고전문화에서 연원하며, 그 기반 위에 축적된 문화를 향유하고 있었다. 이에 비해 북부 유럽인은 그런 오랜 문화적 기반이 거의 없는 대신 집단적 이주와 생활로 사회성, 단결심이 길러져 왔으며, 기독교의 교화를 통해서야 비로소 문화다운 문화가 형성되게 되었다. 이런 사회적 · 문화적 배경 때문에 자아를 발견하고 인간 본연의 욕구에 눈을 돌려 자기의 생활과 사상을 반성하는 과정에서 전자는 고전문화에, 후자는 기독교에 관심을 집중하게 되었다(한동일, 1985 : 115-116).

▶ 종교개혁운동의 전개

종교개혁에 직접적인 불씨를 댕긴 것은 마르틴 루터가 95개조의 항의문을 발표한 사건이었다. 그러나 사실은 이미 13세기경부터 신앙과 성서를 강조하는 사상과 그에 따라 타락한 교회를 개혁하려는 노력이 전개되어 왔었다. 예를 들어, 위클리프(John Wiclif, 1324~1384)는 영국이 정치적 · 종교적으로 로마교황청의 지배로부터 독립할 것, 질이 낮은 성직자로부터 영토와 권한을 박탈할 것, 신앙의 기초를 교회의 교리가 아닌 성서에 둘 것 등을 주장하고, 성경을 영어로 번역하였다. 또 위클리프의 개혁정신에 공감했던 프라그(Prague)대학의 총장 후스(J. Huss, 1369~1415)는 교황 및 주교 그리고 당시 교회를 성서에 반하는 존재로 규정하였다. 나아가 교황 요하네스 23세(Johannes XXIII)의 면죄부 판매행위를 악마의 소행이라고 비판했다가 끝내 이단으로 몰려 화형을 당하였다. 비록 이들의 교회개혁 노력은 시대적 분위기의 미성숙으로 실패로 돌아가고 말았으나, 16세기에 이르러 대대적으로 전개된 종교개혁운동은 이들의 문제의식과 노력에 힘입은 바가 결코 적지 않다.

당시의 교황 레오 10세(Leo X)는 베드로(St. Peter) 성당을 증 · 개축하는 데 필요한 막대한 자금을 조달하기 위해 면죄부를 판매하였다. 그러자 인문주의적 사상을 지닌 루터가 이에 격분하여 1517년 10월 31일 비텐베르크대학 성당 정문에 95개조의 항의문[10]을 게시하였다.

루터의 사상은 한마디로 인간의 구원은 교황이나 교회 혹은 성직자의 권위에 의해서가 아니라, 성서에 기초한 참된 신앙에 의해서만 이루어질 수 있다는 신앙주의와 성서주의였다. 사실 루터의 항의문 발표는 교회의 경제적 부패와 부정을 개인의 양심에 기초한 순수한 신앙의 이름으로 비판하고자 한 것이었다. 그러나 그의 의도와는 달리 채 2주가 지나기도 전에 독일 전역으로 그 파문이 마치 요원의 불길처럼 확산되어 나갔다. 이는 당시 민중들 사이에 교회의 세속화와 도덕적 타락, 경제적 부패 및 착취 등 종교적 모순에 대한 비판정신과 개혁의식이 이미 성숙되어 있었기 때문이었다. 더욱이 루터의 항의문은 독일을 벗어나 스위스의 츠빙글리(Zwingli, 1484~1531) 및 프랑스의 칼뱅(Calvin, 1509~1564), 스코틀랜드(Scotland)의 녹스(J. Knox, 1505~1572) 등 전 유럽의 종교지도자 및 지식인 그리고 일반 민중의 적극적인 지지를 얻었다. 그리하여 단순히 교회개혁에 그치지 않고 사회 전반의 개혁운동으로 폭발적으로 발전되어 나갔다. 츠빙글리는 면죄부를 판매하는 등 성서에 기초하지 않는 가톨릭교회의 신앙행태를 비판하고 성서적 신앙과 행동적 규범에 따르는 복음주의를 제창하였다. 또한, 칼뱅은 1536년에 『기독교 강요』를 발간함으로써 가톨릭교회의 조직과 교리와는 완전히 다른 새로운 교리의 토대를 마련하고 인간의 구원은 태초부터 신에 의해 예정되어 있다는 예정설을 주창하였다. 그리고 생산노동과 직업의 중요성과 신성함을 강조함으로써 이후 서양 자본주의의 발달에 이념적

---

10) 95개조 항의문의 주요 조항을 살펴보면 다음과 같다.

제1조: 우리의 주 예수 그리스도는 "회개하라. 천국이 가까이 왔느니라."라고 말하고 있다. 그가 바라는 것은 성도들의 삶 전체가 회개로 일관되어야 한다는 것이다.

제21조: 교황이 발부한 면죄부로 사람이 모든 벌에서 해방된다는 면죄부설을 주장하는 목사는 오류를 범하고 있다.

제22조: 교황은 연옥에 있는 영혼들에게 교회의 법규에 의해 현세에서 치렀어야 할 벌을 면죄해 줄 수 없다.

제24조: 대다수의 사람이 이 무분별하고 방종한 면죄의 약속에 기만당하고 있다.

제36조: 진실로 회개하는 성도라면 면죄부 없이도 죄와 벌에서 완전히 구원받을 수 있다.

제37조: 참된 그리스도 성도는 살아 있을 때나 죽은 뒤나 면죄부 없이도 그리스도와 교회에 속한 모든 선한 것을 분배받는다.

기초를 제공하였다.

종교개혁가들의 활동으로 인해 북유럽에는 루터주의(Lutheranism), 서유럽에는 칼뱅주의(Calvinism) 그리고 영국에는 국교주의(Anglicanism)라는 새로운 기독교적 정신 세계가 폭넓게 형성되었다. 또한, 종교개혁이 가톨릭교회의 부패와 타락에 반기를 든 것이니만큼, 가톨릭 진영에서도 치열한 자기반성과 함께 교황의 권위와 종교권력을 유지·보호하기 위한 각고의 노력이 전개되었다. 이에 따라 서구의 기독교는 루터의 신앙주의와 성서주의에 충실하려는 신교와 교황의 종교적 권위에 충실하려는 구교, 즉 가톨릭이 양립하게 되었다. 그리하여 이 양자 간의 대립과 경쟁은 종교적 영역은 물론 지식, 윤리, 정치, 경제, 문화 등 모든 영역에 걸쳐 근대 유럽의 발전에 큰 영향을 미치게 되었다. 물론, 종교개혁이 교육에도 매우 큰 영향을 미쳤던 것은 당연한 일이다. 그 대표적인 몇 가지를 살펴보면 다음과 같다.

▶ 종교개혁운동의 교육적 영향

첫째, 종교개혁은 성서를 독일어(모국어) 번역하여 교육의 대중화에 기여하였다. 당시의 구교는 라틴어로 된 성서만을 고집하고 있었다. 이에 반해 신교는 성서를 독일어로 번역하여 보급한 것은 일반 서민들이 쉽고도 직접적으로 읽을 수 있는 조건을 만들어 줌으로써 보통교육과 민족교육이 발전할 수 있는 토대를 구축하였다.

둘째, 종교개혁은 실용적인 인간을 길러 내는 데 기여하였다. 종교개혁세력은 신앙의 자유, 그리고 인간 그 자체를 중요시한 결과 아동으로 하여금 즐겁게 교육받을 수 있게 하였으며, 과학적 진리를 허용하였다. 따라서 교육은 실제 사회에 유용한 인물을 양성하는 데 주안점을 두게 되었다.

셋째, 종교개혁은 다양한 교육과정의 운영으로 교육으로 하여금 종교적인 것과 세속적인 것의 조화를 도모하도록 하였다. 특히, 이전의 교육과 비교하여 체육을 통한 건강의 증진과 음악을 통한 경건한 신앙심의 배양을 중시하였다.

넷째, 종교개혁은 기초교육으로서의 가정교육의 의미를 부각시키고, 여교사를 출현시켰다. 대다수의 종교개혁가는 모든 국가발전의 기초는 가정교육에 있으며, 자녀교육을 모든 교육 가운데 가장 중요한 것이라고 생각하였다. 또한, 그 이전까지 학교교사를 남성들이 독점하였으나, 기초교육인 초등교육의 교사로 여성을 채용할 것을 주장하였다.

2) 신교의 교육

(1) 신교의 교육사상

교육적인 측면에서 볼 때 종교개혁운동은 곧 교육개혁운동이기도 하였다. 왜냐하면, 개인의 양심과 성서에 기초한 순수한 신앙에 입각하여 가톨릭교회의 형식화, 세속화 및 부패와 타락을 비판하고 그것을 극복하고자 했던 종교개혁은 그 구체적인 전술적 방법을 교육에서 찾을 수밖에 없었기 때문이다. 그리하여 종교개혁은 한마디로 종교의 교육화와 교회의 학교화로 나타나게 되었다. 즉, 종교개혁을 주도했던 루터는 신학자와 교육자는 서로 분리할 수 없을 만큼 통일되어 있다고 보았다. 루터 못지않게 중추적인 역할을 담당했던 칼뱅의 개혁사상을 스코틀랜드에 소개한 존 녹스는 교회가 교사를 제공해야 하며, 불가능할 경우 성직자가 아동을 직접 교육해야 한다고 주장하였다.

신교의 교육목적 ◀ 신교의 교육목적은 한마디로 성 · 속이 조화된 진정한 신앙인을 양성하는 데 있었다. 즉, 신교에서는 오직 성서에 기초하여 신과의 직접적인 교통을 통해 신앙하는 진정한 종교인임과 동시에 합리적 · 과학적 · 도덕적 도야를 통해 현세 생활을 건전하게 영위하는 생활인, 즉 근대적 기독교인을 양성하고자 했던 것이다.

신교의 교육내용 ◀ 건전한 근대적 기독교인 양성이라는 교육목적은 교육내용에도 반영되었다. 먼저 자국어로 교육하는 초등교육에서는 성서를 읽고 해석하는 능력과 읽고 쓰고 셈하는 등 현세적 생활을 영위하는 데 필요한 기초능력을 강조하였으며, 신체적 도야와 정서 훈련도 중시하였다. 이에 따라 복음서, 교리문답서, 이솝이야기, 기도문, 시편, 찬송가, 초등독본 등을 주요한 교육내용으로 삼았으며, 더불어 라틴어, 습자, 산수, 도덕, 음악, 체조, 수공, 가사 등도 부과하였다.

중등교육의 내용은 주로 인문주의적 교과목으로 이루어져 있었다. 예를 들어, 라틴어, 그리스어, 헤브라이어, 수학, 수사학, 변증법 등이 중시되었다. 신교가 인문주의적 교육과정을 채용하게 된 것은 고전어의 습득이 성서나 교부의 원전을 직접 연구하는 데 반드시 필요했기 때문이었다. 특히, '독일 국민의 교사'라고 불리는 멜란히톤(P. Melanchthon, 1497~1560)은 중등학교 교과서 편찬에 큰 공적을 남겼는

데, 그리스어, 라틴어, 문법, 수사학 등 여러 교과서를 집필하였다. 또한, 그는 '삭소니 학교안(The Saxony School Plan)' 등 다양한 학교조례를 통해 학교공부를 세 개의 학교 또는 단계로 편성하여 학생들로 하여금 능력에 따라 진급할 수 있도록 하고, 라틴어 문법과 문학을 주된 교과목으로 해야 한다고 주장하였다(Boyd and King, 1975 : 192). '삭소니 학교안'은 학교제도에 있어 근대적인 공립학교제도의 시원이 될 만한 여러 요소를 포함하고 있기 때문에 역사상 최초의 공립학교제도라고 불리기도 한다(Knight, 1940 : 180).

고등교육에서는 스콜라학파의 신학을 배제하고 대신 성경해석을 주로 다루었으며, 그 외에 법학, 의학, 철학, 과학 등의 과목도 중요하게 취급하였다. 이와 관련하여 서양교육사가 와일즈(E. H. Wilds)는 "독일의 철학, 과학 및 문학과 문화는 신교주의의 토양에서 배양된 것이다. 그것은 종교개혁이 창조한 사고의 자유와 독립성신의 결과에서 평가되어야 한다."(Wilds, 1959 : 292)라고 주장한 바 있다.

▶ 신교의 교육방법

마지막으로 교육방법적 측면에서는 과거의 암기주의, 형식주의 교육이 여전히 성행하였다. 예컨대, 교의문답서, 복음서, 성서의 서간, 찬송가 등의 문구를 암송하도록 하였다. 신교의 엄격한 훈련주의, 형식주의, 주입식 교육에 대해 루터는 "지옥과 같은 교실, 악마와 같은 교육방법에 대해 우리의 학교는 더 이상 아동들을 형식으로 괴롭히고, 체벌로 공포를 조성하는 지옥이 되어서는 안 된다."(윤완, 2003 : 290)라고 혹독하게 비판하였다. 따라서 교육목적이나 내용 등은 중세 가톨릭의 교육에 비해 상당한 변화와 개선이 있었으나, 교육방법에 있어서는 여전히 전근대적인 상태를 면하지 못하고 있었던 것으로 보인다.

그러나 학교교육의 방법과 관련하여 이 시기에 학년별 학급조직이 시작되었다는 점은 높이 평가할 만하다. 즉, 그 이전까지는 일정한 학년제 없이 개별적인 교육을 하였으나 종교개혁기에 이르러 학년별 학급제가 시작되었다. 앞에서 지적한 멜란히톤의 '삭소니 학교안'을 비롯하여 칼뱅이 설립한 칼뱅아카데미(Calvin Academy) 그리고 슈트룸(J. Strum, 1507~1589)이 설립한 김나지움(Gymnasium) 등이 그 대표적인 예이다. 이 학년별 학급조직은 18세기 후반 영국의 산업혁명기에 랜카스터(J. Lancaster, 1778~1833)의 조교제도(monitorial system)로 발전되었을 뿐만 아니라 현대의 학년별 학급편성 방법도 여기에서 연유한 것이라고 할 수 있다(김용기, 1982:127).

(2) 신교교육의 실제

순수한 신앙심으로 무장한 종교인과 사회적 · 도덕적 인격을 갖춘 세속적 생활인 양성이라는 신교의 교육목표는 모든 국민에게 교육의 기회를 제공해야 한다는 사상과 필연적으로 연결되어 있었다. 예를 들어, 루터는 신분, 성별, 계급, 지위, 빈부, 신앙 여하를 떠나 모든 아동을 동등하게 취학시켜야 한다는 의무교육사상과 공교육사상을 지니고 있었다. 또 스코틀랜드 종교개혁 지도자이자 칼뱅과 밀접하게 교류를 나누던 녹스는 『교회규율 제1서(*The first book of discipline*)』와 『학교와 콜레쥐 규정(*Certain regulations about schools and colleges*)』을 집필했는데, 모든 신자의 자제에게 교육시킬 것과 정부 및 교회는 교구마다 학교를 세워 모든 아동을 의무적으로 취학시킬 것을 주장하였다. 종교개혁가들의 공립 보통 의무교육사상은 점차적으로 다양한 교육령을 통해 구체화되기 시작하였다. 그중에서 특히 '고타교육령(Special und Sonderberbarer Berichtete)'과 '매사추세츠교육령(Massachusetts School Law)'은 이 시기에 나타난 대표적 교육령으로서, 교육사적으로 중요한 의의를 지니고 있다.

고타교육령 ◀

고타교육령은 루터의 종교교육 정신에 공감하던 독일 고타공국의 에른스트 공작(Duke Ernest the Pious, 1601~1675)이 1642년에 당시의 유명한 교육학자인 라트케(W. Ratke, 1571~1635)와 코메니우스(J. A. Comenius, 1592~1670) 등의 사상을 수용하여 고타공국의 교육제도를 입법화한 것이다. 이 교육령에는 취학의무제, 학급편성, 학급관리, 교과과정, 교수법 등 근대적 특성이 잘 담겨 있다. 그중에서 아동의 취학에 관련된 주요 내용을 소개하면 다음과 같다. 첫째, 모든 지역의 남녀 아동은 1년간의 취학의무가 있다(49조). 둘째, 5세에 달하면 취학해야 한다(51조). 셋째, 아동의 입학은 매년 정기적으로 해야 한다(53조). 넷째, 12세 이하 문자 미해독 아동의 부모는 아동을 취학시킬 의무가 있으며, 의무를 불이행할 경우 처벌을 받는다(361조). 중앙집권적이고 전제적인 성격이 강한 고타교육령은 매사추세츠교육령과 더불어 근대적인 의미의 세계 최초의 의무교육령이라는 교육사적 의의를 지닌다.

▶ 매사추세츠교육령

매사추세츠교육령은 매사추세츠에 정착한 청교도들이 칼뱅주의에 입각하여 신의 구원을 위해서는 반드시 교육이 필요하다는 생각에서 교육의 필요성과 교육에 대한 국가의 책임 등을 1642년에 입법화한 것이다. 이 교육령은 공교육, 부모 및 고용주의 교육의무, 지방자치단체의 학교설치 의무와 교육 감독권, 무상교육 등을 간단명료하게 명시해 놓은 지방분권적이고 민주적인 교육령이다.

▶ 종교개혁에 따른 교육상의 변화

한편, 종교개혁으로 인해 학교교육의 실제에도 많은 변화가 수반되었다. 먼저 초등교육에서의 변화를 살펴보면, 종교개혁 당시에는 대중에게 교육의 기회가 널리 주어지지도 못했을 뿐만 아니라 상류계급과 하류계급의 교육도 상이하였다. 즉, 하류계급에는 모국어에 의한 초등교육을, 상류계급에는 라틴어 고전에 의한 중등교육을 시키는 것이 보편적이었다. 현대 유럽의 복선형 학교제도는 사실 이 시대에 시작된 것이다. 이 시기 각종 학교에서는 성서가 가장 중요한 교과서로 사용되었는데, 하류계급은 모국어로 가르쳤다. 이에 따라 루터파나 칼뱅파가 지배하는 국가를 중심으로 국어학교가 크게 발달하게 되었으며, 모국어로 성서나 교리문답을 암기하게 하거나 3R's를 가르쳤다. 그 외에도 서민 및 빈민의 자제들에게 직업교육이 실시되기도 하였다(한동일, 1985 : 124-125).

다음으로 중등교육을 살펴보면, 15세기에 시작된 라틴어학교의 세속화운동은 16세기 종교개혁운동에 의해 완성되었다. 여기에서 세속화란 교육의 목적이나 성격의 세속화가 아니라, 교육의 통제권이 교회에서 국가로 이행되었다는 의미이다. 그러나 국가의 통제하에 있으면서도 교육의 동기는 여전히 종교적이었으며, 학교의 교장 역시 주로 교회의 지도자나 목사였다. 교육의 목적은 인문주의적 색채가 가미되기는 했으나 여전히 종교적 성격이 강하였다. 또 중등학교의 교육과정은 주로 라틴어로 조직되었고, 그리스어가 부분적으로 추가되었으며, 수학이나 모국어 등은 거의 다루어지지 않았다. 다만, 그 이전과 달리 학교가 국가와 도시의 협력체제에 입각하여 조직되었다는 점은 이 시기에 나타난 뚜렷한 변화라고 할 수 있다(한동일, 1985 : 124). 아무튼, 중등교육은 이때부터 서서히 가톨릭교회의 지배에서 벗어나기 시작하여 점차 시민에게 넘어갔으며, 영국에서 수도원학교가 폐지되는가 하면 프랑스에서는 중등교육기관의 수가 대폭 증가하였다.

마지막으로 고등교육 역시 신교의 발달과 많은 관련을 맺고 있다. 종교개혁의 발원지였던 독일의 경우 그 관련성이 더욱 깊었다. 1502년 신학문을 위해 창설된 독일 최초의 대학인 비텐베르크대학은 루터와 멜란히톤이 근무했었기 때문에 신교의 중심지가 되었다. 그 밖의 여러 대학은 점차 교황과 교회의 지배에서 벗어나 세속적 제후의 지원과 통제를 받게 되거나, 1527년에 창설된 마르부르크(Marburg)대학처럼 낡은 수도원이나 교회를 해체하여 생긴 기금으로 유지되기도 하였다. 그 후 1세기 동안 독일에는 쾨니히스베르크(Koenigsberg)대학, 예나(Jena)대학, 헬름슈타트(Helmstadt)대학 외에 여러 대학이 생겨나거나 중등학교인 김나지움이 대학으로 승격되기도 하였으며, 이들 대학에서는 고도의 연구가 이루어져 학문적으로 큰 영향력을 행사하였다. 그러나 17세기에 이르러 이들 여러 대학은 생기 없는 형식주의에 빠져들고 말았다(장찬익 · 강준모, 1994 : 204).

3) 구교의 교육

구교의 반발 ◀

종교개혁운동으로 인해 기독교 사회가 신교와 구교로 분열되고 1,000년 이상 유럽을 지배해 온 로마 가톨릭교회가 큰 타격을 입자, 당연히 가톨릭 진영에서 이에 반발하는 운동이 발생할 수밖에 없었다. 이 운동은 신교의 입장에서 보면 거센 변화의 물결을 거부하는 반종교개혁운동에 불과하지만, 가톨릭의 입장에서 보면 외부적으로는 신교에 대한 대항임과 동시에 내부적으로는 가톨릭교회 자체에 대한 적극적인 정신적 각성과 자기반성을 위한 또 하나의 교회개혁운동이요 재건운동이었다.

이런 운동이 구체적으로 표현된 것이 1545년부터 1563년 사이에 세 차례에 걸쳐 개최된 트리엔트 종교회의(Council of Trient)이다. 가톨릭 진영은 이 회의를 통해 신교를 전면적으로 부정하고 교회 내부의 개혁을 단행함과 동시에 선행에 의한 인간구제의 교설을 재확인하였다. 그리고 면죄부의 유효성을 인정하고, 종교재판을 강화하는 한편 금서목록을 더 엄격히 작성하여 이단을 철저히 근절할 것을 결의하였다. 또 루터와 칼뱅 등이 성경의 유일한 권위를 강조했던 것과는 대조적으로 성경과 교회의 전통이 동등한 권위를 가졌음을 재확인하고, 교황을 우두머리로 하는 교회에 의해서만 이와 관련된 유권해석을 할 수 있다고 하여 교황의 최고 권위를 강조하였다(김경식, 2001 : 299).

특히, 트리엔트 종교회의는 교육의 중요성을 재삼 인식하고 학교교육에 힘쓸 것을 결의하였다. 즉, 신교가 성공을 거둔 이면에 교육의 보급과 진흥이 있었음에 주목하고 교육을 교세 회복과 확장의 주요 수단으로 활용하고자 했던 것이다. 그리하여 성직자 및 신도의 자녀, 그리고 가난한 아동의 교육을 위해 교회에 학교를 세우는 등 다양한 교육사업을 전개하였다.

▶ 가톨릭 교육단체와 활동

가톨릭 진영의 교세 회복을 위한 교육사업을 중심적으로 추동했던 세력은 다양한 가톨릭 교단들이었다. 그 대표적 기관은 로욜라(I. V. Loyola, 1491~1556)와 사비에르(F. Xavier, 1506~1552)에 의해 1534년에 설립된 '예수회(Jesuit Order)'와 라 살르(D. La Salle, 1651~1719)에 의해 1680년에 설립된 '기독교 형제교단(The Brethern of Chrisian Schools)'이다.

스페인의 귀족이며 군인인 로욜라는 모든 이단을 근절하고 가톨릭교회의 권위와 세력을 회복하기 위해 6명의 동지와 예수회교단을 설립하고, "모든 것을 하나님의 위대한 영광을 위해", "신교도에 대항하여 가톨릭교회의 신장을 위해 노력한다."라는 모토하에 반종교개혁운동을 전개하였다. 이 교단은 마치 군대식 조직과 같아서 그 단원들은 훈련과 규율을 준수하고 상관의 명령에 절대복종하였으며, 설교, 참회, 교육을 3대 지주로 정하고 선교와 교육사업에 전념하였다. 그리고 이들의 노력과 업적이 인정되어 1540년에 교황 파울루스 3세(Paulus III)에 의해 공인되었다. 그 이래 300년간 예수회는 매우 효과적인 기관으로 유럽의 많은 지도자를 양성해냈다.

▶ 예수회교단의 교육

예수회교단의 교육활동 중에서 주목할 만한 사실은 신교가 초등교육에 힘썼음에 반하여, 중등교육과 고등교육에 전력을 기울였다는 점이다. 이것은 이 교단의 주된 교육목적이 교황의 명령에 절대복종하여 가톨릭교회를 옹호 및 수호하는 지도자를 양성하는 데 있었기 때문이다. 이 교단의 교육과정은 하급과정(Studia Inferiora)과 상급과정(Studia Superiora)으로 나뉘어 있었다. 전자는 10~14세의 소년을 대상으로 5~6년간 교육시킨 중등교육 수준의 과정이었다. 주된 교육내용은 라틴어문법, 그리스어문법, 고전작품, 시, 수학, 자연과학, 역사, 지리 등이었다. 후자는 그 이후 7~9년간 교육시킨 고등교육 수준의 과정이었다. 상급과정은 다시 3년간의 철학부와 4년간의 신학부로 구분되었다. 철학부에서는 논리학, 형이상학, 심리학, 윤리학, 자연신학, 대수, 기하, 삼각, 해석기하, 미적분, 물리학, 화학, 지질학, 천문학, 생리학 등을 수학하고 이 과정을 마치면 석사학위(Magister)가 수여되었다. 이 과정을 마치고 난 후 신학부에서 구약, 신약, 헤브라이어, 교회사, 교회법, 신학, 동양의 여러 국어 등을 수학하였으며, 논문과 구두시험에 모두 합격하면 신학박사(Doctor of Divinity) 학위가 수여되었다.

이 교단의 학교교육이 성공할 수 있었던 주된 원인은 조직이 우수할 뿐만 아니라 감독행정이 철저했기 때문이다. 이 교단은 몇 개의 대교구(Province)로 나뉘어 각 대교구는 파리 본부의 총책임자인 장군에 직속하는 대교구장(Provincial)에 의해 감독되었다. 그리고 대교구장 감독하에 각 교육기관의 교장(Rector)이, 교장의 감독하에 대교구장에 의해 임명되는 교육감독관인 대학장(Prefect)이 있었으며, 그의 감독하에 교육에 임하는 교사 혹은 교수(Professors)와 훈육교관(Preceptors)이 있었다. 그리고 그 밑에 다시 학생의 장인 급장(Monitor)을 중심으로 몇 개의 학생집단이 존재하였다. 이렇게 철저한 감독과 상호통제를 통해 높은 교육의 질을 유지해 나갔다.

예수회교단의 교육이 성공한 또 다른 원인은 교사양성에 주력한 결과 우수한 교원을 확보할 수 있었다는 데 있다. 교사 대부분은 위에서 설명한 상급과정에서 엄격한 과정을 이수한 자 중에서 선발하였다. 그리하여 이 우수한 교원들에 의해 수업이 다른 어떠한 학교보다 철저하게 이루어졌다.

또한, 교육방법 역시 매우 엄격하였다. 교수과정은 기본적으로 강의와 반복으로 이루어져 있었다. 강의는 학과수업으로서 학과의 일반적 의의의 설명, 문장 · 문법의 설명, 역사 · 지리 · 문학적 배경 등의 설명, 수사법 요지의 설명, 도덕적 교훈의 설명 등 다섯 단계로 이루어져 있었다. 그리고 설명된 내용에 대해서는 끊임없는 반복학습을 통해 철저한 암기가 이루어지게 하였다. 모든 수업은 전날 수업에 대한 복습으로부터 시작하였으며, 다시 매주, 매월, 매년 말에는 그동안 배운 내용을 반복하여 복습하였다. 상급과정에는 토론, 과제논문, 번역연설을 중시하였다. 각 학급에서는 분단장을 중심으로 몇 개의 분단으로 나누어 분단장의 주도하에 학습사항을 반복 암송하도록 했으며, 그 모든 과정을 교사가 엄격히 통제하고 감독하였다. 경쟁체제도 도입하여 2인 1조로 상호 교정하고 감시하도록 하였다. 학습은 다량의 교재를 명확하지 않게 부분적으로 습득시키는 것이 아니라, 소량의 교재를 완전하고 철저하게 가르쳤다. 또 동기유발 방법으로 처벌 대신 경쟁과 상찬(賞讚)을 주로 사용하였다(한동일, 1985 : 127-128).

이런 우수한 교육조직, 철저한 관리 감독, 우수한 교사, 체계적인 교육과정과 효율적인 교육방법 등으로 인해 큰 교육적 성공을 거둠으로써, 예수회에서 설립하여 운영하는 학교는 전 세계에 급속도로 확산되어 나갔다. 그리하여 18세기 전반에는 남부 유럽은 물론 종교개혁이 왕성했던 북부 유럽, 인도, 중국, 일본 등 동양에까지 예수회교단의 학교가 설립되었으며, 1710년경에 전 세계에 걸쳐 612개의 중등 수준의 학교와 157개의 사범학교, 42개의 대학 그리고 200여 개의 전도학교가 있었다.

그러나 탁월한 장점에도 불구하고, 예수회교단은 18세기의 급속한 정치적 정세 변화, 문예부흥 이후의 새로운 시대적 흐름에 역행하는 교육목적, 철저한 복종을 강요함으로써 결과적으로 개인의 창의성과 자발성 및 자유로운 사상의 발전을 저해하는 극단적 교육방법 등에 대한 신교도와 일반인의 반감 등으로 인해 한계에 부딪힐 수밖에 없었다. 그리하여 결국 1773년 교황 클레멘스 14세(Clemens XIV)에 의해 해산되고 말았다.

03 실학주의기의 교육

1) 시대적 배경

▶ 실학주의기의 사회적 배경

유럽의 15~17세기는 역사적으로 중요한 시대적 전환점에 놓여 있던 시기이다. 무엇보다 문예부흥을 통해 오랫동안 종교권력에 의해 짓눌려 있던 인간의 자아를 발견함으로써 신이 아닌 인간 자신의 눈으로 세계를 이해하고 현세적 삶을 향유하려는 새로운 경향이 나타났다. 또한, 교회와 교리를 매개로 하는 간접적 신앙에서 벗어나 성서와 인간의 양심에 기초하여 신과 직접 교통하려는 새로운 종교적 경향이 나타났다. 그리고 경제적 측면에서 상업과 무역이 점차 발달하게 되면서 보이지 않는 피안의 관념적 세계보다는 직접 발을 딛고 살아가는 실제적 세계에 대한 관심이 점점 고조되었다. 나아가 현실적 삶을 보다 윤택하게 하기 위해 그것을 보다 정확하게 이해하고 적극적으로 이용하려는 욕구가 점점 증가하였다. 이런 욕구들은 결과적으로 자연과학의 발달로 이어졌다. 즉, 점점 발달하는 상업과 무역은 더 많은 이윤을 위해 새로운 원료 공급지와 시장을 요구하게 되었으며, 그런 요구는 필연적으로 항해에 필요한 나침반과 망원경을 발명하게 만들고 그 결과 새로운 항로가 개척되고 신대륙이 발견되었다. 또한, 새로운 천체와 자연법칙의 발견으로 인해 맹목적 신념에 기초하던 기존의 종교적 우주관은 서서히 객관적 관찰과 실험에 기초한 과학적 우주관으로 대체되기 시작하였다.

자연과학의 발달 ◀

17세기를 일컬어 소위 '과학의 시대', '지식의 시대'라고 한다. 그만큼 과학과 철학에서 놀라운 변화와 발달이 이루어졌기 때문이다. 먼저, 자연과학상의 변화를 살펴보면, 코페르니쿠스(Ni. Copernicus, 1473~1543), 케플러(J. Kepler, 1571~1630), 갈릴레이(G. Galilei, 1564~1642) 등에 의해 천문학의 발달이 이루어졌다. 특히, 코페르니쿠스는 측각기(測角器)를 이용한 천체 관측의 결과 기존의 천동설이 오류가 있음을 발견하고 지동설을 대안으로 제시함으로써 큰 파장을 불러일으켰다. 독일의 천문학자 케플러는 초신성을 발견했을 뿐만 아니라 코페르니쿠스의 지동설을 수정하여 더욱 발전시킴으로써 천문학의 진일보를 이루어냈다. 또한, 수학과 물리학의 발전도 눈부셨는데, 뉴턴(I. Newton, 1642~1727)은 자연을 일정한 법칙에 따라 운동하는 복잡하고 거대한 기계로 이해하는 근대적 자연역학을 수립함으로써 근대과학의 성립에 최고의 공헌을 하였다. 베살리우스(A. Vesalius, 1514~1564)는 근대 해부학을 창시하여 인체에 대한 과학적 이해의 기초를 닦음으로써 의학 분야의 발전에 크게 기여하였다.

각 국가에서도 자연과학 연구에 관심을 기울여 파리, 그리니치, 베를린 등의 국립

천문대나 '자연지식의 향상을 위한 영국 왕실협회(Royal Society, 1662년 창설)', '프랑스 과학원(Academie des Sciences, 1666년 창설)' 등 여러 아카데미를 설치하여 보호 · 지원하였다. 이 두 학회는 실험을 재정적으로 후원하고 기관지에 과학에 관한 논문을 발표하였다. 특히, '영국 왕실협회'가 제시한 목적은 모든 체계, 이론, 원리, 가설, 역사 그리고 실험을 검토하고, 실험에서 연역된 충실한 토론을 통해 그런 실험된 진리가 확고부동하다는 것이 증명될 때까지는 어느 의견도 채택하기가 집착하지 않고 모든 견해를 검토한다는 것이었다(장찬익 · 노진호 · 이주한, 2005:142). 이는 모든 이론과 지식의 기초를 확고한 과학적 사실에 두려는 근대적 사고의 반영이었다.

▶ 철학의 발달

또한, 철학에서도 베이컨(F. Bacon, 1561~1626), 로크(J. Locke, 1632~1704), 데카르트(R. Descartes, 1596~1650), 스피노자(B. D. Spinoza, 1632~1677), 라이프니츠(G. W. Leibnitz, 1646~1716) 등 천재적 근대철학자들에 의해 경험론과 합리론이 수립되어 인식론이 크게 발달하였다. 먼저 영국 경험론의 선구자인 베이컨은 아리스토텔레스의 연역적 삼단논법이 지식의 확장에 전혀 도움이 되지 못한다고 비판하는 한편 새로운 근대적 학문연구의 방법을 제시하였다. 즉, 그는 학문연구에 큰 장애가 되는 종족우상(idola tribus), 동굴우상(idola specus), 시장우상(idola fori), 극장우상(idola theatri)[11]에 기초하고 있는 형식적 삼단논법을 파기하고 대신 직접적인 실험과 관찰에 기초한 귀납적 방법론을 활용할 것을 주장하였다. 백지설(tabula rasa)로 유명한 로크는 그의 대표 저서『인간오성론』을 통해 플라톤학파의 본유관념(本有觀念)을 부정하고 대신에 인식은 감각과 반성이라는 경험을 통해 얻어진다는 경험론을 주장하였다. 또 교육에도 큰 관심을 기울여 그리스어, 라틴어를 중시하고 암기식 주입을 강조하던 당시의 교육을 비판하고 수학적 추리와 유용한 실제적 지식 그리고 신체와 덕성의 단련을 중시하였다.

11) 종족우상은 인류라는 종족에 대한 보편적 선입관이고, 동굴우상은 마치 동굴 속에 있듯이 자연의 빛이 보이지 않는 상태를 비유한 것으로 개인적 편견을 의미하며, 시장우상은 시장에 확인되지 않는 부정확한 낭설이 나돌 듯이 언어의 부적당한 사용으로 인해 기인하는 편견을 뜻하며, 극장우상은 마치 무대에서 가공의 이야기가 상연되듯이 논증의 잘못된 규칙이나 철학의 그릇된 학설과 체계에 의해 발생하는 오류를 의미한다.

영국의 경험론과 함께 유럽 대륙에서는 합리론이 발달하였다. 근대철학의 시조라고 불리며 해석기하학을 창시한 데카르트는 학문의 명증한 기초를 확립하고자 하였다. 그는 회의(懷疑)를 철학의 제1의 방법적 원리로 삼아 세계의 모든 존재를 의심해 보고, 더 이상 의심의 여지가 없는 확실한 것만을 진리로 삼고자 하였다. 그리하여 그는 모든 존재가 의심스럽더라도 현재 의심하고 있는 자신만큼은 더 이상 의심의 여지 없이 확실한 것이라는 사실을 확인하고, "나는 생각한다. 그러므로 나는 존재한다(Cogito ergo sum)."라는 명제를 정립하였다. 그리고 그 기초 위에서 신의 존재와 물질의 존재 등을 증명하였다. 이런 방법적 원리는 이성만이 진리 발견을 위한 유일한 방법이며, 모든 인식과 지식은 합리적 사고과정을 통해서만 진리로 인정될 수 있다는 그의 생각이 구체화된 것이다. 이것은 맹목적 신앙과 억측, 마술 등에 의존했던 중세의 무지몽매함으로부터 엄연히 구분되는 근대적 사유양식이었다.

문예부흥 이래의 발달은 세계와 인간의 삶에 대한 유럽인들의 시각을 양적 · 질적 차원에서 대전환이 이루어지도록 하였다. 그리고 이런 전환은 직 · 간접적으로 교육목적, 내용, 방법에 중대한 영향을 미치게 됨으로써 기존과는 사뭇 다른 새로운 교육사적 흐름이 형성되었는데, 17세기를 전후하여 나타난 이 흐름을 실학주의(realism)라고 한다.

실학주의의 정의◀

실학주의란, '언어 이전에 사물' 혹은 '언어가 아닌 사물'이라는 표어에서 드러나듯이 교육이론 및 실제에 있어서 경험 가능한 실제적 사물을 중시하는 사조, 즉 언어 또는 문학보다도 실제적 자연현상이나 사회제도를 교육의 주요 재료로 삼아 실생활에 유용한 인간을 양성하려는 사조를 일컫는다.

실학주의는 위에서 설명한 다양한 변화의 자극을 받아 인문주의와 종교개혁의 편협성에 대한 반동으로 일어났다. 인문주의는 고대의 고전 속에 구현되어 있던 현세적 삶의 가치를 복원함으로써 교회와 교리에 의해 속박되어 있던 인간성을 해방하는 데 기여하였다. 그러나 16세기에 이르면 인간성을 해방하고 발현하는 데 필요한 수단으로 작용했던 고전이 이제는 그 자체가 목적인 것처럼 간주되었다. 그리하여 인간성의 해방과 구현이 아닌 고전어나 고전문학작품의 형식적 습득이 교육의 목적이 되었으며, 엄선된 고전작품, 특히 키케로의 작품이 교육의 내용을 대체하였다.

결과적으로 인문주의는 극단적 형식주의에 매몰되어 버리는 오류를 범하고 만 것이다. 종교개혁 역시 중세 가톨릭의 종교적 부정과 타락을 비판하고 극복하는 데 있어서는 어느 정도의 성공을 거두었다. 그러나 종교교육에 지나치게 진력함으로써 여전히 종교적 · 도덕적 편향성에서 벗어나지 못하였다.

실학주의는 이런 인문주의와 종교개혁의 편협성을 실생활과 과학의 이름으로 비판하고 극복하려는 시도였다. 실제적이고 실용적이며 실천적인 것에 가치를 두는 실학주의는 인간생활과 관련된 사물교육과 실물교육을 공통으로 강조하였다. 그러면서도 그 구체적 양상에서는 방법상의 차이로 인해 인문적 실학주의(humanistic realism)와 사회적 실학주의(social realism) 그리고 과학적 혹은 감각적 실학주의(scientific or sensual realism)로 나뉘어 발전하였다. 이하에서 이 세 유형의 실학주의에 대해 더 구체적으로 살펴보기로 한다.

2) 실학주의 교육의 유형

(1) 인문적 실학주의

▶ 인문적 실학주의의 특징

실학주의의 초기 유형인 인문적 실학주의는 16~17세기 초에 편협한 인문주의에 반대하여 문예부흥기의 인문주의적 교육관이 재생된 것이다. 이미 지적했듯이 인문주의는 원래 고대의 고전 속에 담겨 있는 인간적 삶의 방식을 복원함으로써 인간성을 해방하고자 하는 문예부흥기의 교육사조였다. 그러나 16세기에 들어 인문주의는 고전의 내용이 아닌 그 형식에 지나치게 경도됨으로써 극단적 형식주의에 매몰되고 말았다. 그러자 16세기 후반부터 17세기 초반에 편협한 인문주의에 반성과 비판의 과정을 통해 문예부흥 초기의 건전한 인문주의적 문제의식이 되살아나게 되었다.

인문적 실학주의는 고전문학의 학습을 주목적으로 하고 고전을 교육의 유일한 수단으로 보는 점에서 편협한 인문주의와 일치한다. 즉, 인문적 실학주의는 그리스 · 로마의 고전을 교재로 했다는 점에서는 인문주의적이다. 그러나 편협한 인문주의와 달리 고전의 형식적 · 언어적 측면에 한정되지 않고 그 속에 담겨 있는 내용을 학습하여 현실 생활의 개선을 꾀하고자 했다는 점에서는 실학주의적이다. 다시 말해 인문적 실학주의의 목적은 고전문학 그 자체를 연구하는 데 있는 것이 아니라 고전문학에 포함되어 있는 과학적 · 역사적 · 사회적 지식을 연구하고, 나아가 그것을 실제 생활에 적용하고 실천하는 데 있었다.

인문적 실학주의의 대표적 인물은 라블레(F. Rabelais, 1483~1553), 비베스(J. L. Vives, 1492~1540), 밀턴(J. Milton, 1608~1674) 등이다. 라블레는 당시의 교육이 사실 대신에 언어를 중시하는 경향이 있다는 점을 비판하면서 언어주의 교육이나 형식적 문학교육 대신에 사회적 · 도덕적 · 종교적 · 신체적 요소를 포함하는 교육을 주장하였다. 그는 "교육이 서적을 통해 행해지는 것은 사실이지만 그것도 서적의 내용에 통달함으로써 이루어지는 것이며, 생활의 실제적인 업무를 위해서이다."(한동일, 1985:135)라고 하였다. 비베스는 교육을 통해 개성과 종교적 · 도덕적 미덕, 실무능력을 함양해야 한다고 주장하였다. 또 고전문학에 대한 연구는 학문의 기초가 되며, 모든 연구의 목표는 인격과 재능을 계발하는 데 있으며, 지식은 실제 생활에 활용되고 모든 사람의 복지를 위해 사용되어야 한다고 주장하였다. 그리고 밀턴 역시 교육의 목적은 실제 생활을 준비하는 것이라는 입장에서 형식적 작문연습에 의한 언어교육에 몰두하던 기존의 교육을 비판하였다. 언어적 지식 습득을 위한 교육이 아니라 실제 사물에 대한 지식 습득을 위한 교육을 실시할 것을 주장하였다.

인문적 실학주의의 교육목적 ◀

이들 인문적 실학주의 사상가들에 의해 제시된 교육목적은 한마디로 도덕적 · 종교적 · 사회적 · 과학적 지식을 습득하여 실제 생활에서 활용하는 능력을 기르는 데 있다. 다만 그런 지식의 습득과 활용능력의 계발을 위한 가장 확실하고 효율적인 길은 고전을 충분히 연구하고 이해하는 것이라고 보았다.

인문적 실학주의의 교육내용 ◀

따라서 인문적 실학주의에 있어 가장 중요한 교육내용은 당연히 그리스어, 라틴어, 헤브라이어 등과 같은 고전어였으며, 그 외에도 실생활에 관련된 매우 다양한 백과사전식 과목들이 강조되었다. 이를테면, 라블레는 라틴어, 그리스어, 헤브라이어, 아랍어 등의 언어와 성서, 철학, 우주학, 기하학, 음악, 천문학, 자연과학, 체육 등을 교육내용에 포함시켰다. 비베스 역시 라틴어 외에도 모국어, 수학, 자연과학, 물리학, 문학, 철학, 역사, 지리 등을 교육내용으로 제시하였다. 그리고 밀턴도 라틴어, 그리스어, 헤브라이어, 이탈리아어 등과 함께 철학, 자연과학, 사회과학 등을 학습해야 한다고 주장하였다.

인문적 실학주의의 교육방법은 인문주의에 비해 상당히 진보적이었다. 특히, 심리학에 기초를 두어 아동의 흥미와 능력을 중시하고 개별적 학습방법을 적용하는 등 근대적 교육방법을 활용하였다. 예를 들어, 라블레는 강제와 억압이 아닌 흥미에 기초한 유쾌한 학습을 강조하는 동기학습법을 제시하였다. 그리고 유쾌한 학습을 위해 유희와 운동을 도입할 것과 무조건 암기시킬 것이 아니라 먼저 이해하도록 해야 한다고 주장하였다. 비베스는 교수방법의 기초를 확립하기 위해 인간의 정신작용을 면밀히 연구하여 근대 심리학의 선구가 되었으며, 특히 교사는 아동을 개별적으로 연구하여 각자의 능력과 흥미에 적합하게 교육해야 한다고 강조하였다.

▶ 인문적 실학주의의 교육방법

(2) 사회적 실학주의

사회적 실학주의는 인문적 실학주의와 마찬가지로 고전에 대한 형식적 학습을 반대하였다. 그러나 고전 학습을 반대한 이유에서는 인문적 실학주의와 노선을 달리하였다. 즉, 사회적 실학주의는 고전에 대한 학습이 실제 생활에 전혀 도움이 되지 않으며, 그렇기 때문에 가능한 한 고전과 같은 서적이나 언어 중심의 교육을 배제하고, 그 대신 실제 사회생활의 경험을 교육의 주요 요소로 삼아야 한다고 보았다. 따라서 사회적 실학주의는 고전의 문장형식에 집착하는 키케로주의를 전면적으로 부정하며, 그에 따라 인문주의와도 완전히 결별하였다. 사회적 실학주의에서 중요한 것은 언어적 교양이나 고전에 대한 지식이 아니라 사회적 실제와 경험이다. 한마디로 지식과 교육의 유일한 근원을 실제 사회생활에 두고 있는 것이다.

▶ 사회적 실학주의의 특징

사회적 실학주의의 대표적 인물은 몽테뉴(M. de Montaigne, 1533~1592)이다. 그는 서적으로부터 얻은 지식은 개인의 실생활에 별로 도움이 되지 못한다고 생각하였다. 즉, "만약 교육에 의해서 정신이 좋은 방향으로 돌려지지 않고, 또 판단력이 길러지지 않는다면 학생은 테니스에 시간을 소비하는 편이 오히려 좋을 것이다. 15~20년 동안이나 학교에 가서 공부하고 돌아온 학생들을 보라. 그들은 비겁하고 눈치도 없으며 친구들과 어울리지도 못하며 일도 잘 못한다. 그들이 학교에서 얻은 것이라곤 겨우 라틴어와 그리스어인데, 바로 그것이 그 전보다 그들을 더 거만한 바보로 만들고 있다."(Monroe, 1921 : 216)라고 고전어와 고전문학에 편향된 당시의 서적 중심 학교교육을 통렬하게 비판하였다. 그는 가장 중요한 교육목적은 덕(virtue)이며, 덕은 직접적 실천과 실행을 통해서 얻어질 수 있다고 생각하였다. 이와 관련하여 그는 "학생들로 하여금, 진정한 덕성의 고양과 가치는 그것을 실행함으로써 얻어지는 이익과 즐거움이며, 강제가 아닌 규율과 선행에 의해서만 덕이 쌓인다는 것을 알리지 않으면 안 된다. 덕은 모든 인간적 쾌락의 근원이다."(한동일, 1985 : 137)라고 하였다. 이처럼 사회적 실학주의자들에게 실제적 사회생활에 해박하고 실무에 밝고 유능하며 풍부한 경험을 소유하고 있어서 인생을 즐겁고 행복하게 살아갈 수 있는 인간이 이상적 인간이었다. 따라서 사회적 실학주의에서 추구하는 교육의 목적은 학자나 전문가를 양성하는 것이 아니라 실생활과의 접촉을 통해서 세상 사정에 밝은 유능한 사회인, 소위 신사를 양성하는 것이었다. 그러므로 사회적 실학주의의 교육은 기본적으로 귀족적이고 상류계급 중심이었다.

사회적 실학주의의 교육목적

사회적 실학주의의 교육내용

이런 입장에서 사회적 실학주의자들은 서적이 아닌 사회적 경험과 활동을 주요한 교육내용으로 삼았다. 직접적 경험과 활동이야말로 실제 사회생활에 가장 도움이 된다고 믿었기 때문이다. 몽테뉴는 교육내용은 실용적이고 실제적인 원리에 입각하여 구성되어야 한다고 보고, 라틴어, 현대어, 역사, 철학, 여행, 사회경험, 체육을 주요 교육내용으로 제시하였다. 고전어 학습은 신사로서 꼭 필요한 정도로만 하고 대신 현대어, 즉 자국어와 외국어 학습을 강화해야 한다고 하였다. 역사의 경우 과거 타인의 경험을 거울로 삼는 것이기 때문에 신사교육에 반드시 필요하고, 철학 역시 인간의 행위양식을 연구하는 과목이므로 세정에 밝은 신사를 위해 꼭 필요하다고 하였다. 체육도 건전한 신체에 건전한 정신이 깃든다는 로크의 말처럼 신사의 건전한 정신을 위해 필수적이라고 생각하였다. 이 외에도 윤리학, 수사학, 기하학, 물리학 등도 교육내용에 포함시켰는데, 중요한 것은 모든 과목은 어디까지나 '생활의 길잡이'로서의 역할을 수행해야 한다는 점이다.

특히, 그는 교육내용으로 여행을 매우 강조하였다. 여행과 관련하여 그는 "이 넓은 세계는 그 가운데 사는 우리들의 존재방식을 알게 하는 참된 거울이다. 요컨대 나는 이 광대한 세계로서 젊은 신사가 최대의 주의를 기울여 연구해야 할 서적으로 삼고 싶다. 그리고 사람은 난관을 어느 정도 피하거나 혹은 참아내야 할 것인가를 배워야 한다."(Ulich, 1950:160)라고 하였다. 말하자면, 여행을 하는 동안 접촉하는 다양한 인종, 종파, 견해, 법률, 관습 등이 자기의 판단을 수정해 주고 이해의 부족과 불확실한 점을 자각시켜 주기 때문에 서적보다 오히려 더 중요하다는 것이다. 외국어를 배우는 것도 사실은 다양한 국가를 여행하면서 외국인과 자유롭게 대화함으로써 다양한 사회적 관습과 제도 그리고 생활양식을 학습하기 위해서이다. 몽테뉴의 이런 생각을 일반화하여 말하면, 사회적 실학주의자들에게 인간이 살아가고 있는 세계 그 자체가 바로 교육내용이라고 할 수 있다.

▶ 사회적 실학주의의 교육방법

교육방법과 관련하여 몽테뉴는 단순한 암기나 암송을 넘어 이해하고 판단하며 나아가 실행하는 것을 강조하였다. 말하자면, 지식이란 단지 기억되는 것이 아니라 완전히 소화·흡수되어야 하며, 사실은 사용되어야 하고, 행동은 모방할 수 있어야 하며, 관념과 사상은 행동으로 나타나야 한다는 것이다. 따라서 실천성을 강조하는 몽테뉴에게 있어 서적이 아닌 여행과 같은 직접적인 사회경험이 교육방법으로 중시될 수밖에 없다. 또한, 그는 루소(J. J. Rousseau, 1712~1778)나 라블레가 그랬던 것처럼 학교교육보다는 가정교육을 중시하였다. 부모는 지식으로 가득 찬 두뇌를 가진 교사보다는 폭넓은 사회적 교양과 경험을 지닌 가정교사를 초빙하여 학생이 국내외를 여행할 때 지도할 수 있도록 해야 한다고 하였다. 이와 더불어 강요나 폭력과 같은 강제적 교육방법을 배제하고 학생의 자발성에 기초한 교육방법을 활용해야 한다고 주장하였다.

(3) 과학적 실학주의

▶ 과학적 실학주의의 특징

과학적 혹은 감각적 실학주의는 모든 지식은 감각을 통해 획득된다는 신념하에 교육의 기초를 감각적 직관에 두려는 사조이다. 이것은 언어주의에 매몰된 인문주의에 정면으로 대립하면서 17세기의 과학적 시대정신을 가장 잘 나타내는 교육사조이다. 과학적 실학주의는 당시 자연현상과 관련된 다양한 발견과 발명 그리고 자연과학의 발달 등의 영향을 받아 대두되었다. 이것은 실물이나 표본 혹은 그림 등 감각적 지각에 관련되는 구체적인 사물을 교육의 주요 소재로 삼았으며, 교육의 방법적 원리의 기초를 자연 혹은 자연법칙에 두었다. 그리하여 당시에 축적된 다양한 자연과학적 지식과 연구방법을 교육에 적극적으로 적용하려고 하였다. 이런 의미에서 과학적 실학주의는 경험과 자연의 원리에 기초하는 근 · 현대교육의 맹아에 해당되며, 일반적으로 좁은 의미의 실학주의는 이 과학적 실학주의를 일컫는다.

과학적 실학주의를 대표하는 인물로는 영국의 멀캐스터(R. Mulcaster, 1530~1611)와 베이컨, 독일의 라트케(W. Ratke, 1571~1635), 현대교육의 아버지라고 하는 코메니우스, 그리고 로크 등이 있다.

과학적 실학주의의 교육목적 ◀

과학적 실학주의는 교육목적을 자연의 법칙에 따라 자연적인 개인과 자연적인 사회를 발전시키는 데 두었다. 과학적 실학주의자들에게 자연의 법칙과 자연적 조건은 유일하고 진실한 실재임과 동시에 교육의 목적이다. 예를 들어, 멀캐스터는 교육이나 훈련의 궁극적 목적은 자연을 완성하도록 하는 것인데, 이를 위해 지각, 기억, 판단력을 도야해야 한다고 보았다. 베이컨도 인간이 자연과 사물을 지배할 수 있는 능력을 갖도록 하는 것이 교육의 목적이라고 주장하였다. 그리고 학문이란 인간이 자연에 지배되어 살아왔던 모습에서 벗어나 자연을 잘 조정하고 조절하며 사물을 지배할 수 있도록 하는 것이라고 하였다. 라트케는 교육의 궁극적 목적은 신을 진정으로 인식하게 하는 것이라고 하여 중세적 제약에서 아직 벗어나지는 못했으나, 교수를 인간정신의 발달과 자연의 원리에 따라야 한다는 합자연의 원리에 두어야 한다고 주장하였다. 또한, 과학적 실학주의의 가장 대표적 인물인 코메니우스 역시 인간의 목적은 신과 함께 영원한 복리를 누리도록 하는 데 있다고 하여 종교적 경향을 강하게 나타내었다. 하지만, 교육은 외부로부터 무엇을 넣어 주는 것이 아니라 오히려 인간 내부에 갖추고 있는 것을 계발하고 발전시켜 본래 가지고 있는 것을 표출시키는 것이라고 보았다. 그리하여 자연법칙의 발견, 자연법칙과의 조화 등 자연주의 교육을 강조하였다. 이처럼 과학적 실학주의자들은 세부적인 측면에서는 약간의 견해 차이가 있지만, 지식과 진리의 원천을 자연에 두고 교육의 목적이나 근본원리 역시 자연에 기초해야 한다고 본 점에서는 공통적이다.

과학적 실학주의의 교육내용 ◀

과학적 실학주의자들이 제시한 교육내용은 매우 다양하긴 하지만 대체로 모국어와 함께 자연과학, 사회과학 등을 강조하였다. 멀캐스터는 모든 사람에게 필요한 기본과목으로 읽기와 쓰기, 회화, 음악, 운동경기, 체조를 중시하였다. 그리고 베이컨은 지식이란 불변하는 자연계에 기초를 두고 추측이 아닌 과학적 방법으로 법칙이나 원리를 취급할 때 인류의 진보를 위해 이용될 수 있다고 생각하였다. 따라서 학교교육의 내용은 자연현상에 대한 생산적이고 과학적인 지식으로 구성해야 한다고 보았다. 또 라트케는 모국어, 라틴어, 그리스어, 헤브라이어 등 어학과 함께 산수, 음악, 종교를 중시하였다. 그리고 코메니우스는 모국어, 그리스어, 라틴어, 헤브라이어 등과 함께 자연과학, 지리, 역사, 윤리, 종교, 신학, 법학, 의학, 철학 등 다양한 과목을 제시하였다. 이들이 제시한 교육내용에서 인문주의적 경향이 여전히 남아 있는 것이 사실이지만, 다른 어떤 사조보다 자연과학적 지식에 대한 요구가 강하게 나타나고 있는 것 또한 사실이다.

▶ 과학적 실학주의의 교육방법

과학적 실학주의자들의 실학적 면모는 교육방법에서 가장 잘 드러난다. 그들은 공통적으로 자연과학과 심리학의 기초 위에 감각을 통한 학습을 강조하였다. 예를 들어, 베이컨은 감각과 개체에서 출발하여 점차 높은 단계로 나가는 원리를 구성하며 최후에 보편적 원리에 도달하는 귀납적 방법을 교육에 적용할 것을 주장하였다. 또 최초로 자연의 방법에 따라 심리적 발달을 연구한 라트케는 다음과 같은 합자연의 원리에 따른 교육방법상의 원칙을 제시하였다. 첫째, 모든 지식은 감각기관을 통해 습득될 수 있으며, 새로운 지식은 기존의 지식에 근거하여 가르쳐야 한다. 둘째, 모든 정의나 법칙은 개별적인 실례를 통해 가르쳐야 한다. 셋째, 교재는 쉬운 것부터 어려운 것으로 배열하고, 확실한 지식이 된 다음에 다른 지식을 가르쳐야 한다. 넷째, 동일한 시간에 집중할 수 있는 주의력은 하나의 대상에 제한되므로 하나의 순간에 하나의 교재를, 한 학년에 하나의 교과를, 한 언어에 하나의 기술을 부과해야 하며, 계속 반복하여 가르쳐야 한다. 다섯째, 교재를 완전히 이해시킨 다음에 암기시켜야 한다. 여섯째, 가르침은 천천히 그리고 확실하게 진행해야 한다.

또 라트케는 아동의 능력과 소질에 따른 합자연의 교수를 위한 구체적 원칙으로 다음 다섯 가지를 제시하였다. 첫째, 모든 교재는 아동의 능력에 맞추어 초보적인 과정과 학문적인 과정으로 취급해야 한다. 둘째, 모든 교재는 이해하기 쉽게 작은 단원으로 나누어야 한다. 셋째, 학교에서 완전히 이해시킨 다음에 가정에서 학습하게 해야 한다. 넷째, 하나의 교재는 한 사람의 교사가 가르쳐야 한다. 다섯째, 교사는 아동의 약점에 대해 친절해야 하며 진정한 학습흥미를 불러일으켜야 한다. 그리고 시간할당과 편성에 대해서는, 첫째, 하나의 강의는 한 시간을 넘어서는 안 된다. 매일의 일과는 네 시간을 넘어서는 안 된다. 둘째, 교사가 수업을 훌륭히 하면 훈육은 자연스럽게 따라온다. 셋째, 가정의 훈육과 학교의 훈육은 일치해야 한다. 넷째, 교지는 넓어야 하고 맑고 충분한 공간이 마련되어야 한다는 등의 원칙을 제시하였다(한동일 · 이학철 · 정건영, 1998 : 166-167).

코메니우스의 교육방법적 원리◀

과학적 실학주의자들 중에서 교육방법상의 원리를 가장 정교하게 제시한 이는 코메니우스이다. 그의 교육방법론은 보통 객관적 자연주의라고 불린다. 특히, 지식교육에 관한 9개의 교육방법적 원리는 서양교육사상의 발전과정에서 매우 중요한 역할을 하였다. 그가 제시한 교육방법적 원리는 다음과 같다.

① 알아야 할 모든 것을 가르쳐야 한다. 형식이나 기호를 이용하지 말고, 실물이나 관념을 직접 아동에게 제시하며 가르쳐야 한다.
② 무엇이든 일상생활에 실제로 응용되는 것을 가르쳐야 한다.
③ 무엇을 가르치든 단순화시켜 가르쳐야 한다.
④ 무엇이든 근원이나 원인과 관련지어 가르쳐야 한다.
⑤ 일반적 원리를 먼저 가르치고 세부적인 것은 나중에 가르쳐야 한다.
⑥ 하나의 사물이라도 사소하고 세부적인 것에 이르기까지 예외 없이 순서, 위치, 상호관계 등을 서로 관련시켜 가르쳐야 한다.
⑦ 순서에 따라 가르치되 동시에 하나 이상을 가르쳐서는 안 된다.
⑧ 어떤 주제라도 완전히 이해할 때까지 다른 주제로 넘어가서는 안 된다.
⑨ 습득한 지식을 명확히 하기 위해 사물 상호 간의 차이를 강조해야 한다.

코메니우스의 이런 교육방법상의 원리는 이후 루소, 페스탈로치(J. H. Pestalozzi, 1746~1827), 프뢰벨(F. W. A. Fröbel, 1782~1852), 듀이(J. Dewey, 1859~1952) 등 거의 모든 아동중심적 · 진보적 교육사상가들에게 많은 영향을 미쳤다.

CHAPTER 03 근대사회의 교육(II)

01 계몽주의기의 교육

1) 시대적 배경

▶ 계몽주의기의 사회적 배경

계몽시대란 일반적으로 17세기 후반 영국 명예혁명(1688)부터 18세기 후반 프랑스 시민혁명(1789~1794)에 이르는 약 100년간의 시기를 말한다. 대표적인 현대철학자 러셀(B. Russell, 1921~1970)은 사상사적 발달 과정을 기준으로 로크가 1689년에 『신앙의 자유』를 발표한 때부터 칸트(I. Kant, 1724~1804)가 1781년에 『순수이성비판』을 발표한 시기까지를 계몽주의기로 구분하기도 하였다(Russell, 1969:678). 이는 로크가 과학, 종교, 국가 및 교육 등 모든 측면에서 기존의 권위에서 벗어나기 위해 개인의 지적 자유와 권리를 강조하는 한편 이성적 인간을 절대시한 데서 근대적 계몽사상이 출발하고, 칸트가 진리의 최고 준거를 이성에서 찾고 모든 불합리를 이성을 통해 극복하려고 한 데서 그것이 완성되었다고 판단했기 때문일 것이다.

전근대적 봉건사회가 붕괴해 가는 과정은 동시에 소위 근대국가로 이행되는 과도기적 단계로서 절대주의 국가의 성장과정이기도 하다. 절대주의 국가는 15~16세기경부터 서서히 성장하기 시작하여 17세기 후반으로부터 18세기에 최고조로 발달하였다. 절대왕정은 중앙집권적 통일국가였다는 점에서 분권적인 중세 봉건국가로부터 벗어나 있었지만, 시민들의 일체의 권리를 인정하지 않고 엄격한 신분적 계급제도를 여전히 유지하고 있었다는 점에서 아직 근대적 민주국가로까지 발전하지는 못한 과도기적 국가체제였다.

18세기 후반부터 19세기 초는 이 절대주의 국가를 타파하고 새로운 근대적 민주국가를 건설하기 위한 격동적 혁명의 시기였다. 그 대표적인 예가 미국의 독립혁명(1776)과 프랑스의 시민혁명이다. 양자 모두 근대적 민주주의 국가를 지향한 시민혁명으로서, 미국의 혁명은 아메리카 합중국이라는 근대적이고 민주적인 국가를 탄생시키는 계기를 제공하였다. 그리고 프랑스혁명은 전제적인 절대왕정을 타도하고 봉건잔재를 청산함으로써 자유롭고 평등한 근대 시민사회를 건설하는 길을 열었다. 즉, 18세기 후반의 시민혁명들은 중세적 몽매성에 사로잡힌 구체제(ancien régime)를 타파하고 합리적 이성에 기초한 민주적인 신체제(nouveau régime)를 수립한 서양역사의 분수령이었다. 그것은 사상적 측면에서는 전근대적 절대주의로부터 근대적 계몽주의로, 정치적 측면에서는 전제적 정치체제로부터 민주적 정치체제로, 경제적 측면에서는 봉건적 경제체제로부터 자본주의적 경제질서로, 사회제도적 측면에서는 불합리하고 불평등한 제도로부터 합리적이고 평등한 제도로 이행되는 전환점이었다.

교육적 측면에서도 18세기는 중요한 역사적 의미를 지니고 있다. 절대주의에 기초한 절대왕정은 부국강병이라는 목표하에 강력한 국민교육정책을 추진하였다. 이에 반해 계몽주의는 구체제를 타파할 수 있는 길은 중세의 몽매성을 극복하고 속박되어 있는 합리적 이성을 해방하는 것이라고 믿고 이성적 · 지적 능력을 함양하기 위해 진력하였다. 또한, 18세기 후반에 이르러 계몽주의가 주지주의적 경향에 지나치게 편향되어 있다는 한계를 인식하고 교육을 통해 인간의 선한 자연본성을 발현하여 완전한 인간성을 실현하고 자유 · 평등한 사회를 구현하려는 자연주의가 출현하였다. 그리고 그 연장선에서 자연주의의 영향을 받아 인류애의 실현을 목표로 적극적인 교육사업을 추진한 범애파 교육이 성행하였다. 이런 여러 세력의 교육적 대립과 경쟁으로 인해 교육사상과 실제에서 이미 수 세기 전부터 서서히 나타나기 시작한 근대성이 보다 확고해지게 되었다.

이하에서 18세기에 서로 각축을 벌이던 절대주의, 계몽주의 그리고 자연주의 및 범애파에 따른 교육적 특징들에 대해 살펴보기로 한다.

2) 절대주의의 교육

(1) 절대주의의 특징

▶ 절대주의 국가의 정의와 특징

절대주의 국가는 중세 봉건체제로부터 근대 민주주의체제로 이행되는 과도기적 정치체제이다. 대략 15~16세기에 성장하기 시작하여 18세기에 절정을 이루다가 18세기 말에서 19세기 초에 역사의 뒤안으로 사라졌다. 절대주의 국가의 특징을 대략적으로 살펴보면 다음과 같다(한규원 · 이항재, 1996 : 216-217; 목영해 · 양진건 · 이항재 · 한규원, 2004 : 257-258).

첫째, 국왕이 절대적 권력을 행사하는 정치형태, 즉 전제군주제이다. 국왕은 신흥 부르주아 계급은 물론 그 주요 정치적 기반인 봉건귀족으로부터도 아무런 제약을 받지 않으며 중세 교황이 지녔던 무소불위(無所不爲)의 절대권력을 행사하였다. 프랑스의 절대군주였던 루이 14세(Louis XIV, 1638~1715)의 "짐은 곧 국가이다."라는 말이나, 영국의 국왕 찰스 1세(Charles I, 1600~1649)가 처형 직전에 했던 "짐은 그 누구보다도 인민의 자유를 바란다. 그러나 인민의 자유란 정부를 받드는 데 한정된 자유일 뿐 정부에 참가하는 자유를 의미하는 것은 아니다."라는 말은 절대주의 국가의 이런 특징을 여실히 드러내 준다.

둘째, 절대군주의 지배를 정당화하는 정치이론인 왕권신수설(王權神授說)에 의해 왕권의 세습과 신성불가침을 당연시하였다. 왕권신수설이란 왕권은 신으로부터 주어진 것으로, 왕은 신에 대해서만 책임을 지며 시민은 저항권 없이 왕에게 절대복종해야 하고 왕에게 복종하지 않는 것은 곧 신에 대한 반역이라는 정치이론이다. 이것은 절대주의 국가에서 시민의 저항이 강해지는 단계에서 나타나 절대주의를 보강하는 이데올로기적 무기로 이용되었다. 아직은 이성보다 신앙이 우위에 있던 시대에

지배이데올로기로서 이 왕권신수설이 나타난 것은 당연한 일이었다.[12)]

셋째, 절대왕정의 목적은 부국강병에 있었다. 그리고 부국강병을 위해 정치적 측면에서 관료기구를, 군사적 측면에서는 상비군체제를 수립하였고, 경제적 측면에서 중상주의 정책을 채택하였다. 관료기구는 주로 봉건귀족 혹은 근대 초부터 상·공업으로 부를 축적한 신흥 부르주아로 구성되어 있는데, 절대왕정의 여러 행정사항을 집행하였다. 국왕 직속의 상비군은 국내의 통일 및 질서 유지, 외적의 방어, 대외 원정 및 식민지 획득 및 관리를 담당하였다.

넷째, 절대주의는 사회체제상 계급적 신분제도에 기초하고 있었는데, 제1계급인 승려와 제2계급인 귀족, 그리고 90% 이상에 이르는 제3계급인 서민으로 구성되어 있었다. 모든 특권은 승려와 귀족계급에만 한정되어 있었고, 서민들은 모든 측면에서 아무 권한도 갖지 못하였다.

요컨대, 절대주의 국가는 분산적인 봉건영주들을 억압하고 강력한 중앙집권적이며 관료주의적인 권력기구를 만들고 상비군을 갖추었다. 국가기구를 유지하기 위해 충실한 관료와 장교가 필요했으며, 국가의 재정을 풍부하게 유지하기 위해서는 산업을 일으키고 상업과 무역을 번창시킬 필요가 있었다. 이런 필요에서 절대군주들은 학술을 진흥시키고 행정 및 군사 그리고 식산흥업에 필요한 관료와 간부를 양성하기 위한 교육에 충실을 기하였다(우메네 사토루, 1994:214-215).

---

12) 왕권신수설을 내세운 대표적인 인물은 영국의 제임스 1세(James I, 1566~1625), 프랑스의 루이 14세, 루이 14세 시대의 궁정목사였던 보쉬에(J. B. Bossuet, 1627~1704) 등이다. 제임스 1세는 「자유로운 군주국의 진정한 법」(1598)이라는 논문에서 왕은 지상에서 신의 대리인이고 왕권에는 제한이 없으며 의회의 권능은 권고하는 데 그치는 것이라고 주장함으로써 왕권신수설을 주창하였다. 그리고 그 뒤 그는 "왕이 신으로 불리는 것은 타당하다. 그 이유는 왕이 지상에 있어서 신의 권력과도 같은 권력을 행사하고 있기 때문이다. 왕은 모든 신민을 심판하며, 더욱이 신 이외의 어떤 것에도 책임을 지지 않는다."라고 주장하기도 하였다(네이버 백과사전 '왕권신수설' 참조, http://100.naver.com/100.php?id=117219). 또 보쉬에는 "국가 전체가 국왕 안에 있고, 모든 인민의 의지는 그의 의지 안에 포함되어 있다. 모든 완전성과 일체의 미덕이 신에게 통합되어 있듯이, 모든 인민의 모든 능력은 그 군주의 인격 속에 통합되어 있다."라고 하였다. 그리고 루이 14세는 자신을 천체의 중앙에 위치한 태양에 비교하여 "태양이야말로 가장 분명하고 가장 아름답게, 위대한 군주의 모습을 보여준다."라고 하였다(김성근, 1982:30-31).

(2) 절대주의의 교육적 특징

절대주의 국가는 본질적 성격상 귀족주의적 교육을 지향했으며, 서민대중을 위한 교육에는 관심을 기울이지 않았다. 그럼에도 불구하고 18세기는 이미 수 세기 전부터 교육에 대한 열망을 느끼던 민중 사이에서 학교교육이 점차 확대되고 있었다. 따라서 그것을 조장하든 방임하든 혹은 억압하든 간에 어떤 형태로든 국가에서 점점 확산되는 민중들의 학교교육에 일정한 관심을 기울이기 시작하였다. 다만 그 관심은 어디까지나 중앙집권적 국가권력을 강화하고 유지하기 위한 하나의 방편이라는 이해타산에서 비롯된 것에 지나지 않았다.

▶ 절대주의 국가의 교육적 특징

절대주의 국가의 두드러진 특징을 몇 가지로 정리하여 제시하면 다음과 같다(한규원 · 이항재, 1996 : 226-227).

첫째, 교육의 지배권이 교회 혹은 교황으로부터 세속적 국가권력으로 이양되었다. 중세시대 이래 1천 년 이상 교육은 마치 교회의 전유물처럼 교회에 의해 장악되어 있었다. 그러나 시민계급의 발달과 도시의 형성 등에 따라 국가의 권력이 교회의 권력을 압도하게 되고, 그 과정에서 교육권이 점차 교회로부터 독립하여 국가권력에 이양되기 시작하였다. 그리하여 절대주의 국가가 최고조로 발달했던 18세기에는 국가가 교회로부터 교육권을 이양받아 교육을 본격적으로 지배하게 되었다. 이런 현상은 산업혁명을 거쳐 19세기 국가주의 교육에 의해 더욱 강화됨으로써 근대적 교육제도의 특징인 공교육 및 의무교육제도가 널리 확립되는 계기를 제공하였다.

둘째, 관료제도와 상비군체제의 확립에 따라 관료 및 상비군 간부를 양성하려는 목적에서 중등학교를 국가적 차원에서 정비하였다. 이에 따라 상류계급 자제를 위한 중등교육이 크게 발달하였다. 반면에 서민의 자제를 위한 초등학교는 상대적으로 부차적인 것으로 간주되어 널리 발달하지 못하였다. 이로 인해 초등학교와 중등학교의 연계 통로가 차단되어 전형적인 복선형(複線型) 교육제도가 수립하게 되었다. 이 귀족주의적 복선형 교육제도는 교육의 기회균등 이념에 기초하여 19세기 말에 대두되고 20세기에 들어와 크게 진전된 통일학교운동에 의해 단선형(單線型) 교육제도로 점차 전환되었다.

셋째, 교육의 일차적 목적은 무엇보다 부국강병과 충성스런 국민의 양성에 있었다. 절대주의 국가는 모든 권력이 전제군주에게 집중되어 있는 중앙집권적 국가였다. 특히, 절대권력을 유지하기 위해 관료제도를 두고 산업의 진흥과 무역 및 상업의 장려를 통해 부국강병을 꾀하고자 하였다. 이를 위해서는 불가피하게 모든 국민에게 국가와 군주에 대한 충성심과 복종의식을 심어주어야 했다. 그리하여 강력한 국민교육정책을 채택하여 국민의 의식과 생활을 통제하고 지배하고자 하였다. 이를테면, 프로이센의 빌헬름 1세(F. Wilhelm Ⅰ)는 절대주의 국가의 번영과 확장을 위해 무역, 제조업, 농업 등을 혁신하고 상비군을 양성하여 군사력을 강화하였다. 뿐만 아니라, 국가의 기반은 교육에 달려 있다고 믿고 1717년에 '의무취학령'을, 1736년에 '일반학교령'을 공포하기도 하였다. 이는 국민의 사상과 의식을 통제 · 통일함으로써 궁극적으로 국가권력을 강화하기 위한 것이었다.

넷째, 교육내용은 국왕에 대한 충성심 배양에 유리한 과목들과 기능, 지리, 실과, 이과, 수학 및 근대어 등 실질적인 과목들로 이루어져 있었다. 예를 들어, 프랑스 레느(Rhenne) 고등법원 검찰총장 샬로테(L. R. de la Chalotais, 1701~1785)는 '국민교육론'이라는 교육계획안을 작성하여 교육은 국정의 일부로 취급되어야 한다고 강조하였다. 그는 교육개혁안을 통해 아동의 교육기간을 5~10세, 10~18세 두 시기로 나누고 전자의 아동에게는 읽기, 쓰기, 역사, 지리, 기초 박물, 기초 수학, 우화, 미술, 무용, 체육을, 후자의 아동에게는 역사, 지리, 수학, 박물, 프랑스 및 라틴문학, 논리학, 음악, 발명기술 등을 가르치도록 규정하였다. 그가 제시한 교육내용의 특징은 종교가 제외되어 있으며, 자국어의 중시와 근대 자연과학의 채택, 일상의 실천적 교과의 채택, 국민의 지식을 넓혀주는 역사와 지리의 중시 등 세속적이고 근대적인 과목을 다양하게 제공했다는 점이다.

3) 계몽주의의 교육

(1) 계몽주의의 특징

계몽주의의 정의◀

계몽운동은 근대사회로의 발전과정에서 인문주의의 자아 각성운동과 종교개혁의 종교적 · 사회적 · 도덕적 개혁운동이 절대주의라고 하는 거대한 구체제적 장벽에 부딪히자, 그 장벽을 허물고 새로운 근대적 생활양식과 사회체제를 구현하기 위해 발생하였다. 즉, 구체제를 제거하지 않는 한 신앙과 사상 및 출판의 자유, 사회적 기회의 균등, 민주적 대의정치, 경제적 생활 수준의 향상 등 근대적 민주체제의 확립이 불가능하다는 각성에서 절대주의의 몽매성을 일소하려던 운동이 전개되었다. 이 운동의 결과로 나타난 것이 바로 시민혁명이다. 시민혁명의 전형인 프랑스혁명은 정치적으로는 전근대적 전제군주제를 축출하고 근대적 민주정치체제를 수립하려는 부르주아혁명이기도 하지만, 보다 넓게는 전 국민이 자유로운 개인으로서 자기를 확립하고 평등한 권리를 보유하며 합리적 · 과학적 이성으로 무장하려는 사상혁명이었다.

시민혁명의 이론적 · 사상적 기초를 제공한 계몽사상의 근원은 이미 오래전부터 서서히 준비되고 발전되었다. 즉, 영국의 베이컨과 로크에 의해 사상적 체계로 형성되고, 버클리(G. Berkeley, 1686~1753)와 흄(D. Hume, 1711~1776)에 의해 배양 · 발전되어 프랑스에 전파되었다. 그리고 프랑스에서는 몽테스키외(Montesquieu, 1689~1755), 볼테르(Voltaire, 1694~1778), 루소, 디드로(D. Diderot, 1713~1784) 등 소위 '백과전서파(百科全書派)'[13]에 의해 계몽사상의 성숙과 발달이 이루어졌으

13) 원래 『백과전서』는 프랑스 대혁명 발발 이전인 앙시앙 레짐(ancien regime)하에서 디드로, 달랑베르 등의 감수로 이루어진 과학, 기술, 학술 등 당시의 학문과 기술을 집대성한 대규모 출판 사업이다. 비록 전체적인 사상적 통일은 이루지 못했으나 이성을 주장하고 신학, 교회에 대한 강한 비판을 보였기 때문에 발행금지 등 국가의 탄압을 받기도 하였다. 그러나 프랑스의 일류 계몽사상가들의 집필로 1751년 제1권이 출판되고, 이어 1772년까지 본문 19권, 도판(圖版) 11권의 대사전이 완성되었다. 『백과전서』 편찬의 기본 취지는 혁명보다는 오히려 개혁을 겨냥한 것이었으나, 근대적인 지식과 사고 방법으로 당시 사람들을 계몽하고 권위에 대해 비판적인 태도를 취했기 때문에 결국 프랑스 대혁명의 사상적 배경이 되었다. 이 사업에 참여한 184명의 계몽사상가, 학자인 백과전서파는 볼테르, 몽테스키외, 루소, 케네(F. Quesnay, 1694~1774) 등 당시 프랑스의 대표적 계몽사상가들이 핵심이었다. 집필자나 편집자 및 이 사업에 참여한 사람들은 각양각색이었지만, 이들은 대부분 가톨릭 교회와 절대왕정에는 반대하는 입장이었다. 이들의 작업은 18세기 후반 프랑스 자본주의의 총괄적 반영이었으며, 당시의 진보적 사상을 총동원한 결과로서, 1789년 프랑스 대혁명의 사상적 무기인 동시에 사상적 지반을 굳히는 구실을 한 점에 그 의의가 있다(네이버 백과사전 '백과전서파' http://100.naver.com/ 100.php?id=72391).

며, 다른 나라에 비해, 특히 정치적 측면에서 지대한 영향을 미침으로써 프랑스혁명 발발의 결정적 계기를 제공하였다. 이 계몽주의는 다시 독일에 전해지게 되는데, 정치적 상황의 후진성으로 인해 시민혁명으로 발전하지는 못하였다. 그 대신 철학사상과의 접맥을 통해 칸트, 피히테(J. G. Fichte, 1762~1814), 셸링(F. W. von Schelling, 1755~1854), 헤겔(G. W. F. Hegel, 1770~1831) 등으로 대표되는 화려한 독일 관념철학의 시대를 열었다.

계몽주의의 특징◀

프랑스혁명 등 근대적 시민혁명의 이념적 기초로 작용했던 계몽주의의 특징을 몇 가지로 정리하면 다음과 같다(조병규, 1983 : 147-148).

첫째, 계몽주의는 자유주의에 입각하고 있다. 모든 인간은 본래 자유 평등한 존재이고 승려나 귀족적 특권에 의한 사회는 인간의 자연적인 인권을 유린하고 있으며 자연의 질서에 위배된다. 자연법을 중심으로 하는 로크의 『시민정치론』은 시민은 정부에 정치를 위임하는 것이므로 정부는 시민의 자연권(생명, 자유, 재산)을 보호해야 한다는 국가계약설을 제창하였다. 몽테스키외도 『법의 정신』에서 입법, 사법, 행정의 삼권분립의 필요성을 역설하였으며, 루소도 『사회계약론』에서 주권재민의 자유주의 사상을 강조하였다.

둘째, 계몽주의는 합리주의에 기초하고 있다. 이성과 지성을 존중하여 모든 사물을 이성의 빛에 비추어 합리화하려는 주지주의적 경향을 지니고 있다. 그것은 사상과 행동에 있어서 전통의 속박을 떠나 종교, 도덕 등과 같은 모든 현상을 이성으로 비판하고, 모든 생활문제를 이성에 의해 해결하려고 하였다.

셋째, 초국가적 · 반전통적 경향이다. 영국에서 시작하여 프랑스와 독일로 전파되어 앙시앙 레짐을 일소하려는 계몽주의는 역사적 전통이라든지 민족이 가지는 관습 등을 낡은 것으로 부정하였다. 그리하여 세계 시민적 성격을 띤 현실주의, 현행주의, 범애주의 등과 결합되었다. 역사와 국가와 전통 그리고 민족을 초월한 보편적 인간, 즉 세계인으로서 이성이 명령하는 대로 사고하고 생활하려는 기풍이 계몽주의 시대의 전형적인 인간상이었던 것이다.

넷째, 계몽주의는 이신론(理神論, deism)을 취하고 있다. 이신론이란 신을 세계의 창조자로 인정하면서도, 일단 창조된 세계는 그 자체의 합리적 법칙에 따라 움직이는 것이라고 생각하고 신앙의 내용을 오직 이성적 진리에 한정시킨 합리주의 신학의 종교관을 일컫는다. 이신론은 먼저 영국에서 1696년 톨런드(J. Toland, 1670~1722)와 틴들(M. Tindle, 1653~1733)이 주장하였고, 이어 볼테르와 디드로 그리고 루소 등이 프랑스에 수용함으로써 유럽 전역에 확산되었다.

다섯째, 실학주의 혹은 현세주의이다. 실제적이고 실용적인 것을 추구하는 실학주의는 자연과학 분야의 발달에 큰 영향을 미쳐 과학적 원리를 이용한 새로운 기계들을 만들도록 하였다. 예를 들어, 와트(James Watt, 1730~1819)는 1765년에 증기기관을, 아쿠라이트(Arkuright, 1732~1792)는 1769년에 방적기계를 발명함으로써 후에 산업혁명을 촉진하였다.

여섯째, 인간 중심주의이다. 인간을 인간 이상의 신적 존재도 아니고 인간 이하의 동물적 존재도 아닌, 인간다운 인간으로 보고자 하였으며, 인간성을 억압하고 소외시키는 모든 것으로부터 그것을 해방시키고자 하였다.

(2) 계몽주의의 교육적 특징

근대 및 현대교육의 사상적 기틀은 계몽주의에 있다고 할 수 있을 만큼 계몽주의가 교육에 미친 영향은 지대하다. 특히, 이성에 기초한 합리적·객관적 사고를 강조하는 20세기 서양의 주지주의적·자유주의적 교육론은 직접적으로 이 계몽주의에서 연유하고 있다고 해도 과언이 아니다. 인간적 몽매성과 사회적 구폐를 타파함으로써 이성을 해방하고, 자유롭고 합리적인 사회를 건설하려는 계몽운동은 그 자체가 하나의 교육운동이었다. 계몽주의자들은 공통적으로 이성의 해방 및 합리적인 사회건설의 방법을 근본적으로 교육에서 찾고자 하였다. 이들은 개인의 개명과 사회의 개혁 그리고 역사의 발전을 위해 교육이 반드시 요구될 뿐만 아니라, 교육을 통해 그것이 가능하다고 믿는 낙관주의자들이자 교육만능론자들이었다.

▶ 계몽주의의 교육적 특징

계몽주의의 중요한 교육적 특징을 교육목적, 내용, 방법을 중심으로 제시하면 다음과 같다(강기수, 1998:287-289).

첫째, 계몽주의의 교육목적은 이성적 사유능력을 길러줌으로써 종교, 정치제도,

사회구조 등에 내재하는 모든 종류의 권위로부터 자유로울 수 있는 인간을 양성하는 데 있다. 다시 말하면 계몽주의의 교육은 추리능력을 길러 이성의 자유를 속박하는 종교, 정치, 사회의 모든 권력구조를 제거하고, 교회의 몽매주의나 전제적 독재주의에서 오는 독단, 전통, 미신, 편견, 격정, 특권 등 모든 속박으로부터 이성을 해방시키고자 하였다. 즉, 계몽주의 교육은 인간이 자신의 이성으로 합리적으로 생각하여 권위와 속박으로부터 자유로워지고, 나아가 개인의 이성을 발달시켜 삶의 모든 측면을 객관적으로 비판하는 능력을 함양시키는 데 궁극적 목적을 두었다.

둘째, 교육내용과 관련하여 계몽주의는 과학을 중심으로 합리적인 것만을 수용하고 이치에 맞지 않는 것은 배격하였다. 그리하여 철학, 과학, 정치, 경제, 미술, 문학, 사교상의 예법 등을 중요한 교육내용으로 삼는 대신에 종교나 실생활에 도움이 되는 교과는 중시하지 않았다. 그러나 지나치게 세련된 태도와 형식적이고 인위적인 예법, 이기적인 행동 등이 윤리나 도덕을 대신하게 됨으로써 옛날의 도덕 대신에 기지(奇智)와 우미(優美)로 가장된 불성실과 사치 등이 성행하게 되었다.

셋째, 계몽주의의 교육방법은 이성에 호소하는 교육방법을 중시함으로써 이성적인 면이 강조되고, 감성적인 면이 무시되었다. 그리하여 계시나 상상 또는 감정에 의한 방법은 사라지고 냉정한 비판적 · 분석적 태도만 용납되었다. 따라서 신앙과 제도를 논리적 사고의 적으로 경멸하였으며, 이성에 근거한 추리력을 계몽운동의 유일한 수단으로 간주하였다.

계몽주의 교육의 영향 ◀

계몽주의 교육은 억압적인 사회체제와 관습 및 불합리한 사고방식에 대항하여 이성과 합리성을 추구함으로써 전근대적 절대왕정의 무지몽매와 억압성을 극복하는 데 결정적으로 기여하였다. 그러나 이성과 합리성 그리고 객관적 · 과학적 지식의 추구는 지나치게 주지주의적 경향으로 흘러 지적 귀족주의와 형식주의에 매몰되고 말았다. 그리하여 일반 서민대중의 교육적 권리는 등한시한 채 지적 사치와 유희만을 일삼음으로써 평등사상에 입각한 민주주의 교육의 발전에는 오히려 적지 않은 장애요인으로 작용하였다. 계몽주의의 이런 특성은 결과적으로 지적 인텔리를 양성하기 위한 중등 및 고등교육의 발전에는 기여했지만, 상대적으로 서민대중의 생활향상을 위한 초등교육의 발전에는 하등 도움이 되지 못하였다.

그럼에도 불구하고 계몽주의 교육은 보편적이고 천부적인 개인의 권리에 대한 신념에 기초하여 종교, 도덕, 정치 등 권위나 전통으로부터 인간을 해방시키고, 인간의 존엄성에 근거하여 인간을 긍정하고 인간 사회의 무한한 진보와 개혁의 가능성을 확신함으로써 근대 이후 현대에 이르기까지 교육에 지대한 영향을 미치고 있다(강기수, 1998:289).

4) 자연주의의 교육

(1) 자연주의의 발전

▶ 자연주의의 정의

18세기는 전근대적 절대주의와 근대적 계몽주의가 서로 대립하고 갈등하던 시대였다. 그런데, 계몽주의 일각에서 계몽주의의 주지주의와 형식주의 그리고 지적 귀족주의에 대항하며 자연주의가 발생하고 발전하였다. 말하자면, 계몽주의가 절대왕정과 교회를 중심으로 하는 구체제를 비판하고 각종 악폐를 제거함으로써 이성을 기초로 하는 새로운 질서를 수립하고자 하였다. 그러나 지나치게 이성을 강조함으로써 합리주의와 주지주의적 경향에 편향되었으며, 그 결과 지적 귀족주의에 매몰되어 버리고 말았다. 그러자 그에 대한 반향으로 18세기 후반에서 19세기 초반에 이르는 시기에 계몽주의 진영 내부에서 자연주의적 경향이 나타나게 되었다. 따라서 자연주의는 한편에서 계몽주의에 속해 있으면서도 다른 한편에서는 계몽주의를 비판하고 그에 대항함으로써 그 한계를 뛰어넘으려는 대안적 사조라 할 수 있다.

자연주의는 자연상태를 가장 선하고 아름다우며 질서 잡힌 세계라고 여기고, 이 자연의 질서에 따라 사는 것이 가장 이상적이고 가치 있는 삶이라고 생각하는 사고방식을 총칭한다. 말하자면, 자연을 모든 인식과 가치 판단의 궁극적인 준거로 삼는, 즉 자연을 유일한 실재로 간주하는 사조이다.

▶ 자연주의의 역사

사실 좁은 의미의 자연주의는 근대에 루소에 의해 정립된 자연주의를 지칭하지만, 그 역사적 뿌리는 매우 오래전인 고대 자연철학으로까지 거슬러 올라간다. 이를테면, 물을 만물의 근원이라고 보았던 탈레스(Thales), 공기를 우주의 본질이라고 생각했던 아낙시메네스(Anaximenes), 원자를 세계의 구성 요소라고 주장했던 레우

키포스(Leukippos), 그보다 한 걸음 더 나아가 세계가 원자와 그 원자가 운동할 수 있는 공간으로 구성되어 있다고 믿었던 데모크리토스(Democritos), 만물은 변화유전하고 우주의 본질은 불이며 불이 변하여 모든 사물이 형성되었다고 보았던 헤라클레이토스(Herakleitos), 그리고 우주의 본질은 흙, 물, 공기, 불로 이루어져 있다고 생각했던 엠페도클레스(Empedokles) 등과 같은 고대의 자연 철학자들도 모두 이 자연주의의 범주에 속해 있다. 이 고대의 자연주의를 일컬어 고전적 자연주의라 한다.

자연주의는 기독교 신앙에 의해 지배되던 중세시대에 잠복되어 있다가, 현세의 인간적인 삶과 자연에 눈을 뜨기 시작하던 15~16세기에 다시 표면으로 나타나기 시작하였다. 이 시대의 인문주의는 과거의 초자연적 신 중심의 기독교적 세계관으로부터 벗어나 인간과 현세와 자연을 조화적으로 파악하고자 했다는 점에서 근대적 자연주의의 맹아라고 할 수 있다. 이를테면, 인문주의자인 에라스뮈스는 아동을 하나의 자유로운 존재로 보고, 심리주의, 자발주의, 흥미주의에 기초하여 교육해야 한다고 주장하였다. 이런 주장은 성격상 자연주의의 문제의식과 일맥상통하고 있다. 그 후 17세기 실학주의에 이르러 자연주의는 큰 발전을 보였다. 16세기의 몽테뉴, 17세기의 라트케와 코메니우스 등은 모두 교육의 과정에서 자연의 중요성을 각별히 강조한 사상가들이다. 특히, 과학적 실학주의자 코메니우스는『대교수학』에서 교수학습의 기본원리로 '합자연의 원리'를 제시하고,『세계도회』에서 직관을 이용한 자연적 사물에 대한 지식 획득을 강조함으로써, 루소로 하여금 자연주의를 집대성할 수 있게 하는 사상적 기초를 다져 놓았다. 그리고 18세기에 들어 샤프츠베리(A. A. C. Shaftesbury, 1671~1713)와 로크, 디드로 등 여러 사상가에 의해 제기되다가 루소의 사상에서 절정을 이루었다.

루소 ◀

특히, 루소는 다른 계몽주의자들과 마찬가지로 여러 사회 · 정치적 악폐를 비판하고 새로운 이상적 사회를 건설하려고 하였지만, 이상사회의 기초를 이성의 법칙보다는 자연적 감성에, 소수의 지적 귀족들보다는 절대다수의 서민에 두고자 하였다. 그는 자연의 빛에 비추어 인간 본래의 모습을 이해하고자 하였으며, 인간의 선한 본성을 실제적으로 발현할 수 있게 하는 사회 · 정치체제를 이상적 사회상으로 간주하였다. 그리하여 자유와 평등이라는 천부인권이 보장되는 정치체제를 지향하였고, 교육을 통해 선한 자연본성을 유지·발현시키고자 하였다. 한마디로 기존의 부자유, 불평등한 사회질서를 파괴하고 인간 본연의 상태, 즉 선한 자연본성이 보장되는 자연상태로 돌아가야 한다는 것이 그의 생각이었다. 특히, 『학문예술론』(1750), 『인간불평등기원론』(1755), 『신엘로이즈』(1761) 등에서 기존의 부패한 문명과 사회질서를 통렬하게 비판하였으며, 『사회계약론』(1762)에서는 자유 평등한 새로운 이상사회를 구체화하고 『에밀』(1762)에서는 그 이상사회를 실현하기 위한 교육의 원리를 제시하였다.

루소의 자연주의는 자유와 평등 그리고 박애 등 천부인권이 보장되는 사회를 건설하기 위한 프랑스 시민혁명의 가장 중요한 이론적 기반으로 작용했을 뿐만 아니라, 20세기 서구 민주주의사상의 근간을 이루고 있다고 할 수 있다. 또한, 루소의 자연주의는 바제도브(J. B. Basedow, 1724~1790), 잘츠만(C. G. Salzman, 1744~1811) 등의 범애파에 널리 수용·확산되고 19세기의 페스탈로치 등에 의해 근·현대교육의 가장 중핵적인 사상으로 자리 매김하였다. 특히, 교육이념으로부터 방법에 이르기까지 모든 교육의 원리를 자연의 질서 혹은 자연법칙과 일치시키고자 했던 '합자연의 원리'는 19세기 계발주의와 20세기 아동중심주의의 이념적 기초를 이루고 있다.

(2) 자연주의의 교육적 특징

사실 자연주의에서 말하는 자연의 의미를 한마디로 정확하게 규정하기란 쉽지 않은 일이다. 코메니우스의 경우 자연을 형이상학적 개념으로 사용하여 모든 사물이 지니고 있는 고유의 생득적 방식으로서, 일체의 존재를 다스리고 지배하는 힘을 의미하는 것으로 보았다. 즉, 자연은 질서를 낳게 하는 힘, 사물의 발전을 가능하게 하는 힘, 질서를 유지하는 운동의 법칙으로 보았다. 이렇게 보면 코메니우스의 자연은 신의 개념에 가깝다고 할 수 있다.

루소의 자연 개념은 더 복잡하다. 그에게 있어 자연은 첫째, 생명의 원류이며 근

▶ 자연의 개념

원으로서의 의미가 있다. 자연으로 돌아가야 한다는 루소의 개념은 생명의 근원에서 떠나지 말아야 한다는 것을 의미한다. 그는 대자연의 근원, 인간의 근원, 사물의 근원을 동일한 원리인 자연으로 보았기 때문에 자연은 다름 아닌 우주만물을 창조한 창조주의 자연이다.

둘째, 내부의 자연, 인간 성장발달의 일반적 기준이 되는 자연법칙을 의미한다. 이는 출생에서부터 성숙한 어른까지 인간의 성장과정을 신체적인 발육 및 각 내부기관의 성숙과 이에 적응하는 심리적 발달과정을 포함한다. 인간 성장발달의 심리적 특성을 지닌 발달단계론으로 고찰한 루소는 아동심리학의 원조라고 할 수 있다.

셋째, 반사회 · 반문명적 의미이다. 자연은 모든 인위적인 것에 대립되는 개념으로 루소 최초의 논문인 「학문예술론」에서 문명이 인간에게 끼친 해악을 열거하여 비판하면서 자연을 예찬한다. 그 후 『인간불평등기원론』과 『사회계약론』에서의 그의 주 비판대상은 사회상태이다. 루소는 어떻게 인간이 자유와 평등을 빼앗겼는가를, 그리고 자연에의 회귀의 진정한 의미를 역설한다.

넷째, 윤리적 의미이다. 자연은 본성적으로 선한 조물주의 손에서 나왔으므로 그 자체로 선한 상태이다. 그렇기 때문에 자연은 조물주나 선과 동질적일 수밖에 없다.

다섯째, 신학적 의미이다. 루소에게 있어 만물의 창조주는 신이며 신의 의지는 선이며 불변하는 제일 원리이다. 그 이상의 원인을 가질 수 없는 절대적인 존재, 선의 구현자인 신에게 악은 없다. 인간의 악은 그 본성에 내재해 있지 않은 것으로 신의 소관 밖에 있는 것이다(안인희 · 정희숙 · 임현식, 1994:56-57).

자연주의 교육의 의미 ◀

자연의 개념은 자연주의 교육에서 가장 중핵적이고 본질적인 준거로 사용되고 있다. 자연주의 교육이란 단적으로 말해 모든 교육의 원리를 자연에서 구하고 그에 따르는 교육, 즉 합자연의 교육을 의미한다. 자연에 일치하는 교육인 합자연의 교육은 대체로 다음과 같은 의미를 지니고 있다(목영해 · 양진건 · 이항재, 2004:270).

첫째, 합자연의 교육은 교육의 과정을 설계하고 진행할 때 자연법칙의 발견, 형성, 응용을 기초로 삼는 것을 말한다.

둘째, 합자연의 교육은 인간 역시 자연의 한 요소로서 자연과 같은 경향성으로 성장 · 발달해 나간다는 정신에 기초하고 있다. 인간발달은 자연의 법칙과 일치하므로, 개인을 가르치는 방법을 알기 위해서는 반드시 그의 성장발달의 특징을 알아야 한다. 교육목적과 교육내용은 학습자의 성질을 연구하여 결정해야 한다.

셋째, 합자연의 교육은 모든 인위적인 것에 반대하여 자연으로 돌아간다는 것을 의미한다. 자연주의 운동은 지나치게 인위적으로 생활하는 부패한 상류계급을 비판하는 데 주력하였다. 특히, 자연주의자들은 자연의 존재인 아동을 인위적으로 가르치는 것을 비판하였다. 아동의 자발성을 억압하고 그들을 인형과 같이 다루고 온실식 발달을 꾀하는 것, 또 어린아이를 보모나 가정교사에게 맡기는 것을 반대하고, 단순한 농가의 생활과 자연스러운 양육으로 돌아가야 한다고 주장하였다.

▶ 자연주의의 교육적 특징

합자연의 원리에 기초한 자연주의의 교육목적, 내용, 방법을 간략히 정리하면 다음과 같다.

첫째, 자연주의는 개인적 차원에서 개인의 선천적인 선과 덕성을 유지, 보존, 발현하고, 사회적 차원에서 개인의 선성과 천부적 권리를 보장하는 사회를 건설하는 데 목적을 둔다. 루소가 교육을 통해 길러내고자 하는 이상적 인간상은 자연인이다. 그러나 이 자연인은 사회로부터 고립된 존재가 아니라, 사회적 소용돌이 속에서도 인간의 선한 자연본성을 잃지 않고 오히려 사회의 성원으로서 진정한 자유와 평등을 달성할 수 있는 시민으로서의 자연인이다. 나아가 교육을 통해 실현하고자 했던 이상적인 사회는 모든 구성원들로 하여금 선한 자연본성을 유지하며 자연인으로서의 삶을 가능하게 하는 자유·평등한 사회이다.

둘째, 자연주의는 자연의 질서를 이해하고 선한 자연본성을 발현할 수 있는 것들을 교육내용으로 삼는다. 따라서 인위적이고 관례적인 관습들을 지양하고 아동의 천성에 기초하는 활동과 흥미를 중시한다. 그렇기 때문에 지식교육과 도덕교육 그리고 직업교육보다 체육과 건강훈련을 강조한다. 지식교육을 위한 교과서로는 생활에 필요한 내용과 사실과 사물을 직관을 통해 발견할 수 있는 『로빈슨 크루소』 정도로 족하다. 대신 아동이 살아가고 있는 사물의 세계 그 자체와 자연적 소재들, 그리고 실생활에 유용한 실용적 지식 등을 주요한 교육내용으로 간주한다.

셋째, 자연주의의 교육방법은 한마디로 자연에 따르는 방법이다. 자연에 따르는 교육방법은 다음과 같은 원리에 기초하고 있다.

① 자발성의 원리이다. 아동의 능력이 자연의 섭리에 따라 성장·발달할 수 있도록 성인의 인위적 간섭과 통제를 가능한 한 배제해야 한다.

② 관찰의 원리이다. 바람직한 교육은 아동에 대한 자세한 이해가 전제될 때 가능하다. 따라서 아동의 성장과 발달에 대해 성인의 면밀한 관찰이 끊임없이 요구되며, 이 관찰이 없이는 아동을 이해할 수 없다.

③ 보호의 원리이다. 부패하고 타락한 인위적 환경의 영향으로부터 아동을 보호함으로써 아동의 선한 본성이 훼손되지 않도록 해야 한다.

④ 습관의 원리이다. 아동의 성장·발달을 위해서는 좋은 습관이 필요한데, 좋은 습관이란 자연에 따르는 습관이다. 자연에 의한 욕망은 북돋우되 성인의 성급한 욕망에 의해 인위적인 습관이 형성되지 않도록 해야 한다.

자연주의의 교육방법상의 원리는 현대의 아동중심, 개성존중, 생활중심, 활동중심 교육의 방법적 기초를 제공하고 있다. 특히, 페스탈로치, 프뢰벨, 듀이 등 근·현대의 가장 대표적인 아동중심·경험중심 교육사상가들의 사상은 이 자연주의 사상을 빼놓고 이해할 수 없다.

5) 범애파의 교육

범애파 교육의 유래 ◀

루소의 교육사상은 당대 및 후대의 교육사상과 실제에 지대한 영향을 미쳤다. 그 중에서도 루소의 직접적 영향으로 인해 독일의 범애파가 형성되어 자연주의에 기초한 적극적인 교육사업이 전개되었다. 범애파란 바제도브가 데사우(Dessau)에 설립한 범애학교(Philanthropium)에서 유래한 것인데, 이 파는 종교, 국가, 민족의 차이를 초월한 인류애의 실현을 목표로 한 범애주의 교육을 추구하였다. 범애주의 운동은 바제도브에 의해 시작되어 트랍프(E. C. Trapp, 1745~1814), 캄페(J. H. Campe, 1746~1818) 등에 의해 이론적으로 체계화되고, 잘츠만에 의해 실제 학교운영에 적용됨으로써 완성되었다.

바제도브의 범애학교 ◀

바제도브는 루소의 『에밀』을 읽고 감동을 받아, 1768년에 『학교·학문과 그것이 공공복지에 미치는 영향에 관하여 자선가와 재산가들에게 드리는 제안』을 저술하고 다음과 같은 교육개혁을 제안하였다(목영해 · 양진건 · 이항재, 2004 : 278).

첫째, 국가의 행복은 시민의 덕성에 달려 있다. 그리고 시민의 덕성은 교육의 의해 형성된다. 따라서 학교는 국가의 지도감독하에 있어야 하며, 종교가는 종교에만 관계하면 된다.

둘째, 시민교육의 진흥은 유능한 교사에 의해 이루어지기 때문에 유능한 교사의 양성이 급선무이다.

셋째, 교육개혁에서 가장 중요한 것은 좋은 교과서를 편찬하는 데 있다.

이어서 그는 1774년에 데사우에 직접 범애학교를 세우고 자연주의 교육사상을 실천하고자 하였다. 이 학교는 종교적 분위기가 강하긴 했지만 종파적으로는 중립적이었다. 6세에서 18세의 아동을 대상으로 하여 4학급으로 편성 · 운영된 기숙학교로서, 아동을 성인의 축소판이 아닌 그 자체의 가치와 권리를 가진 존재로 취급하여 학교를 엄격한 자치제도에 따라 운영하였다.

이 학교의 목표는 아동의 행복과 공공의 복지를 증진하고 국가에 봉사할 수 있는 애국적 생활을 준비시키는 데 있었다. 특히, 바제도브는 개인의 행복이 증가할수록 공공의 이익 역시 증가한다고 확신하고 양자의 조화와 통일을 강조하였다.

이런 목표에 따라 유아기에는 수면, 식사, 의복, 놀이, 간단한 도구 사용법, 말하기, 기초적 몸가짐 등을 가르쳤다. 소년기에는 기초 도덕, 산술, 지리, 기하, 역사, 박물, 해부학, 물리학, 목공, 체조 등을 가르쳤다. 그리고 청년기에는 문법, 수사학, 수학, 박물 등의 학문과 검술, 승마, 무용, 수영, 노동 및 야외활동 등의 체육을 가르쳤다. 특히, 교육내용과 관련하여 언어보다는 실제적 활동인 실과교육을 강조하였다.

교육방법상의 특징을 보면 첫째, 모든 학습은 실생활에 유용해야 하며, 생활의 준비가 되어야 한다고 보고 실제 생활에 필요한 기능을 중시하였다.

둘째, 단계적 학습방법론을 적용하여 쉬운 것부터 어려운 것으로, 이미 알고 있는 것으로부터 아직 알지 못하는 것으로 가르치고자 하였다.

셋째, 직관적 · 자기활동적 · 유희적 활동을 중시하였다.

넷째, 교수보다는 훈육을 중시하였다. 자유를 존중하면서도 순종을 강조하였으며, 벌보다는 상을 장려하고 체벌은 엄금하였다. 또 선행을 장려하기 위해 일주일에 이틀은 선행의 날로 정해 운영하였고, 매월 특정일을 정해 단식을 하거나 마루 또는 짚 위에서 자도록 하였다.

바제도브의 범애학교는 10여 년 후 그가 떠난 후 유능한 지도자의 부재로 쇠퇴하다가 1793년 창립 19년 만에 폐교되고 말았다. 그러나 짧은 역사에도 불구하고 바제도브의 범애학교는 이후의 교육실제와 사상에 큰 영향을 미쳤다. 예를 들어, 독일과 스위스에서 그의 범애학교를 모방한 학교들이 우후죽순처럼 설립되었으며, 헤르바르트(J. F. Herbart, 1776~1841), 페스탈로치, 프뢰벨 등에 의해 계승되어 사상적으로 더욱 체계화되었다.

잘츠만의 범애학교 ◀

한편, 바제도브의 교육사상과 노력은 독일 출신으로 예나대학 출신의 목사 잘츠만에 의해 더욱 구체적으로 발전되었다. 한때 바제도브의 범애학교에 초빙되어 3년간 종교교육을 담당했던 그는 자신의 교육사상에 더욱 적합한 학교를 설립하기 위해 노력하였다. 그가 찾는 학교는 도회지와 적당한 거리에 위치해 있으면서 한 사람의 교장에 의해 학교운영 전체가 통일적으로 감독되며, 학생을 가능한 한 가족적으로 대할 수 있는 학교였다. 그리하여 그는 바제도브의 범애학교에서 나와 1784년 슈네펜탈(Schnepfenthal)에 범애학교를 설립하고, 평생 그곳에서 학교장으로 봉사하였다. 잘츠만이 범애학교를 통해 실현하고자 했던 목적은 건강하고 총명하며 선량·쾌활하고 이성적인 생활을 영위할 수 있는 전인적 인간을 육성하는 것이었다. 그리고 이런 목적을 실현하기 위해 실생활의 경험에 유용한 교재를 활용하고자 하였으며, 작업이나 체육 등과 같은 직접적인 신체활동을 중시하였다.

또 교육방법적 원리로 첫째, 자연의 순서에 따르는 교육을 추구하였다. 예컨대, 체육활동을 통해 우선 건강한 신체를 만들고, 그에 기초하여 감각, 기억, 상상, 사고 등과 같은 정신적 활동을 부과하였다.

둘째, 모든 교수를 실물에 대한 관찰로부터 시작하였다. 예를 들어, 언어를 가르칠 때 실물을 제시하며, 실물이 없을 경우에 야외나 공장 등 현장에 가서 직접 관찰하도록 하였다. 또한, 학생들에게 여행을 권고하고 스스로 학생들과 함께 여행하면서 하천이나 산악 등의 자연과 촌락, 농경 등 다양한 생활양식을 직접 체험하도록 지도하고 가르쳤다.

셋째, 노작활동을 강조하였다. 그는 아동이 식물 상태에서 동물 상태로 발전하기 위한 역량은 노작에서 나온다고 판단하고, 노작을 통한 학문과 기술의 습득을 위한 학습경험을 제공하고자 하였다.

넷째, 아동은 진리와 진실에 민감하기 때문에 진실하지 못한 훈계는 오히려 역효과를 낳을 수 있다고 보고 모든 훈계는 진리에 입각하여 실시하고자 하였다.

특히, 잘츠만은 개인과 인류의 행복을 위한 교육은 전적으로 교사에게 있다는 신념하에 범애학교의 교사가 견지해야 할 원칙을 세밀하게 제시하였다. 즉, ① 건강할 것, 쾌활한 품성을 지닐 것, ② 아동과 화목하게 사귀는 방법을 배울 것, ③ 아동과 함께 노작하는 방법을 익힐 것, ④ 자연의 산물에 대한 명료한 지식을 습득할 것, ⑤ 일의 성취는 근면에서 온다는 사실을 인식할 것, ⑥ 자신의 손을 사용하는 법을 익힐 것, ⑦ 시간을 절약하는 습관을 지닐 것, ⑧ 건강한 아동관을 가지고 가정과 교육기관에 관계할 것, ⑨ 아동에게 자신의 의무를 확신하게 하는 기술을 갖추도록 노력할 것, ⑩ 아동에게 시키기 전에 스스로 먼저 행동하도록 가르칠 것 등이다. 잘츠만의 범애학교는 그의 사후에도 지속적으로 발전하여 유명한 고등학교로 오늘날까지 존속하고 있으며, 바제도브의 범애학교와 함께 실험학교의 선구를 이루고 있다.

바제도브나 잘츠만의 범애학교가 상류층 자제의 교육에 중심을 두었다면, 주로 서민, 특히 농민의 교육에 전념한 범애학교도 있다. 그 대표적인 예가 로호브(F. E. V. Rochow, 1734~1805)의 범애학교이다. 그는 프로이센 귀족 출신으로 7년 전쟁(1756~1763)에 참전하여 부상을 당한 후 전 생애를 무지몽매한 농민의 자제를 위한 교육사업에 바칠 것을 결심하고 1773년 레칸(Reckan)에 농민학교를 세웠다. 이 학교는 당시 프로이센의 문교장관인 제디리츠(A. V. Zedlitz, 1731~1793)에 의해 "이상적인 농민학교"라고 극찬받았다. 또 로호브는 농민학교의 교육내용을 충실하게 운영하기 위해 스스로 학생들을 위한 교과서인 『농민의 벗』을 출간하기도 하였다(조병규, 1983:166).

요컨대, 범애파 교육자들은 자연주의 교육사상의 영향으로 인간성은 본성적으로 선하며, 교육을 통해 인간의 형성과 사회의 발전이 가능하다고 믿었다. 그리하여 그들은 행복주의와 공리주의에 기초하여 행복하며 공공의 복지에 기여할 수 있는 심신이 조화롭게 균형을 이룬 인간의 육성을 교육의 목표로 삼았다. 그리고 교육내용에 있어서는 실생활에 관련된 과목을 중시하였고, 언어 · 지식 · 기능의 숙달보다 인류애 · 덕성의 함양을 강조하였다. 또한, 아동의 가치와 권리를 인정하여 흥미, 직관, 직접적 자기활동 등을 교육방법상의 원리로 삼았다.

02 신인문주의기의 교육

1) 시대적 배경

신인문주의기의 사회적 특징

19세기의 서양사회는 정치, 경제, 사회, 문화 등 모든 영역에 있어 급격한 변화가 이루어진 격동의 세기였다. "19세기 한 세기 동안의 문화 및 사상의 발전은 지나간 18세기 간의 그것보다도 크고 많다."라는 한 역사가의 평은 19세기에 중요한 변화가 얼마나 많이 발생했는지를 역설적으로 나타내준다.

먼저 19세기에 나타난 가장 중요한 경제적 변화로 산업혁명을 들 수 있다. 산업혁명이란 18세기 후반에 시작된 생산수단 및 생산기술의 혁신에 의해 야기된 산업상의 큰 변화와 이에 따른 사회 · 경제적 변혁을 말한다. 산업혁명은 영국에서 1770년대에 발생하여 수십 년간에 걸쳐 서서히 진행하다가 1830년대에 이르러 어느 정도 완결되었다. 산업혁명이 유럽의 여러 국가 중에서도 영국에서 발생하게 된 데에는 몇 가지 요인이 있었다. 영국은 일찍부터 모직공업을 중심으로 한 근대 산업이 발달했으며, 광대한 식민지를 상대로 한 해외무역이 활발하여 많은 자본을 축적하고 있었다. 또한, 인구증가, 농촌인구의 도시 이동으로 산업활동에 필요한 노동력을 충분히 확보하고 있었다. 그리고 새로운 산업발전에 필요한 석탄, 철 등의 부존자원이 비교적 풍부했고, 명예혁명 이후 정치적으로 안정되고 경제활동의 자유가 보장되었다. 이런 여건을 배경으로 방적기, 방직기 등이 발명되고, 그것을 기초로 공장제 기계공업이 빠른 속도로 발달하였다. 또한, 증기기관과 통신수단의 발명으로 인해 교통과 통신이 발달하였으며, 교통과 통신의 비약적 발달은 다시 국제적 교류를 촉진하고 긴밀하게 하였다.

영국의 산업혁명은 프랑스, 독일 등은 물론 미국, 일본 등 다른 대륙으로까지 널리 확산되었다. 그리하여 18세기로부터 19세기에 이르는 동안 세계는 공장제 기계공업이 발달하고 산업자본주의가 확립되었으며, 1차 산업보다 2 · 3차 산업의 비중이 높아지는 등 경제구조상의 변화가 이루어졌다. 그 결과 생산력의 증가, 시장의 확대, 자본의 축적, 국가적 부의 증대 등과 같은 변화가 나타났다. 이런 변화는 자본가계급의 입장에서 보면 매우 긍정적이고 환영할 만한 것들이었다. 그러나 그 이면에서 노동착취, 인간성의 소외와 파괴, 경제적 노예상태로의 전락 등과 같이 노동자들의 삶을 질곡에 빠뜨리는 심각한 부정적 변화도 초래되었다.

이 시기에는 경제 영역에서뿐만 아니라 정치 영역에서도 급격한 변화가 이루어졌다. 우선 미국의 독립혁명을 들 수 있다. 이것은 영국의 지배하에 있던 북아메리카 13개 식민지가 본국의 지배에서 분리 독립한 사건이다. 즉, 1776년 독립선언서를 선포하고 1783년 파리조약을 통해 독립을 승인받음으로써 기존의 봉건적 신분질서와 토지제도의 잔재를 일소하고 삼권분립에 의한 근대적 민주공화제를 이룬 정치혁명이었다.

미국의 독립혁명이 발발한 직후 유럽대륙에서는 근대 시민혁명의 전형인 프랑스혁명이 발생하였다. 그것은 귀족혁명, 부르주아혁명, 도시대중혁명, 농민혁명 등이 혼합된 매우 복합적 성격을 지니고 있었다. 프랑스에서는 몽테스키외, 볼테르, 루소, 디드로 등 계몽주의자들에 의해 이미 반세기 이전부터 혁명사상이 서서히 배양되어 오고 있었다. 특히, 루소의 격렬한 문명비판과 인민주권론은 프랑스 민중들에게 앙시앙 레짐에 대한 저항의식을 형성하고 자유, 평등, 박애 등 천부인권을 자각하게 하는 중요한 사상적 기초를 제공하였다. 그리하여 1789년으로부터 1794년에 이르는 시민혁명의 과정을 거쳐 구체제인 절대왕정을 전복하고 주권재민사상, 중앙집권적 정치체제, 의회제도, 국민개병제도, 국민보통교육제도 등을 특징으로 하는 근대적 국민국가를 수립하기에 이르렀다. 다시 말해 프랑스혁명은 정치적인 측면에서 절대왕정을 타도하고 시민계급이 권력을 장악하게 하였고 경제적인 측면에서는 토지제도 및 농도제도 등 봉건 잔재를 제거하고 자본주의가 순조롭게 발전하도록 하였다. 또한, 사회적인 측면에서는 불평등한 신분제도와 특권제도를 타파하고 민주주의의 모델을 제시하여 근대 시민사회로의 발전을 가능하게 하였다. 마지막으로 사상적인 측면에서 이전 세대의 낡고 부패한 종교적 사고방식을 타파하고 합리적 · 이성적 · 과학적 계몽사상의 확산을 가능하게 하였다. 이 프랑스혁명은 나폴레옹(Napoleon Bonaparte, 1769~1821)의 활약을 통해 유럽 전역에 영향을 미침으로써 자유주의, 민족주의, 민주주의 등의 이념을 널리 확산시켰다.

마지막으로 사상 · 문화적 측면을 살펴보면, 이 시기에 큰 영향을 미친 것은 신인문주의(new humanism)였다. 신인문주의는 18세기 말엽부터 19세기 사이에 독일을 중심으로 철학, 문학, 예술, 교육 등에 나타난 사상 · 문예운동이다. 신인문주의는 16세기 인문주의의 키케로주의적 경향과 17세기 실학주의의 실리주의적 경향 그리고 18세기 계몽주의의 이성주의적 경향을 비판하고 그에 대항하면서 등장하였다. 특히, 계몽주의가 이성과 합리성 그리고 보편성을 지나치게 강조한 나머지 주지주의, 공리주의, 반역사주의, 반민족주의, 반국가주의에 편향되자, 이를 비판하며 주정주의, 역사주의, 민족주의, 국가주의를 주창하였다. 말하자면, 고대 그리스의 인간적 삶을 이상으로 삼아 지 · 정 · 의 전면에 걸쳐 인간성을 조화적으로 발달시키고 실현하고자 하였다. 이는 근본적인 문제의식에 있어 근대 초기에 인문주의가 중세의 기독교적 권위체제하에서 질식하던 인간성을 고대의 문예를 통해 회복하려던 것과 동일한 것이었다. 19세기의 중심적 사조인 신인문주의의 특징을 과거의 인문주의와 비교하여 요약하면 다음과 같다(박의수 외, 2004:214-215).

신인문주의의 특징 ◀

첫째, 인문주의가 그리스 문화를 계승한 로마 문화를 재생하였다면, 신인문주의는 그리스의 문학과 사상, 인간관, 세계관을 부활하였다. 그리스 문화의 순수성을 부활하려고 했던 점이 신인문주의의 특징이다.

둘째, 신인문주의의 착안점은 고전의 형식이 아닌 정신과 내용이다. 인문주의에서는 고전에 담긴 정신과 내용보다는 로마의 문장, 생활양식 등을 단순히 모방하는 데 그쳤으나, 신인문주의에서는 고전 속에 담긴 세계관, 인생관 그 자체를 중시함으로써 생활에 실질적인 도움을 주었다.

셋째, 신인문주의는 고전문화에 대한 자각적 태도를 지니고 있었다. 고전을 위한 맹목적인 부흥이 아니라, 자신과 국민문화를 위해 유용한 고전을 부흥하고자 하였다. 즉, 그리스의 고전문화를 통해 자기의 본질을 인식하고 참된 자기를 파악하고자 하였다.

이런 신인문주의는 인간성에 대한 새로운 각성과 자각, 민주적인 인간존중사상을 동반함으로써 새로운 교육사상을 촉발하였다. 그 결과로 나타난 것이 바로 국가주의와 계발주의이다. 특히, 국가주의가 공교육제도, 의무교육제도, 교육의 대중화 등 교육의 제도적 혹은 외형적 측면에 많은 영향을 끼쳤다면, 계발주의는 아동관, 교육내용, 교육방법 등 교육의 내부적 측면에 많은 영향을 미쳤다.

이하에서는 국가주의 교육, 계발주의 교육 그리고 산업혁명에 따른 새로운 교육기관의 출현 등을 중심으로 19세기의 교육적 상황에 대해 더 상세하게 살펴보기로 한다.

2) 국가주의 교육

(1) 국가주의 교육의 특징

▶ 국가주의의 등장

17, 18세기에 들어 민족단위의 독립국가가 형성되면서 확연히 구별되는 영토와 경제적 · 군사적 자원을 가진 국가가 일반적 형태를 갖추게 되었다. 그리고 18세기 후반부터 19세기에 걸쳐 각국은 치열한 경제적 · 군사적 경쟁의 와중에서 학교를 설립하여 국가에 충성하고 봉사할 수 있는 국민을 양성함으로써 자국의 안녕과 번영이라는 국가적 목적과 이상을 실현하고자 하였다. 특히, 19세기에 들어 나폴레옹의 침략전쟁이 발발하자, 그것을 방어하기 위해 국민의 국가에 대한 강한 충성심과 단결이 요구되었다. 그리하여 교육의 목적을 국가의 존속과 발전에 두려고 하는 경향이 절정에 달하게 되었다.

▶ 국가주의 교육의 정의와 목적

이렇듯 교육의 일차적 목적과 기능을 개인의 발달이 아닌 국가의 발달에 두고, 국가가 주체가 되어 모든 교육을 직접 통제 · 관리하려는 경향을 일컬어 국가주의 교육이라 한다. 즉, 국가주의 교육은 국가의 발전과 혁신을 중심과제로 삼는 교육의 국가관리, 통제, 국가경영 위주의 교육을 의미한다. 또한, 교육의 역할 가운데 개인의 성장·발달보다는 국가나 사회의 발전에 더 큰 관심을 갖는다(한규원·이항재, 1996:325). 따라서 국가주의에서 교육은 부국강병이라는 국가의 목표와 이상을 실현하기 위해 국민들의 총화와 단결을 꾀하며 국가의 발전에 기여하는 인간을 육성하기 위한 효율적인 수단이요 방법이다.

국가주의 교육의 이런 성격은 몇몇 국가주의 교육사상가의 견해를 살펴보면 확연하게 드러난다. 예컨대, 피히테는 유명한 「독일국민에게 고함」에서 조국을 섬기는 인간의 교육은 국가의 관심이 아닐 수 없다고 하였다. 헤겔은 개인의 진실성은 국가를 통해서만 도달할 수 있다고 보고 국가는 개인적 목적을 수단으로 하는 절대적 목적이라고 하였다. 덴마크의 목사이자 교육지도자인 그룬트비히(Nikolai F. S. Grundvig, 1783~1872)는 "먼저 참된 덴마크 사람이 되라. 그다음에 크리스천이 되라. 조국 덴마크를 사랑할 줄 모르는 사람이 하나님을 사랑한다는 것은 믿을 수 없는 일이다. 그런 인간에게는 신의 축복이 있을 수 없다."(손인수·정건영, 2000:129 재인용)라고 말하여, 국가에 대한 충성심을 신앙의 전제조건으로 제시하였다. 그리고 라 샬로테(L. R. La Chalotais, 1701~1785)도 "나는 감히 국가에 의한 교육을 시행하기를 요청한다. 왜냐하면, 모든 국가는 구성원인 국민을 가르쳐야 한다는 양도할 수도 파기할 수도 없는 권리를 가지고 있기 때문이다. 또한, 결국 국가의 자녀들은 국가의 구성원이 되도록 교육받아야 하기 때문이다."(손인수·정건영, 2000:130)라고 말하여 국가에 의한 교육을 강조하였다.

국가주의 교육의 내용 ◀

국가주의 교육의 기본적인 목적이 국가의 이상 실현에 기여할 인간의 육성에 있었기 때문에 교육내용 역시 애국심의 배양에 요구되는 과목이 강조되었다. 그리하여 전통적인 인문교과나 성서 혹은 라틴어와 고전문학으로부터 탈피하여 자국의 문학과 언어, 역사, 지리, 정치와 의무에 관한 공민교과 그리고 애국심 배양을 위한 음악, 특히 애국가가 중시되었다. 동시에 건강, 체력, 보건을 위한 체육훈련 역시 중요한 교과목으로 포함되었다. 그러나 국가주의 교육은 그 나름의 독특하고 새로운 교육방법에 관심을 기울이거나 개발하지 못하고, 당시 심리학 등에서 개발한 교육방법을 소개하고 채용하도록 권고하는 선에서 머물렀다.

국가주의 교육을 주창하고 정당화한 대표적인 학자들로는 프랑스의 라 샬로테와 콩도르세(M. de Condorcet, 1743~1794), 독일의 피히테와 슐라이어마허(F. E. D. Schleiermacher, 1768~1834), 미국의 호레이스 만(H. Mann, 1796~1859) 등을 들 수 있다. 이들은 한결같이 국가가 국민의 교육에 대해 책임져야 하고 그에 필요한 경비를 국가가 부담해야 하며, 모든 학령기 아동을 취학시켜야 한다고 주장하였다. 이 국가주의 원리는 국가의 지원과 통제에 의한 공교육제도와 의무교육제도의 출현과 발전을 촉진하였다. 그리하여 19세기 이후 세계 각국에서 국가의 통제와 지원에 의한 교육이 일반화되었다. 그에 따라 국가적 교육기관 또한 보편화되기 시작하였다. 그리고 의무교육제도의 수립으로 그때까지 주로 중·상류계층에 집중되어 있던 교육기회가 서민대중으로까지 확대되었으며, 그에 따라 취학 인구가 급격하게 팽창하는 교육의 대중화 현상이 나타나게 되었다. 따라서 오늘날 세계 각국에서 공통적으로 채택하고 있는 공교육제도 및 의무교육제도와 교육의 대중화 현상은 바로 이 19세기 국가주의 교육에서 비롯한 것이라고 할 수 있다.

(2) 공교육제도의 수립과 발달

▶ 공교육제도의 발달

19세기는 교육사상에서뿐만 아니라 교육실제에서도 많은 발전이 이루어진 시기이다. 교육에 대한 연구로 교육학이 학적 체계를 갖추기 시작하였고, 교육제도, 교육시설, 교수방법 등에서도 눈부신 발전을 보였다. 특히, 국가주의 교육은 교육제도상의 발전에 결정적 영향을 미쳐 공교육제도와 의무교육제도가 수립되고 그에 따라 교육의 대중화 현상이 두드러지게 나타났다. 19세기 국가주의 교육에서 선진적인 역할을 했던 대표적인 국가들은 프랑스, 독일, 미국, 영국, 이탈리아 등이다. 이 중 프랑스, 독일, 미국의 경우만 살펴보기로 한다.

▶ 프랑스

프랑스의 경우, 시민혁명이 발발하기 이전부터 이미 국가주의 교육의 필요성에 대한 주장이 나타나기 시작하였다. 이를테면, 1763년에 라 샬로테가 자신의 『국가교육론』에서 국왕에 의한 교육의 통제, 학교의 획일화, 교회와 학교의 분리, 교재, 교수법, 교과서 등의 국정화 등을 제안한 바 있다. 그 후 시민혁명기에 오스트리아,

프로이센, 영국 등의 군주들이 서로 동맹하여 침략해 오자, 이를 방어하고 자국의 자유를 보호하기 위해 국민들의 단결이 더욱 절실히 요구되었다. 이에 강력한 국민교육제도를 수립하여 교육을 통해 국민의 애국심을 함양 · 유지하고 국가의 안정과 영속을 보장하고자 하였다. 그리하여 1791년 공화국 헌법은 공교육과 무상교육의 실시를 명시하였고, 이어 콩도르세는 1792년 입법의회에 제출한 '공교육의 일반조직에 관한 보고 및 법안'에서 국민교육의 책무는 당연히 국가에 있음 주장하였다. 그리고 단성형 학제, 남녀평등 교육, 장학제도, 인구에 비례한 교육기관 설립, 교사의 공개 강의, 도서관 및 박물관 정비 등을 제안하였다. 콩도르세의 교육안은 입법의회 당시에는 구체적으로 실현되지 않았으나 후일 공교육제도의 확립과 발전에 중요한 기초가 되었다.

그 이후 제1공화정시대(1792~1804)에 제1집정관이 되어 권력을 장악한 나폴레옹은 1802년에 '공교육 일반법'을 제정 · 공포하여 학교체계를 초등 · 중등 · 전문학교로 정비하는 등 공립 교육제도의 기초를 닦았다. 그러나 중등교육에만 관심을 가졌을 뿐 초등교육은 상대적으로 경시하였다. 다시 1806년에는 제국대학 설치에 관한 법률을 공포하여 프랑스대학을 최고 교육행정기구로 삼아 국가가 교육을 관리하였으며, 1828년에는 이를 교육행정체제로 개편하였다. 그 후 왕정복고에 따라 교회의 교육권이 부활되는 등 보수적 경향이 나타났다. 그러다가 1830년 7월 혁명을 계기로 입헌군주제가 되면서 1833년 초등학교 설치의무 및 초등교육 행정조직을 규정하는 초등교육법을 제정함으로써 초등교육을 체계화하였다. 그 영향으로 1851년 당시 초등학교가 총 6만 개교를 넘었으며, 교사양성기관인 사범학교도 점차 설립되었다.

그 후 다시 1848년에 제2공화국 문교장관으로 취임한 카르노(H. Carnot, 1801~1888)에 의해 초등교육의 의무화, 국가에 의한 공립초등학교의 운영, 공립학교의 무상교육 등을 핵심내용으로 하는 '초등교육안'이 입법의회에 제출되었으나 큰 실효를 거두지는 못하였다. 프랑스 공교육제도는 그 후 제2왕정기(1851~1870)와 파리콤뮌(1871.3.28.~1871.5.28.)을 거쳐 제3공화정시대(1875~1940) 초기인 1880년대에 들어서야 완전한 정립을 보게 되었다. 특히, 제3공화정 당시 문교장관이던 페리(J. Ferry, 1832~1893)는 '페리법안'을 제정하여 근대적 교육정책과 교육제도를 정립하였다. 그는 이 법안에 초등학교 무상교육, 의무교육, 세속화 등을 명시하고 민주정치에 있어 가장 중요한 의무는 공교육을 실시하는 것이라고 선언하였다. 이 외에도 그는 1879년 '사립학교설치령', 1880년 '공교육 최고평의회'와 '대학구평의회에 관한 법률', 1882년 '초등교육의 의무중립에 관한 법률', 1886년 '초등교육법', 1887년 '사립학교 조직령' 등을 제정하였다. 특히, 1882년 '초등교육의 의무중립에 관한 법률'에 의해 프랑스는 공립교육, 의무교육, 무상교육, 세속교육 등 완전한 근대적 보통교육제도를 확립하게 되었다. 이와 같이 프랑스는 1789년 대혁명 이후 1세기라는 긴 기간을 거쳐 공교육제도의 완전한 정착에 이르게 되었다.

▶ 독일

독일은 유럽의 여러 나라 중에서도 가장 일찍 공교육제도를 수립한 국가이다. 독일은 이미 1642년에 세계 최초의 의무교육령이라고 알려진 '고타교육령'을 통해 취학의무제, 학급편성, 학교관리, 교육과정, 교수법 등을 체계화하였다. 그 후 프리드리히 빌헬름 1세(Friedrich Wilhelm Ⅰ, 1688~1740)가 1717년에 '의무취학령'을, 1736년에 '일반학교령'을 공포하여 5~12세 아동의 의무적 취학, 빈곤한 아동의 수업료 면제, 교사 봉급에 대한 국고 보조를 명시하였다. 또 그 뒤를 이은 프리드리히 빌헬름 2세(Friedrich Wilhelm II, 1744~1797)는 1763년에 '베를린 세미나'와 '일반 지방학사통칙'을 공포하여 5~14세 아동의 취학의무, 학교설치, 교재와 그 내용, 수업시간, 수업료면제, 학교에 대한 관리감독, 교사의 자격과 직무 등을 규정하였다. 그리고 그는 다시 1794년에 '일반지방법'을 제정하여 종파와 무관하게 모든 교육기관은 국가의 감독과 통제를 받도록 함으로써 의무적 학교교육과 공립초등교육의 토대를 구축하였다.

특히, 1806년 예나(Jena)에서 프랑스의 나폴레옹에게 패한 후 독일의 국가주의 교육이 강력하게 대두되었다. 이때 국가주의 교육사상가로 유명한 피히테는 「독일국민에게 고함」(1808)이라는 연설문을 통해 강대한 국가를 건설할 수 있는 길은 교육을 통해 국민의 애국심을 고취하는 것이라고 주장하였다. 이를 계기로 내무부 안에 교육을 담당하는 교육국을 신설하고 1817년 내무부로부터 독립되어 교육부로 승격시켰다. 그리고 1822년에는 더 체계적인 교사양성을 위해 '교육세미나'를 설립하였다. 그 후 1871년 프로이센을 중심으로 통일 독일제국이 탄생하면서, 근대적 국가로서의 기초를 확립하기 위한 강력한 근대화 교육정책을 추진하였다. 즉, 1872년에 '초등학교 및 교원양성소에 관한 일반규정'을 공포하여 초등학교의 표준을 정하고 종교교육의 비중을 감소시키는 한편 실과교과 및 직관교수법을 중시하는 페스탈로치의 교수법을 강조하는 등 교육근대화를 추진하였다. 그리고 1888년에 즉위한 빌헬름 2세(Wilhelm II, 1859~1941)가 적극적인 해외진출 정책을 표방하면서 제국주의적 국민교육을 더욱 강화하였다. 또한, 1890년 득세한 사회주의당의 에르푸르트(Erfurter) 강령은 학교의 세계화, 초등학교의 취학의무, 능력에 따른 상급학교 진학자에 대한 수업료 및 학용품 의 무료 제공 등과 같은 혁신적인 원칙을 제시함으로써 근대적 보통교육제도의 방향을 수립하였다. 이런 독일의 교육제도들은 1919년 바이마르(Weimar) 헌법이 등장함으로써 보다 완전한 보통교육제도로 발전하게 되었다(김경식, 2001 : 356).

미국◀

미국은 독립 이전부터 교육의 기회균등과 공교육제도 그리고 의무교육을 위한 노력을 경주해 왔다. 그 예로 1642년의 '매사추세츠교육령'과 1647년의 '제2차 매사추세츠교육령'을 들 수 있다. 이 두 교육령은 공교육제도를 채택하고 부모와 고용주의 교육에 대한 의무 그리고 지방자치단체의 학교설립 의무와 감독권을 규정하며 교육세 및 일반세금에 의한 무상교육 등을 명시함으로써 근대적 공교육제도와 의무교육제도의 기초를 닦았다. 그러나 널리 시행되지는 못하였다. 독립선언서가 발표된 1776년에 펜실바니아(Pennsylvania) 주에서는 헌법에 "모든 군(country)에 입법부에 의해 청소년의 교육을 쉽게 받도록 하기 위해 교사에게 공비로 봉급을 지급할 학교를 1개 또는 수개씩 설치한다."(Cubberley, 1920 : 422 ; 윤완, 2003 : 360)라고 규정하였고, 다음 해에 버몬트(Vermont) 주도 이를 모방하여 타운(town)에 공립학교를 설치할 것을 헌법에 명시하였다.

그 후 1779년 버지니아(Virginia) 주가 교육법안에 3년간의 무상 초등교육, 초등교육을 통해 선발된 학생들의 무상 중등 및 고등교육 등을 골자로 하는 공교육 방안을 마련했으나 실현되지는 못하였다. 또 1780년 매사추세츠 주 헌법에 교육의 필요성과 공립학교의 설립에 관한 규정을 삽입하였으며, 이어 1782년 버몬트 주, 1789

년 매사추세츠 주와 뉴햄프셔(New Hampshire) 주에서 각각 '일반학교법'을 제정하였다. 특히, 1791년에 수정된 미연방 헌법에 교육은 각 주에서 임의로 처리하라는 내용의 교육 관련 조항을 최초로 삽입하였으며, 1795년에 뉴욕(New York) 주에서는 초등학교에 대한 국고보조법을 제정하였다(Cubberley, 1920:422; 윤완, 2003:360~361). 그러나 이들 교육법안은 여건이 성숙되지 못해 아직 전면적으로 실시되지는 못하였다. 그러다가 1830년 전후에 들어 여건의 성숙과 함께 공립무상의 초등학교 보급운동이 활발하게 일어나기 시작했으며, 1867년에 이르러 모든 주가 공립학교제도를 확립하게 되었다.

미국의 의무교육제도는 1852년 매사추세츠 주에서 처음으로 입법화되었다. 즉, 매사추세츠 주의 교육감이던 호레이스 만이 1852년 미국 최초의 의무교육령을 제정하여 8세부터 14세까지의 모든 아동은 매년 12주 이상을 취학해야 한다는 규정함으로써 의무적 취학의 법적 근거를 마련한 것이다. 취학 의무제는 1870년대에 들어 널리 확산되다가, 1890년대에는 남부를 제외한 28개 주 모두가 채택하였고 1918년부터는 미국의 모든 주가 채택하여 시행하였다.

한 가지 특징적인 점은, 대부분의 국가가 국가주의에 따라 강력한 중앙집권적 행정체제를 채택하고 있음에 비해, 미국은 지방정부의 책임하에 공교육제도가 수립되고 발달했다는 사실이다. 이는 상대적으로 미국에서 지방자치제도가 발달했기 때문이었는데, 이런 전통을 오늘날까지 지속적으로 유지되고 있다.

3) 계발주의 교육

▶ 계발주의 교육의 정의

국가주의 교육사상가들이 그들의 국가적 이상을 달성하기 위하여 유효한 교육기관의 조직에 종사하고 있는 동안 일단의 교육사상가와 교육자들은 인간발달의 법칙에 합치하도록 교육과정 그 자체를 개혁하는 데 관심을 기울이고 있었다. 그런데 이 운동이 주로 마음의 본성과 그 작용을 취급하고 있기 때문에 일반적으로 심리학 운동이라고 부른다. 이것은 아동중심적 견해에 기초를 둔 것으로 모든 교육적 성과는 아동 자체를 주의 깊게 연구하는 데서 나오는 것이라고 보았다. 이 운동은 나중에 라마르크(C. de Lamarck, 1744~1829), 다윈(C. R. Darwin, 1809~1882), 헉슬리(T. H. Huxley, 1825~1895) 등에 의해 발달된 진화론의 자극을 크게 받았기 때문에 진화주의라고도 한다. 그러나 이 운동의 중요한 특징은 무엇보다 "교육은 외부로부터 성인의 표준을 강제로 주입하는 대신에 내부로부터 아동의 자연스러운 발달을 조장하는 것"에 있었기 때문에 계발주의라고 부른다(장찬익 · 노진호 · 이주한, 2005 : 173).

이 계발주의 교육은 멀게는 소크라테스의 산파법에 의한 진리발견의 원리로부터 영향을 받았지만, 더 가깝고 직접적으로는 루소의 자연주의 교육방법의 원리로부터 영향을 받았다. 말하자면, 계발주의는 루소 자연주의의 19세기적 발전이며 그것을 구체적인 교육현실에 적용 · 실천하고자 하는 운동이었다. 이런 의미에서 와일즈는 "개인의 자연적인 힘과 경향성을 아무런 구속도 받지 않고 자유롭게 계발시킬 것을 주창한 루소의 자연주의가 계발주의의 선구요 전제가 된다."(Wilds, 1959 : 455)고 하였다.

계발주의 교육의 목적 ◀

아동에 대한 연구에서 얻은 심리학적 지식을 기초로 아동 내부에 잠재된 다양한 능력의 계발을 중시하는 계발주의는 머리와 마음과 손의 조화로운 계발, 도덕적 품성의 계발, 선천적 능력의 계발을 교육의 근본 목적으로 삼는다.

예를 들어, 페스탈로치는 교육의 목적을 인간이 본래 가진 지력, 심성, 기능 혹은 3H 즉, 머리(head) · 가슴(heart) · 손의 조화적 발달에 두었다. 그리고 근대교육학의 창설자로 알려진 헤르바르트는 내면적 자유, 완전성, 호의, 정의, 형평의 이념 등 5도념으로 구성된 도덕적 품성의 도야에 두었다. 프뢰벨은 아동의 천성, 즉 잠재력을 계발하는 것을 교육의 목적으로 제시하였다.

계발주의 교육의 내용 ◀

계발주의의 교육내용은 한마디로 활동중심 교육과정이다. 즉, 성인의 기준으로 성인에 의해 조직된 언어나 문학 등과 같은 형식적 지식이 아니라, 아동 스스로 자신의 잠재적 능력을 발현할 수 있도록 조장하는 직접적 활동을 중시한다. 이를 위한 구체적인 교과로는 독서, 습자, 산수, 과학, 지리, 역사, 어학, 문학, 유희, 음악, 작업, 미술 등이다.

특히, 페스탈로치는 초등교육의 본질적 요소를 수(數), 형(形), 언어 세 가지로 들었다. 수에 관련되는 것은 계산과 수학, 형에 관련되는 것은 도화, 습자, 측량이며, 언어에 관련되는 것은 쓰기, 말하기, 읽기 등이다. 또 과학적·경험적 실물교육을 중시하고 물리, 화학, 광물, 식물, 동물 등의 표본을 수집하여 아들의 관찰을 위해 이용하기도 하였다.

프뢰벨도 자기표현활동을 교육내용의 핵심으로 삼았다. 그는 어학이 아동발달의 초기 단계에서 매우 중요하나 반드시 다른 교육활동과 동반되어야 한다고 생각하였다. 또한, 노래, 표정, 표현, 그림, 수공 등의 활동적 교과들을 교육내용에 포함시켰으며, 특히 유희를 가장 가치 있는 자기표현 형식이라고 생각하여 적극적으로 장려하였다.

▶ 계발주의 교육의 방법

계발주의가 미친 가장 크고 중요한 영향은 전통적 교육에 비해 교육방법상의 발달을 가져왔다는 점이다. 계발주의 교육사상가들이 제시하고 있는 바람직한 교육방법은 대략 활동의 원리, 흥미의 원리, 개인화의 원리, 사회화의 원리, 창작활동의 원리 등으로 요약할 수 있다. 페스탈로치의 경우 자발성, 지덕체의 조화, 단계에 따르는 교육, 개인과 사회의 유기적 관계 등을 내용으로 하는 합자연의 원리와 직관교수의 원리 그리고 노작교육의 원리를 교육방법상의 원리로 제시하였다. 프뢰벨 역시 이와 유사하게 아동교육의 방법적 원리로 통일의 원리, 자기활동의 원리, 놀이 및 작업의 원리, 연속적 발달의 원리, 노작교육의 원리 등을 들었다.

▶ 계발주의 교육의 특징

계발주의자들의 교육관은 그 강조점에 따라 약간씩 다르나 일반적으로 다음과 같은 점에 있어서는 공통된다고 할 수 있다(남궁용권, 1998:214-215).

첫째, 아동을 성인의 축소판으로 보지 않고 아동 나름대로 충실히 계발되어야 할 존엄한 존재로 본다.

둘째, 아동의 심리상태를 중요시하는 교육을 역설함으로써 도야 대상인 아동의 본질적 심성을 연구하여 그에 적합한 교육을 하도록 강조한다.

셋째, 자연주의 원리의 발전으로서 코메니우스와 루소의 교육사상을 아울러 발전시키고자 한다.

넷째, 노력할 때에 흥미와 발전이 있고, 흥미와 진전이 있을 때에 노력을 집중적으로 하게 된다는 원리에 따라 흥미와 노력을 아울러 강조한다.

다섯째, 교육은 발전의 과정이며, 그 발전에서 가장 중요한 시기는 초기교육인 유아나 아동기의 교육이라고 봄으로써 그 중요성의 강조는 물론 교육개선에 관심을 집중한다.

여섯째, 교육의 외부적 측면보다 내부적 상태의 쇄신에 관심을 두어 학습지도법의 개선, 교사양성의 중시, 교육내용의 선정 등에 큰 영향을 주었다.

이 계발주의 교육을 대표하는 주요 사상가로는 페스탈로치, 헤르바르트, 프뢰벨 등이 있다.

4) 산업혁명과 교육

(1) 산업혁명기의 아동노동상황

산업혁명기의 사회적 상황 ◀

18세기 후반 하그리브스(J. Hargreaves)의 방적기와 아크라이트(R. Arkwright)의 수차방적기 발명 등을 계기로 시작된 영국의 산업혁명은 과거 소규모의 가내 수공업을 대규모의 공장제 기계공업으로 전환시킴으로써 생산력의 혁명적 증가를 가져왔다. 이에 따라 경제구조의 변화는 물론 정치 · 사회 등 인류의 삶 전반에 걸쳐 근본적이고도 획기적인 변혁이 일어났다. 농업을 기반으로 하는 중세적 촌락사회는 근대적 공장도시로 대체되었고, 농촌인구가 급격하게 감소하는 대신 도시인구는 급증하였다. 혈연과 지연으로 맺어진 생활공동체는 생산수단을 소유한 자본가계급과 그렇지 못한 노동자계급의 고용과 피고용의 관계로 변화되었다.

산업혁명기 공장도시의 노동자들은 대개 조상 대대로 내려오던 토지를 잃고 도시로 몰려든 몰락 농민과 기계의 발명에 따른 대량생산양식으로의 변혁 때문에 직장을 잃은 수공업자, 그리고 그 아래서 협업으로 장인생활을 하던 사람들의 가족으로 구성되어 있었다. 공장에서 기계를 이용한 작업은 특수한 장인의 숙련이나 기능 및 체력을 필요로 하지 않았기 때문에 고용이 아동이나 여성으로까지 확대되었다. 값싼 노동력을 찾는 산업자본가들이 앞 다투어 아동이나 여성을 고용했기 때문이다. 그리하여 종래에는 성인들의 보조적 노동력에 지나지 않던 아동이 새로운 기계제공장에서는 중추적 노동력이 되었다. 아동이 보통 17세 정도에 이르면 공장에서 일했는데, 때로는 13~14세에 취업하는 경우도 있었다. 이들 저임금 노동자들이 대량으로 고용됨에 따라 역으로 성인의 실업이 발생했고, 실업까지는 아니라고 하더라도 실업이나 다를 바 없는 수준으로 임금이 하락되었다. 그리하여 공장노동자 가정은 온 가족이 총동원되어 일해야 겨우 생계를 유지할 수 있었다. 공장노동자들은 위생 시설이 없는 신흥 공업도시의 빈민촌에 밀집하여 햇볕이나 통풍이 거의 없는 집에서 살아가야만 했다. 이런 비참한 처지에서 탈출할 가능성이나 희망도 없이 하루하루를 절망적으로 살아가야 했기 때문에 사회적으로나 인간적으로 진취적 의욕을 잃고 음주, 도박, 향락에 빠짐으로써 가정생활이 급속하게 황폐화되어 갔다(한동일 · 이학철 · 정건영, 1998 : 194-196).

오웬(R. Owen, 1771~1858)은 이런 상황을 다음과 같이 묘사하고 있다.

> 신체적 · 정신적으로 아직 교육받을 능력조차 갖추지 않은 어린아이를 공장을 내몰게 된 것은 바로 면공업 탓이다. 방적공장은 살아 있는 해골 창고처럼 되었지 않은가? 더구나 어린아이들은 쇠약한 몸으로 비실거리면서 몇 년씩이나 그곳에서 살게 되는데 그사이에 사회에서 방치된 채로 온갖 악습을 배우게 되고 그 악습을 사방에 전염시킨다(우메네 사토루, 994 : 338).

공장에서 하루 종일 과중한 노동에 종사하고 피로에 젖어 있는 부모들은 귀가 후 자녀의 훈육에 관심을 가질 정신적 여유가 없었다. 이처럼 산업혁명기에 노동자계급의 가정은 교육적 기능을 거의 상실하고 있었다. 부모로부터 방치된 채 신흥 공업도시 빈민가에서 자라나는 노동자계급의 아동들은 공장에 다니든 그렇지 않든 간에 처참할 정도의 무지와 도덕적 타락에 빠져들고 있었다(한동일 · 이학철 · 정건영, 1998 : 195-196).

(2) 최초의 공장법과 교육법

▶ 공장법 · 교육법의 발달

상기한 것처럼, 처참하리만큼 비위생적이고 비인간적인 조건에서 장시간 노동에 임해야 하는 아동들에게 온갖 경제적 착취와 수탈을 일삼으며 이윤을 창출하던 산업자본가들의 행위를 정당화 · 합리화하던 이데올로기는 다름 아닌 애덤 스미스(A.

Smith, 1723~1790)가 그의 『국부론』에서 제창한 경제적 자유주의였다. 그는 자유로운 경제활동을 보장하는 일이야말로 생산을 늘리고 국가의 부를 축적시켜 공익의 증대에 기여하게 된다고 주장하였다. 이 주장에 기초하면 이윤창출을 위한 각 개인의 경제행위는 자신의 처지를 개선하기 위한 자연스러운 행위로서 정당한 일이다. 뿐만 아니라, 사회와 국가의 부를 증대하는 가장 효율적인 방법이다. 따라서 가능한 한 최대한의 자유방임이 요구된다. 산업자본가들은 이 이데올로기를 이용하여 최소비용에 최대 이익이라는 경제적 목적을 가장 효율적으로 달성하기 위해 저임금노동을 최대한 조장하고 있었다. 이런 상황에서 열악한 조건하에서 저임금에 시달리던 아동을 보호하기 위한 제도적 조치를 마련하기란 좀처럼 쉽지 않은 일이었다.

그러나 19세기 초반에 들어 유소년노동자의 건강보호와 교육을 위한 입법조치가 강구되었으며, 그 결과 1802년 '도제의 건강 및 도덕에 관한 법률'이 제정되었다. 이 법은 3명 이상의 도제나 200명 이상의 노동자를 상시 고용하는 면직물공장과 모직물공장에 적용되었다. 왜냐하면, 각 업종 중에서도 특히 이들 공장이 아동도제 및 유소년노동자를 많이 고용하고 있었기 때문이다. 이 법이 규정하는 공장 내의 청결, 환기에 관한 조항은 도제 이외의 노동자를 고용하는 공장에도 적용되었으나, 노동시간의 제한 및 교육에 관한 주요 조항은 도제를 고용하는 공장에만 적용되었다. 그 때문에 이 법은 일반적으로 '도제의 건강 및 도덕에 관한 법률'로 불렸다. 이 법은 산업혁명 발생국인 영국에서 처음으로 시행된 것으로 세계 최초의 공장법이었으며, 교육조항을 포함하고 있었다는 점에서 19세기 서민의 아동을 대상으로 하는 영국의 최초의 교육법이다.

이 법은 공장주에 대해 다음과 같은 의무를 부과하였다. ① 공장 내의 청결을 유지하고 적당한 환기설비를 갖출 것, ② 도제에게 의복을 지급할 것, ③ 도제의 노동시간을 1일 12시간으로 제한하고 야간작업을 시키지 말 것, ③ 적어도 도제기간 중 최소 4년은 노동시간의 일부를 할애하여 읽기, 쓰기, 셈하기를 가르칠 것, ⑤ 매 일요일에는 기독교의 원리를 가르치며, 적어도 1개월에 1회는 도제를 교회예배에 참석시킬 것 등이다.

이 법은 도제아동의 심신 보호 및 향상을 주목적으로 한 것이며, 공장법과 교육법 두 가지 성격을 동시에 지니고 있었다. 그러나 공장감독관제도의 미비로 인해 거의 실효를 거두지 못하였다. 그럼에도 불구하고 노동아동의 건강과 교육에 관한 국가의 책임부담의 원칙을 수립했다는 점에서 중요한 의의가 있다(한동일, 1985:201-202).

그 후 1819년, 1825년, 1829년에 걸쳐 일련의 공장법이 연이어 제정되었다. 그 보호의 대상은 면직물, 모직물공장의 도제로부터 각종 공장의 일반 유소년노동자로까지 점차 확대되고 수준도 향상되었지만, 한결같이 교육조항을 결여하고 있었다.

그러다가 1833년에 들어 처음으로 근대적 공장감독관제도와 교육조항을 포함한 본격적인 공장법이 제정되었다. 이 공장법의 주요 내용은 다음과 같다(한동일, 1985:202). ① 면직물, 모직물, 대마(大麻), 아마(亞麻), 견직물 공장에서 일하는 18세 미만 연소노동자의 야간노동을 금지할 것, ② 견직물공장을 제외한 상기의 공장에서는 9세 미만 아동의 고용을 금지할 것, ③ 13세 미만 아동의 노동은 1일 9시간, 1주 48시간으로 제한할 것, ④ 고용주는 13세 미만 아동에게 1일 최저 2시간을 학교에 출석시킬 것 등이다.

이 법도 충분한 실효를 거두지는 못했으나, 근대적 공장법의 효시를 이루며 모든 노동아동에 대한 교육조항을 포함함으로써 공장법과 교육법의 두 가지 성격을 동시에 지니고 있다. 영국의 교육법은 1870년에 독립된 교육법인 '초등교육법'이 제정될 때까지 공장법이라는 간접적인 형태로 노동아동을 대상으로 실시되었다.

(3) 산업혁명기의 신교육기관[14)]

▶ 일요학교

산업혁명기 가장 대표적인 신교육기관은 일요학교(Sunday School)이다. 산업혁명은 신흥 공업도시에 있어 유아, 소년, 청년에게 빈곤, 비위생, 불건전한 환경을 조성하였다. 자본가들은 6~7세 아동들을 낮은 임금으로 9년간이나 고용하여 매일 11~13시간의 노동을 시키면서 거의 아무 교양도 주지 않고 고용계약기간이 끝남과

14) 이하 산업혁명기 신교육기관에 대한 설명은 한동일, 1985:204-210; 한동일 · 이학철 · 정건영, 1998:196-201을 참조하였음.

동시에 무지한 시정잡배로 전락하게 하였다. 이런 사태는 종교가뿐만 아니라 인도주의자나 사회운동가들로 하여금 방관만 하고 있을 수 없게 하였다. 그리하여 나타난 학교 중의 하나가 일요학교이다.

일요학교는 본래 공장에 다니는 아동을 대상으로 하는 교육기관인데, 1780년에 레익스(R. Raikes, 1735~1811)에 의해 공업중심지인 그로스터(Groster) 시에 개설한 것이 최초이다. 레익스는 그로스터 시에 일요학교를 개설하여 메리디스(Meredith) 여사에게 일요일마다 1실링(shilling)의 보수를 주고 아동교육을 위탁하였다. 레익스는 6개월 후에 같은 시내에 새로 일요학교를 열었는데, 그로부터 일요학교는 점차 증가 · 보급되어 갔다.

주로 공장에 다니는 아동을 대상으로 한 일요학교의 교육내용은 성서의 초보를 가르치는 종교교육, 훈육을 포함한 도덕교육, 읽기 · 쓰기 · 셈하기의 기초 등이었는데 일반적으로는 읽기를 가르쳤다. 주 중에는 공장에 나가 일하기 때문에 일요일에만 교육을 실시한다 하여 일요학교라는 이름이 붙여졌으며 수업료는 일체 받지 않았다.

이 일요학교 운동은 상류계층에게는 프랑스혁명을 연상시키는 위험한 계몽운동으로 보였고, 하층계급에는 무슨 저의가 있어 수업료 없이 그 많은 아동을 가르쳐 주는 것인가 하는 의심을 갖게 하여 저항이 전혀 없지는 않았다. 그러나 이 교육기관은 당시 영국의 실정에 가장 적합한 교육기관이었기 때문에 귀족이나 사회개혁자들의 공감을 얻으면서 점차적으로 확산 · 발전되어 나갔다. 1785년에는 종파를 초월한 '일요학교협회'가 결성되었으며, 이 협회가 중심이 되어 일요학교의 보급에 박차를 가하였다. 그런데 이 협회가 얼마 지나지 않아 내부의 종파적 대립으로 분열되자, 1803년에 영국 국교파가 '일요학교동맹'을 결성하였다. 이후 각 종파는 각자 자기 종파의 일요학교를 보급하기 시작하였다.

일요학교의 교육내용은 계급적 차별로 인해 그 수준이 매우 낮았다. 그러나 산업혁명기 및 그 이후 1870년 '초등교육법'에 의해 초등 공교육제도가 수립될 때까지 가장 널리 보급되었던 서민아동의 대표적 교육기관이었으며, 교육 대상의 양적 확대에 크게 공헌하였다. 1833년의 통계에 따르면, 영국 전체 일요학교 수가 16,828개교, 학생 수가 1,548,890명이나 되었다.

▶ 조교제학교

다음으로 조교제학교(Monitorial System School)이다. 일요학교가 주로 공장에 다니는 아동을 대상으로 하는 것이라면, 조교제학교는 공장에 다니지 않는 아동을 대상으로 주일제 교육기관이다. 산업혁명이 진전됨에 따라 공장에 다니는 아동이 점점 증가했지만 그렇지 않은 아동도 적지 않았다. 그러나 공장에 나가 일하는 아동과 마찬가지로 이들도 교육받을 실질적 기회가 없었으며, 가정조차도 교육기능을 상실한 상태였기 때문에 무지와 도덕적 퇴폐의 나락으로 빠져들었다. 따라서 이들의 교육문제는 긴급히 해결해야 할 심각한 사회문제였다. 이런 교육문제의 해결을 위해 일요일이 아닌 주 중에 운영되는 학교가 필요했는데, 이런 사회적 필요에 부응하여 설치된 학교가 바로 조교제학교이다.

이 학교는 이른바 조교법(monitorial system)이라고 불리는 새로운 교육방법을 채용하여 가능한 한 많은 아동에게 적은 경비와 소수의 교사로 초보적인 교육과 종교 혹은 도덕교육을 실시한 자선주의 초등교육기관이었다. 자선주의에 입각하여 설치 · 운영해 온 자선학교(Charity School)는 영국의 경우 이미 17세기 말엽부터 발생하여 빈민들에게 무료로 교육을 제공할 뿐만 아니라 학용품과 의복까지도 제공하였다. 1698년에는 자선학교를 보급할 목적으로 '기독교 지식보급협회'가 설립되어 적극적인 활동을 전개하였으며, 그 결과 1743년에는 영국에만 이 협회 소속의 자선학교가 1,461개, 아동 수가 24,000명에 달하였다.

그런데 산업혁명이 진전되면서 이런 종류의 학교가 더욱 많이 필요하게 되고 그에 따라 예산부족 문제가 발생하게 되었다. 이에 대한 해결방안으로 '조교제'가 등장하게 된 것이다. 조교제 또는 조교법이라고 불리는 새로운 교육방법은 영국 국교회의 목사 벨(A. Bell, 1753~1832)과 퀘이커(Quakers)교도인 랜카스터(J. Lancaster, 1778~1833)에 의해 각기 별도로 제안된 것이다. 벨과 랜카스터는 1797년과 1803년에 각각 조교법에 따른 교수법을 소개, 설명한 도서를 발간하여 보급하였다.

조교법은 나이가 많은 아동을 조교로 선발하여 그 조교에게 먼저 가르치고, 그다음에 조교가 다른 아동을 가르치는 방법으로 적은 비용으로 다수의 학생을 교육하는 교수방법이다. 산업혁명의 시대정신인 기계주의가 교육의 분야에 그대로 구현된 것이라고 할 수 있다. 그런데 이 방법은 기억 편중주의로 흐르고 아동의 개성이나 자발성을 무시하지 않을 수 없기 때문에 진정한 교육적 효과를 거두지 못하였다. 그리하여 당시에도 적지 않은 비판을 받았다. 그러나 교육의 필요성은 증대되는 데 반해 교사나 학교 그리고 재원이 충분하지 못한 당시 상황을 고려하면, 일반 빈민 아동들에게 교육의 기회를 널리 개방한 공적은 높이 평가되어야 한다.

1833년에 영국의회는 일반 서민아동의 교육을 촉진하기 위해 국고에서 학교건설을 위한 보조금을 지출할 것을 가결하였다. 이로써 민간단체에 의한 학교건설에 대한 국고보조금 지급의 원칙이 확립되었다. 벨에 의해 창립된 '국교회주의 빈민학교 진흥 전국협회'와 랜카스터가 설립한 '왕립랜카스터협회'(후에 '대영제국 및 외국학교협회'로 개칭)는 이 보조금을 받아 학교설립에 주력하였다. 1833년에 시작된 국고보조금제도는 민간단체에 의한 학교 설립의 촉진제가 되었으며, 영국의 자원봉사주의의 국가적 승인을 의미하였다. 조교제학교는 1870년 '초등교육법'의 제정으로 초등 공교육제도가 수립될 때까지 영국 초등교육제도의 기본구조를 형성하고 있었다.

유아학교 ◀

마지막으로 유아학교(Infant School)이다. 유아학교는 노동자 가정의 유아를 보육하는 기관으로서, 인도주의자이며 공상적 사회주의자인 오웬에 의해 1816년에 스코틀랜드 뉴 라나아크(New Lanark)에 처음 설치되었다. 이 학교는 공장에 다니지 않고 조교제학교에 다니기에는 너무 어린 유아를 수용하여, 좋은 습관을 길러줌과 동시에 신체적 위협으로부터 보호하는 것을 목적으로 하였다. 다시 말해 탁아기능과 교육기능을 동시에 수행하는 학교였다. 당시 노동자계급의 유아는 부모가 공장에서 일하고 있는 동안에는 전적으로 방치되어 있었다. 유아학교는 도덕적으로 나쁜 영향을 받기 쉽고, 불의의 사고를 당하기 쉬운 이런 유아들을 보호하기 위한 것이었다.

유아학교는 오웬뿐만 아니라 윌더스핀(S. Wilderspin, 1792~1866)과 스토우(D. Stow, 1793~1864) 등의 노력에 의해 점차 보급되어 갔다. 이들은 가소성이 풍부한 유아기의 교육이야말로 최대의 효과를 거둘 수 있다고 하는 교육적 신념을 가지고 있었다.

1824년에는 유아학교의 보급을 위해 '유아교육협회'가 설립되었다. 그리고 1836

년에는 유아학교의 교사를 양성하기 위해 '본국 및 식민지 유아학교협회'가 설립되었고, 이 협회에 의해 교원양성소가 설립되었다. 이 협회는 교원양성사업을 통해 유아학교의 질적 향상을 위해 크게 공헌하였다. 1836년 당시만 해도 영국에 유아학교 수 270개교, 취학유아 수 27,000명이었는데, 이런 사실은 유아학교가 노동자계층의 유아를 보육하는 과업을 매우 효과적으로 수행했다는 것을 의미한다.

오웬이 설립한 유아학교는 인간성 존중의 근대적인 교육이념에 기초하여 합리적 성품을 형성하려고 했으며, 교육방법도 직관교수법을 사용하는 등 매우 진보적이었다. 그런데 오웬 이후 윌더스핀식의 유아학교가 가장 널리 보급되었는데, 이 학교는 서적중심주의, 지식의 주입, 기억편중주의에 치우친 결함을 지니고 있었다. 이 결함을 시정하고 유아학교의 교육을 올바른 궤도에 올려놓기 위해 페스탈로치와 프뢰벨의 교육원리가 도입되기도 하였다. 그리하여 유아학교는 영국에서 일반 서민계층의 유아교육의 질적 수준을 제고하는 데 적지 않게 기여하였다. 영국의 유아학교는 1870년 '초등교육법'의 시행에 따라 초등 공립교육제도에 정식으로 편입되어 오늘에 이르고 있다.

CHAPTER 04

20세기의 교육

01 시대적 배경

동서양을 막론하고 20세기는 전쟁과 평화, 자유와 억압, 풍요와 빈곤, 인권과 폭력, 통합과 분열, 창조와 파괴, 전통과 혁신, 보수와 개혁 등 공존 불가능한 다양한 대립적 양상이 혼재해 있던 시대이다. 따라서 이렇게 복잡한 양상을 보이던 20세기를 한마디로 간략하게 규정하기란 사실상 불가능한 일이다. 이런 한계를 전제하고 20세기 사회의 특징을 대략적으로 정리하면 다음과 같다.

▶ 20세기의 사회적 배경

18~19세기에 걸쳐 진행되어 온 산업혁명과 프랑스혁명으로 인해 자본주의와 민주주의가 큰 진전을 보였다. 그에 따라 산업현장에서 요구하는 인력의 효율적 양성이라는 경제적 필요와 민주주의 발달에 따른 서민대중의 교육권 확보라는 정치적 요구가 맞물리면서 학교의 양적 팽창이 급속하게 이루어졌다. 그리하여 20세기 초에 이르러 서양 선진 제국은 공교육제도 및 의무교육제도의 수립을 최소한 형식적인 차원에서나마 완성하였고, 그 결과 교육의 대중화현상이 두드러지게 나타나게 되었다.

▶ 자본주의의 발달

그러나 급속도로 발달한 자본주의는 팽창적 민족주의 혹은 국가주의와 결합되면서 제국주의로 변질되고, 제국주의 국가 간의 극한 대립으로 인해 급기야 제1차 세계대전이 야기되었다. 그리고 자본주의의 발달에 따라 그 모순이 점차 심화되어 가면서 자본주의적 경제체제를 거부하는 사회주의 국가체제가 새롭게 출현하였다.

제1차 세계대전 이후에는 국제적 대립의 격화와 전쟁위기의 고조 그리고 만성적 경제공황 및 정치 · 사회적 불안 등의 영향으로 나치즘(nazism), 파시즘(fascism), 군국주의 등 전체주의 체제가 등장하게 되었다. 그 결과 인류는 또다시 제2차 세계대전이라는 야만적 상황에 처하게 되었다. 그 후 1945년 제2차 세계대전의 종식으로 세계질서는 새로운 국면을 맞게 되었다. 각국은 민주주의를 지향함으로써 교육도 민주주의 교육을 표방하게 되었다. 민주주의는 크게 두 갈래로 나뉘어 전개되었는데, 미국을 중심으로 하는 자유민주주의와 소련을 중심으로 하는 사회민주주의가 그것이다. 이에 따라 자유주의 진영은 생산수단의 사적 소유와 자유경쟁을 내세워 인간의 자유와 정치의 민주를 표방하는 교육을 내세웠다. 반면, 사회주의 진영은 생산수단의 사회적 소유와 계획경제를 지향하는 공산주의 철학을 바탕으로 노동과 교육의 결합을 통해 인간의 전면적 발달과 평등을 꾀하고자 하는 사회주의 교육을 표방하였다. 그러나 20세기 후반에 동구권의 몰락 및 소련의 붕괴와 함께 사회주의 진영이 무력화되고, 오늘날 세계는 미국을 중심으로 하는 자본주의의 절대적 영향권 하에 놓여 있는 형국이다.

사상의 다원화 ◀

또한, 20세기는 사상의 다원화가 두드러지게 나타난 시대이다. 19세기 후반부터 20세기 전반만 하더라도 생철학, 현상학, 해석학, 실존주의, 프래그머티즘, 분석철학, 실증주의, 구조주의, 마르크스주의, 비판철학 등 복잡하리만큼 다양한 사상이 난마처럼 뒤엉켜 서로 영향을 주고받으며 발달했으며, 20세기 후반에는 소위 포스트모더니즘(postmodernism)이 등장하여 세계와 삶에 대한 새로운 사상적 지평을 열어가고 있다. 그리고 이런 현상의 반영으로 교육의 영역에서도 20세기 초반부터 중반에 이르기까지 미국을 중심으로 진보주의, 본질주의, 항존주의, 재건주의 등 서로 다른 교육사조가 등장하여 서로 대립했으며, 그 외에도 실존주의와 분석철학, 현상학, 비판철학, 포스트모더니즘 등에 기초한 다양한 교육적 담론이 서로 각축을 벌이며 발달해 가고 있다. 이는 교육을 이해하기 위한 안목과 그것을 변화시키기 위한 전략이 그만큼 다양해졌음을 의미하며, 이런 경향은 향후에도 지속되거나 더 강화될 것으로 예견된다.

과학의 발달 ◀

이런 특징들과 더불어 20세기에 이룩한 놀라운 과학의 발달을 지적하지 않을 수 없다. 20세기에 성취된 인간과 세계에 대한 과학적 탐구는 그 양과 질에서 인류가 그동안 경험하지 못한, 아니 상상조차 하지 못한 수준에 도달해 있다. 다양한 영역의 과학적 탐구의 결과로 이전과는 비교할 수 없는 전혀 새로운 차원의 지식이 생성·축적되고 있으며, 이는 인류의 삶과 세계관을 근본적으로 변화시켜 놓고 있다. 특히, 20세기 후반부터 컴퓨터가 주도하는 정보통신혁명이 인류문명사의 새로운 지평을 열어가고 있다. 인터넷으로 인해 지구촌은 전통적 국경개념이 붕괴되고 하나의 그물망으로 세계화되고 있으며, 지식의 양은 하루가 다르게 폭발적으로 증가하고 있다. 굳이 미래학자들의 표현을 들자면 20세기 중반 이후의 발달은 거의 수직적 상승곡선을 그리고 있는 것이다.

과학의 발달은 교육 혹은 교육학연구에도 직접적인 영향을 미치고 있다. 그리하여 이미 20세기 전반기부터 다양한 경험과학적 탐구결과로 인해 교육방법의 과학화가 이루어져 왔으며, 정보통신과학의 눈부신 발달이 이루어진 20세기 후반부에는 교육에 관한 전통적인 접근방식이 근본적으로 변화되고 있다.

이와 같이 20세기는 교육을 둘러싼 사회적 여건이 매우 복잡하고 다양할 뿐만 아니라 그 변화 또한 매우 빠른 속도로 진행되어 왔다. 교육 역시 일관적인 설명이 불가능할 정도로 복잡·다양한 양상을 보인다. 이에 이하에서는 20세기의 교육적 특징을 전반기를 중심으로 고찰하기로 한다.

02 신교육운동의 전개

1) 신교육운동 개관

▶ 신교육운동의 정의

미국의 독립과 프랑스혁명 그리고 산업혁명 등의 영향으로 교육제도상의 근대화와 민주화가 큰 진전을 보였다. 그리하여 공교육제도와 의무교육제도가 성립되고, 교육의 기회균등이념을 기초로 무상교육을 실현하려는 노력이 경주되었다. 그러나 제도적인 발전에도 불구하고 교육내용이나 방법상에서는 여전히 권위주의적 주입식 방법에 의존하는 등 구시대적인 상태를 벗어나지 못하고 있었다. 이에 19세기 후반부터 20세기 초반에 이르는 시기에 전통적 교과와 권위주의적 주입식 교육방법을 배격하고 아동의 내재적 동기를 유발하고 자발적 학습활동을 조장하는 등 교육내용과 방법의 근대화와 민주화를 추진하려는 교육개혁운동이 폭넓게 전개되었다. 이 교육개혁운동을 '신교육운동(new education movement)'이라 한다.

신교육운동은, 국가의 사정이나 운동 지도자에 따라 다소의 차이는 있으나, 대략 아동중심주의, 전인주의, 활동주의, 노작주의, 생활중심주의 등의 이념에 의해 지도되었다. 신교육운동의 실제 전개과정에서는 이런 다양한 지도이념이 서로 복합되기도 하고 보완되기도 하였다. 그러면서도 이 운동은 학교제도의 민주화, 즉 단선형화 하려는 통일학교운동의 경향을 직·간접적으로 형성하기도 하였다(한동일, 1985 : 258-259).

신교육운동은 내용적 측면에서 볼 때, 교육의 내용을 개혁하려는 경향, 아동을 여러 억압적 요소에서 해방시키려는 아동해방운동, 아동의 개성과 개인차를 존중하는 다양한 학습지도법의 발달 그리고 지역사회와 학교를 밀접하게 관련시키려는 지역사회학교운동 등의 형태로 발전하였다.

이 신교육운동은 제도적 측면에서 국가주의나 귀족적 특권주의를 일소하고 민주적 교육을 확립하려는 운동이었으며, 교육내용과 방법적 측면에서 전근대적 교과와 주입식 방법에 의존하는 권위주의와 보수주의를 배격하고 아동의 내적 동기와 자발적 활동을 지향한 진보적 운동이었다.

2) 학교 교육내용의 개혁

레디의 애보츠호움 신학교 ◀

신교육운동 초기 단계는 학교의 교육내용을 개혁하려는 운동으로 나타났다. 예를 들면, 영국의 레디(C. Reddie, 1858~1932)는 당시 중등교육이 라틴어나 그리스어 등 고전어 교육에 중점을 둠으로써 근대 산업사회 속에서 생활하는 아동의 실생활에 관계되는 근대 외국어나 자연과학을 무시하는 전근대적 태도를 취하고 있음을 비판하였다. 그리고 새로운 이상에 입각하여 '근대적 과학정신에 기초하여 현대 생활에 적응하는 고상한 영국인을 교육하여 인류문화의 향상에 이바지하게 한다'는 목표 아래 1889년에 애보츠호움(Abbotsholm)에 신학교를 설립하였다. 그는 활동주의와 생활경험주의의 지도이념하에 교육내용을 신체적 · 공작적 영역, 예술적 · 상상적 영역, 문학적 · 지적 영역, 도덕적 · 종교적 영역 등 네 영역으로 구성하였다. 보다 구체적인 교육내용으로 원예, 농경, 사육, 실험실 내의 공작, 작업 등 노작활동을 도입하였고 가정과 같은 기숙사 생활공동체를 통해 도덕교육을 실시하였으며, 음악이나 미술 등을 통해 창조적 정서교육을 기하였다. 이는 교육내용에 근대적 직업지향적 교과를 대폭 채용했다는 점과 교육방법에 있어서 학생의 자주성을 존중하는 활동주의, 작업주의, 생활주의를 존중했다는 점에서 새로운 학교가 나갈 방향을 선도적으로 제시한 것이다(한동일, 1985 : 259-260).

▶ 리츠의 전원학숙

그 후 애보츠호움 신학교에서 레디를 도와 교사생활을 했던 리츠(H. Liez, 1868~1919)가 자신의 나라인 독일로 돌아가 신교육 이념과 이론을 전파하고, 1898년에 베를린(Berlin) 근교에 전원학숙(Landerziehungsheim)을 창설하였다. 이 학교는 레디의 신학교가 중등교육을 지향했던 것과 달리 초등교육을 위한 기숙학교로서 이후 전원학교의 효시가 되었다. '빛(Licht), 사랑(Liebe), 생활(Leben)'을 표방한 이 학교 학습활동의 중심은 노작주의와 활동주의로서, 농경, 사육, 목공, 금속 등의 공작활동을 위시하여 본격적인 직업기술교육 등이 강조되었다.

▶ 드몰렝의 롲슈학교

프랑스에서는 레디와의 교류를 통해 신교육 사상과 실천으로부터 많은 영향을 받은 사회학자 드몰렝(J. E. Demolins, 1852~1907)이 1889년에 애보츠호움 신학교를 모방하여 파리 근교에 중등학교인 롲슈학교(École des Roches, 1889)를 설립하였다. 이것이 프랑스 신교육운동의 출발이었다. '생활을 위해 충분히 무장된 인간'이라는 표어에서처럼 이 학교는 생활인의 교육을 목표로 하였다. 드몰렝은 당시 프랑스 중등교육을 지배하던 고전적 인문주의 교육을 반대하며 근대적 실용과목을 대폭 도입하여 교육과정을 구성하였다. 이를테면, 스포츠를 장려하고 기숙사에서의 자치활동을 통해 자주적으로 협동하는 정신을 육성하고자 하였으며, 근대적 교과인 기계학, 공학, 상업, 영어, 독일어 등을 가르쳤다.

케르쉔슈타이너의 노작학교 ◀

신교육운동을 더욱 촉진한 것은 케르쉔슈타이너(G. Kerschensteiner, 1854~1932)의 노작학교(Arbeitsschule)사상이다. 그는 페스탈로치의 전인교육 이념을 기초로 노작활동 및 직업을 교육과 접목함으로써 노작교육사상을 이론적으로 체계화함으로써, 이후 학교교육의 발전에 크게 기여하였다. '노작학교'라는 용어는 그가 1908년 페스탈로치 추도회에서 행한 '페스탈로치 정신에 있어서 미래의 학교'라는 제목의 기념연설에서 처음 사용한 후, 신교육운동의 표어로서 널리 유포되었다. 그 후 노작학교 사상은 가우디히(H. Gaudig, 1860~1923)에 의해 더욱 발전되었다.

또한, 독일에서는 합과교수(合科教授)운동이 전개되었는데, 이 운동은 전통적인 교과중심 교육과정이 경험중심 · 생활중심의 종합교육과정으로 전환하는 데 선구적인 역할을 하였다. 1908년 독일 라이프치히(Leipzig) 시에서는 24개 초등학교에서 한 학급씩 실험학급을 설치하고 종합교육과정에 입학한 합과교수, 즉 종합학습을 시도하였다. 그 결과를 공표한 보고서가 유명한 1913년의 '작센 초등학교용 새교육과정안'과 1914년 '1 · 2학년 합과교수, 라이프치히 개혁학급에 관한 보고'이다.

각 교과의 단편적인 지식만을 가르치는 분과교수에 반대하며 종합학습을 지향하는 합과교수운동은 생활학교, 수업학교, 향토과(鄕土科) 등을 모체로 하여 라이프치히에서 차차 여러 곳으로 파급되어 갔다(안상원, 1981 : 198-201).

이처럼 신교육운동은 전원학교 등을 설립함으로써 고전어 중심의 전근대적 교육을 아동의 자발성에 기초한 활동 · 생활중심의 교육으로 개혁하여 교육내용을 근대화, 민주화하려는 운동이었다.

3) 아동의 해방

파커의 퀸시운동 ◀

교육내용의 개혁으로부터 시작된 신교육운동은 아동을 외부의 여러 권위와 억압으로부터 해방시키고 그의 자발성과 자유에 기초하여 교육하고자 하는 아동해방운동으로 발전되어 나갔다. 이 운동은 미국과 유럽 여러 나라에서 거의 동시적으로 발생하고 전개되었다. 미국의 경우 파커(F. W. Parker, 1837~1902)가 매사추세츠 주 퀸시(Quincy) 시의 교육장이 되어 아동의 자발성과 창의성을 중시하는 프뢰벨의 교육이념과 방법을 학교교육에 적용하기 위해 전개했던 '퀸시운동'(Quincy Movement)으로부터 시작되었다. 그 후 그는 일리노이(Illinois) 주 쿠크 카운티사범학교(Cook County Normal School)의 교장에 부임하였다. 그리고 그 부속초등학교에 교과중심, 서적중심주의에서 벗어나 아동중심주의 교육을 본격적으로 실시하였다. 파커의 아동중심적 교육방법은 후에 듀이에게 계승되어 진보주의 교육운동의 기초가 되었다.

▶ 듀이의 실험학교

프래그머티즘(pragmatism)을 완성하고 진보주의 교육의 이론적 토대를 닦았던 듀이는 1896년에 시카고(Chicago)대학의 부설로 소위 '듀이스쿨'(The Dewey School)이라고 불리는 최초의 실험학교를 설립하였다. 이 학교에서 듀이는 '교육은 생활이자 성장이며, 경험의 지속적인 재구성과정이며 사회적 과정'이라는 자신의 교육이론을 직접 실험하고자 하였다. 그리하여 아동을 억압하는 모든 요소와 교과 및 서적에 의존하는 성인중심의 전통적 교육을 배제하고 아동의 개성과 흥미, 자발적 활동에 기초한 아동중심 교육을 실시하였다. 듀이가 이 학교에서 실험한 결과들은 『나의 교육신조』, 『학교와 사회』, 『민주주의와 교육』 등의 저술로 나타났다. 이 저술들은 미국은 물론 세계 각국의 학계 및 교육계로 널리 확산됨으로써 아동중심주의에 기초한 진보주의 운동의 이론적 지침이 되었다.

▶ 엘렌 케이의 『아동의 세기』

한편, 거의 비슷한 시기에 유럽에서는 자유주의적 휴머니스트로서 여성 및 아동의 해방을 주창했던 스웨덴의 엘렌 케이(E. K. S. Key, 1849~1926)가 1900년에 『아동의 세기』를 출간하여 20세기는 '아동의 세기'임을 공표하였다. 아동의 해방과 아동에로의 복귀를 강조한 이 책은 각국어로 번역되어 신교육운동의 지침서로 널리 활용되었다.

▶ 몬테소리의 아동의 집

이탈리아의 몬테소리(M. Montessori, 1870~1952)는 1907년 3~6세까지의 노동자 자녀들을 대상으로 '아동의 집(Casa dei Bambini)'을 개설하고 자신이 창안한 몬테소리법에 의한 교육을 실시하였다. 이 몬테소리법은 자유의 원리, 환경의 원리, 감각의 원리에 기초해 있다. 자유의 원리는 아동의 자기발전 내지 자기표현은 외부로부터의 강제나 권위에 의해서가 아니라 자유로운 상태에서 나오는 자발성에 의해 가능하다는 원리이다. 그리고 환경의 원리는 아동이 모든 권위적인 억압으로부터 해방되어 자기활동이 가능하도록 새로운 환경을 조성하여 제공해야 한다는 원리이다. 또 감각의 원리는 모든 인식은 정확한 감각기능으로부터 시작되기 때문에 모든 감각을 계통적으로 조화롭게 발달시켜야 한다는 원리이다. 몬테소리는 이 감각의 원리를 구현하기 위해 다양한 교구와 놀이를 창안하였다.

드크롤리의 실험학교 ◀

벨기에의 드크롤리(O. Decroly, 1871~1932)는 1907년 브루셀(Brussel)에 '생활에 의해 생활에까지'라는 신교육의 모토를 표방하며 실험학교를 설립하였다. 드크롤리의 교육방법상의 특징은 첫째, 아동 본래의 욕구를 교육의 출발점으로 하고 둘째, 아동의 학교생활을 하나의 공동사회로 하고 셋째, 흥미중심의 교수법을 사용하며 넷째, 기초적 학과의 학습을 중시하는 것이었다.

샤츠키의 실험학교 ◀

그리고 러시아에서도 샤츠키(S. Shatsky, 1878~1934)가 1906년에 모스크바 교외에 실험학교를 세우고 아동의 창조력을 해방하는 자유주의적 교육을 실시하였다. 이 실험학교는 교재를 기초로 하지 않고, 대신 아동의 다양한 활동을 기초로 하는 진보적인 학교였다. 따라서 실천적으로 그리고 지적으로 문제해결을 행하게 함으로써 생활에 있어서의 가치 있는 지식과 기능을 습득시키고자 하는 자유롭고 진보적인 학교였다(장찬익, 1994 : 325).

4) 학습지도법의 발달

교육내용의 개혁과 아동해방운동은 필연적으로 아동의 개성과 개인차를 존중하는 새로운 학습지도법을 요구하게 되었다. 그리하여 제1차 세계대전 이후 다양한 학습지도법이 발달하게 되었는데, 달톤안(Dalton Plan), 위네트카안(Winnetka Plan), 프로젝트학습법(Project Method) 등이다. 이들을 차례로 살펴보면 다음과 같다(장찬익, 1994 : 326-330).

파커스트의 달톤안 ◀

첫째, 달톤안은 미국의 파커스트(H. Parkhurst, 1887~1959)에 의해 창안되어 세계에 널리 알려진 학습지도법이다. 파커스트는 1913년 이 안을 완성하고, 1920년 매사추세츠 주 달톤 시의 중학교에 실시하여 큰 성과를 보게 되자, 그 지명을 따 '달톤 실험실안'이라고 부르고, 곧 『달톤안에 의한 교육』(1922)이라는 저서를 통해 그 내용을 공개하였다.

달톤안의 원리는 자유와 협동이다. 학생들은 종래의 학년제에 의한 교실 대신 실험실에서 지도교사와 의논하여 1개월간 20단위를 계약하여 자유롭게 공부한다. 아동은 자신이 선택한 과목 또는 제재에 대해 자신의 계획에 따라 흥미가 계속되는 한 자율적으로 공부하는 자유를 갖는다. 따라서 이 학교에서는 종을 치거나 다른 방법으로 아동의 활동을 정지시키는 일은 존재하지 않는다. 그러나 이 학습지도법의 근본원리인 자유는 방종이 아니라 오히려 자기발전, 자기표현의 자유이다. 따라서 집단생활의 상호작용으로서의 협동은 이 자유에 자동으로 따라오게 된다.

이 안은 학급을 단위로 하는 고정적인 일제수업을 지양한 매우 대담한 개혁안으로서 당시 교육계에 큰 파장과 영향을 미쳤다. 그리하여 신시내티안(Cincinnati Plan), 피츠버그안(Pittsburgh Plan) 등 그와 유사한 학습지도법들이 개발되고 실제 교육현장에 적용되었다.

▶ 워시번의 위네트카안

둘째, 위네트카안은 1913년 샌프란시스코(San Francisco)의 사범학교에서 처음 시도되었으나, 다시 1919년 시카고의 외곽인 위네트카에서 당시의 교육장 워시번(C. W. Washburne, 1889~1968)이 본격적으로 실시하자 그 지명을 따 위네트카안이라고 하였다. 이 안은 달톤안과 더불어 교육의 개성화를 추구한 대표적 학습지도법이다.

이 안에 의하면 초등학교 각 학년에서는 그 학년의 학습표준이 정해지고 각 아동은 각자의 학습진도에 따라 그 표준에 도달할 때까지 학습을 계속한다. 따라서 교육과정은 공통의 필수과정과 집단적 · 창조적 활동과정으로 구분된다. 전자에는 모든 아동이 수학하지 않으면 안 되는 지식 및 기능이 포함되며, 후자는 문학, 운동, 경기, 공작 등이 포함된다. 수업시간은 오전, 오후로 나누어 한쪽은 공통 필수과목으로, 다른 한쪽은 집단적 · 창조적 활동과정으로 진행된다. 아동은 각자의 능력에 따라 학습을 계속하는데, 일정한 학습표준에 도달하면 다음 학습으로 진행해 나간다. 이처럼 이 안에서 아동은 시간단위가 아닌 표준에 따른 학습단위로 학습하기 때문에, 어떤 아동은 초등학교 전 과정을 6년이 아닌 더 짧은 기간에 마치기도 하고, 반대로 어떤 아동은 더 긴 기간이 필요하기도 한다.

킬패트릭의 프로젝트학습법

셋째, 프로젝트학습법은 킬패트릭(W. H. Kilpatrick, 1871~1965)에 의해 체계화되고 널리 알려진 학습지도법이다. 프로젝트란 설계하고 기획한다는 뜻으로, 마음에 생각하고 있는 것을 밖으로 나타내 구체적인 형태로 실현시키기 위해 스스로 계획을 세우고 그것을 실행하는 활동을 의미한다. 따라서 프로젝트에 있어 중요한 것은 목적을 달성하기 위해 전심(全心)을 다하는 것이다.

프로젝트학습법은 다음 네 단계로 전개된다. 즉, 목표의 설정(purposing), 계획 또는 입안(planning), 수행 또는 실행(executing), 평가(evaluation) 등이다. 이 네 단계 중에서 1단계는 프로젝트의 선택과 그 목적을 설정하는 단계로서 학습의 발단이 되는 가장 중요하고 구체적인 단계이다. 이미 습득한 지식이나 기능, 학교의 교육계획과 관련이 있는 내용을 목표로 선정해야 하므로 각자에게 적당한 프로젝트를 택하게 한다. 두 번째 단계인 계획과 입안에서는 학습자의 흥미를 유발하고 학생 자신이 문제를 제기하도록 한다. 세 번째 단계인 수행 혹은 실행단계에서는 학생은 자신의 계획에 따라 학습하고 흥미를 가지고 활동을 전개하며, 교사는 작업이 정확하게 진행되도록 지도한다. 마지막 평가단계에서는 학생 자신이 또는 학생 상호 간에 평가를 하며, 평가단계에서 새로 얻게 된 지식이나 기능을 포착, 그 경험을 기초로 새로운 문제를 찾아 학습활동을 발전시켜 나가는 자료로 삼는다.

프로젝트학습법은 개인적 프로젝트학습법과 집단적 프로젝트학습법으로 구분할 수도 있다. 전자는 아동 개인이 독자적인 프로젝트를 가지고 활동하는 방법이고, 후자는 학습 전체가 하나의 공동 프로젝트를 가지고 협동하는 방법이다.

5) 지역사회학교운동

신교육운동의 마지막 단계에서는 지역사회와 학교를 밀접하게 관련시키려는 지역사회학교(community school)운동이 나타났다. 이 운동은 1930년대에 미국 미시간(Michigan) 주 프린트(Flint) 시 한 학교에서 학교시설을 지역사회에 개방하고 지역 내 청소년과 성인의 여가선용을 위한 프로그램을 개발하여 적용한 것이 미국은 물론 전 세계에 확산된 운동이었다. 신교육운동은 성인중심 · 교과중심의 전통적 교육을 아동 · 경험중심의 진보적 교육으로 개혁하면서 교육내용 및 방법상에 큰 변화를 가져왔다. 그러나 경제대공황과 제2차 세계대전이라는 커다란 사회적 위기에 봉착하면서 아동중심적 교육의 한계에 대한 비판이 심각하게 제기되었다. 아동중심 교육이 아동의 지적 능력을 저하시키고 사회적 전통을 경시함으로써 사회적 무기력에 빠졌다는 것이 그 비판의 핵심적 내용이었다. 그리하여 진보주의 교육은 1940년대에 들어 일정한 입장 수정을 통해 학교의 사회화, 사회의 학교화를 표방하는 지역사회운동을 전개하게 되었다.

▶ 올센의 지역사회학교

이 지역사회운동의 가장 선두에 섰던 사람은 올센(E. G. Olsen, 1908~?)이다. 그는 20세기 미국의 학교가 전통적 학교(traditional school) 혹은 학구적 학교(academic school)로부터 진보적 학교(progressive school)로, 그리고 지역사회학교(community school)로 전개되어 왔다고 보았다. 학구적 학교는 사회로부터 고립되어 문화의 유산이나 학문의 분류와 체계에 근거한 교과를 서적에 의해 아동에게 전달하는 학교였다. 즉, 언어적 학습에 중점을 둔 서적중심 학교였다. 진보적 학교는 아동의 흥미와 욕구에 따른 교육을 중시하여, 아동의 다방면의 발달과 성장에 많은 관심을 보인 아동중심의 학교로서, 주로 아동 개인의 흥미에 초점을 맞춘 학교였다. 올센은 이런 학구적 학교나 진보적 학교에 비해 지역사회학교는 1940년대로부터 출현한 가장 새로운 학교라고 하였다.

올센에 따르면 지역사회학교가 추구해야 할 교육의 목표는 다음과 같다.

첫째, 사회적 이해이다. 즉, 지속적으로 변화해 가는 사회와 문화에 대하여 이해력을 발달시키는 것이다.

둘째, 사회적 동기유발이다. 즉, 민주적으로 사회를 개혁하려는 동기를 유발한다.

셋째, 사회적 기능이다. 다시 말해 다양한 사회적 활동에 참여하여 그것을 지도하는 개인의 능력을 함양한다.

이런 목표를 달성하기 위해 지역사회학교가 가진 중심과제는 다음과 같다(대한교육연합회, 1965:770). ① 학교는 성인을 위한 교육센터로서의 기능을 수행할 것, ② 학교는 관례적인 프로그램에 생명을 주기 위하여 지역사회의 자원들을 이용할 것, ③ 학교는 사회구조, 사회과정 및 사회문제의 연구를 중심으로 교육과정을 구성할 것, ④ 학교는 지역사회의 활동에 참여함으로써 지역사회를 개선할 것, ⑤ 학교는 솔선해서 지역사회의 교육활동을 조성할 것 등이다.

또 올센은 지역사회와 학교를 연계하기 위한 구체적 매개활동으로 문헌 자료, 시청각보조기구, 교외 전문가의 학교방문지도, 면접, 현장견학, 조사, 장기조사여행, 학교캠프, 봉사협력활동, 작업경험 등을 들었다.

이 지역사회학교운동은 그 후 전 세계로 널리 확산되었다. 우리나라도 1952년 유네스코 교육사절단이 방한한 후 소개되어 1960~1970년대에 '향토학교', '온마을교육', '새마을교육' 등의 이름으로 정책적으로 전개된 바 있다. 다만, 우리나라에서의 지역사회학교운동은 국가 주도적 교육정책의 일환으로 변질되어 본래의 취지와 성격을 올곧게 유지하지 못하였다.

PART. 03

교육철학

Philosophy of Education

CHAPTER 01

교육철학의 개념

01 철학의 개념과 기능

1) 철학의 개념

▶ 철학의 개념

다른 학문의 경우와 달리 철학에는 고정된 일정한 대상이나 방법이 존재하지 않는다. 따라서 철학의 의미를 정확하게 규정한다는 것은 쉽지 않은 일이다. 어원상으로 보면 철학(philosophy)은 '사랑하다', '좋아하다'는 의미의 'philos'와 '지혜'를 의미하는 'sophia'가 결합한 합성어로서, '지혜를 사랑하는 행위'라는 의미가 있다. 이때 지혜란 사실 세계에 대한 객관적이고 단편적인 지식이나 정보를 의미하는 것이 아니라, 인간의 삶을 포함한 존재계 전체에 대한 본질적 이해를 추구하는 자세와 태도를 의미한다. 철학에 대한 이런 정의와 가장 유사한 것이 고대 그리스 시대에 플라톤에 의해 내려진 정의이다. 그는 "생성과 소멸에 의해 변화되지 않는 본질(eternal nature)을 드러내 주는 그런 종류의 지식(knowledge)을 언제나 사랑하는 일"(Plato, 1952 : 374)이라고 정의하였다.

그러나 이렇게 정의해 놓고 보더라도 정확하게 철학이 무엇을 대상으로 하여 어떤 일을 하는 것인지 이해되지 않는다. 철학 이외의 학문 가운데 그 이름을 들었을 때 내용을 전혀 짐작할 수 없는 학문은 거의 없다. 이를테면, 경제학이라고 하면 경제현상에 관해서 연구하는 학문이고, 심리학이라고 하면 인간의 심리현상을 연구하는 학문이라는 사실을 대략 짐작할 수 있다. 그런데 철학은 어떠한가? 철학이라는 용어만으로는 그것이 무엇을 하는 것인지 바로 이해되지 않는다. 그것은 철학이라는 용어가 만들어진 시대가 아직 여러 분과학문이 발달하기 이전이어서 정치학, 심리학, 경제학, 교육학 등 다양한 분과학문이 모두 그 속에 포함되어 있었기 때문이다. 철학이라는 학문은 원래 그 안에 다양하고 포괄적인 대상과 탐구방법론을 포섭하고 있었다. 그러다가 인류 역사가 전개되는 과정에서 각 학문이 세부적으로 발달하게 되고, 그에 따라 특수하고 구체적인 탐구대상을 갖는 분과학문들이 철학으로부터 점점 독립되어 나가게 되었다. 그리하여 오늘날 철학은 그 고유한 탐구대상을 갖지 못하고 마치 텅 빈 진공상태처럼 남아 있게 된 것이다. 고대에는 철학의 대상이 너무 포괄적이고, 현대에는 역으로 고유한 특정 대상이 없는 진공상태인 것처럼 보이는 이런 현상으로 인해 철학의 탐구대상과 방법에 대한 우리의 생각이 막연하게 된 것이다.

탐구방법으로서의 철학

그리하여 오늘날 철학자들은 철학을 방법론으로 규정하려 한다. 즉, 철학은 특정한 탐구의 대상을 가지는 학문이 아니라, 과학처럼 하나의 탐구방식이라는 것이다. 이 말은 곧 철학이 특정한 탐구대상을 갖는 고정된 지식체계가 아니라 탐구활동이라는 의미이다. 예술은 미를 표현하는 활동이고 예술작품은 그 결과물이며, 학문과 과학은 탐구활동을 가리키고 지식은 그 결과물인 것과 마찬가지로, 철학도 철학적인 탐구활동을 가리키며 철학자들의 주장이나 저술은 그 결과물인 것이다. 그러므로 과거 철학자들의 주장이나 저술을 읽거나 암기하는 것 자체가 철학이 아니라 그런 것들을 비롯하여 삶의 여러 가지 문제를 철학적인 방법으로 탐구하는 활동이 바로 철학인 것이다. 이런 점에서 현대에는 체계화된 사상으로서의 '철학'(philosophy)보다 탐구하는 과정으로서의 '철학활동'(philosophizing)이 강조되고 있다(장찬익 · 노진호 · 이주한, 2005:255-256). 그리하여 현대철학은 주로 역사철학, 정치철학, 사회철학, 교육철학, 과학철학처럼 각 분과학문의 특수한 탐구방법론으로 자신의 지위를 재정립해 가고 있는 추세이다.

2) 철학적 탐구의 특징과 기능

다른 학문과 달리 철학적 탐구가 지닌 독특한 특징은 대략 다음과 같은 네 가지 정도로 간추릴 수 있다.

▶ 궁극성

첫째, 철학은 근본원리를 탐구한다는 특징을 갖는다. 철학은 원칙적으로 사물의 겉으로 드러난 현상보다는 그 밑에 깔려 있는 기본 원리나 본성에 관심을 갖는다. 이것은 철학이 사물의 외형을 설명하기보다는 그것이 가진 근본원리를 찾아내서 그 원리에 비추어 그 사물을 분석하고 비판하는 데 목적이 있기 때문이다. 이를테면, 우리가 '이 세계의 근원은 무엇인가?', '인간의 본질은 무엇인가?', '교육이란 무엇이며 그것을 무슨 준거로 교육이 아닌 것과 구분할 수 있는가?', '옳음, 선함, 아름다움이란 궁극적으로 무엇인가?', '신(神)은 과연 존재하는가? 존재한다면 어떻게 존재하는가?' 등과 같은 질문을 던지고 그에 대한 답을 구하려고 한다면, 우리는 철학을 하고 있는 셈이다. 그러나 이렇게 굳이 심오하고 난해한 질문만이 철학적인 것은 아니다. 일상생활에서 '사랑이란 무엇인가?', '진정한 우정은 무엇인가?' 등과 같은 질문을 던지고 그것의 본질적 요소를 찾으려고 한다면, 그것은 철학적 태도요 철학적 사유방식이다. 이처럼 철학이란 어떤 사물과 현상의 본질이나 근본원리를 탐구하려는 지적 활동이다.

▶ 종합성

둘째, 철학은 포괄적 · 보편적 성격을 지닌다. 철학은 단편적이며 부분적인 측면보다는 일반적이고 보편적이며 포괄적인 측면에 관심을 갖는다. 철학자는 사물이나 사태가 가진 다양한 부분을 종합적으로 관찰해서 일관되고 통일된 것을 발견하려고 하며, 그들 사이의 관계를 포착하려고 한다. 그리하여 개별적인 것들을 종합하고 통합하여 전체를 아우르는 포괄적인 하나의 체계를 수립하려고 한다. 이를테면, 토론의 과정에서 서로 다른 다양한 의견을 면밀히 비교 · 검토하여 각각의 의견이 가진 일관성과 보편성을 찾아내고, 그것을 준거로 삼아 하나의 종합된 의견으로 체계화하고자 한다면, 그런 태도와 사고방식은 철학적이라고 해도 틀리지 않는다. 더 전문적인 학문연구 과정에서도 마찬가지이다. 여러 개별 학문에서 발견된 지식을 하나의 포괄적인 체계로 종합하여 관련 문제에 대한 보편적인 이론이나 관점을 수립하고자 한다면, 그것은 철학적 태도임이 틀림없다. 철학이란 이렇게 다양한 요소를 종합하고 포괄하여 어떤 통일된 관점이나 이론 혹은 지식 등을 수립함으로써 일관된 질서와 체계를 세우려고 하는 사유태도요 방법이다.

규범성 ◀

셋째, 철학은 규범적 성격을 갖는다. 철학은 단순히 사실적이고 단편적인 지식을 축적하는 데는 별 관심이 없다. 철학의 주된 역할 중의 하나는 이미 알려지고 발견된 사실들을 평가하고 가치를 부여함으로써 모든 사람이 마땅히 준수해야 할 행위규범을 제시하는 것이다. 바로 이런 규범적 성격으로 인해 철학은 과학이나 다른 학문과 구분된다. 과학은 사실 자체에 관심을 갖지만, 철학은 사실 뒤에 있는 당위(當爲)와 이상(理想)에 관심을 갖기 때문이다. 그리하여 철학자들은 가치 있는 것과 가치 없는 것, 바람직한 것과 바람직하지 못한 것, 선과 악, 옳고 그름, 아름다운 것과 추한 것 등을 구분하여 올바른 방향을 제시하려고 한다. 예를 들어, 인간 복제가 과학적 연구의 대상이라면, 그것이 인간에게 주는 의미가 무엇인지를 평가하고 우리가 그에 어떻게 대처해야 하는지를 제시하는 것은 철학의 과제이다(장찬익 · 노진호 · 이주한, 2005 : 257).

비판 · 분석성 ◀

넷째, 철학은 비판적 · 분석적 성격을 갖는다. 소크라테스는 당시에 일반적으로 사용되던 막연한 용어와 관념들에 대해 제자들을 상대로 날카롭게 그 진의와 본질을 캐물었다. 이는 어떤 행위가 선한 것이냐 악한 것이냐를 판단하기 이전에 선이란 무엇이며, 또한 악이란 무엇인지를 명확하게 규명하려는 문제의식이라고 할 수 있다. 소크라테스의 이런 문제의식은 최근 20세기에 들어와서 분석철학자들에 의해 하나의 학파로까지 발전하게 되었다. 그들은 일반인, 과학자, 철학자들이 무비판적으로 수용하고 사용하고 있는 어떤 의견이나 신념, 가정, 용어 그리고 개념의 의미를 명확하게 분석하고 비판적으로 평가하려고 한다. 정신, 물질, 진리, 실재, 선, 악, 자아, 옳음, 그름 등과 같은 용어나 관념이 좋은 예이다. 철학은 그런 용어나 관념을 비판적으로 분석해서 우리가 일상이나 학문에서 정확하고 객관적인 사고를 할 수 있도록 유도한다.

이렇게 보면 철학은 특수한 훈련을 받은 소수 전문가만 할 수 있는 특정한 활동이 아니다. 전문가는 물론 플라톤이나 칸트를 공부하지 않은 모든 일반인도, 비록 소박하고 가벼운 문제를 대상으로 할지언정, 그들 나름으로 '철학적으로' 사유하고 탐구한다. 말하자면, 철학이라고 하는 행위는 소수 직업철학자만 할 수 있는 심오한 그 어떤 것이 아니라, 모든 인간이 인간인 한 수행할 수밖에 없는 사유활동인 것이다. 따라서 그것은 일상에서 발생하는 크고 작은 문제로부터 우주와 인생에 대한 심오한 문제에 이르기까지 모두를 포괄한다. 그래서 철학은 인간의 삶과 분리될 수 없고, 그렇기 때문에 철학은 일상생활로부터 분리될 수 없는 것이다.

그렇다면 철학이 하는 구체적인 일, 즉 철학의 기능은 무엇일까? 피닉스(P. H. Phenix)의 의견을 살펴보면 철학의 기능을 이해하는 데 도움이 된다(Phenix, 1958 : 441-445).

첫째, 언어의 의미를 분석한다. 철학은 우리가 쓰고 사용하는 용어와 개념의 의미를 명확하게 밝히는 일을 한다.

둘째, 전제나 가정을 밝히고 비판한다. 예를 들어, '인간은 존엄한 존재이다.'라는 명제가 있다고 가정하자. 철학은 이 명제가 무슨 뜻인지를 분명히 밝히고, 이 명제의 진위를 논리적으로 따져 묻는다.

셋째, 방법을 연구한다. 철학은 어떤 학문이 사용하고 있는 연구방법이 타당한가를 탐구한다.

넷째, 신념이나 신조를 합리적 근거에 따라 정당화한다. 철학은 가치, 세계, 정치, 교육 등에 대한 신념이 정당한 근거에 의해 합리화되고 있는지를 밝힌다.

다섯째, 여러 이론이나 지식을 통합하고 조정한다. 철학은 개별 과학에서 밝혀 놓은 지식을 일정한 기준과 준거에 의해 조정하고 통합한다.

여섯째, 규범적 이상과 전망을 밝힌다. 철학은 모든 인간이 마땅히 추구해야 하는 이상과 규범을 탐색하고 제시한다.

3) 철학적 탐구의 영역

철학은 이 세계와 우리 인간의 삶에 관련된 거의 모든 문제에 관심을 갖는다. 그만큼 철학의 탐구영역은 넓고 다양하다. 그 주요 영역을 크게 세 가지로 구분하면 다음과 같다.

존재론 ◀

첫째, 철학은 실재(reality)에 관련된 문제를 탐구한다. 실재에 관한 연구를 일컬어 존재론, 본체론, 실체론(ontology)이라고도 한다. 실재란 쉽게 말해 존재의 본질 혹은 근본 특성이다. 존재론은 우리가 경험할 수 있는 피상적인 현상 이면에 있는 참된 본질을 탐구하는 영역이다. 예컨대, '세계의 근원은 물질로 이루어져 있는가, 아니면 정신으로 이루어져 있는가?', '세계의 근원은 오직 하나로 이루어져 있는가, 아니면 그 이상으로 이루어져 있는가?', '세계의 근원은 변화하는가 아니면 불변하는가?' 등이 존재론에 해당하는 질문들이다.

존재론은 궁극적 실재를 무엇으로 보는가에 따라 관념론과 실재론, 또는 유심론과 유물론 등으로 구분된다. 관념론이나 유심론은 궁극적 실재가 관념이나 정신 속에 존재한다고 보는 관점이며, 실재론은 그것이 정신이나 관념이 아닌 각각의 사물 속에 내재되어 있다는 관점이고, 유물론은 물질이 궁극적 실재라고 보는 관점이다. 그리고 실재를 몇 개로 보는가에 따라 일원론, 이원론, 다원론을 구분되며, 실재의 변화 여부에 대한 견해에 따라 절대론, 상대론으로 구분된다.

인식론 ◀

둘째, 철학은 지식에 관련된 문제를 탐구한다. 지식의 원천이나 획득 과정, 참·거짓의 여부에 대한 탐구는 철학의 매우 핵심적인 관심사인데, 이를 인식론(epistemology)이라고 한다. 물질적인 것이든 정신적인 것이든 어떤 대상이 우리의 사유 속으로 들어와 개념으로 성립되는 과정을 인식이라고 하며, 그 결과가 바로 지식이다. 인식론이란 바로 이렇게 개념이 형성되는 과정과 그 결과인 지식의 정당성 문제를 탐구주제로 삼은 철학이다. '지식의 근원은 무엇인가?', '참된 지식이란 무엇인가?', '지식의 진위를 판별하는 기준은 무엇인가?', '지식은 어떻게 형성되는가?' 등은 인식론적 질문의 좋은 예이다.

획득 과정이나 방법에 따라 지식은 여러 유형으로 나뉠 수 있다. 즉, 계시를 통해 얻은 지식(모세의 십계명)이 있는가 하면, 직관에 의한 지식(아르키메데스의 원리)도 있다. 또 이론이나 논리를 통한 지식(인간은 죽는다. 나는 인간이다. 따라서 나는 죽는다.)이 있는가 하면, 경험을 통한 지식(관찰과 실험을 통한 지식)이 있다. 그리고 이런 지식 모두 그 나름의 장점과 한계를 지니고 있다.

인식론의 출발은 물론 고대로까지 거슬러 올라가지만, 그것이 철학의 주요한 흐름을 이루며 크게 발전하기 시작한 것은 근대에 들어서부터이다. 이 시기에 경험론과 합리론이 형성·발전하였다. 경험론에서는 우리의 관념이 오직 경험을 통해 형성되며, 그렇기 때문에 인식의 근원은 경험이라고 보았는데, 대표적 인물은 로크(J. Locke), 버클리(G. Berkeley), 흄(D. Hume) 등이다. 그리고 합리론은 대상의 실재는 그 자체로 논리적 구조를 갖고 있으므로 선험적으로 주어진 이성을 통해 파악할 수 있다고 보았는데, 데카르트(R. Descartes), 스피노자(B. de Spinoza), 라이프니츠(G. W. von Leibniz) 등이 대표적이다. 그 이후 경험론과 합리론은 칸트(I. Kant)에 의해 종합되었다. 그는 경험적 계기와 선험적 계기가 종합·통일되어 인식이 이루어진다고 보았다. 그리고 19세기에 이르러 과학과 산업의 발달 및 여러 개별과학의 발달로 인해 인식론은 거의 모든 학문에서 주요한 탐구영역으로 자리잡게 되었다.

▶ 가치론

셋째, 철학이 대상으로 하는 또 하나의 중요한 관심사는 가치문제이다. 가치를 다루는 영역을 가치론(axiology)이라고 한다. '나의 사고 또는 행동이 가치 있는 것인가 그렇지 않은가?', '그것은 모든 사람에게 해당하는 보편적 가치인가 아니면 나에게만 해당하는 주관적 가치인가?', '그것은 그 자체로 가치 있는 본질적 가치인가 아니면 다른 목적을 위한 수단적 가치인가?', '그것은 어떤 경우에도 불변하는 가치인가 아니면 시간과 공간에 따라 변화하는 가치인가?' 등과 같은 질문이 여기에 해당한다.

가치론은 다시 윤리학과 미학으로 분류된다. 윤리학은 보통 인간의 행위에 관한 규범, 원칙, 원리 혹은 규칙을 탐구하는 학문이라고 정의할 수 있는데, 다른 용어로 도덕철학이라고 불린다. 말하자면, 윤리학은 공동체 속에서 살아가는 인간이 무엇을 위해, 그리고 어떤 원칙과 규칙에 따라 살아가는 것이 바람직한가를 판단할 수 있는 규범적 준거를 탐색하고 제시하려는 학문이다. 미학은 미의 문제를 탐구하는 학문으로, 자연이나 예술에 있어서 미의 본질이나 구조를 해명하고 체계를 세우려고 한다. 미학도 기준에 따라 여러 가지로 나뉜다. 미적 가치를 주관적인 것으로 보느냐 객관적인 것으로 보느냐에 따라 주관주의 미학과 객관주의 미학으로, 내용 요소를 중시하느냐 형식 요소를 중시하느냐에 따라 내용미학과 형식미학으로, 미의 규범이나 이상을 중시하느냐 실증적 혹은 경험적 방법을 중시하느냐에 따라 규범미학과 경험미학으로 분류된다.

02 교육철학의 정의와 필요성, 연구방법

1) 교육철학의 정의

교육철학의 정의 ◀

교육철학이란 교육현상을 대상으로 하는 철학적 탐구행위를 의미한다. 그러나 보기에 따라서 교육철학이라는 용어는 훨씬 더 넓은 의미로 사용되기도 한다. 예를 들어, 교육철학은 어떤 교육관 또는 교육사상을 의미하기도 하며, 때로는 교육방법론에 대비되는 개념으로 교육목적론을 의미하기도 한다. 또 경우에 따라 철학의 이론 혹은 철학적 지식을 교육의 이론과 실천에 응용한 것을 뜻하기도 한다. 이렇듯 교육철학의 개념은 관점에 따라 서로 다르게 정의할 수 있다. 그 대표적인 경우 몇 가지를 소개하면 다음과 같다.

김정환 · 강선보(1998 : 23-26)는 교육철학을 정의하는 세 가지 입장, 즉 종합적 입장과 분석적 입장 그리고 본질적 입장을 다음과 같이 정리하고 있다.

첫째, 종합적 입장에서 보면, 교육철학은 다양한 교육이론 또는 교육현상을 일정한 개념과 원리에 의해 종합하고 체계화하는 학문이다. 이런 입장을 취하고 있는 대표적인 학자가 굳(C. V. Good)과 라인(W. Rein)이다. 굳은 교육철학을 '교육에 관한 여러 상충된 이론을 타당한 개념과 원리에 기초하여 화해, 조화시키는 학문'이라고 정의하였다. 그리고 라인은 ① 인간은 인간에 의해 인간이 된다, ② 교육은 미성숙자에게 가해진다, ③ 교육은 계획적인 작용, 영향, 감화이다, ④ 교육은 지속적이다 등 네 가지 전제로 교육현상을 체계화하는 것이 교육철학이라고 정의하였다.

둘째, 분석적 입장에서 보면, 교육철학은 교육현장 또는 교육학에서 사용되고 있는 용어, 개념, 신념, 전제, 가정 등의 의미를 명확히 밝힘으로써 교육학을 과학적으로 정립하려는 학문이다. 이런 입장을 취하고 있는 대표적 학자는 브라운(L. M. Brown)이다. 그는 교육철학을 '교육학에서 쓰이는 여러 언어의 뜻을 명확하게 밝히며, 또 교육학자들이 대전제로 여기는 여러 원리를 검증하여 교육학을 논리적으로 체계화하는 일'이라고 정의하였다.

셋째, 본질적 입장에서는 교육철학을 여러 교육현상을 꿰뚫고 있는 교육의 본질을 추구하는 활동이라고 정의한다. 예컨대, 일본의 교육철학자 오사다(長田新)는 교육철학을 일컬어 '교육작용의 본질, 근본 내지 전체를 파악하는 교육본질학, 교육근본학, 교육전체학'이라고 정의하였다. 그에 따르면, 개개의 교육현상과 사실은 개별 교육학(예컨대, 교육사회학, 교육과정학, 교육심리학, 교육행정학 등)의 탐구대상이며, 그 개개의 현상과 사실의 배후 또는 그 밑에 깔려 있는 교육의 본질을 캐내는 것이 바로 교육철학이다.

그러나 엄격히 말해서 교육철학은 위에서 살펴본 세 가지를 모두 포함한다. 따라서 이 세 가지 입장을 종합해서 정의하면, 교육철학이란 ① 교육현상을 꿰뚫고 있는 몇 가지 대전제로 교육현상을 체계적으로 고찰하고, ② 교육학에서 쓰이는 다양한 언어, 전제, 가정을 다듬어 교육학을 체계적으로 구축하며, ③ 교육작용의 본질을 탐구하는 학문이라고 정의할 수 있다.

▶ 뉴솜의 정의

장찬익 · 노진호 · 이주한(2005:263-265)은 뉴솜(G. L. Newsome)의 견해[1]를 응용하여 교육철학을 정의하는 세 가지 접근방식을 다음과 같이 정리하였다.

▶ 교육관으로서의 교육철학

첫째, 교육관으로서의 교육철학이다. 교육관으로서의 교육철학은 학문적으로 발달된 고도의 이론체계가 아니라 일상 수준에서 일반인들이 가지고 있는 교육관을 말한다. 사실 삶에서 부딪치는 문제들을 근본적으로 혹은 종합적으로 이해함으로써 삶을 바람직한 방향으로 이끌고자 하는 일은 철학자들만의 전유물은 아니다. 인간이면 누구나 그런 문제에 관심을 갖고 생각해 봄으로써 자기 나름의 인생관, 세계관,

1) 뉴솜은 교육철학을 정의하려는 입장을 '교육관으로서의 교육철학', '교육에 대한 응용철학으로서의 교육철학', '교육의 일반이론으로서의 철학' 등 세 가지로 정리한 바 있다(박봉목, 1983:28).

가치관 등을 형성하여 사고와 행동의 기준으로 삼으며, 자신의 삶에 의미를 부여한다. 그런 점에서 "사람이 있는 곳에 철학이 있고, 철학이 있는 곳에 사람이 있다."(오천석, 1984 : 1)라고 할 수 있다.

마찬가지로 교육에 대해서도 우리는 자기 나름의 견해를 가질 수 있다. 교육은 이러저러해야 한다거나, 우리나라의 교육은 어떤 문제가 있으므로 어떻게 개선되어야 한다거나, 교육정책을 입안할 때 어떤 점에 중점을 두어야 한다는 등은 우리가 일상생활에서 쉽게 접할 수 있는 주장들이다. 이렇게 막연하나마 우리가 일상생활에서 교육에 대해 느끼고 있는 나름의 견해 혹은 교육관을 일컬어 교육철학이라고 할 수 있다. 그러나 교육관으로서의 교육철학은 근거가 확실하지 않은 단편적인 의견이나 상식에 머무는 경우가 많으므로 더 엄밀한 철학적 연구의 도움을 받을 필요가 있다.

철학체계 응용으로서의 교육철학 ◀

둘째, 철학체계의 응용으로서의 교육철학이다. 이것은 철학의 연구결과를 교육의 목적이나 내용 혹은 방법에 대한 논의에 적용하려는 시도를 교육철학이라고 보는 입장이다. 사실 철학과 교육은 서로 매우 밀접한 연관성을 갖고 있다. 이를테면, 존재론에서는 우주관, 자연관, 인간관, 사회관 등을 연구하여 바람직한 인간상이나 사회상 등을 제시해 준다. 그런 인간상이나 사회상은 교육의 목적이나 방향을 결정하는 데 적용될 수 있다. 또 인식론에서는 지식의 본질과 획득과정을 연구하는 데, 그 결과들은 교육을 통해 다음 세대에 전달해야 할 지식을 선정하고 조직하는 데 적용될 수 있다. 그리고 가치론의 연구결과도 교육에 적용될 수 있다. 교육은 바람직한 인간, 인간다운 인간을 형성하려는 가치 지향적 활동인데, 가치론이 여러 가치 판단의 기준과 방향을 제시해 주기 때문이다. 즉, 가치론은 교육목적, 내용, 방법으로서 타당하고 가치 있는 것이 무엇인지를 평가하고 판단하는 기준을 마련해 준다. "철학은 교육의 일반이론"(Dewey, 1916 : 339)이라는 듀이의 정의도 철학이 교육의 근거와 기준과 방향을 제시해 준다는 점을 지적한 것이다. 철학자나 교육에 관심 있는 많은 사람이 교육목적, 교육내용, 교육방법, 교육제도 등을 논의할 때 철학적 연구의 결과인 여러 가지 주의나 이론을 적용해 온 것도 이런 이유 때문이다. 관념론적 교육철학, 실재론적 교육철학, 실존주의적 교육철학, 프래그머티즘적 교육철학, 분석철학적 교육철학 등이 이 경우에 속한다.

▶ 교육학적 교육철학

마지막으로 교육문제에 대한 철학적 탐구로서의 교육철학이다. 이런 의미의 교육철학은 현대에 들어와서 교육학이 독립된 학문으로 자리 잡고 철학이 방법론적으로 규정되면서 나타났다. 이것은 교육의 문제를 철학적 방법으로 탐구하는 행위나 활동을 가리킨다. 생활 속에서 전개되고 있는 여러 교육문제에 대해 그 궁극적인 원리나 가정을 분석하여 비판하고, 다른 여러 학문적 연구결과의 도움을 받아 종합적인 이론으로 체계화함으로써 교육실제를 바람직한 방향으로 이끌고자 하는 것이다. 두 번째 의미의 교육철학이 철학적 입장에서 수행되는 교육철학이라면, 세 번째 의미의 교육철학은 교육학적 입장에서 수행되는 교육철학이라고 말할 수 있다. 즉, 이것은 주로 교육학자와 교육자에 의해 수행되는 교육철학인 것이다. 20세기에 들어와서 미국에서 전개된 진보주의, 본질주의, 항존주의, 재건주의 등이 여기에 속한다.

한편, 한명희 등은 교육철학이 수행해야 할 구체적인 임무를 다음 다섯 가지로 제시하고 있다(한명희 · 고진호, 2005 : 33). ① 교육문제의 전제나 내포된 의미를 분석하는 일, ② 교육문제에 관한 논의 속에 모순점을 발견하고 검토하는 일, ③ 교육문제 속에 포함된 개념의 정의와 의의를 논하는 일, ④ 여러 학문에서 주장하는 이론이나 논의를 통합하여 하나의 종합적인 이론으로 체계화하는 일, ⑤ 교육의 목적론적 · 방법론적 이론에 관련되는 일체의 가치 판단의 논거를 구하는 일이다.

2) 교육에 대한 철학적 탐구의 필요성

그렇다면 교사나 교육자가 왜 교육에 대해 철학적으로 사유하고 탐구할 수 있는 소양을 갖추고 있어야 하는가? 교육철학은 교육연구 및 교육실천에 있어서 일종의 나침반과 같은 역할을 수행한다. 마치 망망대해를 항해할 때 가고자 하는 목적지를 찾아내고 그 목적지를 향해 정확하게 항해하기 위해 나침반의 도움이 필수적인 것처럼, 교육연구 및 실천 활동이 서로 모순 · 대립되는 다양한 주장과 신념 속에 빠져 헤매지 않도록 하기 위해서는 교육에 대한 철학적 이해와 소양이 필수적인 것이다.

▶ 교육철학에 대한 기대

이와 관련하여 브로우디(H. S. Broudy, 1979 : 142-143)는 교육자들이 교육철학에 대해 갖는 기대를 다음과 같은 다섯 가지로 제시하고 있다.

첫째, 교육목적, 교육과정, 교육조직, 교수와 학습문제 등 학교에서 일어나는 복잡한 문제 중에서 인식론적 · 형이상학적 · 윤리적 · 미학적 개념과 관련될 때 교육철학이 요청된다. 이 말은 곧 교육철학은 교육문제들이 철학적으로 얼마나 적합한지를 밝히는 일이라는 뜻이다.

둘째, 교육자들은 교육철학이 교육현장에서 사용되는 용어나 개념 중에서 그 의미가 모호하거나 애매한 것들을 설명해 줄 것을 기대한다. 즉, 통합교육이라든가 교육기회의 균등 등과 같이 상반되는 개념이나 논쟁에서 개념상 애매한 의미를 제거하기 위한 내적인 비판력과 창의력을 제공해 줄 것을 기대한다.

셋째, 교육자들은 교육철학자들이 어떤 교육정책에 대해 그 가능성과 결과에 대해 신중히 검토해 줄 것을 기대한다. 즉, 교육문제에 대해 사회적 · 도덕적 · 이념적 차원 등 여러 차원에서 전후 혹은 상호관계를 명석하게 분석 · 비판해 줄 것을 기대한다.

넷째, 교육자들은 교육철학자들이 교육사업을 둘러싼 종합적이고 체계적이며 일관된 신념에 대해 논의해 줄 것을 기대한다.

다섯째, 교육자들은 교육철학이 합리적인 토론을 전개하고 학문연구의 자유를 옹호하며, 고정된 교의가 아닌 신뢰할 만한 신념이 기초할 준거를 수립해 줄 것을 기대한다.

교육에 대한 철학적 탐구의 필요성◀

오천석(1984 : 31-32)은 교육철학을 연구할 가치 혹은 그 필요성을 다음 네 가지로 제시하고 있다. 첫째, 교육이 내포하고 있는 중요한 문제에 대한 올바른 이해가 필요하기 때문이다. 둘째, 인간생활 전체에서 교육의 위치와 그들과의 관계를 파악하는 데 도움이 되기 때문이다. 셋째, 다양한 현행 교육이론을 비판적으로 검토하여 교육에 대한 교사의 신념을 확정하고 원리를 수립하는 데 기여하기 때문이다. 넷째, 교사의 지성과 비판정신을 자극하여 교육의 새로운 경지를 개척하는 데 도움이 되기 때문이다.

이상의 견해들을 바탕으로 교육에 대한 철학적 탐구가 필요한 이유를 몇 가지로 정리해 보기로 한다.

첫째, 교육철학은 교육자 및 교육학자에게 교육의 본질적 성격을 이해할 수 있도록 도와주기 때문이다. 이를테면, 교육이란 무엇인가, 교육을 다른 활동과 구분되게 하는 준거와 기준은 무엇인가, 교육은 무엇을 목적으로 하며 그 목적은 과연 정당한 것인가, 교육을 통해 필수적으로 가르쳐야 할 내용은 무엇이며 그 이유는 무엇인가 등은 교육에 종사하고 있거나 관련되어 있는 사람들에게 끊임없이 제기되는 질문이다. 그리고 이런 질문에 대해 우리가 어떤 입장을 취하느냐 따라 어떤 활동을 교육의 범주에 포함하거나 제외할 수도 있다. 이런 질문을 던지고 그에 대한 해답을 구하는 지적 활동이 바로 교육철학이다. 따라서 교육에 대해 철학적으로 탐구하는 일은 교육의 본질적이고 근본적인 특성을 밝히고 이해하는 데 도움을 준다.

둘째, 교육철학은 교육행위를 더 종합적이고 포괄적인 안목으로 바라볼 수 있게 해주기 때문이다. 교육에 대한 철학적 탐구가 가진 기본 성격 중의 하나는 포괄성과 보편성이다. 넓게 볼 때 교육행위는 인간의 모든 활동과 직·간접적으로 관련되어 있기 때문에, 그만큼 교육행위에 영향을 미치는 이론이나 지식 혹은 주장이 다양할 수밖에 없다. 이를테면, 교육행위는 인간의 문제를 다루는 인문·사회과학은 물론 동물학, 생리학, 의학, 공학 등 여러 자연과학의 영향으로부터 자유롭지 못하다. 그리고 교육학 내에서도 교육사학, 교육사회학, 교육심리학, 교육과정학, 교육행정학 등 다양한 교육학 분과학문의 영향을 피할 수 없다. 종합성과 보편성을 추구하는 교육철학은 이런 다양한 관점을 넓은 안목에서 비교·검토함으로써 교육행위가 특정한 이론이나 지식에 매몰되지 않고 조화와 균형을 이룰 수 있도록 하는 데 크게 도움이 된다.

셋째, 교육철학은 현행 교육이론이나 활동을 분석·비판하고 그것이 장차 지향해야 할 바람직한 방향을 모색하고 제시하는 데 도움을 주기 때문이다. 가치 지향적 존재인 인간에 관계되는 한, 그리고 바로 그 인간을 바람직한 방향으로 형성하려고 하는 활동이 교육인 한, 교육은 이론에서든 실천에서든 가치 지향적 활동일 수밖에 없다. 교육이론이나 실천에서 가치 있는 것과 가치 없는 것, 바람직한 것과 바람직하지 못한 것, 선한 것과 악한 것, 옳은 것과 그른 것, 아름다운 것과 추한 것 등을 면밀히 분석·평가하고자 하는 것이 바로 교육철학이다. 더 정확하게 말하면 다양한 교육학 분과학문 중에서 교육이론과 행위의 가치성을 분석·평가하는 일을 자신의 본업으로 삼는 학문은 교육철학밖에 없다. 따라서 교육이 마땅히 추구해야 할 올바른 방향을 모색하고 탐구하기 위해 교육철학이 필수적으로 요구된다. 특히, 시대가 복잡하고 혼란스러울수록 교육에서 바람직하고 가치 있는 방향을 설정하는 일이 더 중요해진다는 점을 고려할 때 교육철학의 필요성은 앞으로 더욱 커질 것으로 보인다.

CHAPTER 02

전통철학과 교육

01 관념론과 교육

1) 관념론의 개념과 철학적 특징

▶ 관념론의 정의

관념론(idealism)은 실재가 관념 혹은 정신에 있다고 보고, 진위, 선악, 미추의 궁극적 준거를 물질이나 자연이 아닌 관념에서 찾고자 하는 사고방식을 총칭한다. 관념론의 어원인 그리스어 'idea'는 원래 완전한 형상 혹은 원형(arche type)을 의미하는데, 관념적으로 존재하는 이 불변의 원형이 바로 현상계에 존재하는 모든 사물의 근원이라고 믿는다.

우리는 학문 세계는 물론 일상생활에서 관념론적 사고를 쉽게 접할 수 있다. 이를테면, '인간이란 무엇인가' 혹은 '인간의 본질은 무엇인가'라는 질문에 대해 우리는 여러 가지로 답할 수 있다. 누군가는 '도구를 사용할 줄 아는 존재'라고 답할 것이고, 또 누군가는 '노동할 줄 아는 존재'라고 답할 것이며, '유희적 존재'라고 답하는 이도 있을 것이다. 그런데, 이 질문에 대해 시간과 공간을 초월해 있어서 감각을 통해 경험할 수 없는 정신적 측면이 인간의 본질이라고 답할 수 있다. 인간은 '이성적 존재'라거나 혹은 '사고할 줄 아는 존재'라고 생각하는 것이 이 경우에 해당한다. 또 정삼각형의 본질을 종이나 칠판 위에 그려진 실제 도형이 아닌, '세 변의 길이와 세 각의 크기가 같은 도형'이라는 개념에서 찾고자 한다면, 이런 사고방식은 관념론적이다.

남성과 여성의 본질적 차이를 외형이나 기능에서 찾지 않고, 눈에 보이지 않지만 분명 존재한다고 가정되는 여성성, 남성성이라는 본성에서 찾고자 한다면 이 역시 관념론적이다. 또 현실 세계에서 경험하기 어려운 매우 이상적이고 완전한 사회상을 설정해 두고 그것을 기준으로 우리가 봉착하고 있는 사회를 비판하고자 하는 이가 있다면, 그 역시 관념론적이라 할 수 있다.

관념론의 철학적 특징◀

다음으로 관념론의 철학적 특징을 살펴보기로 한다. 존재론적 측면에서, 관념론자들은 세계를 정신과 물질로 이원화하고, 본질이나 실재를 정신에서 찾고자 한다. 왜냐하면, 정신 혹은 관념은 영원불변하고 질서 정연하며 절대적이고 보편적이지만, 물질은 일시적이고 무질서하며 상대적이고 특수하다고 보기 때문이다. 관념론의 존재론적 견해를 몇 가지로 요약하면 다음과 같다(오천석, 1984:48).

존재론적 측면◀

첫째, 궁극적 존재의 실체는 정신 또는 마음이다.

둘째, 관념은 모든 사물의 근원적 요소로 존재한다.

셋째, 외부 세계는 이 관념의 그림자에 불과하며 신뢰하기 어렵다.

넷째, 모든 존재의 뒤에는 절대자로서 군림하는 정신적 존재가 있다.

다섯째, 인간은 유한하고 불완전하며 부분적인 존재로서, 그가 속해 있는 무한하고 완전하며 전체적인 정신적 존재의 형상으로 성장하여 이에 결합하고 동일체가 되어야 한다.

여섯째, 인간의 참된 기원은 신격이며, 그의 본성은 자유요, 그의 운명은 영생이다.

일곱째, 우주는 지성과 의지의 외적 표현이며, 세계의 불멸하는 실체는 마음이요, 물질은 오직 정신으로만 설명할 수 있다.

인식론적 측면◀

인식론적 측면을 보면, 참된 인식의 대상은 시간과 공간에 따라 지속적으로 변화되는 현실 세계가 아니라, 시공을 초월하여 절대 불변하며 보편적인 관념의 세계이다. 그리고 관념의 세계는 불변하며 보편적이기 때문에, 우리는 그에 대한 지식을 새롭게 창조하거나 구성할 수 없다. 우리는 다만 이미 존재하는 실재를 발견하고 이해할 수 있을 뿐이며, 실재를 있는 그대로 발견하고 이해할 때에야 비로소 진리요 참된 지식이라 할 수 있다. 그런데 실재는 인간의 정신 속에 내재하고 있으므로 기억이나 직관, 통찰 혹은 성찰을 통해 발견할 수 있다. 말하자면, 실재는 어떤 감각 경험이나 신체활동을 통해서가 아니라, 오직 사유하는 정신능력인 이성을 통해서만 발견하고 이해할 수 있다. 그리고 실재는 언제나 논리적이고 체계적이며 질서 정연하기 때문에, 그에 대한 인식의 결과인 참된 지식 역시 논리적이고 체계적이며 질서 정연해야 한다. 관념론의 인식론적 견해를 요약하면 다음과 같다(오천석, 1984:49-50).

첫째, 참된 지식은 영구불변하는 것으로서, 정신적 실재에 종속되어 있다.

둘째, 참된 지식, 즉 진리는 새로 발견되는 것이 아니라, 이미 존재하는 것을 깨닫고 이해하는 것이다.

셋째, 궁극적 지식은 수동적인 외부 세계와 감각적으로 접촉함으로써 얻을 수 있는 것이 아니라, 이성의 적극적인 작용을 통해 얻을 수 있다.

넷째, 지식은 우리가 살고 있는 현실 세계에 드러나 있는 실재에 대해 사유하고 이해하는 것이다.

다섯째, 감각기관을 통해 얻은 외부 세계의 인상은 지식의 조잡하고 단편적인 자료는 될 수 있으나, 지식 그 자체는 될 수 없다.

▶ 가치론적 측면

마지막으로 가치론적 측면을 살펴보면, 관념론자들은 이상적인 삶이란 보편적 정신을 모방하거나 그에 합일하는 삶이라고 이해한다. 즉, 관념론자들에게 윤리적 · 도덕적 행위는 인간의 정신이 가진 보편적 도덕률을 발견하고 모방하며 재현해내는 행위이다. 왜냐하면, 정신적 실재야말로 가치 판단의 유일하고도 궁극적인 준거이기 때문이다. 플라톤은 이 보편적 도덕률을 바로 덕이라고 보고, 덕에 의해 영위하는 삶을 최고 · 최선의 삶이라고 생각하였다. 또 관념론자들은 성찰을 통해 정신적 실재를 관조함으로써 또는 인류의 고매한 스승이나 권위를 인정받은 문화적 전통 등을 학습함으로써 보편적 도덕률을 접할 수 있다고 본다. 따라서 우리는 정신적 실재를 관조할 수 있는 사유능력을 함양해야 하며, 오랜 인류 역사를 통해 면면히 전해 내려온 위대한 문화나 고전 속에 담긴 도덕적 원리를 이해하고 실천해 나가야 한다.

관념론자들에게는 미의 진정한 기준 역시 정신계에 있다. 미적 행위로서의 예술은 정신에 존재하는 절대적 · 보편적 가치를 외부로 표현하는 행위이다. 즉, 예술이란 감각을 통해 경험할 수 있는 외부 세계를 대상으로 하는 활동이 아니라, 정신활동을 통해서만 깨달을 수 있는 영구불변하는 이상적 가치를 대상으로 하는 활동이다. 그러므로 예술행위는 예술가 개인의 특수하고 주관적인 경험을 초월해 있다. 그렇기 때문에 예술의 가치는 무엇인가를 새롭게 창조하는 데 있지 않고 이미 존재하는 완전한 실재 세계를 있는 그대로 재현하는 데 있다.

2) 관념론의 역사

앞에서 설명한 바와 같이 관념론이란 관념이나 정신을 실재라고 여기며, 모든 지식의 진위 여부 및 가치 판단의 준거를 절대적 · 보편적 실재에서 찾으려는 사고방식이다. 이런 사고방식은 사실 매우 오랜 역사를 갖고 있다. 정확하게 말하면 철학 혹은 학문이라고 하는 것들이 존재하기 훨씬 이전부터 존재하였다. 예를 들어, 원시 사회에서 인간은 모든 사물에 불멸하는 영혼이 깃들어 있다고 보았으며, 그 영혼이 사물을 그 사물답게 만드는 근원이라고 생각하였다. 그런 생각이 일정한 형식과 의례를 갖추게 된 것이 바로 원시종교이다.

고대의 관념론 ◀

인류의 지혜가 상당히 고등한 단계로까지 발달한 고대에 이르러 이런 사고방식을 이론적으로 체계화한 이가 그리스의 플라톤이다. 말하자면, 플라톤은 일상생활에 이미 존재하고 있는 특정한 사고방식을 하나의 이론으로 체계화한 사람이다. 그가 관념론을 체계화한 데에는 아테네가 처해 있던 특수한 시대상황이 적지 않은 영향을 미쳤다. 당시 아테네는 도덕적 상대주의가 만연해 있었다. 그 무렵 아테네에는 "인간은 만물의 척도"라고 외쳤던 프로타고라스(Protagoras, B.C. 485?~B.C. 414?), "정의는 강자의 편익이며, 부정의가 곧 덕"이라고 말했던 트라시마쿠스(Thrasymachus), "진리란 존재하지 않으며, 존재한다 해도 알 수 없고, 안다 해도 전할 수 없다."라고 설파했던 고르기아스 등과 같은 소피스트(sophist)들이 활약하고 있었다. 그들에 의해 아테네에는 진리나 윤리, 도덕의 규준에 대한 진지한 탐색보다는 변론술을 익혀 입신출세만 하면 모든 것이 진이요 선이고 덕이라는 사고방식이 만연해 있었다. 이처럼 진리가 객관성과 보편성을 상실한 채 개인적이고 주관적인 것으로 전락해 버린 시대에 보편적 진리와 지식을 모색함으로써 진정한 도덕성을 회복하고자 했던 사람이 바로 소크라테스이다.

소크라테스로부터 사사 받은 플라톤도 그의 스승과 마찬가지로 진 · 선 · 미에 대한 보편적 원리를 발견하고자 하였다. 그런데 당시 아테네 현실은 시종일관 참된 진리를 추구하던 스승을 죽음으로 내몰 만큼 도덕적으로 타락해 있었다. 따라서 그는 보편적 진리와 도덕성은 현실 세계가 아닌 초현실 세계에 존재한다고 생각할 수밖에 없었다. 그리하여 그는 영원불멸하며 이상적인 세계를 상정하고, 그 세계를 '이데아(Idea)'라고 하였다. 그에 따르면 세계는 경험의 세계인 현상계와 실재의 세계인 이데아계로 구분되어 있다. 현상계가 가변적이고 일시적이며 불완전하고 파생적인 세계라면, 이데아계는 영원불변하고 완전하며 근원적인 세계이다. 현상계가 시공에 따라 변화하기 때문에 신뢰할 수 없는 세계라면, 이데아계는 시공을 완전히 초월한 본질적 실재의 세계이므로 신뢰할 수 있는 유일한 세계이다. 따라서 이데아계는 진 · 선 · 미의 세계이며, 그렇기 때문에 모든 가치 판단의 궁극적 준거가 되는 세계이다. 그러므로 우리가 현실 세계에서 감각과 경험을 통해 받아들이는 온갖 지식은 진정한 의미에서 지식이라 할 수 없으며, 오직 이성적 사유를 통해 정신과 영혼에서만 참된 지식을 발견할 수 있다.

▶ 근대의 관념론

그 후 관념론은 기독교와 신플라톤주의[2]를 융합한 아우구스티누스를 거쳐, 데카르트, 버클리, 칸트 등 근대 관념론으로 계승되었다. 데카르트는 『방법서설』에서 "나는 생각한다, 그러므로 나는 존재한다(Cogito ergo sum)."라는 근본원리를 정립하고 사유하는 정신이 존재의 근원임을 밝힘으로써 근대 관념론의 지평을 열었다. 그리고 관념론은 다시 헤겔, 피히테, 셸링 등 19세기 독일 관념론으로 이어진다. 특

2) 신플라톤주의는 2~6세기에 중세 유럽 초반기에 나타났던 그리스 철학의 한 분파이다. 플라톤 사상에 기초한 신플라톤주의에 따르면, 모든 실재는 만물의 근원인 일자(一者, 절대자)로부터 계층적으로 나오고, 보다 하위의 계층은 상위의 계층을 모방하며 계층이 낮을수록 복잡하고 불완전하다. 또 만물은 관조를 통해 일자로 회귀하려고 하며, 인간 역시 개인적 차원을 넘어 일자로 합일할 때 비로소 완전한 삶을 살아갈 수 있다. 신플라톤주의는 중세 초반 그레고리우스(Saint Gregorius, 260?~330?) 등 교부들에게 수용되어 교부철학의 형성에 사상적 기초를 제공했음은 물론 이후의 기독교사상 발전에도 중요한 영향을 미쳤다.

히, 헤겔은 객관적 관념이 주관적 관념보다 우위에 있으며, 절대정신을 향해 지속적으로 변화 발전하는 관념에 의해 사회와 역사 또한 그렇게 발전해 간다고 하여 절대적 관념론 혹은 객관적 관념론을 완성하였다. 현대의 대표적 관념론자로는 미국의 헤겔주의자인 해리스(W. T. Harris)와 듀이에게 헤겔 관념론의 영향을 강하게 미쳤던 모리스(G. S. Morris), 그리고 버틀러(J. D. Butler), 호온(H. H. Horne) 등이 있다.

3) 관념론의 교육관

(1) 교육목적

관념론의 교육목적 ◀

관념론의 교육목적은 학생들에게 진리를 인식하게 하고 그것을 구현하도록 하는 데 있다. 그런데 관념론에서 진리는 상대적이고 특수한 것이 아니라 절대적이며 보편적이다. 또한, 그것은 물질적 현실 세계에 존재하는 것이 아니라 정신적 이데아 세계에 존재한다. 그러므로 그것은 감각 경험을 통해서가 아니라 오직 이성적 사유를 통해서만 인식할 수 있다. 그렇기 때문에 학생의 이성적 사유능력을 계발하여 이데아를 인식하고 추구하게 하는 일은 교육의 주요한 과제가 된다.

여기서 이성적 능력을 '형성한다'고 하지 않고 '계발한다'고 표현한 이유는 관념론자들에게 인간의 본성은 이미 선험적으로 주어져 있는 것이기 때문이다. 관념론의 대표적 인물인 플라톤에 따르면 인간은 각각 욕망, 기개, 이성을 본성으로 갖고 태어나는데, 교육의 과정을 통해서 그 본성을 외부로 계발해야 한다. 또 각자가 갖고 태어난 본성이 겉으로 드러나 최적으로 발휘되는 상태가 바로 덕(virtue)이다. 욕망의 덕은 절제이며, 기개의 덕은 용기이고, 이성의 덕은 지혜이다. 말하자면, 각자의 본성에 따라 절제나 용기 혹은 지혜를 최대한 실현하는 것이 각 개인에게 있어 가장 이상적이고 도덕적인 삶이다. 물론 오직 이성만이 절대 불변의 진리 세계인 이데아를 관조하고 인식할 수 있다는 점에서 이성은 욕망이나 기개보다 더 우월한 본성이다. 마찬가지로 이성을 본성으로 갖고 태어난 사람은 그렇지 않은 사람보다 우월한 존재이다.

이처럼 인간 각자가 자신에게 내재된 본성을 최적의 상태로 실현했을 때 덕을 실현했다고 할 수 있다. 그러나 그것은 개인적인 덕의 실현일 뿐 정의의 실현은 아니다. 정의의 실현은 사회 혹은 국가 전체의 차원에서 덕이 실현될 때에야 가능하기 때문이다. 따라서 플라톤은 욕망, 기개, 이성을 본성으로 가진 인간을 국가 전체로 확대하여 욕망을 본성으로 갖고 있는 사람들은 생산자계급에, 기개를 본성으로 갖고 있는 사람들은 군인이나 관리계급에, 이성을 본성으로 갖고 있는 사람들은 지고지선의 이데아를 인식할 수 있으므로 최고의 통치계급에 종사해야 한다고 생각하였다. 이렇게 인간 모두가 자신의 본성에 따라 주어진 사회적 기능과 역할을 최선으로 수행할 때 국가사회가 최적의 질서와 균형을 이루게 되며, 바로 그 상태가 국가 전체적인 차원의 정의가 실현된 것이며, 그것이 바로 이상 국가이다. 따라서 그에게 있어 개인적인 차원의 자아실현뿐만 아니라 더 나아가 보편적 정신, 진리와 정의가 전체적으로 실현된 이상적인 사회 또는 국가의 건설 역시 교육의 중요한 목적이 된다.

요컨대, 관념론의 교육목적은 개인 차원에서 이성적 사유능력의 계발을 통해 절대 불변의 진리를 인식하고 추구하게 하며 진리에 입각한 이상적이고 도덕적인 삶을 구현하도록 하는 것이며, 사회 · 국가 차원에서 정의가 완전히 실현된 이상 국가를 건설하는 것이다.

(2) 교육내용

▶ 관념론의 교육내용

이성의 계발과 도덕적 인격의 완성 그리고 정의가 실현된 이상 국가의 구현이라는 교육의 목적을 달성하기 위해 관념론자들은 지식교육을 중시한다. 그런데 관념론의 입장에서 볼 때 참된 지식은 무엇보다 인간과 신 그리고 우주에 대한 본질적 이해를 가능하게 하는 것이어야 한다. 다시 말해 감각을 통해 이해할 수 있는 변화무쌍한 일상 세계가 아닌, 그 이면에 숨겨져 있는 불변의 실재에 대한 지식만이 참된 지식이다. 따라서 참된 지식은 감각적이거나 특수한 것이 아니라 논리적이며 보편적이다. 또한, 참된 지식은 인간과 신 그리고 우주의 체계적 관계에 대한 이해를 가능하게 하는 것이어야 한다. 이상적인 세계는 무질서하게 나열되어 있는 것이 아니라 일정한 위계와 구조에 따라 체계적으로 질서 잡혀 있다. 따라서 그런 체계적 질서와 구조를 이해할 수 있게 하는 지식이 참된 지식이다.

그러므로 관념론에서는 신체훈련이나 직업교육보다는 자유교양교육, 즉 인문교육이 중시된다. 왜냐하면, 신체훈련이나 직업교육은 신뢰할 수 없는 대상인 육체 혹은 일상생활에 관련된 것임에 비해, 인문교육은 관념적 실재를 대상으로 하는 것이기 때문이다. 인간과 신과 우주의 본질을 다루는 철학과 종교학, 논리적 · 형식적 추론으로 구성된 수학, 보편적 정신의 전개과정을 보여 주는 역사와 문학 등이 인문교육에 적합한 과목들이다. 특히, 관념론자들은 고전을 중시한다. 왜냐하면, 고전 속에는 위대한 선인들에 의해 발견되고 오랜 역사 과정을 통해 검증된 인간과 신과 우주의 본질이 담겨 있다고 믿기 때문이다.

(3) 교육방법

관념론의 교육방법◀

관념론자들에게 절대적 · 보편적 진리는 정신 속에 이미 주어져 있다. 그것은 그 자체로 완성되어 있으며, 시간과 공간을 완전히 초월한다. 따라서 그것은 특정한 개인이나 집단에 의해 새로 구성되거나 형성되는 것이 아니라, 정신 속에 이미 주어져 있는 그대로 발견하고 깨달을 수 있을 뿐이다. 그런데 각 개인의 본질인 개별적 정신은 이 세계의 본질인 보편적 정신과 상통하고 있으므로 절대적 · 보편적 진리 역시 각 개인의 정신 속에 잠재되어 있다. 다만, 육체를 포함한 온갖 현실적인 여건과 한계로 인해 가려져 있을 뿐이다. 따라서 현실적인 한계를 극복하고 각 개인에게 잠재되어 있는 절대적 · 보편적 진리를 발견해야 하며, 그것을 외부로 발현시켜야 한다. 그러므로 관념론에서는 외부에서 결정된 지식과 진리를 각 개인의 내면에 주입시키는 것이 아니라 그들의 내면에 이미 존재하는 것을 외부로 끌어내는 방법을 기본 원리로 삼는다. 이렇게 내부에 잠재된 것을 외부로 끌어내는 교육방법상의 견해를 일컬어 계발론(unfolding theory)이라고 한다.

관념론에서 가장 중요하고 핵심적인 교육방법은 무엇보다 상기, 직관 및 자아성찰이다. 플라톤에 따르면 인간의 영혼은 불멸한다. 영혼은 육체가 생명을 다해 죽음을 맞게 될 경우 그 육체에서 나와 다른 육체로 들어간다. 따라서 새로운 육체에 들어간 영혼은 그 전생에 습득했던 진리와 지식을 본성적으로 소유하고 있다. 교육의 과정이란 영혼이 이미 소유하고 있는 진리와 지식을 외부로 발현하는 과정인데, 그 주요 방법이 바로 상기나 직관 혹은 자아성찰이다. 그러므로 교사는 학생이 자신의 내면에 잠재되어 있는 진리와 지식을 상기나 직관 혹은 성찰을 통해 발견하고 발현하도록 자극하고 도와야 한다.

이런 사고방식의 전형적 예를 고대 희랍의 소크라테스와 플라톤의 사상에서 발견할 수 있다. 그들이 주창한 대화법이나 산파술은 학생 스스로 자신의 내면에 존재하는 진리를 발견하도록 자극하고 독려하는 방법이다. 소크라테스가 교사를 산파와 쇠파리에 비유한 것은 산모의 출산을 돕는 산파처럼 학생의 진리 발견 활동을 교사가 도와야 하며, 쇠파리가 낮잠에 빠져 있는 소를 귀찮게 하여 깨우는 것처럼 잠자고 있는 학생의 영혼을 교사가 계속적인 자극을 통해 깨워야 한다는 것을 설명하기 위해서였다. 소크라테스와 플라톤의 이런 교육방법상의 원리는 근대시대에 이르러 아동에게 잠재된 자연 본성을 강조하고 그것을 자연의 질서에 따라 외부로 발현시키고자 했던 루소, 페스탈로치, 프뢰벨 등에 의해 수용됨으로써 근 · 현대 아동중심 교육의 기본 원리로 자리 잡게 되었다.

또한, 강의와 모방도 관념론자들이 중시하는 교육방법이다. 상기, 직관 그리고 자아성찰이 내면의 진리를 발견하고 발현하는 최고의 방법이지만, 지적으로 아직 충분히 성장하지 않은 어린아이의 경우 자신의 내면을 기억하고 직관하며 성찰하기가 쉽지 않다. 따라서 관념론자들은 선인들에 의해 이미 파악된 진리를 교과로 조직하고 강의를 통해 전수함으로써 그들의 지적 활동을 자극해야 한다고 주장한다. 마찬가지로 보편적 지식을 습득하고 진리를 이미 체현한 위대한 선인들의 삶을 모방하게 함으로써 이상적인 삶을 실현하도록 해야 한다고 본다. 물론, 진리와 보편적 지식의 구현자인 교사 역시 학생들이 도덕적 모델로 삼아 모방해야 할 전형적인 대상이다. 그리고 어린 시기에는 강의와 모방을 통해 지적 능력이 발달하도록 돕고, 성장에 따라 점차적으로 강의와 모방의 방법에서 벗어나 앞서 말한 성찰적 방법을 통해 스스로 진리를 모색하고 구현하도록 조력해야 한다는 것이다.

(4) 교사와 학생

관념론의 교사·학생관

관념론자들은 교육에서 교사를 매우 중요한 존재로 인식한다. 교사는 진리의 구현자이며 보편적 지식의 담지자(carrier)이다. 그는 도덕적 인격체로서 미성숙한 학생들이 추구해야 할 이상적 모델이다. 그는 학생들이 진리를 발견하고 실현할 수 있도록 자극하고 돕고 제안하는 존재이며, 때로는 학생들의 삶이 이상적이고 궁극적인 목표와 잘 조화되도록 통제하고 조정하는 존재이다.

관념론적 교사관은 프뢰벨의 유치원교육에 잘 나타나 있다. 그는 유치원, 즉 학교를 정원으로, 학생을 정원의 식물로 그리고 교사를 정원사로 비유하였다. 식물에 대한 정원사의 역할처럼, 교사는 어린이라는 식물을 잘 돌보고 도움으로써 아름다운 꽃이 피도록 하는 존재이다. 식물이 그런 것처럼, 어린이도 교사의 도움 없이 자연의 법칙에 따라 성장할 수는 있다. 그러나 정원사의 도움으로 정원의 꽃이 가장 아름답게 피어날 수 있는 것처럼, 학생이 최고의 상태로 성장하기 위해서는 교사의 도움을 필요로 한다. 관념론에서 교사의 이런 위치와 중요성은 "자연주의자는 찔레꽃에 만족하지만 관념론자는 훌륭한 장미꽃을 원한다. 그래서 자연의 법칙에 따라 발달해 가는 학생이 (교사의) 도움이 없이는 결코 도달하지 못할 수준에 도달할 수 있도록 교사는 그를 애써 지원해야 한다."(B. D. Bhatia, 1957 : 88)라는 로스(Ross)의 말에 잘 묘사되어 있다.

현대의 관념론자인 버틀러(J. D. Butler, 1966 : 120)는 훌륭한 교사의 자질에 대해 다음과 같이 일곱 가지로 제시하고 있다. 교사는 ① 문화와 실재를 체득해야 하고, ② 인간의 인격에 관한 전문가가 되어야 하며, ③ 학습과정에 관한 전문가로서 전문적 지식과 열정을 통합할 수 있어야 하고, ④ 학생의 우정을 받아들일 수 있어야 하며, ⑤ 학생의 학습의욕을 일깨울 수 있어야 하고, ⑥ 가르침의 도덕적 의의가 인간성을 완성시키는 데 있음을 깨달아야 하며, ⑦ 각 세대에 의해 문화가 재생되도록 도와야 한다.

한편, 관념론자들은 교사만 중시하는 것이 아니라 학생 역시 매우 중요한 존재로 여긴다. 프뢰벨은 만물에 신의 본성이 깃들여 있듯이 모든 학생에게도 신성이 내재되어 있으며, 바로 이 신성을 발현하도록 하는 것이야말로 교육의 임무이자 사명이라고 생각하였다. 이는 모든 학생이 지고지선의 신격에 도달할 수 있는 잠재능력을 소유하고 있다는 의미이다. 이렇게 볼 때 학생은 외부의 요구나 자극에 따라 일방적으로 주형(鑄型)되는 수동적 존재가 아니다. 그는 능동적 정신과 영혼의 소유자요 진리와 가치의 잠재적 실현자이며 인격적으로 존엄한 존재이다. 따라서 교사와 학생의 관계는 일방에서 주입하고 다른 일방에서 주입받는 주체와 객체의 관계가 아니라 능동적 존재들 간의 인격적 관계이다. 이런 의미에서 학생은 교사와 마찬가지로 교육의 중심에 위치해 있으며, 학습의 과정은 가르침을 일방적으로 수용하는 과정이 아니라 능동적인 자기실현의 과정이다. 따라서 관념론자들은 교육의 과정에서 학생의 인격은 당연히 존중되어야 한다고 믿는다.

02 실재론과 교육

1) 실재론의 개념과 철학적 특징

▶ 실재론의 정의

실재론(realism)은 실재가 물질이라고 보는 철학적 입장이다. 실재론의 어원인 'realis'는 원래 우리의 의식이나 생각과는 무관하게 객관적으로 존재하는 사물을 의미한다. 실재론자들은 의식 외부의 실제 사물이 곧 세계의 본질이요 진위, 선악, 미추의 궁극적 준거라고 믿는다. 따라서 실재론은 관념이나 정신이 실재라고 믿는 관념론과 매우 대립된다.

관념론적 사고방식과 마찬가지로, 우리는 일상생활에서 실재론적 사고방식을 쉽게 접할 수 있다. 예를 들어, 우리의 눈앞에 나무 한 그루가 있다고 가정하자. 우리는 그 나무를 보통 '소나무'라고 지칭한다. 그런데, 어느 누군가가 그것을 향나무라고 '생각'했다고 치자. 그러나 그가 그 나무를 의식 속에서 아무리 향나무라고 생각했다고 하더라도, 그 나무는 그냥 소나무일 뿐이다. 말하자면, 눈앞의 소나무는 우리의 생각이나 의식과 아무 상관없이 그냥 소나무이다. 이런 논리를 보다 확장해서 '교육이란 무엇인가' 혹은 '민주주의란 무엇인가'에 대해 논의하고 있다고 가정하자. 이 논의에서 어떤 이는 교육이나 민주주의의 본질이 우리가 그것을 어떻게 이해하느냐에 따라 달라진다고 보는가 하면, 어떤 이는 교육과 민주주의의 본질이 우리의 이해나 생각과 아무 관계없이 실제 있는 그대로 객관적인 것이라고 보기도 한다. 후자처럼 실재가 우리의 의식이나 정신과 완전히 독립해서 객관적으로 존재한다고 믿는 사유방식이 바로 실재론이다.

실재론적 사고방식을 구텍(G. L. Gutek, 1981 : 33-34)은 다음과 같이 정리하여 제시하고 있다.

첫째, 우리는 사람이나 사물 등 많은 것이 존재하는 실제적 실존의 세계에 살고 있다.

둘째, 사물은 그에 대한 우리의 요구나 생각과 무관하게 존재한다.

셋째, 우리는 이성을 사용함으로써 사물에 대한 지식을 가질 수 있다.

넷째, 사물에 대한 지식, 사물을 지배하는 법칙 그리고 그들 간의 상호관계는 인간행위에 대한 가장 믿을 만한 지침을 제공해 준다.

요컨대 실재론은 실재의 객관적인 질서가 존재하고 그 실재에 대한 지식을 인간이 획득할 수 있다고 주장하는 철학적 입장이다. 나아가 인간은 이런 지식에 부합하도록 행동해야 한다고 규정하는 철학이다(김정환 · 강선보, 1998 : 113).

실재론의 철학적 특징 ◀

존재론적 측면 ◀

이어 실재론의 철학적 특징을 살펴보기로 한다. 먼저, 존재론적 측면에서 실재론의 핵심 원리는 독립의 원리이다. 이것은 이미 앞에서 언급한 것처럼 세계가 인간의 의식이나 정신으로부터 완전히 독립하여 그 자체로 존재한다는 원리이다. 관념론자들이 생각하는 것과 달리 실재론자들은 세계의 모든 사물이나 현상은 인간의 관념이나 정신의 구현이 아니라고 믿는다. 그들에 따르면 인간이 그것을 지각하든 그렇지 않든, 그것에 대해 사고하든 그렇지 않든, 강이나 바다, 산이나 하늘은 그 자체로 존재한다. 지구 중심설을 신봉하는 신학자들 앞에서 태양 중심설을 부인하고 나온 코페르니쿠스가 "그래도 지구는 돌고 있다."라고 한 유명한 말은 인간의 믿음을 초월하여 자연현상의 실재성을 강조하는 증언이다(오천석, 1984 : 57). 이렇게 실재론자들은 세계의 모든 사물과 현상이 인간에 의해 지각되지 않고서도 그 자체로 존재할 수 있다고 믿는다.

▶ 인식론적 측면

다음으로, 인식론적 측면에서 모든 유형의 실재론이 공통적으로 지니고 있는 핵심 원리는 반영 혹은 대응의 원리이다. 이것은 세계에 대한 인식의 진위 여부를 판별하는 기준과 관련된 원리이다. 이 원리에 따르면 어떤 지식이 정신과 의식으로부터 완전히 독립하여 존재하는 세계 자체 혹은 어떤 사물이나 현상을 있는 그대로 반영하고 있을 때는 참이지만, 그렇지 않을 경우에는 거짓이다. 말하자면, 우리의 관념이나 지식이 실재와 정확하게 일치할 때만 진리일 수 있다. 그런데 실재론자들은 이 세계는 무질서하고 혼란스러운 것이 아니라 어떤 법칙 혹은 원리나 질서에 따라 존재하고 운행되고 있다고 믿는다. 따라서 어떤 주장이나 진술 혹은 판단이 참이기 위해서는 사실, 법칙 혹은 객관적 세계의 원리들과 대응되어야 한다. 우리는 그런 원리와 법칙 혹은 질서에 어떤 인위적 조작을 가할 수 없으며, 다만 그것을 관찰하고 실험함으로써 있는 그대로를 객관적으로 이해하고 인식할 수 있을 뿐이다. 마치 관객이 경기에 직접 개입하지 못하고 선수들이 전개하고 있는 경기를 경기장 밖에서 단지 관람할 뿐인 것처럼 우리는 세계를 관찰과 실험을 통해 이해할 수 있을 뿐이다. 그리고 그 과학적인 실험과 관찰의 결과로 나타나게 되는 것이 세계에 대한 객관적이고 보편적인 지식인 것이다.

그런데, 세계에 대해 객관적으로 이해하기 위해서는 인간에게 그런 능력이 있어야 한다. 그리하여 실재론자들은 인간을 이성적 존재라고 가정한다. 말하자면, 인간은 지성을 소유하고 있어서 세계의 객관적 법칙과 원리를 이해할 수 있으며, 그에 따라 합리적으로 행위할 수 있는 이성적 존재라고 믿는다. 그들에게 교육이라는 것도 결국 인간으로 하여금 세계의 보편적 법칙과 원리를 이해하고 그에 따라 합리적으로 살아갈 수 있도록 하는 과정이다. 그렇기 때문에 합리적으로 사고하고 행위하는 이성적 능력을 함양하는 것이 바로 교육의 주요한 과제가 된다.

▶ 가치론적 측면

마지막으로 가치론적 측면을 살펴보면, 실재론에서는 합리적 이성을 통해서 자연과 인간 그리고 인간 사회의 법칙과 원리, 구조를 발견하고 그에 대한 객관적 지식을 형성할 때만이 가치 있고 이상적인 삶이 가능하다. 나아가 세계가 유목적적이고 규칙적인 원리와 법칙을 갖고 있듯이, 그에 근거하여 인간의 삶 역시 그런 원리와 법칙에 의해 운영되어야 한다. 그리고 실재 세계의 법칙과 원리가 객관적이고 보편적인 것과 마찬가지로 인간의 행위양식 역시 객관적이고 보편적이어야 한다. 이렇게 각 개인이나 집단의 임의적인 주관적 기준에 의해서가 아니라 누구에게나 보편적으로 해당되는 객관적 기준에 적합하게 행위할 때에야 비로소 도덕적이요 윤리적인 삶이라 할 수 있다. 바로 이런 객관적 · 보편적 행위양식을 일컬어 도덕률이라고 한다. 요컨대 실재론자들은 실재 세계의 보편적인 원리와 법칙을 이성적 능력을 통해 이해해야 하며, 그것에 근거하여 형성한 보편적 도덕률에 따라 합리적으로 살아갈 때 가장 가치 있고 행복한 삶이 될 수 있다고 믿는다.

소위 아름다움(美)이라고 하는 것도 이와 동일한 논리로 설명할 수 있다. 실재론자들은 미의 준거를 인간의 주관적 내면에서 모색하지 않고 세계의 객관적 원리와 법칙에서 발견하고자 한다. 말하자면, 어떤 예술행위가 자연이든 인간이든 실재 세계의 현묘한 질서와 논리를 발견하고 그것을 모방하여 재현할 때 비로소 아름답다고 판단할 수 있다는 것이다. 이런 입장에서 볼 때 예술이란 자연의 본질적인 질서를 모방하거나 표현하는 활동이며, 그 활동의 결과인 예술작품의 우수성 여부는 결국 그것이 얼마나 사실적이며 객관적인가, 그리고 얼마나 질서 있고 조화와 균형을 이루고 있는가에 달려 있다.

2) 실재론의 역사

실재론은 오랜 역사를 가진 사고양식으로서 관념론과 더불어 서양철학의 발전을 주도해 왔다. 실재론은 큰 틀에서는 공통적인 요소를 공유하고 있으면서도 세부적인 측면에서는 여러 갈래로 나뉜다. 대개의 경우 근대 이전의 실재론을 합리적 실재론으로, 근대 이후의 실재론을 과학적 실재론으로 구분한다. 그리고 합리적 실재론은 다시 고대 희랍시대 아리스토텔레스 사상을 중심으로 한 고전적 실재론과 중세 스콜라철학 시대의 토마스 아퀴나스를 중심으로 한 종교적 실재론으로 구분하곤 한다. 이하에서 실재론의 전개과정을 간략하게 고찰해 보기로 한다.

▶ 고전적 실재론

실재론을 처음으로 체계화한 인물은 아리스토텔레스이다. 그는 기원전 384년 마케도니아(Macedonia) 남쪽 칼키디키(Khalkidhiki) 반도의 작은 도시인 스타게이로스(Stageiros)에서 왕의 의사였던 니코마쿠스(Nicomachus)의 아들로 태어났다. 의사였던 부친의 영향으로 어릴 때부터 다양한 자연과학적 세계에 큰 관심이 있었으며, 18세에 아테네에 진출하여 플라톤이 운영하던 아카데미아에 입학하여 20년 동안 그곳에서 수학하였다. 스승이 세상을 떠나자 여러 곳에서 연구와 가르침을 행하다가 기원전 342년에는 마케도니아의 황제 필립 2세(Philip II, B.C. 359~336)의 초청으로 그의 아들 알렉산더(Alexander, B.C. 356~323)를 가르치기도 하였다. 그리고 기원전 335년에 다시 아테네로 돌아와 리케이온에서 도서관, 박물관 등 많은 교육 및 연구 설비를 갖춘 학원을 열고 연구와 가르침에 전념하였다.

아리스토텔레스는 한편에서는 관념론의 대표자인 스승의 사유양식을 수용하면서도, 다른 한편으로는 그것을 비판 · 극복하며 나름의 독자적인 철학체계를 구축하였다. 플라톤의 철학이 순수사유를 통해 이해할 수 있는 초자연적인 관념적 이데아계를 지향하고 있다면, 아리스토텔레스의 철학은 경험을 통해 이해할 수 있는 현실적이며 감각적인 자연 세계를 지향하고 있다. 플라톤이 실재가 현실 세계 혹은 각각의 사물로부터 완전히 분리되어 있는 관념 혹은 이데아로 존재한다고 보았던 것에 반하여, 아리스토텔레스는 실재가 구체적인 사물들 속에 존재한다고 보았다. 그에 따르면 모든 사물은 기본적으로 형상(form)과 질료(matter)로 구성되어 있다. 형상은 플라톤이 말하는 이데아와 같은 것으로서 어떤 사물의 존재형식이라고 한다면, 질료는 그 사물을 구성하는 물질이요 가능성이다. 세계에 존재하는 모든 사물은 이 형상과 질료의 결합이요 조화이며 복합체이다. 세계가 형상과 질료로 구성되어 있는 것과 같이 인간도 영혼과 육체로 구성되어 있다. 마찬가지로 지식은 이론적인 지식과 실천적인 지식으로, 예술은 순수예술과 응용예술로, 교육은 교양교육과 직업교육으로 각각 구분될 수 있다(장찬익 · 노진호 · 이주한, 2005:277). 이처럼 세계의 모든 존재가 형상과 물질이라는 두 개의 근원으로 이루어져 있다고 인정했다는 점에서 이원론(二元論)이요, 이 두 개의 근원이 사물 속에 통합되어 있다고 주장했다는 점에서 일원론(一元論)이다. 그리하여 아리스토텔레스의 철학을 이원론적 일원론이라고도 한다.

이처럼 세계를 형상과 질료로 이원화시켜 이해하고 있다는 점에서 아리스토텔레스는 그의 스승 플라톤과 크게 다르지 않다. 그러나 그는 형상이 질료와 완전히 분리되어 별도로 존재하는 것이 아니라 질료와의 결합을 통해서만 존재한다고 보았다는 점에서 스승과 분명히 구별된다. 아리스토텔레스에 따르면 사물의 본질은 그 사물로부터 이탈하여 어디엔가 추상적으로 존재하는 것이 아니라 바로 그 사물 속에 구체적으로 존재한다. 따라서 어떤 사물의 본질을 이해하기 위해 우리는 관념 세계를 관조하거나 성찰할 것이 아니라 눈앞에 있는 개별적 사물을 직접적으로 관찰하고 탐구해야 한다. 그렇기 때문에 아리스토텔레스를 비롯한 실재론자들은 진리 탐색의 방법으로 개별적인 사물에 대한 감각적 경험을 중시하였다. 다만, 감각적 경험을 통해 개별적 사물로부터 습득되는 모든 지식이 그 자체로 보편타당한 것일 수는 없기 때문에 지엽적이고 우연적인 것들을 지속적으로 제거함으로써 본질적이고 보편적인 지식을 모색해야 한다.

나아가 아리스토텔레스는 인간의 본질을 이 귀납법적 방법을 통해 탐구하였다. 그는 인간의 보편적이고 불변하는 본질을 탐구하기 위해 피부나 성 혹은 나이 등과 같이 인간에게 있어 특수하고 우연적인 사실들을 계속 제거해 나갔다. 이 과정에서 최후의 순간까지 남아 있는 것을 사유능력인 이성이라고 보고, 인간의 본질은 곧 이성이라고 결론지었다. 따라서 그에게 가장 이상적인 삶은 이성에 따르는 삶이다. 이성적으로 사유하고 그 이성의 판단에 따라 여러 비본질적인 특성을 규제하고 조정해 나가는 삶이야말로 인간을 가장 인간답게 하는 일이며 가장 행복한 삶이다.

종교적 실재론 ◀

이후 아리스토텔레스의 실재론적 사상은 내세 중심적 세계관이 지배하던 중세에 들어 약화되었다가 중세 후반 스콜라철학의 등장과 함께 다시 부상하게 되었다. 서양은 12세기 무렵 십자군전쟁의 실패, 흑사병 창궐 등으로 신 중심의 중세적 세계관이 점차 무너지는 대신 활발한 무역으로 인해 상공업이 발달하는가 하면 대학의 발흥으로 학문의 자유가 널리 확산되고 있었다. 이런 상황에서 기독교는 더 이상 신에 대한 무조건적인 신앙을 강요할 수 없었다. 말하자면, 개인적인 믿음 여부와 무관하게 신이 그 자체로 존재한다는 사실을 객관적으로 증명해 보이지 않으면 안 되었다. 이때 기독교의 교리와 아리스토텔레스의 철학을 결합함으로써 신의 존재, 영원성, 창조적 능력, 섭리 등을 신앙에 의해서만이 아니라 합리적이고 이성적인 사유를 통해서도 증명될 수 있음을 밝히고자 한 사람이 바로 아퀴나스였다. 그는 경험 가능한 현실 세계의 다양한 사실을 통해 절대자이며 보편자인 신의 존재를 논증하고자 하였다. 신에 대한 그의 논증의 한 예로 그의 운동론을 보면 다음과 같다. "아무것도 스스로 움직일 수 없다. 그러나 모든 것은 움직이고 있다. 따라서 모든 것을 움직이게 하는 존재가 있음을 알 수 있다." 모든 것을 움직이게 하되 자신은 스스로 움직이는 것이 존재할 수밖에 없는데, 그것이 바로 신이라는 것이다. 이 외에도 그는 원인론, 존재론 등의 논증을 통해 최초의 원인, 궁극적 존재, 완전무결한 절대자, 최초의 계획자로서의 신의 존재를 증명하고자 하였다. 이처럼 논리적 · 합리적 논증을 통해 신의 실재를 증명하고자 했던 토마스 아퀴나스의 철학을 일컬어 종교적 실재론이라고 한다.

▶ 과학적 실재론

한편, 르네상스를 거치면서 현세에 대한 관심이 증대되고 그로 인해 과학이 발달하면서 실재론은 새로운 차원으로 발전했는데, 과학적 실재론이 그것이다. 과거의 실재론이 정신이나 영혼과 같은 초자연적 존재를 인정함으로써 이원론적 성격으로부터 완전히 벗어나지 못했음에 반해 과학적 실재론은 초자연계를 부정하고 자연계만을 진정한 실재로 인정함으로써 일원론적 성격을 견재한다. 근대적 실재론의 대표적 인물로는 영국 경험론 철학의 중심인물인 프란시스 베이컨과 존 로크, 목사이면서도 과학적 실재론을 교육에 적용한 코메니우스 등을 들 수 있다. 이들은 모두 어떤 원리나 법칙에 의해 운행되는 자연을 실재라고 보고, 그 원리나 법칙을 관조나 사색과 같은 관념론적 방법이 아니라 자연에 대한 직접적인 관찰과 실험을 통해 발견하고자 하였다. 나아가 교육에 있어서도 과거처럼 문자나 설명에만 의존하지 않고 감각적 경험을 적극 활용함으로써 교육방법을 새로운 차원으로 발전시키는 계기를 제공하였다. 이후 과학적 실재론은 헤르바르트, 손다이크(E. L. Thorndike, 1874~1949), 스키너(B. F. Skinner, 1904~1990) 등으로 이어져 교육을 과학화하는 데 크게 기여하였다.

3) 실재론의 교육관

(1) 교육목적

실재론의 교육목적 ◀

실재론의 교육목적을 한마디로 제시하면 행복한 삶이다. 실재론에서 행복한 삶이란 세계에 대한 객관적이고 보편적인 지식을 습득하여 각자에게 잠재되어 있는 합리적 이성을 계발하고 그에 따라 살아가는 삶이다. 다시 말해, 이성을 통해 자연의 질서와 원리를 발견하고 그 질서와 원리에 따라 살아가는 합리적인 삶이다. 실재론자인 브로우디는 이런 삶을 자기결정, 자기실현, 자기통합이라고 설명하고 있다(Broudy, 1979 : 49-72). 자기결정은 자아를 자각하는 일이며, 자기실현은 자신의 최선의 것을 드러내는 일이며, 자아통합은 가치를 위계적으로 조직하여 갈등과 부조화를 해소한다는 뜻이다.

따라서 실재론에서 교육의 일차적 과제는 이 세계의 법칙과 원리를 발견할 수 있는 능력인 이성을 계발하는 일이며, 그 이성의 명령에 따라 각자의 삶을 질서 있게 영위할 수 있도록 지도하는 일이다. 이와 관련하여 구텍은 실재론의 교육목적을 다음과 같이 간략하게 정리하여 제시하였다(Gutek, 1981 : 46).

첫째, 체계적으로 잘 조직된 지식을 탐구함으로써 인간의 가장 큰 능력인 이성을 계발한다.

둘째, 학생들로 하여금 합리적인 선택을 하고 자신의 잠재력을 최대한 발현하며, 합리적이고 위계적인 질서에 따라 삶의 다양한 역할과 요구를 스스로 질서 있게 통합하도록 지도한다.

또한, 와일드는 실재론의 교육목적을 네 가지로 구체화하여 "사물에 관한 진리를 분간하고, 그렇게 인식된 진리를 확대 및 통합하며, 특수한 분야의 전문적인 기능과 삶 전체에 관한 실천적 지식을 이론적으로 정당화된 근거 위에서 획득하고, 끝으로 이것을 사회 전체의 어린이와 성인 모두에게 일관되고 확실한 방법으로 전달하는 것"(Wilds, 1942 : 31)이라고 하였다.

결국, 교육목적에 대한 실재론의 견해는 다음과 같은 논리로 정리할 수 있다. 교육은 행복한 삶을 영위하도록 지도하는 것이다. 행복한 삶은 세계의 법칙과 원리를 발견하여 그에 따라 살아가는 삶이다. 세계의 법칙과 원리를 발견하기 위해서는 이성적 능력이 요구되는데, 이 이성적 능력은 인간에게 이미 잠재되어 있다. 따라서 교육은 이성적 능력의 함양과 이 세계의 법칙과 원리를 담고 있는 보편적 지식의 습득을 목적으로 해야 한다.

(2) 교육내용

▶ 실재론의 교육내용

세계가 원리와 법칙에 의해 존재한다고 가정하고 그 세계에 대한 보편적인 지식의 습득과 이성의 계발을 통해 합리적인 삶을 살아갈 수 있다고 믿는 실재론에서는 필연적으로 지식중심의 교육을 중시할 수밖에 없다. 학교에서 가르치는 지식은 마땅히 이 세계의 보편적 법칙과 원리를 있는 그대로 반영한 객관적인 것이어야 하며, 이성의 원리에 의해 검증된 것이어야 한다.

무엇보다 실재론자들에게 있어 교육내용은 세계의 실재를 반영한 것이므로 무질서하고 혼란한 상태로 학생들에게 제시되어서는 안 된다. 실재를 발견할 수 있는 가장 효율적인 방법은 체계적으로 잘 조직된 교과를 통해 탐구하는 것(Gutek, 1981:48)이기 때문에 모든 교육내용은 일정한 질서와 체계에 따라 조직되어야 한다.

구체적으로 말해서 교육내용은 수평적 차원에서 지식의 유사성에 따라 몇 가지로 범주화되어야 하며, 수직적 차원에서 학습자의 지적 수준에 따라 위계화되어야 한다. 이를테면, 역사, 사회학, 수학, 지리, 생물학, 물리학, 화학 등은 실재를 반영하고 있는 대상의 유사성에 따라 학문적으로 범주화된 것들이다. 실재론에서는 학교의 교과 역시 학문적 범주에 따라 구분·분류될 때 학생들이 실재에 대한 보편적 지식을 가장 잘 습득할 수 있다고 생각한다. 그러나 학생들의 지적 수준이 모두 동일한 것이 아니므로, 지식의 유사성에 따라 범주화한 것을 그들의 지적 수준, 이를테면 발달단계, 준비도, 선행학습의 정도 등에 따라 위계적으로 적절하게 배열해야 한다.

교육내용의 선정과 조직에 관련된 실재론자들의 견해는 소위 교과중심 교육과정의 이론적 기초를 형성하고 있다. 예를 들어, 중등학교의 교과중심 교육과정은 학문적 영역에 따라 매우 세분화하여 조직되어 있는데, 그 바탕에는 학문의 구조가 되는 지식의 체계에 따른 범주화와 학습자의 지적 수준에 따른 위계적 배열이라는 실재론적 사고방식이 놓여 있다고 할 수 있다.

(3) 교육방법

실재론의 교육방법◀

실재론에서 볼 때 학교는 인간의 이성을 고양시키는 일차적 사명을 가진 곳으로서 이성의 고양은 무엇보다 수업을 통해 이루어진다. 실재론에서 수업은 지식과 기술을 학생들에게 가르침으로써 그들로 하여금 세계에 대해 객관적으로 이해하게 하고, 그에 기초하여 실제적인 사건이나 사물을 합리적으로 처리할 수 있게 하는 행위이다. 세계에 대한 객관적 이해를 돕기 위해 학교는 학생들의 합리적 사고능력을 함양시켜 주어야 하는데, 특히 감각적 경험으로부터 시작하여 일반적 법칙을 유추하는 귀납법적 사고 방법이 중요하다. 이것은 실재를 적절히 이해하는 데 사실에 대한 경험과 합리적 추론이 중요하다고 보기 때문이다. 그러므로 학교는 다양한 경험적 사실이나 사건을 제시해야 한다. 여기에는 실물을 통한 직관교육이나 그림, 영화, 비디오 등의 시청각 매체가 활용될 수 있다. 여행, 놀이, 노작과 같은 활동을 통한 교육도 권장된다(장찬익 · 노진호 · 이주한, 2005 : 285).

실재론에서는 관념론과 마찬가지로 강의법도 중시한다. 이미 밝혀진 절대적인 진리와 보편적인 지식을 체계적으로 전달함으로써 학생들이 자아를 더 잘 실현하도록 돕는 데 강의법이 효율적일 수 있다고 보기 때문이다. 다만, 강의는 교사의 임의적인 판단에 따라 이루어지는 것이 아니라 반드시 체계적으로 조직된 교과에 준해야 한다. 실재론에서는 교사를 보편적인 지식인이라고 보기도 하지만, 교사보다는 학자 혹은 전문가들에 의해 주도면밀하고 정교하게 조직된 교과를 더 신뢰하기 때문이다.

또한, 실재론자들은 학습은 유용할 뿐만 아니라 즐겁고 흥미롭게 진행되어야 한다고 주장한다. 그들은 과학적 탐구를 통해서 아동의 심리와 학습상황에 대한 자연의 법칙을 발견하여 교육에 적용하려고 한다. 그 예로 실재론자인 코메니우스나 로크는 학생의 준비도에 맞고 아동의 자연적 성향에 따르는 다양한 교수법을 개발하여 제시하고자 하였다(장찬익 · 노진호 · 이주한, 2005:285).

결론적으로 실재론에서는 강의, 토론, 실험, 관찰 등 다양한 교육방법을 인정하고 지지한다. 실재 세계에 대한 객관적 · 보편적 지식을 습득하도록 하여 최대한 자아실현을 성취할 수 있도록 돕는다는 목적에 적합한 것이라면 학습자의 지적 수준과 상황 등에 따라 얼마든지 다양하고 적절한 방법을 적용할 수 있다고 믿는다. 따라서 실재론자들이 중시하는 것은 교육방법이 아니라 그 방법을 통해 전달하는 지식의 종류와 체계라고 할 수 있다.

(4) 교사와 학생

▶ 실재론의 교사 · 학생관

실재론에서 제시하는 이상적인 교사는 한마디로 보편적인 지식인임과 동시에 전문적인 교수자이다(Marshall, 1973:32). 교사는 무엇보다 교과의 내용을 충분히 숙지하고 있어야 한다. 실재론자들에게 교과는 보편적이고 절대적인 실재계의 반영이라고 할 때, 교사가 교과에 대해 잘 알고 있어야 한다는 말은 곧 실재에 대한 보편적 지식인이어야 한다는 의미이다. 따라서 교사는 인문교양은 물론 사회과학과 자연과학 전반에 대해 해박한 지식을 습득하고 있어야 하며, 특정한 교과영역뿐만 아니라 교과 간의 관계에 대해서도 충분히 이해하고 있어야 한다. 즉, 실재론에서 교사의 일차적이고도 가장 중요한 역할은 풍부한 지식 제공자로서의 역할이다.

나아가 교사는 지식을 효율적으로 전수하기 위해 학자들이 체계화한 학문적 지식을 학생들의 발달단계와 지적 수준에 맞게 재구조화할 수 있어야 한다. 그러기 위해 교사는 자신이 가르칠 학생들의 상태에 대해 잘 알고 있어야 한다. 학생들의 발달상태, 심리적 특성, 지적 수준과 능력 등에 대해 충분히 이해하고 있어야 하며, 그들의 동기를 유발하는 유효적절한 방법도 잘 숙지하고 있어야 한다. 즉, 교사는 학생들의 수준과 상태에 따라 지식을 가장 효율적으로 전달하고 그들에게 잠재된 합리적 · 이성적 능력을 최대한 계발할 수 있는 전문적 교수능력을 지니고 있어야 한다.

한편, 실재론에서 학생은 고도의 지성을 발휘함으로써 세계에 대한 보편적 지식을 습득할 수 있는 존재이다. 그들은 보편적 지식을 효율적으로 습득하기 위해 배울 준비가 되어 있어야 하며, 필요할 경우 기꺼이 노력할 자세를 갖추고 있어야 한다. 그들은 다양한 홍미와 관심을 가질 수 있지만 교사의 지도와 요구를 벗어나서는 안 된다. 이렇게 실재론에서는 학생을 한편에서 지성적 존재로 인정하면서도 능동적 · 자율적인 지식 창출자가 아닌 수동적 지식 수용자로 간주한다. 이런 경향으로 인해 실재론자들은 행동주의 심리학에 우호적이며, 극단적인 경우 학생들을 컴퓨터의 프로그래밍처럼 프로그램할 수 있는 기계로 보기도 한다. 따라서 훈련과 연습은 학생들의 학교경험의 대부분을 차지한다(김정환 · 강선보, 1998 : 128).

03 프래그머티즘과 교육

1) 프래그머티즘의 개념과 철학적 특징

프래그머티즘의 정의

프래그머티즘(pragmatism)은 19세기 후반부터 20세기 초반경에 미국을 중심으로 등장한 현대철학이다. 프래그머티즘이라는 말은 행위, 사실, 활동, 상호작용 등을 의미하는 그리스어 'pragma'에서 유래된 것으로서 모든 사상과 관념 혹은 이론을 그것이 낳은 행위 혹은 실천과 관련지어 파악하려는 입장이다. 우리말로 대개 실용주의라고 번역되며, 경우에 따라 행동주의, 실험주의, 도구주의, 기능주의 등으로 번역되기도 한다.[3)]

3) 이런 번역어들은 완전히 잘못된 것이라고 할 수는 없으나 프래그머티즘이 갖는 철학적 특징을 온전히 그리고 정확하게 설명해 준다고 보기도 어렵다. 특히, 실용주의라고 번역할 경우, 우리말 '실용'이라는 용어와의 '미세하지만 중요한' 뉘앙스(nuance) 차이로 인해 자칫 중대한 오해를 불러일으킬 가능성이 있으며, 실제로 많은 학자, 교육자 사이에서 부지불식간에 그런 오해가 존재하기도 한다. 따라서 오해의 여지를 줄이기 위해 여기서는 '프래그머티즘'이라는 원어를 그대로 사용하기로 한다.

멀리 고대 소피스트들의 상대주의적 진리관, 영국의 경험론 등이 프래그머티즘 형성에 중요한 사상적 배경을 제공해 주기도 했지만, 다른 한편에서 미국이라고 하는 독특한 문화적 토양과 민주주의 및 과학의 발달과 같은 현대 사회의 여러 특징도 프래그머티즘의 발생과 발전에 크게 영향을 미쳤다. 미국인들은 상대적으로 짧은 역사를 지녔기 때문에 오랜 전통의 구속을 강하게 받지 않아도 되었다. 그리하여 그들의 사고와 행위는 유럽인들에 비해 훨씬 자유로울 수 있었다. 또한, 광활한 황야와 무한한 자원을 가진 서부의 자연환경을 적극적으로 개척해 가는 과정에서 자연스럽게 세계를 역동적으로 끊임없이 변화되어 가는 것으로 인식할 수 있었다. 다시 말해, 세계를 이미 완성되어 있는 것이 아니라 계속 생성 변화되어 가는 불확정적인 것으로 이해하고, 그것을 얼마나 잘 활용하여 인간의 성장을 도모하느냐를 가치 판단의 기준으로 삼게 되었다. 또 미국은 새로 유입된 다양한 인종과 문화가 서로 혼재되어 있었기 때문에 미리부터 다양성에 대한 수용적 태도를 자연스럽게 형성할 수 있었다. 그리하여 어떤 기준에 적합하지 않은 사고나 행위들을 거부하고 배척하기보다는 오히려 자유로운 의사소통을 통해 그중에서 인간에게 더 좋은 결과를 가져오는 것을 합리적으로 모색하려는 생활태도가 형성되었다. 그리고 그런 생활태도는 결국 정치적 영역은 물론 일상생활에서까지 민주의의를 꽃피우게 하였다. 그와 더불어 급속도로 발달하던 현대과학의 실험적 방법과 산업기술 역시 미국인들로 하여금 권위나 독단 혹은 고정된 지식에 매몰되지 않고 창의적이고 과학적이며 효율적인 삶을 중시하도록 하는 데 적지 않게 기여하였다.

이런 사상적 · 시대적 · 사회적 조건과 상황이 기초가 되어 기존의 관념론이나 실재론적 사유양식과는 사뭇 다른 프래그머티즘의 독특한 특징이 형성되게 되었다. 넬러(G. F. Kneller)는 프래그머티즘의 핵심적인 특징을 다음 네 가지로 제시하였다. ① 이 세상에 영원불변하는 것은 없고 변화만이 실재한다. ② 가치는 상대적이다. ③ 인간은 사회적이고 생물학적인 존재이다. ④ 모든 인간의 행동에 있어 비판적 지성이 발휘되어야 한다.

▶ 프래그머티즘의 철학적 특징

이하에서 프래그머티즘의 철학적 특징을 살펴보기로 한다. 먼저 존재론적 측면에서 볼 때, 앞서 살펴본 관념론이나 실재론은 모두 고정불변하는 본질적 실재를 상정 존재론적 측면◀ 해 두고 그 실재에 입각하여 진리와 가치를 판단하였다. 이에 비해 프래그머티즘은 기본적으로 고정불변하는 실재의 존재를 인정하지 않는다. 오히려 그것은 불확정적이고 불안한 세계에서 살아가는 인간이 확실성과 안정성을 확보하기 위해 인위적으로 만들어낸 것에 불과하다고 본다.

듀이에 따르면 불변의 실재를 가정하는 철학적 태도는 고대 그리스의 사회적 특징에 의해 더욱 강화되고 고착되었다. 그리스는 지배계급과 피지배계급으로 나뉘어 있었는데, 전자는 정신적 사유활동에 후자는 육체적 생산활동에 종사하였다. 그런 상황에서 지배계급의 정신활동이 피지배계급의 육체활동에 비해 더 중요하고 고급한 것으로 인정될 수밖에 없었다. 세계가 정신과 육체, 관념과 실제, 이론과 실천, 사고와 행위 등으로 이원화된 것은 그런 사회적 현실이 철학에 반영된 결과이다. 그리고 전자는 고정불변하는 실재의 세계로서 신뢰할 수 있으나 후자는 변화무쌍한 현상의 세계로서 신뢰할 수 없다는 사고방식이 형성되었다. 그러나 듀이에 의하면 세계는 지속적인 변화의 과정에 있으며 변화되지 않는 것은 아무것도 없다. 프래그머티즘에서는 세계를 이해하고 설명할 때 실재나 본질 혹은 보편성이나 궁극성 등과 같은 용어들을 즐겨 사용하지 않지만, 굳이 '실재'라는 표현을 쓴다면 변화가 곧 실재이다. 말하자면, 변화되지 않는 유일한 실재는 세계가 지속적으로 변화된다는 사실 그 자체뿐이라는 것이다.

따라서 고정불변의 실재를 인정하지 않는 프래그머티즘은 실재라고 가정되는 비가시적(非可視的)인 피안의 세계로부터 가시적인 경험의 세계로 눈을 돌린다. 그리하여 우리가 직접 경험하고 있는 계속적으로 변화하며 불확정적인 실제 세계야말로 진정한 세계라고 생각한다. 인간도 절대자인 신으로부터 생명을 부여받은 초자연적 존재가 아니라 자연 속에서 다양한 환경과 지속적으로 상호작용하며 살아가는 자연적 유기체요 경험적 존재이다. 경험이란 자연 속에서 환경에 작용을 가하고 환경으로부터 작용을 받으면서 상호작용하는 과정이며 인간은 바로 이 경험을 통해서 존재한다. 따라서 프래그머티즘에서 말하는 경험은 단순히 감각이나 신체의 활동에만 국한되는 것이 아니다. 그것은 감각적 활동뿐만 아니라 추상적 사유와 같은 정신적 · 지적 활동을 포함하는 포괄적 행위를 지칭한다.

▶ 인식론적 측면

인식론적 측면에서 프래그머티즘은 절대적 진리나 보편적 지식을 상정하지 않는다. 고정불변하는 실재가 존재한다고 가정할 때, 그 실재에 적합한 지식은 절대적이며 보편타당하다는 주장이 가능하다. 그런데 프래그머티즘에서는 실재를 전제하지 않기 때문에 어떤 지식의 진위를 명확하게 증명할 수 있는 절대적 근거가 없다. 세계 자체가 지속적으로 변화하므로 특정한 시간과 공간에서 진리라고 인정되던 것이 다른 시간과 공간에서도 동일하게 그리고 반드시 진리라고 인정될 수는 없다는 것이다. 따라서 진리는 상대적일 수밖에 없으며 언제나 오류의 가능성을 내포하고 있다. 그렇기 때문에 모든 지식은 일시적으로만 타당할 수 있으며 지속적인 수정의 과정을 거쳐야만 한다.

이 말은 지식은 하나의 가설에 지나지 않는다는 의미이다. 즉, 지식이란 특정한 상황에서 특정한 문제를 해결하려고 노력한 결과 그 효율성이 입증되어 정당화된 것을 지칭한다. 그런데 상황이 지속적으로 변하기 마련이므로 과거에 정당화되었다고 하더라도 그것은 단지 잠정적인 것에 지나지 않으며 새로운 상황에서는 불확실한 가설에 불과하다. 새로운 상황이 발생할 때마다 우리는 과거에 축적된 지식을 참조하고 활용하여 그 새로운 상황에 더 적합한 새로운 지식을 생성해 나가게 된다. 이때 과거의 지식은 새로운 문제 상황을 해결하기 위한 효율적인 도구요 수단이 된다. 즉, 지식은 영원불변하는 실재 세계에 대한 정확한 반영이 아니라, 일상생활 속에서 봉착하는 문제들을 지적으로 해결함으로써 더욱 성장한 삶을 살도록 하기 위한 도구이다. 이처럼 프래그머티즘은 도구주의 지식관을 수용하고 지지한다. 그러나 삶을 위한 도구나 수단이라고 해서 지식이 중요하지 않거나 가치가 없다는 말은 아니다. 오히려 지식의 가치와 중요성이 더욱 증대된다. 왜냐하면, 수단과 도구를 풍부하게 갖고 있을수록 그렇지 못한 경우보다 문제해결이 더 용이하기 때문이다.

지식과 관련하여 프래그머티즘이 갖고 있는 또 하나의 특징은 참여자적 지식관을 취하고 있다는 점이다. 전통적인 철학에서는 진리나 지식이 개인의 주관적인 경험으로부터 완전히 초월해 있는 실재를 객관적으로 반영한 것이라고 생각한다. 따라서 각 개인은 진리나 지식의 생성에 아무런 영향을 미치지 못한다. 다만 고도의 지적 훈련을 받은 소수의 전문가만이 이미 존재하고 있는 진리와 지식을 발견할 수 있을 뿐이다. 마치 관객이 무대에서 진행되고 있는 연극에 직접 개입하지 못하고 단지 관람할 수 있을 뿐인 것과 마찬가지로, 진리와 지식의 형성에 각 개인이 영향을 미치지 못하고 다만 발견할 수 있을 뿐이라는 지식관을 일컬어 관람자적 지식관이라고 한다. 프래그머티즘은 관람자적 지식관과 달리 각 개인이 지식의 형성에 직접 개입하고 영향을 미칠 수 있다고 보는 참여자적 지식관에 기초해 있다. 이런 입장을 취할 경우 각각의 행위자는 지식의 형성과정에 주체적으로 참여할 수 있다. 그리고 그들의 참여에 의해 형성된 지식의 가치는 과거에 이미 형성된 지식에 얼마나 정합하느냐에 따라서가 아니라 봉착하고 있는 문제 상황을 얼마나 더 효율적으로 해결할 수 있느냐에 따라 결정된다.

프래그머티즘을 대표하는 학자인 듀이는 문제를 가장 잘 해결하는 방법으로 반성적 사고를 제시하고 있다. 반성적 사고란 ① 문제 상황에 봉착하여 ② 문제를 명료하게 분석 · 이해하며 ③ 문제해결을 위한 가설을 설정하고 ④ 가설이 가져올 결과를 지적으로 예측하여 그 가설을 정교화하고 ⑤ 행동을 통해 가설을 검증하는 일련의 과정으로 이루어지는 지적 행위이다. 그는 반성적 사고가 가장 효율적이고 효과적인 사고 방법이요 문제해결 방법이라고 보았다. 왜냐하면, 그것이 사실과 관념, 귀납법과 연역법, 사고와 행동, 과거와 현재와 미래 등이 현재의 구체적인 문제의 해결을 위해 각각 상호보완적으로 기능하게 함으로써 지성이 어떤 구속을 받지 않고 최대한 자유롭게 이용 가능한 모든 능력과 방법과 자료와 수단을 활용하여 작용할 수 있게 하는 방법이기 때문이다. 전통적인 인식론은 사실이나 관념, 귀납법이나 연역법, 사고나 행동, 과거나 현재나 미래의 어느 한쪽에만 의지하거나 치우침으로써 지력이 자유롭게 작용할 수 없도록 제약하였다. 그러나 반성적 사고는 가능한 모든 수단을 활용하고 지성을 자유롭게 작용시켜 현재의 문제 상황을 해결함으로써 지식을 획득하는 방법이다(장찬익 · 노진호 · 이주한, 2005 : 297-298).

가치론적 측면 ◀

가치론적 측면에서 프래그머티즘은 절대적 실재를 부정하므로 실재에 기초한 보편적 · 절대적 도덕률 역시 거부하며 역으로 상대주의적 가치관을 지지한다. 프래그머티즘에 따르면, 사회적 존재인 인간이 공동생활을 원활하게 영위하기 위해서는 일정한 공동신념이나 행위양식을 필요로 한다. 사회 구성원들이 공통적으로 지녀야 할 것으로 마땅히 기대되는 이 신념 혹은 행위양식이 도덕규범이다. 그런데 인간을 둘러싸고 있는 자연적 · 사회적 환경은 늘 변화되기 마련이며, 그에 따라 공동의 신념이나 행위양식도 필연적으로 변화될 수밖에 없다. 따라서 어떤 도덕규범도 시간과 공간을 초월하여 모든 공동생활에 획일적으로 적용될만한 보편성을 갖지 못한다.

그렇다면 프래그머티즘에서는 행위의 가치를 결정하는 준거가 무엇이라고 보는가? 이미 앞에서 간단하게 언급했듯이, 그것은 한마디로 인간 혹은 사회의 성장과 발달에 얼마나 도움이 되는가에 달려 있다. 말하자면, 실제 인간생활에서 가장 좋은 결과를 가져오는 것이 가장 가치 있는 것이다. 그래서 듀이는 성장 그 자체가 유일한 도덕적 목적이라고 보았다. 따라서 프래그머티즘에서는 권위에 의해 결정되어 있는 과거의 행위 기준을 일방적으로 적용할 일이 아니라 다양한 자료를 도구로 활용하여 당면한 문제를 최선 최적으로 해결해 나가야 한다고 주장하였다. 문제해결을 위한 일련의 과정이 바로 앞에서 말한 반성적 사고의 과정이며, 탐구의 과정이다. 그러므로 삶에 있어 더 나은 성장과 발전을 보장하는 가치 있는 행위는 필연적으로 지성을 동반할 수밖에 없다.

그런데 이를 보다 확대하여 생각해 볼 때 구성원들의 가치 있는 행위를 가장 잘 보장해 주는 사회가 바로 민주주의이다. 민주주의란 단순히 정치적 영역에서 이루어지는 정치의 형태나 원리가 아니다. 그것은 우리가 가치나 태도 혹은 실천 등 공동생활 과정에서 직면하는 모든 사태를 처리해 나가는 바람직한 생활방식이다. 모름지기 공동체란 그 구성원들이 공동의 의사결정에 참여해야 하며, 그 활동의 목적과 가치 혹은 신념을 공동으로 이해하고 공유해야 한다(이주한, 2007:167) 나아가 공동의 가치와 목적에 따라 각자의 행동을 조정하고 통제할 수 있어야 한다. 민주주의는 이렇게 풍부한 의사소통, 자유로운 참여 그리고 지성의 활용이 이루어지고 있는 공동체를 이르는 이름이다(이주한, 2001:120-123). 그런데 의사소통이나 참여 그리고 지성의 활용 등 민주주의의 특성은 반성적 사고나 탐구의 사회적 측면을 나타내 준 것에 다름 아니다. 따라서 민주주의가 실현된 사회에서는 모든 사회적 영역 전반에 걸쳐 반성적 사고 혹은 탐구가 풍부하게 일어나고 있다고 할 수 있다.

2) 프래그머티즘의 역사

프래그머티즘의 지적 기원은 멀리 고대 그리스까지 거슬러 올라갈 수 있다. 만물을 변화 유전하는 것으로 보았던 그리스 철학자 헤라클레이토스를 비롯하여 도덕적 상대주의와 회의론을 주창했던 소피스트들의 사고방식은 세계의 본질을 변화에서 찾고자 하였다. 그들의 견해는 모든 가치를 상대적이라고 보는 프래그머티즘의 사고방식과 크게 다르지 않다. 그러나 프래그머티즘의 보다 직접적인 사상적 뿌리는 근대에 있다. 이를테면, 귀납법적 사유양식을 정교하게 가다듬은 영국의 베이컨, 과학적 실증주의의 대표적 인물인 콩트(A. Comte, 1798~1857), 진화론의 창시자인 다윈 등도 프래그머티즘이 발생하는 데 깊은 사상적 영향을 미쳤다. 그리고 앞에서 설명했듯이 19세기의 산업, 과학, 민주주의의 발달 역시 프래그머티즘의 형성에 지대한 공헌을 하였다.

이런 다양한 사상적 · 사회적 영향에 따라 프래그머티즘은 1870년대 초 미국 하버드대학 철학도들의 연구모임으로서 퍼스(Charles S. Peirce, 1839~1914), 제임스(William James, 1842~1910) 등이 주도했던 '형이상학클럽(Metaphysical Club)'에서 출발한다. 그중 퍼스는 프래그머티즘의 창시자라 할 수 있다. 그는 프래그머티즘을 형이상학에 근거하여 절대 진리를 찾으려는 인식론을 탐구하는 것이 아니라 지적 개념의 의미를 밝히려는 방법론이라고 보았다. 그리고 우리의 지적인 관념이나 개념을 그것을 실제로 행동으로 옮겼을 때 초래될 결과들에 비추어 그 의미가 파악되어야 한다는 실증주의적 입장을 취하였다(장찬익 · 노진호 · 이주한, 2005:288).

그 뒤를 이어 제임스는 프래그머티즘을 대중화시켰다. 그는 모든 진리나 지식 혹은 이론은 실제 생활 속에서 경험에 의해 그 유용성을 인정받을 때 정당화될 수 있다고 보았다. 예를 들어, 신(神)의 관념은 신에 대한 신앙이 실세 생활에 초래하는 결과에 따라 정당화될 수 있다는 것이다. 이는 모든 관념이나 이론을 구체적이고 특정한 경험적 결과와의 관련 속에서 파악하려는 입장이다. 이런 제임스의 견해로 인해 모든 유용한 것은 곧 진리라는 생각이 널리 유포되었다.

듀이◀

그 후 프래그머티즘은 20세기 미국이 낳은 걸출한 철학자이자 교육학자인 듀이에 이르러 이론적 체계를 구축하기에 이른다. 참고로 여기에서 듀이의 생애와 업적을 간략하게 살펴보고 넘어가기로 한다.

듀이는 1859년 전원적인 농촌 마을인 미국 버몬트 주 버링턴(Burlington of Vermont)에서 태어났다. 버몬트대학과 존스홉킨스(Johns Hopkins University)대학원에서 철학은 물론 심리학, 생물학, 사회학 등 다양한 영역을 공부하였다. 1884년에 미시간대학(University of Michigan)에 전임강사로 부임한 이래, 미네소타대학(University of Minnesota), 시카고대학(University of Chicago), 컬럼비아대학(Columbia University) 등에서 1930년까지 교수직을 수행하였다.

1895년부터 시카고대학에 듀이학교 또는 실험학교로 알려진 대학 부설 초등학교를 개설하여 자신의 실험주의 철학에 입각한 새로운 교육을 시도하였으며, 이것은 그 이후 대학 부설학교 혹은 실험학교의 전형이 되었다. 그는 전 생애에 걸쳐 철학, 교육학 등 학문연구에 몰두하면서 사회활동에도 적극 참여하였다. 가령 미국심리학회, 미국철학회 등 다양한 학회의 회장으로 피선되었는가 하면, 전미교육협회(National Education Association), 미국교원연맹(American Federation of Teachers), 미국대학교수협의회(American Association of University Professors), 미국시민자유동맹(American Civil Liberties Union), 시민참여연대(People's Lobby), 독립정치참여연대(League for Independent Political Action), 시민개혁연대(People's Reconstruction League), 반독점연대(Anti-Monopoly League) 등 여러 교원단체 혹은 정치 · 사회단체에서 회장 혹은 일반 회원으로 활발한 활동을 전개하기도 하였다. 또 일본, 중국, 터키 등 여러 국가를 방문하여 정열적인 강연활동을 벌이거나 교육개혁에 직접적인 도움을 주기도 하였다.

그는 40여 권의 저서와 700여 편의 연구논문을 저술했는데, 그중 『나의 교육신조』(1897), 『학교와 사회』(1899), 『아동과 교육과정』(1902), 『사고의 방법』(1910), 『민주주의와 교육』(1916), 『철학의 개조』(1920), 『인간성과 행위』(1922), 『경험과 자연』(1925), 『공중과 그 문제』(1927), 『확실성의 탐구』(1929), 『철학과 문명』(1931), 『신 · 구 개인주의』(1931), 『논리학』(1932), 『경험으로서의 예술』(1934), 『공중의 신앙』(1934), 『경험과 교육』(1938), 『자유주의와 사회적 행위』(1939), 『인간의 제 문제』(1946) 등은 학계 및 교육계에 큰 영향을 미친 대표적인 저술이다.

듀이는 관념의 의미는 그것이 초래하는 결과에 의존한다는 퍼스와 제임스의 견해를 더욱 발전시키고 정교하게 가다듬어 관념은 불확정적인 상황을 확정적 상황으로 변화시키기 위한 하나의 실험적 가설이라고 보았다. 그에 따르면 산다는 것은 곧 경험을 하고 있다는 것이다. 따라서 삶에서 더 나은 성장을 하기 위해서는 경험이 일어나는 과정을 효율적·효과적으로 통제할 필요가 있다. 그리하여 그는 더 나은 경험이 일어나도록 하는 방법론을 탐구하였다. 그 결과 과학의 실험적 방법을 지금까지 인류가 발전시킨 최선의 방법으로 규정하고, 그 방법을 논리적으로 체계화하여 '반성적 사고' 또는 '탐구'라는 이름으로 제시하였다. 그리고 그런 방법론을 철학, 심리학, 사회, 정치, 윤리, 종교 등 인간과 관련된 다양한 분야에 적용함으로써 광범위한 학문적 체계를 수립하였다(장찬익·노진호·이주한, 2005:289).

이후 프래그머티즘은 미드(G. H. Mead), 모리스(Charles Morris), 가이거(G. R. Geiger), 킬패트릭(W. H. Kilpatrick), 보드(B. H. Bode), 차일즈(J. L. Childs), 카운츠(G. S. Counts), 콰인 (W. V. O. Quine) 등 미국의 여러 철학자 및 교육철학자에 의해 계승되었으며, 최근에는 로티(R. Rorty) 등에 의해 포스트모더니즘과 결합되면서 새로운 양상으로 발전되어 가고 있다.

3) 프래그머티즘의 교육관

(1) 교육목적

프래그머티즘의 교육목적 ◀

프래그머티즘에서는 교육의 목적을 성장 그 자체라고 주장한다. 여기서 성장이란 인간의 경험이 바람직한 방향으로 지속적으로 재구성되는 것을 의미한다. 듀이에 따르면 인간은 근본적으로 경험적 존재이다. 인간은 생존을 위해 자신을 둘러싸고 있는 환경과 상호작용함으로써 모종의 영향을 주고받는다. 인간이 환경에 작용을 가함으로써 환경이 변화되며, 역으로 환경이 인간에게 작용을 가함으로써 인간이 변화된다. 그런데 사회적인 것이든 자연적인 것이든 모든 환경은 고정되어 있지 않고 계속 변화되어 간다. 따라서 인간과 환경이 서로 영향을 주고받는 상호작용 과정 역시 끊임없이 지속될 수밖에 없다. 그런데 인간과 환경이 영향을 주고받는 과정에서 사고가 개입되면 경험이 형성된다. 인간과 환경의 상호작용이 지속되고 그 과정에 사고가 개입되는 한 인간의 경험은 재구성되고 경험의 재구성을 통해 다시 사고가 성장하고 새로운 지식이 습득된다. 듀이는 교육을 경험이 이렇게 끊임없이 재조직, 재구성, 변형되는 과정이라고 정의하였다(Dewey, 1916:54).

그러나 경험이라고 해서 모두 교육적 가치를 갖는 것은 아니다. 이후의 경험 혹은 타 경험에 유기적으로 연결되지 못하고 오히려 그것을 저해하는 경험이 있는가 하면, 이후의 경험 혹은 타 경험과 유기적으로 잘 연결되고 그것을 더욱 풍부하게 촉진하고 발전시키는 경험도 있다. 전자가 가치가 없거나 적은 경험이라면 후자는 가치 있는 경험이다. 듀이는 후자처럼 가치 있는 경험이 지속적으로 재구성되는 것이 바로 성장이며, 성장이 더 잘 일어나고 더 지속되도록 돕는 것이 교육의 목적이라고 보았다. 이런 의미에서 그는 "교육은 성장과 완전히 동일하다. 교육은 그 자체 이외의 다른 목적이 없다."(Dewey, 1916:59), "교육의 목적은 개인들로 하여금 자기 자신의 교육을 계속할 수 있도록 하는 데 있으며, 학습의 목적과 보람은 성장의 능력이 계속 증대하는 데 있다."(Dewey, 1916:107)라고 주장하였다.

그런데, 성장은 바로 현재의 생활 속에서 특정한 아동에게 일어나는 일이지 먼 미래에 어느 곳에선가 그리고 누구에겐가 일어나게 될 막연한 일이 아니다. 따라서 프래그머티즘에서는 교육을 미래 생활(즉 성인 생활)을 위한 준비가 아니라 현재 생활 그 자체라고 보았다. 전통적 교육에서는 아동은 미숙하고 불완전한 존재이며 성인은 성숙한 존재, 완전한 존재라고 가정하였다. 따라서 아동기는 가능한 한 빨리 극복하고 탈피해야 할 시기이며 그 극복과 탈피의 방향은 당연히 성인기라고 믿었다. 아동은 성인의 축소판으로서 가능한 한 미숙한 아동의 모습을 벗고 성숙한 성인의 모습을 갖출 때 의미와 가치가 있다고 여겼다. 이런 입장에서 보면 교육은 마땅히 성인 생활의 준비가 되어야 한다. 그러나 듀이는 아동이 가진 성장의 가능성, 즉 가소성(可塑性)을 중시하였다. 아동은 성인의 축소판이 아니라 그 자체로 존엄성과 가능성을 지닌 능동적 존재라고 보았다. 아동은 성인으로 가기 위한 과도기적 존재가 아니라 아동이 지속적으로 성장한 결과가 성인이라고 믿었다. 그리하여 그는 성인이 아닌 아동 자체로부터 교육적 가치를 발견하고 그것을 실현하고자 하였다. 따라서 교육은 장차 성인 생활을 대비한 준비활동이 아니라 현재 생활에서 아동의 성장을 도모하는 활동이 되어야 한다는 것이다.

(2) 교육내용

프래그머티즘의 교육내용

듀이는 지식을 실재의 반영이라거나 진리 혹은 절대적 · 고정적인 것이라고 보지 않았다. 그렇기 때문에 실재를 반영하고 있다고 판단되는 소수의 정련된 지식을 중심으로 교과를 조직하려는 입장, 즉 교과중심적 교육과정에 대해 비판적이었다. 그는 우리의 실제적 삶을 몇 가지 지식 유형으로 분류하여 교과로 고정시켜 버릴 경우 삶과 지식, 생활과 교과가 이원화되어 교육은 결국 무기력해질 수밖에 없다고 주장하였다. 그에 따르면 지식은 그 자체로 절대적이거나 보편적인 것이 아니라 어떤 문제 사태에 대한 효율적인 해결 방안이라고 일시적으로 확인되고 정당화된 것에 지나지 않는다. 교과는 보편타당한 지식체계가 아니라 '활동을 위한 자원이요 자본'(Dewey, 1916:190)이다. 따라서 지식은 우리의 생활을 더 지적으로, 더 효율적으로, 더 계획적으로 개선해 가기 위한 수단, 도구이고 자료이며 가설이다. 그렇기 때문에 듀이에게 있어 성장을 목표로 하는 교육의 내용은 실제 문제 상황을 목적의식적으로, 지적으로 해결해 나가는 과정과 관련된 다양한 자료로 구성된다. 이 자료에는 과거의 다양한 경험이나 현재의 문제 상황과 직접적 · 간접적으로 관련된 여러 사실 그리고 문제해결을 위해 제안된 다양한 아이디어가 종합적으로 포함될 수 있다. 중요한 것은 어떤 정보와 지식을 얼마나 잘 전달하느냐가 아니라 아동의 사고를 얼마나 잘 유발하며 그들의 경험을 얼마나 지속적으로 재구성하느냐 하는 점이다.

이와 관련하여 듀이는 교육내용을 선정하고 조직하는 두 가지 원리를 제시하였다. 하나는 교육내용 선정의 원리로서 학습 자료를 아동의 일상생활 속에서 혹은 그것과 관련하여 선정해야 한다는 것이다. 이는 아동의 사고를 유발하고 경험의 재구성을 촉진하기 위해서는 그들이 이미 소유하고 있는 경험이나 능력을 출발점으로 삼아야 한다는 문제의식에서이다. 전통적 교육은 아동이 도달해야 할 목표 지점을 사전에 설정해 두고, 각 분야의 전문가들에 의해 연구된 결과를 그 목표를 달성하기 위한 학습 자료로 선정하였다. 그러나 그렇게 설정하고 선정한 교육목표와 학습 자료들은 모두 아동이 이미 소유하고 있는 능력이나 경험과 무관하거나 거리가 먼 것들이었다. 따라서 아동의 사고를 유발하기보다는 오히려 저해하고, 그들의 경험을 재구성하기보다는 오히려 배제하고 제거하는 교육이 이루어질 수밖에 없었다.

다른 하나는 교육내용 조직의 원리로서 학습 자료를 양적으로 더 풍부하게 하고 질적으로 더 심화하는 방식으로 조직해야 한다는 원리이다. 이는 횡적 차원에서 더 다양한 경험을 통합하고, 종적 차원에서 기존의 경험들을 더 심화·발전시키는 방식의 조직을 일컫는다. 한마디로 나선형의 원리이다. 하나의 경험이 타 경험 그리고 후속 경험으로 지속적으로 확대·심화되는 방식으로 교육내용을 조직해야 한다는 이 원리는 곧 경험의 지속적 재구성 과정을 교육이라고 보는 듀이의 정의와 매우 정합적으로 맞아 떨어진다고 할 수 있다.

듀이의 이런 생각은 교과를 체계적으로 분류할 필요가 없다거나 가르치지 말아야 한다는 것이 아니다. 그것은 교과내용을 선정하고 조직하는 기존의 방식이 아동의 사고를 역으로 단절시키고 저해한다는 문제의식이다. 예컨대, 기존의 교과는 이원론에 입각하여 사고와 행위, 인식과 감각, 이론적 교과와 실제적 교과, 인문교과와 자연교과, 교양교육과 직업교육, 노동과 여가, 사회적인 것과 도덕적인 것 등을 구분하였다. 듀이는 이런 과거의 교과는 이원론적 형이상학에 근거하여 조직된 것에 불과할 뿐 아동의 관심과 흥미, 능력, 경험 등과는 무관하다고 보았다. 그리하여 아동의 사고를 촉진하고 그들의 경험을 지속적으로 확대·발전시켜 나가기 위한 대안으로, 그들의 일상생활에 밀접하게 관련된 학습 자료를 선정하고 그것을 양적·질적으로 확대·심화시키는 방식으로 조직할 것을 제안했던 것이다.

(3) 교육방법

프래그머티즘의 교육방법

전통적 교육방식은 주로 교사가 교과지식을 일방적으로 전달하는 것이었다면, 듀이를 위시한 프래그머티스트들은 활동에 의한 학습(learning by doing)을 강조하였다. 프래그머티즘에 따르면 교육의 근본적인 목적은 성장에 있다. 그런데 성장을 위한 학습은 이미 주어져 있는 제한된 교과지식을 수동적으로 습득하는 것보다는 아동 자신이 직접 대면하고 있는 문제 사태에서 그 문제를 해결하기 위해 다양한 해결 방안을 모색하고 실천함으로써 더 잘 일어날 수 있다. 문제의 성격과 현재의 조건을 면밀히 분석하고, 과거의 유사한 사태에서 자신이 행했던 경험이나 타인에 의해 축적된 간접 경험을 최대한 동원하며, 문제해결을 위한 다양한 가설을 잠정적으로 수립해 보고, 각각의 가설이 가져올 결과를 예견하며, 그 예견된 결과에 비추어 가설을 정련하여 실천에 직접 옮겨 보는 등의 일련의 활동에 아동이 직접 참여할 때 학습이 가장 잘 일어난다. 학습이 일어난다는 말은 곧 사고력이 증대된다는 뜻이며, 경험이 새로운 차원으로 재구성된다는 뜻이며, 장기적이고 점차적으로 성장이 이루어진다는 뜻이다. 활동이라고 해서 굳이 신체적 · 감각적인 활동으로 제한될 필요는 없다. 거기에는 당연히 지적 활동도 포함된다. 다만, 교과지식을 포함한 기존의 모든 지식은 활동의 목적이 아니라 문제 사태를 보다 잘 해결하기 위한 목적의식적 활동의 수단이요 도구이며 자료이다.

교육이 기존의 교과지식을 직접적으로 전수하는 것이 아니라고 한다면 그리고 학습이 아동의 직접적인 활동에 의해서 더 잘 일어날 수 있다고 한다면, 교사 혹은 학교가 해야 할 일은 아동의 활동이 더 원활하게 일어날 수 있도록 적절한 여건과 환경을 조성하는 일이다. 이런 뜻에서 듀이는 "우리는 결코 직접적으로 교육하는 것이 아니라, 환경을 통해 간접적으로 교육한다."(Dewey, 1916 : 23)라고 하였다. 환경을 통해 간접적으로 교육한다는 말은 학교가 교육이라는 목적을 위해 마련된 특별한 환경이라는 의미이다. 이와 관련하여 듀이는 학교라는 특별한 환경이 크게 세 가지 과업을 수행한다고 보았다(Dewey, 1916 : 24-25). 첫째, 학교는 복잡한 사회적 환경을 단순화하여 아동에게 제공한다. 근본적이면서도 아동의 반응을 잘 일으킬 수 있는 환경을 선정하고, 적절한 순서를 정하여 먼저 학습된 것부터 더 복잡하고 심오한 것으로 점진적으로 학습해 나갈 수 있게 한다. 둘째, 학교는 기존 환경의 무가치한 특성들을 제거하고 정화된 환경을 제공한다. 셋째, 학교는 사회 환경의 여러 요소 사이의 균형을 유지하고 각 개인으로 하여금 그들이 태어난 집단의 제약에서 벗어나 더 넓은 환경과 산 접촉을 할 수 있게 한다.

또 활동을 통해 학습한다는 말이 시사해 주는 바는 다양한 학습활동이 아동의 흥미와 긴밀하게 연결되어 있어야 한다는 점이다. 흥미를 흔히 아동의 즉흥적이고 무질서하며 변덕스러운 감정을 의미하는 것으로 해석하는 경우가 있으나 그것은 적절한 해석이 아니다. 흥미란 학습과제와 아동의 마음 간의 상호관계를 의미한다. 따라서 흥미는 인간이나 어떤 대상이 갖고 있는 것이 아니라, 사태의 진전 속에서 인간과 대상이 서로 연결되어 있는 상태이다(장찬익 · 노진호 · 이주한, 2005:304-305). 듀이의 비판에 따르면 전통적 교육은 학습사태에 있어 흥미를 전혀 고려하지 않고 오직 교과에만 관심을 기울였다. 그리하여 전통적 교육에서는 많은 아동이 학습이 진전될수록 학습으로부터 점점 더 멀어지고 무기력해지며 산만해지는 결과가 초래되었다. 그것은 학습과제와 그것이 제시되는 방법이 아동의 흥미나 필요, 관심, 능력과 무관했기 때문에, 그리하여 아동이 진정으로 학습에 참여하지 못했기 때문이다. 이런 문제의식에서 듀이는 교사들에게 "교과 그 자체에 신경을 쓸 것이 아니라 교과가 현재 학생의 필요나 능력과 어떻게 상호작용하는가에 신경 써야 한다." (Dewey, 1916:191)라고 촉구하였다. 그의 입장에서 보면, 아동이 흥미를 갖고 학습의 과정에 주체적이고 자율적으로 참여하도록 하기 위해서는 학습이 그가 실제로 생각하고 느끼며 행동하며 살아가는 실제 생활과 관련을 맺어야 한다. 말하자면, "학교는 삶의 전형적인 모습을 나타내어야 한다. 이 삶은 아동이 가정에서, 이웃에서, 놀이터에서 살고 있는 삶, 그것과 다름없이 실감과 생기를 가진 것이어야 한다"(Dewey, 1897:87). 다만, 앞에서 말한 것처럼 학교는 사회적 환경을 단순화 · 정화 · 균형화해서 아동에게 제공해야 한다. 이것이 바로 듀이가 학교를 '축소된 사회'라고 말한 정확한 의미이다.

(4) 교사와 학생

프래그머티즘의 교사 · 학생관

듀이에 의하면 학생은 환경과의 상호작용을 통해 자신의 경험을 지속적으로 재구성해 가는 능동적이고 자유로운 존재이다. 아동은 미성숙한 존재이다. 하지만 무엇인가 결핍되어 있고 무능력한 존재라는 의미가 아니라 앞으로 더 성숙해질 수 있으며 무한한 성장 잠재력을 지닌 존재라는 뜻이다. 그들은 지성을 자유롭게 활용하여 자신이 처한 문제 상황을 주도적으로 헤쳐 나감으로써 새로운 지식을 획득하고 경험을 확대하여 그 무한한 잠재력을 실현해 나가는 존재이다. 따라서 모든 학습은 기본적으로 능동적 · 자율적 · 지적 존재인 아동을 중심으로 이루어져야 한다. 이 말은 학습이 온전히 아동의 자율적인 판단에 의해서만 이루어져야 한다는 자유방임적 교육을 의미하는 것은 아니다. 오히려 그들은 아직 경험의 폭이 좁고 활용할 수 있는 지식도 제한적이며 자신의 행위가 어떤 결과를 초래할 것인지 정확하게 예견할 수 있는 능력도 부족하다. 따라서 아동은 바람직한 방향으로의 성장을 위해 교사의 주도면밀한 지도와 안내를 필요로 한다.

다른 한편, 프래그머티즘에서 교사는 일반적으로 조력자, 안내자 혹은 동반자로 비유된다. 이것은 프래그머티즘이 전통적 교육과 달리 아동을 능동적이요 자율적 존재로서 자신의 학습을 주도적으로 전개해 나가는 주체적 존재라고 가정하기 때문이다. 이런 가정에 기초하면 교사는 당연히 주체적 · 자율적 존재인 아동이 스스로 학습해 나갈 수 있도록 적절한 환경을 조성하고 그들의 사고와 경험을 자극하고 조력하는 사람이다. 그러나 이때 조력자, 안내자라는 말을 교수학습의 과정에서 별로 중요한 역할을 하지 않은 채 모든 것을 아동에게 떠맡겨 두고 뒷짐 지고 있는 보조적 존재라는 의미로 해석하면 안 된다. 교사는 수동적 의미의 보조자가 아니다. 오히려 그는 아동의 심리적 상태와 사회적 상황, 학습활동과 경험, 그 활동과 경험이 전개된 구체적인 사태의 다양한 물리적 조건 등 교수학습에 관련된 모든 것을 면밀히 관찰하고 판단하며 조율하고 통제하는 전문가이다. 이런 뜻에서 듀이는 교사를 다양한 존재로 비유하였다. 이를테면, 교사는 동반자 및 안내자(partner and guide)요 학습자(learner)임과 동시에 지적 지도자(intellectual leader)이다. 또한, 현명한 부모(wise parents)요 예언자(prophet)요 의사(physician)이며, 나아가 공학기술자(engineer)이고 개척자(pioneer)이며 예술가(artist)이고 사회적 공복(social servant)이며 사회개혁가(social reformer)이다(이주한, 2003 : 253-277). 듀이가 교사를 이렇게 다양한 존재로 비유한 것은 그만큼 교사의 역할이 다양하고 중대하다고 판단했기 때문이다.

듀이에게는 교사와 학생 모두가 주체적 · 자율적 존재이다. 엄밀히 말해 듀이의 철학에서 교사의 지도 없는 학습행위나 아동의 자율적인 학습이 없는 교수행위는 애초부터 성립하지 않는다. 교수와 학습은 어느 일방에 의해 주도되는 것이 아니라 교수학습의 과정 자체가 교사와 학생의 상호작용 과정이다. 말하자면, 서로를 지적으로 자극하고 영향을 미치며 변화시켜 감으로써 교사와 학생 모두가 성장해 가는 과정이 바로 교육의 과정이다. 이는 마치 호(呼)와 흡(吸)이 동반될 때 우리가 숨을 쉴 수 있는 것과 같은 이치이다. 이런 의미에서 듀이에게 있어 교사와 학생은 교육의 진정한 동반자이다.

CHAPTER 03

20세기 전반기 미국의 교육철학

01 진보주의

1) 진보주의의 개념과 철학적 기반

▶ 진보주의의 정의

진보주의(progressivism)는 20세기 초반 미국에서 전통적 형식주의와 성인 중심적 교육관에 반발하여 아동의 흥미, 관심, 욕구, 적성, 능력 등을 교육의 중요한 원리로 삼아 전통적 교육의 폐해를 극복하려는 일대 교육개혁운동 사조를 일컫는다. 19세기 말부터 20세기 초에 이르는 시기 동안 서양은 전반적으로 학교의 교육내용을 개혁하고 아동을 해방하며 다양한 교수학습법을 개발하고 학교와 지역사회를 밀접하게 연관시키려는 신교육운동이 전개되고 있었다. 넓게 볼 때 진보주의는 교육의 목적, 내용, 방법, 학교운영 등 모든 면에서 전통적 형식주의 교육을 개혁하고 새로운 교육을 실시하려는 이 신교육운동의 미국적 흐름이라 할 수 있다.

▶ 전통적 교육 비판

진보주의 진영에 속한 교육(학)자들은 전통적 교육이 다음과 같은 몇 가지 점에서 근본적인 결함을 지니고 있다고 비판하였다.

첫째, 전통적 교육은 미래의 성인 생활에 대한 준비를 중시하였다. 이는 아동기를 성인이 되기 위한 과도기에 불과하다고 믿고 모든 가치 판단의 기준을 성인의 삶에서 찾고자 했기 때문이다.

둘째, 전통적 교육은 교육의 핵심과제를 인류의 사회적 문화유산을 계승하는 것이라고 보았다. 인류의 존속을 위해서는 장기간에 걸쳐 축적된 핵심적 문화유산을 후세대에 전달해야 하고 학교가 그 역할을 수행해야 한다고 보았다.

셋째, 전통적 교육은 아동이 아닌 교재와 교사를 중심으로 하였다. 교재가 중심이 되었기 때문에 필연적으로 그 교재의 내용을 무조건 주입하고 암기하게 하는 수동적 학습으로부터 벗어나지 못했으며, 교사는 명령하고 지시하며 통제하는 권위주의적 존재일 수밖에 없었다.

넷째, 전통적 교육은 학교를 사회로부터 분리 · 고립시켰다. 그리하여 교육목적, 교육내용, 교육방법 등 모든 요소가 학교를 둘러싸고 있는 지역사회의 특징과 무관하게 독립적으로 결정되었다. 그 결과 학교는 지역사회와 아무런 상호작용을 할 수 없었으며, 사회의 개선과 발전에 전혀 영향을 미치지 못했다.

진보주의자들은 전통적 교육에 대한 대안으로 아동의 흥미와 관심을 존중하는 교육, 실제 생활과 밀접하게 관련된 교육, 활동을 통한 교육, 지역사회와 밀접하게 관련된 교육 등을 추구하였다. 그들의 주장과 교육개혁운동은 당시 일대 파장을 불러일으키며 미국 내외로 확산되어 갔으며, 1920~1930년대에 걸쳐 미국 교육계를 풍미하였다.

진보주의의 철학적 기반 ◀

진보주의는 철학적으로 듀이의 프래그머티즘에 기초해 있다. 따라서 존재나 지식 혹은 가치에 관한 진보주의자들의 견해는 대부분 듀이에 의존하고 있다고 할 수 있다. 먼저 진보주의자들은 존재론적 측면에서 이미 완성되어 있으며 고정불변하는 궁극적 실재를 인정하지 않는다. 역으로 듀이와 마찬가지로 세계는 끊임없이 변화와 발전의 과정에 있다고 믿는다. 따라서 그들에게 중요한 것은 영원불변하는 본질 세계가 아니라 지속적으로 변화되는 현실 세계이다. 즉, 자연적 유기체로서 인간이 직접 보고 만지고 느끼고 생각하며 살아가는 경험적 세계가 실재이다.

인식론적 측면에서도 진보주의자들은 듀이의 지식관을 그대로 수용하여 절대적 진리나 보편적 지식을 거부한다. 세계가 계속 변화되기 때문에 시간과 공간에 따라 진리 여부도 달라질 수 있으며, 어떤 지식의 진위 여부를 명확하게 가려 줄 절대적 준거가 없기 때문에 보편적 지식도 있을 수 없다고 본다. 그들은 지식이란 오류 가능성이 있는 하나의 가설에 불과하며, 그렇기 때문에 지속적으로 수정되어야 할 것이라고 생각한다. 또 지식의 가치는 관념론과 실재론에서와 달리 실제 삶에서 인간의 성장을 위해 얼마나 효율적으로 활용될 수 있는가에 달려 있다고 믿는다.

가치론적 측면에서 진보주의자들은 상대적 가치관을 지지한다. 그들은 공동생활을 함께 영위하는 구성원들이 지성적인 합의를 통해 서로에게 기대하는 신념이나 행위양식을 도덕규범이라고 생각한다. 따라서 그들에게 모든 인간에게 적용될 수 있는 보편적 도덕률은 존재하지 않는다.

2) 진보주의의 역사

진보주의의 사상적 뿌리는 멀리 코메니우스, 루소 등 근대 아동중심주의로까지 거슬러 올라갈 수 있다. 특히, 루소가 『에밀』을 통해 확립해 놓은 자연주의와 아동중심주의는 19세기의 페스탈로치와 프뢰벨, 20세기의 니일(A. S. Neill), 몬테소리 등에 의해 낭만적 아동중심주의를 기반으로 하는 교육개혁운동으로 계승되었다. 또한, 대륙을 건너 미국의 만(H. Mann), 버나드(H. Barnard), 파커(F. W. Parker) 등과 같은 아동중심 교육가들에게도 큰 영향을 미쳤다. 그리하여 미국에서도 서서히 신교육운동의 조짐이 나타나고 있었다. 여기에 프래그머티즘을 이론적으로 완성시킨 듀이가 『나의 교육신조』, 『학교와 사회』, 『아동과 교육과정』, 『민주주의와 교육』 등과 같은 저서를 통해 아동중심주의에 이론적·철학적 체계를 제공함으로써 진보주의 형성과 발전에 직접적인 동인으로 작용하였다.

▶ 진보주의의 강령

진보주의가 하나의 거대한 교육운동으로 전개되기 시작한 것은 일군의 교육(학)자들이 1918년에 '진보주의교육협회'(Progressive Education Association)를 결성하고 행동지침인 교육강령을 제정하면서부터였다. 다음 교육강령에는 진보주의 교육운동의 기조가 잘 나타나 있다.

① 아동은 외적 권위에 의하지 않고 자신의 필요에 의해 자연스럽게 발달할 자유를 누려야 한다.
② 모든 학습과 활동의 동기는 흥미와 욕구의 충족이 되어야 한다.
③ 교사는 아동의 활동을 고무하고 적절한 정보를 제공하는 안내자가 되어야 한다.

④ 아동의 평가는 학과에 대한 평가뿐만 아니라, 아동의 신체, 지성, 덕성, 사회성을 포함하는 넓은 것으로 아동의 발달과 지도에 도움이 되는 것이어야 한다.
⑤ 가장 중시되어야 할 것은 아동의 건강이며, 따라서 학교의 시설, 환경, 인적 조건은 명랑해야 한다.
⑥ 학교는 학부모와 긴밀한 협조관계를 유지하면서 아동의 교육에 힘써야 한다.
⑦ 진보주의 학교는 좋은 전통 위에다 새것을 담는 실험학교로서 교육개혁운동의 중핵이 되어야 한다(Meyer, 1949; 김정환 · 강선보, 1998:164-165).

진보주의교육협회의 결성과 활동에 따라 이후 진보주의는 전통적 교육에 대한 개혁운동으로 요원의 불길처럼 확산되어 나갔다. 그리하여 1920년대와 1930년대를 걸쳐 미국 교육계에 거대한 세력을 형성하게 되었으며, 초등 및 중등학교의 교육실제를 혁신시켰다.

그러나 모든 사상과 이론은 그것이 실제로 적용되는 과정에서 일정한 왜곡과 부작용을 낳기 마련이다. 진보주의가 기본적으로 듀이의 교육사상과 이론을 실천하고자 한 것이지만, 진보주의를 표방하는 교사들 중 적지 않은 수가 그의 철학을 올곧게 이해하지 못한 채 전통적 교육을 무조건 적대시하고 거부하는 경향을 보이기도 하였다. 또한, 일부에서는 아동중심주의를 극단적으로 해석 · 적용하여 실제로는 아동방임주의, 자유지상주의로 흐르기도 하였다. 그런 와중에 미국 사회는 1929년 경제공황을 맞게 되었다. 급속도로 발전하던 자본주의가 일정한 한계에 부딪히게 되고, 그 결과 공황이라고 하는 심각한 사회적 위기를 초래한 것이다. 따라서 미국인들은 사회적 위기의 원인을 면밀히 분석하게 되고, 지적 훈련의 중요성을 간과한 채 아동의 흥미와 자유만을 추구함으로써 아동의 기초학력을 저하시킨 진보주의 교육에 그 근본 원인이 있다고 진단하였다. 그리하여 진보주의 교육에 대한 대대적이고도 강력한 비판이 제기되게 되었으며, 진보주의 진영 내에서조차 진지한 반성과 성찰이 이루어지게 되었다.

진보주의에 대한 비판의 선봉에 섰던 대표적 인물은 시카고대학교 총장 허친스(R. Hutchins)와 컬럼비아대학교 교수 배글리(W. C. Bagley)였다. 허친스는 영원불변하는 진리가 실재하며 교육은 그 진리를 추구하는 일이라고 보았던 항존주의 진영의 대표적 인물이다. 그리고 배글리는 교육이 사회적 문화유산의 전달을 통해 인류사회를 유지 보존해야 한다고 보았던 본질주의 진영을 대표하는 인물이다. 그들은 공히 진보주의자들이 전통문화를 경시하고 아동의 자유와 흥미 및 개인적 욕구를 지나치게 중시함으로써 사회의 유지와 발전에 필요한 기초학력을 저하시키고, 범죄, 이혼, 부정부패 등과 같은 사회적 무질서와 혼란을 초래했다고 비판하였다.

한편, 항존주의와 본질주의의 비판과 더불어 진보주의 진영 내부에서도 반성운동이 일어나 아동의 자유와 해방보다는 교육을 통한 사회개혁을 중시하는 움직임이 나타났다. 가령 카운츠(G. S. Counts)는 1932년 「학교는 새로운 사회질서를 건설하는가?」라는 논문에서 미국의 정치 · 경제적 약점을 비판하고 새로운 사회질서를 구현해야 한다고 역설하였으며, 교사는 교육적 역량을 발휘하여 새로운 사회질서 구현을 위한 전위부대가 되어야 한다고 주장하였다. 그리고 카운츠의 주장이 진보주의자들에게 폭넓게 수용됨으로써 진보주의는 아동 개인의 자유보다는 사회 전반의 민주적 개혁을 운동의 중심으로 삼는 방향으로 전환하게 되었다. 그리하여 카운츠 등이 중심이 되어 진보주의교육협회를 '미국교육동지회(American Education Fellowship)'로 재편하고 새로운 교육목표와 교육과정에 입각한 교육개혁운동을 전개하였다.

그러나 진보주의 운동은 제2차 세계대전 발발에 따라 또다시 위기에 봉착하게 되었다. 전쟁 시에는 무엇보다 국민 전체의 단결과 협동이 요구되기 때문에 개인의 자유가 제한되기 마련이다. 그러나 국민의 단결과 협동보다는 개인의 자유를 중시한 진보주의의 자유주의적 성향은 전쟁 시의 국가적 요구를 충족하기보다는 오히려 그것을 저해하고 있었다. 따라서 진보주의 교육은 재차 대대적인 사회적 비판에 직면할 수밖에 없었다. 게다가 1957년 구소련이 최초의 인공위성인 스푸트니크를 성공적으로 발사한 사건은 미국인의 자존심에 큰 상처를 입혔다. 그리하여 미국 내에서 미국의 교육이 학문의 연마와 인재의 육성에 있어 소련의 교육에 뒤졌다는 반성이 일게 되고 그 비난의 화살이 진보주의에 쏟아졌다. 말하자면, 아동 개인의 자유를 지나치게 중시하는 대신 지적 훈련을 게을리 한 진보주의로 인해 소련에 선두를 내

주게 되었다는 것이다. 그 결과 약 반세기에 걸쳐 미국사회를 풍미한 진보주의는 교육운동으로서 그 생명을 거의 다하게 되었다.

3) 진보주의의 교육원리

진보주의는 성인 생활의 준비, 사회적 문화유산의 전달, 교재와 교사 중심, 학교와 사회의 분리 등과 같은 전통적 교육의 폐단을 비판하고, 그것을 극복한 새로운 진보적 교육을 추구하고자 하였다. 진보주의가 추구한 교육적 원리들을 몇 가지로 간추려 보면 다음과 같다(Kneller, 1971; 안상원 외 역, 1992:77-83; 김정환 · 강선보, 1998:170-172; 김귀성 · 노상우, 2001:28-30; 박의수 외, 2004:343-344 등 참조).

진보주의의 교육원리 ◀

첫째, 교육은 미래 생활의 준비가 아니라 현재의 삶 그 자체여야 한다. 현명한 삶은 경험의 해석과 재구성을 내포하며, 교육은 그 경험의 계속적인 재구성 과정이다. 따라서 학교는 경험이 잘 재구성되도록 아동의 연령에 맞는 학습 환경을 제공해야 하며 장차 성인이 되어 겪게 될 경험과 관련된 학습 환경을 제공해야 한다.

둘째, 학습은 직접적으로 아동의 흥미와 관련되어야 한다. 아동은 자신의 흥미와 관련된 것이거나 자신이 가진 문제를 해결해 줄 것으로 보이면 무엇이든지 배우고자 하는 경향이 있다. 동시에 어른들로부터 강요당하고 있다고 느끼는 것이면 무엇이든 저항하는 경향이 있다. 따라서 우리는 교육활동에 있어서 아동의 생활을 무시해서는 안 되며, 그들의 흥미와 관심이 어디에 있는지를 파악해야 한다. 그러기 위해서 학습과정은 교사 혹은 교과서에 의해 일방적으로 정해져서는 안 되며, 아동의 흥미와 욕구를 반영해야 한다.

셋째, 교육내용의 이수보다 더 중요한 것은 문제해결의 방법을 배우는 것이다. 전통적 교육에서의 지식이란 그 자체로 가치 있는 것이므로 그것은 교사를 통해 체계적으로 배워야 할 것으로 여겼다. 그러나 지식이란 늘 새롭게 전개되며 능동적인 활동에 의해 얻어지기 때문에 행동으로도 옮겨져야 하는 것이다. 앎과 행동은 일치되어야 한다. 이것이 실험적 방법의 원리이다. 예를 들어, 배울 내용은 주말마다 학급에서 서로 상의하여 계획해야 한다. 그리고 그것은 문제해결을 위한 것이어야 하는 데, 문제해결은 간단하게 한 번에 끝나는 것이 아니므로 일관성 있게 지속적으로 노력해야 한다.

넷째, 교사의 역할은 아동을 지휘하는 것이 아니라 조언하는 것이다. 아동이 학습하는 것은 그들 자신의 욕구와 필요에 따라 결정되기 때문이다. 따라서 교사는 아동이 자신의 발달단계와 능력의 수준에 따라 학습계획을 수립할 수 있도록 옆에서 안내자 역할을 수행해야 한다. 즉, 교사는 아동이 곤경에 처할 때 자신의 탁월한 지식과 경험으로 그들을 도와주는 역할을 해야 한다. 하지만 권위자로서가 아니라 탁월하고 풍부한 경험을 지닌 원조자 내지 안내자로서 임해야 한다.

다섯째, 학교는 경쟁이 아닌 협동을 장려하는 곳이 되어야 한다. 인간이란 원래 사회적이고 서로 간의 대인관계가 원만할 때 만족을 느끼는 존재이다. 경쟁심을 길러 주거나 개인적인 성공을 위해 뛰게 하지 말고 사랑과 동료의식을 갖도록 배려해야 한다. 더욱이 문명이 발달할수록 공동체적 지식이나 경험이 중요한 것임을 인식하고 학교는 특히 공동체적 가치를 배양하기 위해 힘써야 한다.

여섯째, 민주주의만이 진정한 성장에 필요한 사상의 교류와 인격의 상호작용을 허용한다. 민주주의는 정치제도 이상의 것이며, 인간이 상호 협력하며 살아가는 방식이자 경험을 교류하는 방식이다. 따라서 민주주의를 가르치기 위해서는 우선 학교생활 자체가 민주적으로 운영되어야 하며, 민주주의에 대한 이해를 깊게 하고 그것을 실천할 수 있는 과외활동이 권장되어야 하며, 기존의 질서와 규범을 주입하지 말아야 하며, 아직 사회에 수용되지 않는 새 규범도 가르쳐서는 안 된다.

요컨대, 진보주의의 교육원리는 크게 생활 자체로서의 교육, 아동의 흥미를 중시하는 학습, 문제해결 방법의 학습, 안내자로서의 교사, 협동의 장으로서의 학교, 민주주의 등으로 요약될 수 있다.

다소 반복되기는 하지만 이해를 돕기 위해 이상의 원리를 바탕으로 교육목적, 교육내용, 교육방법에 대한 진보주의자들의 견해를 다시 정리해 보기로 한다.

▶ 진보주의의 교육목적

먼저, 진보주의자들이 추구한 교육목적은 아동의 다양한 개성과 잠재능력을 최대한 발현하여 하나의 완전한 인간으로 성장·발달하도록 하는 것이다. 아동을 어른의 축소판이며 미성숙한 존재라고 여겼던 종래의 교육과 달리 진보주의자들은 다양한 잠재적 가능성과 개성을 지닌 완전한 인격체라고 본다. 듀이에 따르면 '미성숙'은 아무것도 할 수 없는 무기력한 상태가 아니라 앞으로 발달하고 성장할 능력과 가능성을 가진 상태를 나타낸다. 마찬가지로 진보주의자들도 아동이 다방면에서 무한히 성장할 수 있는 잠재능력을 가지고 있다고 믿는다. 그리하여 그들은 교육을 통해서 아동이 잠재적으로 소유하고 있는 지적·신체적·정서적·사회적·도덕적 능력을 다방면으로 개발하여 충분한 성장이 이루어지도록 도모하고자 한다. 한마디로 진보주의는 인간의 전인적 성장을 교육목적으로 한다.

진보주의의 교육내용 ◀

교육내용 면에서 진보주의는 생활경험을 중심으로 교육과정을 편성하고자 한다. 진보주의자들에 따르면, 아동은 실제 생활 속에서 다양한 환경과 상호작용하면서 경험을 형성하며, 그 경험을 통해 성장해 나간다. 따라서 아동이 성장해 갈 방향과 수준은 사전에 미리 결정할 수 있는 것이 아니며, 학습해야 할 교육내용은 그가 학습의 과정에 실제로 들어오기 전부터 미리 계획하고 결정해 둘 수 있는 것이 아니다. 그러나 전통적 교육에서 교육과정은 학습의 주체인 아동의 실제 생활이나 능력 수준, 경험 정도, 관심 경로 등과 아무 관계없이 사전에 획일적으로 준비되어 있었다. 진보주의자들이 보기에 이렇게 사전에 짜인 교육과정은 아동의 성장을 도모하기보다는 오히려 저해할 가능성이 크다. 교육은 이미 결정되어 있는 성인의 표준적 삶을 준비하는 것이 아니라 현재 생활 그 자체이기 때문에 아동이 배워야 할 내용은 그의 실제 생활경험으로 구성되어야 한다. 다시 말해, 아동이 실제 생활에서 접하고 있는 지적·도덕적·사회적·미적·직업적 요소들을 총체적으로 고려하여 교육과정을 편성해야 한다. 한마디로 진보주의자들은 교육과정은 아동 경험의 총체로 구성되어야 한다고 믿는다.

진보주의의 교육방법 ◀

교육방법 면에서 진보주의는 활동을 통한 교육, 흥미와 관심을 존중하는 교육을 지향한다. 진보주의자들은 아동은 본능상 활동하는 존재이며 경험을 통해 학습하는 존재이다. 따라서 가장 효율적인 교육방법은 아동이 직접 활동함으로써 학습하게 하는 것이다. 말하자면, 문제해결학습이나 프로젝트학습에서처럼 실생활과 관련된 문제 상황을 실제로 분석하고 해결방안을 수립하며 실천에 옮기는 일에 참여하도록 해야 한다. 물론, 다양한 지적·경험적 자료를 활용하거나 동료들과 협의나 토론을 거치기도 하지만 교사가 직접 해결해 주거나 답을 제시하지 않는다. 아동은 자신이 가진 문제를 해결하기 위해 스스로 탐색하고 실험하면서 실험적 방법을 적용하고 과학적 사고를 동원하게 된다. 진보주의자들은 이렇게 아동이 실제 생활환경 속에서 문제해결에 직접 참여함으로써 가장 효율적으로 학습할 수 있다고 믿는다.

따라서 진보주의자들은 아동이 직접 참여할 수 있는 다양한 교수학습법을 개발하고자 하였다. 예를 들어, 킬패트릭의 프로젝트학습법(project method), 올센(E. G. Olsen)의 지역사회학교이론, 파커스트(H. Parkhurst)의 달톤플랜(Dalton plan) 등이 그것이다.

프로젝트학습법은 진보주의의 대표적 인물인 킬패트릭이 듀이의 반성적 사고에 의한 문제해결학습법을 발전시킨 것으로서 전통적 교육의 수동적 학습을 거부하고 학습과정에 아동의 직접적이고도 자율적인 참여를 강조한 이론이다. 즉, 교사가 사전에 마련해 놓은 일련의 절차를 따라 수동적으로 학습해 가는 방법과 달리, 이 프로젝트 학습법은 학습자가 자신의 흥미나 관심, 능력에 따라 스스로 활동을 계획하고 그 계획을 실제 행동으로 옮기는 일련의 유목적적 활동으로 이루어진 학습법이다. 물론, 아동이 스스로 계획한다고 해서 모든 것을 혼자 결정하는 것이 아니라 교사의 적절한 안내와 도움을 받는다. 또 모든 프로젝트는 목적, 계획, 전개, 판단 등 네 단계를 거친다. 그리고 프로젝트 활동은 크게 네 가지로 구분되는데, 어떤 이상이나 계획을 구체화하기 위한 '구성적 · 창조적 프로젝트'(보트 만들기, 편지 쓰기 등), 심미적 경험의 감상이나 즐거움을 위한 '감상적 · 음미적 프로젝트'(음악 감상, 미술작품 감상 등), 지적인 문제를 해결하기 위한 '문제해결 프로젝트'(눈이 내리는 이유, 도심 공동화 현상의 이유 등), 기술이나 지식을 습득하기 위한 '연습 · 특수훈련 프로젝트'(글씨 쓰기 연습, 사칙연산의 연습, 줄넘기 연습 등) 등이다.

지역사회학교이론은 올센이 학교와 지역사회를 연결시키기 위해 주창한 이론이다. 그는 학교가 그것을 둘러싸고 있는 실제 사회와 유리되어 현실을 극복하고, 지역사회의 구심점으로서 그 발전에 기여해야 한다고 주장하였다. 그는 학교와 지역사회를 연결하기 위한 매개로 지역사회의 문서, 시청각 보조 자료, 전문가 초빙, 면담, 현장 탐방, 조사 연구, 광범위한 현장 연구, 야영, 봉사활동, 현장 경험 등을 제시하였다. 이런 활동들은 지역사회와 밀접한 관계를 맺기 위해 학교가 중심에 두고 전개해야 할 일종의 교육활동이다.

달톤플랜은 헬렌 파커스트가 매사추세츠 주 달톤(Dalton) 시에 있는 장애우 무학년제 학교에서 아동의 개인차를 중시하며 실시했던 교수학습법이다. 이 교수학습법의 특징은 아동과 교사가 학습활동과 관련된 일련의 계약을 맺고 그 계약에 따라 학습활동을 전개한다는 점이다. 교사는 아동에게 1개월에 하나의 과제를 부여한다. 각 과제는 대략 20개 정도의 하위 단원으로 이루어져 있다. 아동은 과제 해결에 필요한 지침서 등을 활용하며 자신의 능력에 맞게 개별적으로 과제를 수행하고 수행 정도를 진도표에 스스로 체크한다. 교사는 필요에 따라 학생과의 면담을 통해 과제 수행을 평가하고 진도를 조절해 주기도 한다. 아동은 하나의 과제를 완전히 수행하고 난 후에야 비로소 다음 과제로 넘어갈 수 있다. 이 교수학습법은 기본적으로 아동 각자의 자유를 중시하지만 과제 수행과정에서 동료들과의 협동이나 집단학습도 권장했다는 점에서 개인적 자유와 협동의 원리에 기초하고 있다고 할 수 있다.

이상에서 진보주의의 개념과 철학적 기반, 역사 그리고 교육적 원리에 대해 살펴보았다. 진보주의는 과거 교과중심의 획일적 주입식 · 암기식 교육을 비판하고 아동의 창의성, 자발성과 문제해결능력을 중시하는 학습을 강조함으로써 교육개혁에 크게 이바지하였다.

진보주의의 한계◀

그러나 보기에 따라 진보주의 교육은 많은 한계와 문제를 지니고 있다. 대표적인 것 몇 가지만 들어보면, 아동의 자유와 흥미를 지나치게 중시하는 경향은 교육이 추구해야 할 방향을 잃고 아동의 비위를 맞추는 데 급급한 교육으로 전락하게 만들 가능성이 있다. 또한, 아동에게 어렵고 복잡한 과목은 회피하게 하고 쉽고 재미있는 과목만 학습하도록 함으로써 결과적으로 기초학력의 저하를 가져올 수 있다. 또 안내자, 조력자, 보조자로서의 교사의 역할을 잘못 이해하고 적용할 경우 결과적으로 교사의 권위를 추락하게 할 소지도 크다.

흔히들 이런 오류가 주로 듀이의 교육이론에서 비롯된다고 보곤 한다. 그러나 이는 진보주의 교육운동을 듀이의 교육사상 및 이론과 동일시하는 데서 기인하는 오해라고 할 수 있다. 엄격히 말해 듀이 스스로도 진보주의 운동이 범한 여러 오류, 이를테면 아동방임주의, 홍미추종주의, 자유지상주의, 지성적 측면을 간과한 채 일상적 생활 주변의 문제에만 몰두한 왜곡된 문제해결학습 등과 같은 문제들을 신랄하게 비판하고 있다. 따라서 듀이의 프래그머티즘과 진보주의 교육운동을 학습할 때 주의 깊게 살펴야 한다. 그렇다고 듀이의 교육사상과 이론이 완벽하다는 것은 아니지만 최소한 진보주의 교육운동을 듀이의 사상과 등치시키는 오류는 피해야 한다.

02 본질주의

1) 본질주의의 개념과 철학적 기반

▶ 본질주의의 정의

본질주의(essentialism)는 진보주의에 대항하여 1930년대 미국에 나타난 교육사조이다. 이 본질주의는 인류가 오랫동안 쌓아 온 문화유산 중에서 정수, 핵심, 본질에 해당하는 것이 존재하며, 인류 문화를 지속적으로 유지하기 위해 교육 혹은 학교가 수행해야 할 본질적 역할은 그것을 잘 선별하고 조직하여 다음 세대에 전달·계승하는 것이라고 보는 사상적 흐름을 지칭한다. 진보주의는 전통적 교육의 폐단을 개혁하는 데 어느 정도 기여한 것이 사실이지만 그에 못지않게 많은 문제를 야기하기도 하였다. 그중 가장 대표적인 것이 아동의 자유를 지나치게 강조하여 자유방임주의를 초래하였으며, 무질서와 혼란을 야기하고 기초학력의 저하를 가져왔다는 점이다. 그 결과 미국은 경제공황이라는 사회적 위기에 봉착하게 되고 이를 계기로 진보주의 교육에 대한 비판이 제기되었는데, 진보주의 비판의 선도에 섰던 사조 중의 하나가 바로 본질주의이다.

본질주의라는 용어는 본질파 운동의 창시자인 데미아쉬케비치(M. Demiashkevich)가 인간 문화, 즉 사회전통 가운데 '가장 기본적인 요소', '본질적인 것'의 중요성을 강조하면서부터 사용되기 시작하였다. 그에 따르면, 교육의 기능은 인류가 축적해 놓은 유산인 문화재 중에서 가장 중핵적이고 본질적이고 보편적인 지식을 간추려 다음 세대로 전달하는 것이다. 그러므로 교육은 근본적인 것, 중핵적인 것, 항구적인 것, 전통적인 것을 존중하고 이것을 전달하는 것을 사명으로 한다는 것이다(김재만, 1994 : 373).

학교에서 가르쳐야 할 본질적 내용과 학교가 수행해야 할 본질적 기능에 대한 본질주의자들의 생각을 이해하는 데 다음과 같은 브라우디(H. S. Browdy)의 견해는 큰 도움이 된다.

① 학교라는 것은 법을 제정하는 입법기관도 아니고 법을 실천하는 집행기관도 아니며 법적으로 상벌을 선언하는 재판기관도 아니다.
② 학교는 가정이 아니다. 학교에서는 아이를 낳지 않는다. 우리 문화 속에 가정이 있는 한 학교에서 양육을 책임지지 않는다. 특히, 아주 어린 시절에 부모나 다른 아이들과 관계를 맺는 동안 형성된 태도에 대해 학교는 책임지지 않는다.
③ 학교는 교회가 아니다. 학교는 신적인 권한이나 권위 또는 특수한 계시를 갖고 있지 않다.
④ 학교는 학술기관이 아니다. 학교는 진리를 발견하고 발전시키기 위하여 수립된 기관이 아니다. 연구의 역할은 대학에서 수행한다.
⑤ 학교는 산업공장이 아니며 상업기관도 아니다. 학교는 물품을 생산하거나 물품을 변조, 운반, 분배하는 일을 하지 않는다.
⑥ 국민 전체 또는 그 일부가 지적 습관을 형성할 필요를 절실히 느낄 때, 그 집안은 학교를 설립한다. 학교는 가정에서의 정서교육을 강화하기도 하고 약화시키기도 한다. 또 학교는 신체적 · 정서적 건강을 증진시키기도 한다. 그러나 그런 것들은 학교 본래의 제일 목표가 될 수는 없다(한기언, 1984 : 190-191).

요컨대, 학교는 가정이나 입법 혹은 사법기관, 종교기관, 경제 · 정치기관 등이 결코 감당하지 못할 학교 고유의 본래적 기능을 수행해야 하는데, 그것은 바로 중요한 문화적 전통을 다음 세대에 전달하는 일이라는 것이다.

본질주의의 철학적 기반 ◀

본질주의는 앞에서 설명한 진보주의나 뒤에서 다루게 될 항존주의와 달리 뚜렷한 철학적 기반을 갖고 있지 않다. 그렇기 때문에 하나의 조직적 체계를 갖춘 교육철학을 제시하지 않는다. 본질주의 진영에 속한 학자들조차 교육에 대한 구체적인 견해는 서로 다르다. 예를 들어, 교육과정은 본질적인 내용을 중심으로 체계적으로 조직되어야 한다고 강조하면서도 정작 본질적인 것이 무엇인가에 대해서는 의견의 일치를 보지 못한다. 한편에서는 교육에서 아동의 흥미의 중요성을 인정하는가 하면, 다른 한편에서는 인정하지 않는다. 본질주의의 이런 모호한 성격은 진보주의에 대한 태도에서도 나타나는데, 그들은 진보주의를 근본적으로 부정하지도 적극적으로 인정하지도 않는다. 그 예로 본질주의의 대표자 중에 한 사람인 브리드(F. Breed)는 "행동주의(즉 진보주의) 전면에 도전하는 것이 아니라 일부의 너무 과도한 면을 공격하려는 것이다. 극단적 행동주의의 제일 약점은 사실에 대한 부당한 의식, 현실로부터의 또는 공공문화의 고유한 가치로부터의 감상적인 후퇴에 있다고 말할 수 있다. 그들은 완고한 보수주의자가 전통을 너무나 엄격하게 존중함으로써 잘못을 범하는 것과 마찬가지로 극단적인 자유에서 잘못을 범한다."(한기언, 1984 : 156-157)고 하였다. 또 "만일 진보주의자가 방법에만 너무 몰두한다면, 전통주의자가 교과에만 너무 몰두한다고 비난받는 것과 마찬가지"라고 하면서 "나는 감히 방법과 지식의 교과 양쪽의 주요한 가치를 통합하고 보유할 교육계획을 제의하고자 한다."(한기언, 1984 : 157)라고 주장하였다. 브리드의 언급에서 짐작할 수 있듯이, 그들을 하나로 묶어 주는 공통된 요소가 있다면, 그것은 오랫동안 계승되어 온 전통적 문화가 매우 중요하며, 교육을 통해 그것을 차세대에 전수해야 한다는 신념 정도라고 할 수 있다.

본질주의의 이런 성격은 기본적으로 단일하고 독립적인 철학적 기반을 갖고 있지 않다는 데서 기인한다. 대체로 보아 본질주의의 철학적 배경에는 관념론과 실재론이 절충적으로 혼합되어 있다. 그렇기 때문에 본질주의의 존재론적, 인식론적, 가치론적 사고방식에는 관념론과 실재론의 견해가 혼재되어 있다.

먼저, 존재론적 측면을 보면 본질주의자들은 실재의 존재를 인정한다. 즉, 세계는 질서와 원리를 갖는 어떤 본질적 실재에 의해 규율되고 있다고 생각한다. 그러나 그것이 관념적인 것인가 물질적인 것인가에 관련해서는 의견의 일치를 보지 못한다. 관념론적 경향이 강한 본질주의자는 관념이나 정신에서 세계의 본질을 찾고자 하지만, 실재론적 성향이 강한 경우에는 객관적 자연법칙에서 찾고자 한다. 그들이 공통적으로 인정하는 바는 세계가 무질서한 방식으로 존재하는 것이 아니라 질서 있게 그리고 법칙적으로 존재한다는 사실이다. 또한, 그들은 세계가 변화된다는 점을 인정하면서도, 그 변화는 일정한 법칙과 원리에 따라 전개된다고 이해한다.

다음으로 지식에 대한 본질주의자들의 견해에도 서로 다른 여러 입장이 혼재되어 있다. 본질주의자들은 객관적 인식이 가능하며, 그러므로 보편적 지식 역시 성립될 수 있다고 믿는다. 그리고 객관적 인식의 결과와 보편적 지식은 대개의 경우 인류가 경험하고 축적해 온 문화적 전통과 지혜 속에 담겨 있다고 본다. 이를테면, 읽기, 쓰기, 셈하기 등과 같은 기초적 지식, 역사, 철학, 문학 등의 인문과학, 수학, 물리학, 생물학 등의 자연과학, 음악, 미술 등의 예술 그리고 많은 사람이 공통으로 소유하고 있는 상식 등이 그것이다. 따라서 그들에게 다양한 문화유산 중에서 정수에 해당할 만한 것을 잘 선별하고 조직해서 미성숙한 세대에 전달하는 일이 중요하다.

마지막으로 본질주의자들은 보편적 도덕성을 대체로 인정한다. 그것이 관념론에서 말하는 보편적 정신의 모방이든 실재론에서 말하는 객관적 법칙에 기초한 것이든, 오랜 문화적 전통 속에서 확인되고 검증된 행위양식이라면 도덕적인 것이라고 인정한다. 따라서 그들에게 특정한 개인에게만 해당되거나 특정한 상황에서 일시적으로만 인정될 수 있는 신념이나 행위는 도덕적 가치를 갖지 못한다. 어떤 신념이나 행위가 도덕적이기 위해서는 오랜 문화적 전통 가운데 항구적이고 본질적인 가치를 가진 요소에 부합되어야 한다. 또 개인의 일시적인 감정에 의존하거나 무질서하고 번잡한 미적 행위나 작품도 예술로서 가치를 갖지 못한다. 예술 활동이 예술로서의 가치를 갖기 위해서는 사물이나 현상에 내재되어 있는 본질적 특성을 드러내 줄 수 있어야 한다.

2) 본질주의의 역사

본질주의의 기본적인 문제의식은 멀게는 고대 그리스시대의 플라톤, 아리스토텔레스로까지, 가깝게는 근대의 라이프니츠, 칸트, 헤겔 등의 합리론자들과 로크, 버클리, 흄 등의 경험론자들로 거슬러 올라갈 수 있다. 그러나 20세기 미국에 나타난 이 본질주의는 고대 그리스시대로부터 일관된 흐름으로 이어져 온 것이라기보다 진보주의에 대한 보수주의자들의 반작용으로 나타난 것이라고 보아야 한다.

본질주의가 세력을 형성하고 하나의 교육운동으로 시작된 것은 1930년대 초기이다. 컬럼비아대학교 교수인 배글리(W. C. Bagley)를 비롯하여 브릭스(T. Briggs), 브리드, 칸델(I. L. Kandel) 등이 주도하였으며, 혼(H. H. Horne) 등의 지지를 받기도 하였다. 본질주의 운동이 본격화된 것은 1935년 배글리가 중심이 되어 '미국 교육 향상을 위한 본질파위원회'가 조직되고, 3년 뒤 '미국 교육 향상을 위한 본질파 강령'이 제정되어 『교육행정과 장학』지에 발표되면서부터였다. 특히, 배글리는 진보주의 교육이 객관적 · 전통적 문화를 경시하고 지나치게 아동의 자유와 개인적 욕구만을 존중하는 방임수의를 취함으로써 사회에서 요구하는 기초학력을 갖추노독 하는 데 많은 결함을 드러냈으며, 그 결과 미국인의 타락을 초래했다고 비판하였다(김재만, 1994:373-374). 이어 학교에서 모든 지적 훈련의 기초가 되는 읽기, 쓰기, 셈하기를 철저히 훈련하고 아동의 사회 적응을 위해 역사, 지리, 문법, 위생, 과학, 예술, 국어 등을 교육과정에 포함시키고, 외국어, 수학, 문학, 자연과학 등과 같은 전통적 과목을 교수해야 한다고 역설하였다.

한편, 브릭맨(W. Brickman)은 자신이 주관하는 교육잡지 『학교와 사회』에 본질주의자들의 글을 지속적으로 게재함으로써 본질주의를 널리 확산시키고자 하였다. 또 1940년대 중반 하버드대학교의 울리히(R. Ulich) 교수를 중심으로 20여 명의 학자가 공동으로 『자유 사회에서의 일반교육』이라는 저서를 출간하여 대학교육에서 교양교육의 위치 및 중요성과 내용 그리고 자유인이 지녀야 할 문화적 소양과 문화적 유산의 중요성 등을 역설하였다. 이처럼 초기에는 산발적이고 부분적이던 진보주의에 대한 비판이 '미국 교육 향상을 위한 본질파위원회'의 결성과 '미국 교육 향상을 위한 본질파 강령' 제정 이후에 조직적 · 체계적으로 이루어지게 되었다. 이를 계기로 교과내용의 학문적 체계화, 교육내용 중 본질적인 것과 비본질적인 것의 분류, 교사의 권위 회복 등을 위한 강력한 교육개혁운동이 전개되었다.

그러나 진보주의에 대항하여 본질주의 운동을 열정적으로 주도하던 배글리가

1946년에 타계하고, 진보주의가 본질주의 및 항존주의의 비판과 자기 진영 내부의 반성적 성찰을 통해 점차 자신의 입장을 수정함에 따라 본질주의 운동은 점차 퇴조기로 접어들기 시작하였다. 그러다가 1950년대에 들어 본질주의는 제2의 부흥기를 맞게 되었다. 스미스(M. Smith)와 베스터(A. Bester)가 중심이 되어 본질주의 진영의 전열을 재정비하여 '기초교육위원회'를 결성하고 기초교육의 중요성을 강조하는 운동을 다시 전개했던 것이다. 그들은 모든 학생에게 예외 없이 3R's, 국어, 수학, 과학, 역사 등의 기초교과를 가르쳐야 한다고 역설하였다. 때마침 소비에트연방의 스푸트니크 인공위성 사건이 발생하자 충격과 혼란에 빠진 미국 교육계가 아동의 자유나 사회적응보다 기초학력의 신장과 강한 학문적 훈련을 강조하는 본질주의자들의 주장에 귀를 기울이게 되었다. 그 결과 1950년대 말부터 1960년대 초에 본질주의에 기초한 다양한 교육과정 개혁안이 입안·추진되었다. 그 후 본질주의는 1960년대에 지식의 구조, 나선형 교육과정, 학문중심 교육과정, 발견학습, 탐구학습 등으로 특징화되는 신본질주의로 변형되었다.

3) 본질주의의 교육원리

본질주의가 진보주의에 대한 반발로 등장하기는 했지만 교육에 대한 견해가 하나로 통일되어 있지는 않다. 앞에서도 말했듯이 그 철학적 기반도 서로 다를 뿐만 아니라 본질주의 진영에 참여한 사람들도 교육계에 한정되어 있지 않다. 그럼에도 본질주의 진영에 속한 사람들은 기본적으로 인류의 문화유산 중에 본질적 가치를 지닌 핵심적인 문화가 있으며, 그것은 인류의 보존을 위해 다음 세대에 반드시 계승되어야 하고, 교육이 해야 할 가장 중요한 역할은 바로 그 핵심적 문화를 다음 세대에 전수하는 것이라고 본다는 점에서 공통적이다.

본질주의자들의 이런 견해는 배글리가 작성한 다음 강령에서 충분히 엿볼 수 있다.

> 효율적인 민주주의를 위해서는 문화를 공유해야 한다. 교육적으로 볼 때 이는 각 세대에게 인류의 유산 중 가장 귀중하고 근본적인 요소들을 지니고 있는 사상, 의의, 이해

> 및 이상의 공통된 정수를 소유하게 하는 것이다. 기록하고 계산하며 측정하는 기술이 체계적인 교육의 우선적인 관심사가 되어 왔다는 것은 결코 우연한 일이 아니다. 이런 기술들은 기본적인 사회적 기능이다. 모든 문명사회는 이런 기술들 위에 구축되었고 이런 기술들이 사라지면 문명 역시 필연적으로 붕괴되었다. 이집트, 소아시아 및 메소포타미아 등의 문명이 폐허가 되어 버린 것은 읽고 쓰는 법을 망각했기 때문이다. 현대는 역사상 최초로 읽고 쓰는 법을 여러 요소 중에서 가능한 한 최고의 가치를 가진 것으로 인정함으로써 문명을 지속적으로 유지하기 위해 노력해 왔다.
>
> 이 세계에 대한 지식들 중에서 직접적인 경험을 초월한 지식이 보편교육의 기본 내용으로 공적으로 포함되고, 인류의 과거에 대한 지식, 특히 자국 역사에 대한 최소한의 지식이 일찍이 일반 학교의 프로그램에 포함되어 있다는 사실은 결코 우연한 일이 아니다. 공간적 한계를 확대하고 시간적 조망을 연장함으로써, 협소성과 근접성으로 인해 발생하는 오류로부터 시민을 보호하는 것은 기본 업무이다. … 우리나라와 같이 사람들의 이동이 매우 잦아 불안정한 나라에서는 교과과정, 특히 주요 교과는 중요도를 결정하거나 학급을 배정할 때 일관성이 유지되어야 한다. 오늘날 지역주의는 미국의 교육이 가진 주요한 특징이다. 그러나 미국 교육이 꼭 지역주의에 기초해야 하는 정당한 이유는 없다. 미국의 초등학교가 다른 민주국가에서처럼 기본 교과목을 통해 확고한 기초를 정립해서 안 될 타당한 이유가 없다(Bagley, 1938 : 241-256).

본질주의자들이 주장하고 강조하는 내용들 중에서 핵심적인 것은 문화적 유산의 보존과 전달, 교재의 논리적 조직, 지휘자로서의 교사 위치, 흥미에 대한 노력의 우선성, 지적 훈련의 필요성, 아동 개인 중심에서 사회 중심으로의 전환 등을 들 수 있다(오천석, 1984 : 162-174). 이하에서 넬러의 견해를 중심으로 본질주의의 근간을 이루고 있는 교육원리를 살펴보기로 한다(Kneller, 1971 ; 안상원 외 역, 1992 : 89-92 ; 김정환 · 강선보, 1998 : 183-185 ; 박의수 외, 2004 : 351-353 ; 김귀성 · 노상우, 2001 : 35-36).

▶ 본질주의의 교육원리

첫째, 학습은 그 본질상 고되거나 하고 싶지 않은 노력을 수반하므로 강한 훈련이 중요하다. 진보주의자들이 학습의 과정에서 아동의 흥미를 강조하는 대신 본질주의자들은 노력의 개념을 중시한다. 물론 본질주의자들도 아동이 어떤 교과에 대해 흥미를 갖고 있을 경우 노력을 이끌어 내는 데 도움이 될 것이라는 점에 동의한다. 그러나 그들은 보다 수준이 높고 지속적으로 유지되는 흥미는 처음부터 생기는 것이 아니라 노력과 훈련의 결과로 생겨나는 것이라고 생각한다. 예를 들어, 처음에는 외국어에 대한 흥미가 없었지만 열심히 노력한 결과 외국어를 자유자재로 구사하는 능력을 획득하게 될 경우 그에 대한 더 큰 흥미가 생긴다. 따라서 처음의 무관심과 싫증을 노력과 훈련을 통해 극복하는 것이 교육적으로 바람직하다.

둘째, 교육의 주도권은 아동이 아닌 교사가 가져야 한다. 본질주의자들에 따르면, 교사의 역할은 성인 세계와 아동 세계를 중재하는 것이다. 미성숙한 존재인 아동은 한 인간으로서 잠재능력을 충분히 발휘하려면 성인의 지도와 통제가 필요하다. 그렇기 때문에 아동은 전문적 능력을 갖춘 교사의 지도와 통제를 받아야 한다. 다시 말해 아동의 흥미나 목표는 논리적 조직에 대해 숙달되어 있고 아동의 교육적 성장 발달과정에 대해 잘 이해하고 있는 교사의 기술에 의해 조절되어야 한다. 본질주의에서 교사는 교과에 대한 지식을 해박하게 소유하고 있고 그것을 가르치는 전문적인 방법을 터득하고 있는 존재이다. 또한, 학생의 심리적 상태와 발달단계에 대한 심리학적 식견과 교육자적 소양을 지니고 있는 존재이다. 그렇기 때문에 본질주의자들은 교사의 권위를 존중해야 하며 모든 교육의 과정은 전문가로서의 교사의 지도와 통제하에 이루어져야 한다고 믿는다.

셋째, 교육의 과정에서 중요한 것은 교과를 철저하게 이수하여 자기 것으로 소화하는 일이다. 본질주의자들은 교육은 개인이 자신의 잠재가능성을 최대한 실현할 수 있도록 해야 한다는 데 동의한다. 하지만 그것은 개개인의 주관적 경험을 넘어선 객관적 · 법칙적 세계 속에서의 자아실현이다. 교과내용은 논리적 조직에 따라 아동에게 제공해야 하며, 아동은 그것을 자의적으로 해석해서는 안 된다. 본질주의자들은 개인의 경험보다는 민족이나 집단의 경험과 같은 사회적 문화유산을 더 중시한다. 사회적 문화유산은 오랜 역사 속에서 수많은 사람이 경험하고 축적해 온 지혜이다. 이런 지혜는 검증되지 않는 아동의 개인적 경험보다 훨씬 확실하고 가치 있는 것이다.

넷째, 학교는 정신의 도야를 위해 전통적인 학문적 훈련방식을 중시해야 한다. 본질주의자들은 진보주의의 문제해결학습법이 여러 장점이 있다고 인정하면서도 그것이 모든 학습과정에 보편적으로 적용될 수 있다고 보지는 않는다. 어떤 지식은 너무 추상적이어서 현실적인 문제해결학습으로는 접근하기 어려운 경우도 있다. 또 본질주의자들은 진보주의의 활동학습원리가 상황 혹은 아동에 따라 적절하지 못할 수도 있다고 본다. 예를 들어, 인디언의 생활방식을 이해하기 위해 인디언의 오두막집을 직접 지어 보면 도움이 되기는 하겠지만, 그런 활동이 인디언 생활방식의 본질을 이해하기 위한 필요 충분한 학습방법은 아니다. 아동의 심리적 · 지적 수준에 맞추어야 하지만 더 중요한 것은 본질적 개념을 배우는 것이다.

다섯째, 학교는 무엇보다도 기본적인 지식을 가르치는 데 전념해야 한다. 본질주의자들에 따르면 교육은 아동들이 사회 구성원으로서의 역할을 수행할 수 있도록 준비시키기 위해 그들에게 기본적인 기능과 교과를 가르치는 일이다. 이를 위해 학교는 교육적으로 본질적인 것과 비본질적인 것을 구분하고 본질적인 것만을 가르쳐야 한다. 예를 들어, 탭댄스나 뜨개질 등은 교육적으로 본질적인 것이 아니다. 그렇기 때문에 학교가 그런 것들을 반드시 가르쳐야 할 의무는 없다. 학교는 학생들에게 핵심이 될 만한 근본적이고 본질적인 것을 가르쳐야 한다. 즉, 학교의 역할은 전통적인 훈련방식을 통해 학생들에게 문화적 · 역사적 유산을 잘 정선하여 전수해 주는 일이다. 학교는 문화적으로 미성숙한 학생들에게 정통한 문화유산의 안내자가 되어야 한다.

요컨대, 본질주의는 문화적 유산의 보존과 전달, 학습과정에서의 엄격한 지적 훈련, 교육에서 교사의 권위와 주도권, 교육내용에 대한 충실한 이수, 학교의 본질적 역할 등을 강조하고 있다.

이상의 교육원리에 기초하여 교육목적, 교육내용, 교육방법 등에 대한 본질주의의 견해를 다시 정리하면 다음과 같다.

▶ 본질주의의 교육목적

첫째, 본질주의의 교육목적은 한마디로 핵심적 · 본질적인 문화유산을 다음 세대에게 전수 · 계승시키는 것이다. 그 과정을 통해 아동들은 생활에 요구되는 기본적인 수단을 갖추게 되고 그들이 살고 있는 세계와 사회를 이해할 수 있는 지적 능력을 함양할 수 있으며, 결과적으로 장차 살아가게 될 장래의 삶에 잘 대비할 수 있을 것이라고 보기 때문이다.

▶ 본질주의의 교육내용

둘째, 본질주의자들이 중시하는 교육내용은 당연히 본질적 문화유산이다. 그들은 인류사회의 보존은 물론 아동이 현재의 생활에 잘 적응하고 미래를 원활하게 대비하도록 하기 위해 교육과정은 정선된 문화유산으로 편성되어야 한다고 주장한다. 칸델의 말처럼 "교육과정은 반드시 아동이 사회적 유산을 이해하고 그가 살고 있는 세계를 알게 하며 장래를 위해 준비할 수 있게 하는 지식과 견문을 포함해야 한다"(Kandel, 1939:99). 따라서 교육과정은 기본적으로 3R's와 인문, 사회, 자연과학, 그리고 실제 생활에 관련된 기본 상식 등으로 구성되어야 한다. 여기에 아동의 생활 적응을 위해 직업과 관련된 내용이 포함될 수도 있다. 특히, 교육과정은 진보주의자들이 주장하는 것처럼 심리적 원리에 따라 조직될 것이 아니라 엄격한 학문적 체계에 따라 논리적으로 조직되어야 한다.

본질주의의 교육방법 ◀

셋째, 교육방법적 측면에서 본질주의는 이해보다는 습득을, 우연에 맡기기보다는 교사의 지도를, 아동의 자유보다는 훈련을, 흥미보다는 노력을, 표현보다는 억제를 강조(장찬익 · 노진호 · 이주한, 2005:332)한다. 본질주의자들은 학습과정에서 아동의 흥미나 관심의 중요성을 부인하지는 않지만 노력이 흥미에 선행되어야 한다고 본다. 그들은 학습을 아동의 우연한 흥미나 관심에 내맡겨 둘 일이 아니라 전문가인 교사가 주도면밀하게 지도해야 한다고 본다. 또 아동이 살아갈 세계는 단순히 흥미로운 놀이의 장이 아니기 때문에, 외부로부터 강제된 엄격한 지적 훈련이 필요하다고 생각한다. 경우에 따라 견디기 어려운 고통이 따르더라도 장래의 삶을 대비를 위해 고된 훈련을 통해 인내력과 자제력을 길러야 한다는 것이다.

이상에서 살펴본 본질주의자들의 교육에 대한 견해와 실천은 교육실제에서 교육(학)자들이 진보주의의 근본적인 한계를 정확하게 인식하게 하고 그것을 극복하도록 노력하게 하는 데 적지 않게 기여했다고 할 수 있다. 포스트모더니즘이 지배하고 있다고 하는 오늘날에조차 교육의 보이지 않는 저변에 그 어떤 사조 이상으로 넓고 깊게 자리 잡고 있는 것이 바로 이 본질주의의 관점이다.

그럼에도 본질주의는 몇 가지 점에서 비판받을 수 있다(오천석, 1984:175-176).

본질주의의 한계 ◀

첫째, 본질주의는 그것이 내포하고 있는 보수성에서 비판받을 만하다. 과거로부터 내려온 문화유산을 찬양하다 보면 사람들에게 이미 지난 버린 과거를 동경하게 만들기 십상이다. 본질주의자는 문화유산 중 본질적인 것을 유지 · 보존해야 한다고 주장하지만 전통적인 것과 본질적인 것을 구분하는 일이 그렇게 용이한 것이 아니다. 그래서 결과적으로 모든 전통적 풍습과 습성을 훌륭한 것으로 여기게 하기 쉽다. 전통이라고 해서 다 가치 있는 것도 아니요, 과거에 가치 있던 것이 급변하고 있는 현대에도 가치가 있다고 단정할 수 없다. 따라서 전통 중에서 무엇이 오래 보전하고 유지해야 할 본질인지를 구분하는 기준이 문제가 된다.

둘째, 본질주의의 보수성은 필연적으로 지적 진보성, 지적 창의성을 저해하는 결과를 가져오기 쉽다. 동양에서는 전통을 존중하고 숭상하는 문화가 있다. 그 결과 동양은 서양에 비해 문화가 발전되지 못하였다. 모든 예지가 이미 선인들에 의해 밝혀졌으므로 굳이 새것을 찾을 필요가 없으며, 그냥 전통을 숭상하고 따르면 그만이기 때문이다. 이런 풍토 속에서 발전을 기대하기 어렵다.

03 항존주의

1) 항존주의의 개념과 철학적 기반

▶ 항존주의의 정의

항존주의(perennialism)는 영원불변하며 절대적인 진리가 존재한다고 믿고 그 진리를 인식할 수 있는 이성과 인간만이 지닐 수 있는 도덕성을 계발하는 것이 교육의 본래적 사명이라고 주장하며 1930년대 미국에 나타난 교육운동사조이다.

항존주의자들은 현대문명과 현대인들은 혼란과 무질서 그리고 불안 속에서 뚜렷한 목표도 없이 좌충우돌하며 방황하고 있다고 진단한다. 교육도 물질주의, 세속주의, 과학숭배주의, 반지성주의, 회의주의에 빠져 동요하고 있다고 비판한다. 그들은 현대문명과 교육이 이런 심각한 위기상황에 처하게 된 근본 원인은 지적 · 도덕적 확실성의 부재에 있다고 지적한다. 즉, 우리가 확고부동한 지침으로 삼아 일상의 사고와 행위를 일관성 있게 규율할 절대적 지주가 없다는 것이다. 그러므로 현대문명과 교육이 이런 위기 상황으로부터 벗어날 수 있는 유일한 길은 일시적이고 세속적인 가치에 대한 집착에서 벗어나 영구적이고 보편적이며 근본적인 원리와 진리를 추구하는 길밖에 없다고 주장한다. 이는 고대 및 중세의 영혼과 정신과 지성을 회복해야 한다는 의미이다.

진보주의에 대해 비판적 입장을 견지하고 있다는 점에서 항존주의는 본질주의와 같은 편에 있다. 그러나 본질주의가 진보주의의 교육이론과 실제를 비판하면서도 부분적으로는 수용적 태도를 취하고 있다면, 항존주의는 그것을 전면적으로, 근본적으로 부정한다는 점에서 양자는 엄연한 차이가 있다. 따라서 진보주의와 본질주의는 어느 정도 화해의 여지가 있지만 진보주의와 항존주의는 모든 면에서 완전히 대립적인 입장에 있다. 진보주의가 모든 존재는 변화되는 것이라고 본다면, 항존주의는 영원불변하는 실재가 있다고 본다. 진보주의가 진리를 상대적인 것이라고 믿는다면, 항존주의는 절대적인 것이라고 믿는다. 진보주의가 가시적인 현실계를 중시한다면, 항존주의는 비가시적인 본질계를 중시한다.

항존주의자들의 입장에서 보면 프래그머티즘이나 진보주의는 현대문명과 교육을 위기에 빠뜨린 주범이다. 프래그머티즘과 진보주의는 변화를 실재라고 보고 지식을 오류 가능한 하나의 가설이요 도구에 지나지 않는다고 보며 가치의 절대성을 부인한다. 그렇기 때문에 항존주의자들의 눈에 프래그머티스트와 진보주의자는 영구적 가치 대신 전혀 신뢰할 수 없는 일시적 가치를 추구하고, 근본적 본질 대신에 피상적이고 무질서한 현상에 관심을 가지며, 고매한 정신보다는 천박한 세속적 물질에 집착하는 것으로 보이는 것이 당연하다. 따라서 현대문명과 교육의 결함에 대한 항존주의자들의 비판과 그 결함을 극복하려는 실제적 노력은 곧바로 프래그머티스트 및 진보주의자들에 대한 공격으로 이어졌다. 그 결과 항존주의는 프래그머티스트나 진보주의자와 모든 면에서 그리고 시종일관 극단적 대립각을 이루며 전개되었다.

항존주의의 철학적 기반 ◀

항존주의는 그 철학적 기반을 주로 실재론에 두면서 부분적으로 관념론적 견해를 수용한다. 먼저 존재론적 특징을 살펴보면, 항존주의는 세계에 영원불변하는 실재가 틀림없이 존재한다고 확신한다. 항존주의의 어원은 항존성 혹은 영원성을 의미하는 라틴어 'per'에 있다. 이에서도 알 수 있듯이 항존주의는 눈에 보이는 현상은 비록 변화된다고 하더라도 그 본성 혹은 본질은 불변한다는 믿음에 기반하고 있다. 그들에 따르면 진리란 시간과 공간에 따라 변하는 상대적 · 일시적인 것이 아니라 그것을 완전히 초월한 절대적 · 보편적인 것이다. 따라서 우리가 궁극적으로 신뢰할 수 있는 것은 시시각각 변화되는 잡다하고 산만한 현상이 아니라 영원불변한 본질이요 진리이다.

항존주의자들은 그 연장선에서 인간의 본성 역시 불변하며 절대적이라고 믿는다. 고대의 인간과 현대의 인간은 본성적으로 동일한 존재이며, 서양인이든 동양인이든 본질적으로 동일한 존재이다. 항존주의자들은 인간의 본성을 이성 혹은 지성에서 찾는다. 그들은 이성이야말로 인간을 인간되게끔 하는 본질적 요소이며 다른 동식물과 인간을 근원적으로 구분해 주는 준거라고 본다. 따라서 이성적 존재로서의 인간의 본질이 불변하고 절대적인 것이므로 인간 고유의 활동인 교육의 기본원리 역시 시대와 장소를 초월하여 완전히 동일한 것이어야 한다고 주장한다.

인식론적 측면에서 항존주의자들은 지식의 참된 대상은 실재라고 본다. 그들에 따르면 인간은 근본적으로 이성적 존재이기 때문에 본질 세계인 실재를 정확하게 인식할 수 있다. 또한, 실재는 불변하고 고정적인 것이기 때문에 그것을 인식한 결과인 지식은 시공을 초월하며 보편적이다. 과거에 진리라고 인정된 지식은 오늘날에도 진리이며, 어느 한 지역에서 참된 것으로 수용되는 지식은 다른 지역에서도 참일 수밖에 없다.

그런데 항존주의에서는 실재에 대한 지식은 위대한 선인들에 의해 이미 발견되었으며 그들의 저서 속에 고스란히 담겨 있다고 믿는다. 그러므로 우리는 참된 지식을 발견하기 위해 굳이 별도의 노력을 기울일 필요가 없다. 왜냐하면, 선인들이 진리를 체계적으로 조직해 놓은 고전을 열심히 학습하면 되기 때문이다. 따라서 항존주의자들은 교육에서 고전에 대한 철저한 독서와 학습을 강조한다.

마지막으로 가치론적 견해를 살펴보면 보편적 실재의 존재를 믿는 항존주의자들은 당연히 보편적 도덕률을 지지하고 강조한다. 그들은 만물 중에서 오직 인간만이 도덕적일 수 있다고 믿는다. 그런데 모든 인간의 본성은 동일하므로 인간의 고유한 행위양식인 도덕성 역시 시공을 초월하여 동일하다고 본다.

2) 항존주의의 역사

항존주의의 등장에 직접적인 계기를 제공한 것은 진보주의이지만, 그 뿌리는 고대의 플라톤과 아리스토텔레스 철학, 그리고 중세의 스콜라철학에 있다. 플라톤과 아리스토텔레스의 관심은 절대적인 진리의 추구에 있었다. 플라톤은 불변의 관념세계인 이데아를 우리가 궁극적으로 의존할 수 있는 확고부동한 제1원리라고 보았으며, 아리스토텔레스 역시 모든 존재 서열에서 최상위에 위치한 순수형상이야말로 모든 실재의 근원이라고 생각하였다. 스콜라철학을 대표하는 토마스 아퀴나스는 부동의 동자이며 최초의 원인이요 궁극적 존재이며, 완전무결한 절대자임과 동시에 최초의 계획자인 신을 상정하고 진리의 근원으로 삼았다.

이런 철학적 전통을 계승하여 진보주의에 정면으로 도전한 사람이 허친스이다. 진보주의가 전성기에 달해 있을 무렵 시카고대학교 총장이 된 그는 당시 교육의 반지성적이며 세속주의적인 경향을 신랄하게 비판하면서 자신이 재직하는 대학의 교육과정을 대대적으로 개편하여 지성교육을 강화하고자 하였다. 이를 위해 신토마스주의자이자 항존주의의 이론적 지도자인 컬럼비아대학교 철학교수 아들러(M. J. Adler)를 초빙하여 그와 함께 항존주의 교육의 이론적 체계를 수립하고, 소위 '위대한 저서(The Great Books)'를 선정하여 체계적인 고전교육을 실시하였다. 허친스와 아들러의 노력에 동조한 사람으로 바아(S. Barr), 밴 도렌(M. Van Doren), 부카난(S. Buchnan), 네프(J. U. Nef) 등이 있다. 이들을 속칭 항존주의 세속파라고 한다.

한편, 위에서 언급한 항존주의자들의 주장과 노력은 현대문명의 과학주의적 · 물질주의적 경향에 반감을 갖고 있던 가톨릭 진영의 교육자들로부터 열렬한 지지를 얻었다. 이 가톨릭파에 속한 대표적 인물로는 마리탱(J. Maritain), 커닝햄(W. F. Cunningham), 맥쿠켄(W. J. McGucken) 등이 있다. 특히, 마리탱은 『기로에 선 교육』에서 현대교육이 목적을 무시하고 철학적 인간관을 무시한 채 과학적 인간관에만 매몰되어 있으며, 행동주의, 사회중심주의, 주지주의, 주의주의, 교육만능주의 등의 오류를 범하고 있다고 비판하였다. 나아가 그는 교육이 준수해야 할 규범 네 가지를 제시하였다. 제1규범은 아동의 기본적 성격을 배양할 때 진 · 선 · 미에 대한 감각을 갖추게 하는 일, 제2규범은 인간의 내면화를 심화하는 일, 제3규범은 교육의 전 과정을 인격화하는 일, 제4규범은 이성, 지성을 도야함으로써 인간을 자유롭게 하는 일이다(김정환 · 강선보, 1998 : 197).

가톨릭 진영의 항존주의자들도 현대문명을 비판하고 물질주의를 배격하며 영원한 진리, 절대적인 원리를 추구한다는 점에서 세속파와 다름이 없다. 그러나 세속파가 주로 철학에 근거를 두고 있음에 반해서 가톨릭파는 종교적 색채를 농후하게 띠고 있다는 점에서 차이가 있다. 즉, 가톨릭파는 인생의 목적을 절대자인 신에게 귀의하는 데 두고 교회는 이를 실현하는 도구가 되어야 한다고 주장하고 있다. 그러나 항존주의자들에게 공통적인 점은 영원히 불변하는 실재가 있다고 믿는 점이다(장찬익 · 노진호 · 이주한, 2005 : 336).

3) 항존주의의 교육원리

항존주의의 모든 세부적인 주장과 원리들은 세계가 아무리 변화된다고 하더라도 불변의 실재가 틀림없이 존재한다는 기본적인 가정 위에 기초해 있다. 항존주의자들은 불안정성과 불확실성이 증가하고 있는 세계에서 확고 불변하는 교육목표와 안정성 있는 교육활동보다 더 유익한 것이 없다고 본다. 이런 견해를 기초로 하는 항존주의의 교육적 원리는 다음 여섯 가지로 요약할 수 있다(Kneller, 1971 ; 안상원 외 역, 1992 : 70-75 ; 김정환 · 강선보, 1998 : 200-203 ; 박의수 외, 2004 : 358-360 ; 김귀성 · 노상우, 2001 : 39-41).

▶ 항존주의의 교육원리

첫째, 환경의 차이에도 불구하고 인간의 본성은 어디에서나 동일하다. 따라서 교육은 모든 사람에게 동일해야 한다. 허친스에 따르면, "시민 또는 국민의 기능은 각각의 사회에 따라 다를 수 있다. 그러나 인간으로서의 기능은 어떤 연령과 어떤 사회에서도 동일하다. 왜냐하면, 인간의 기능은 인간으로서의 인간의 본성에서 유래하기 때문이다. 교육의 목적은 모든 연령층과 모든 사회에서 동일하다. 교육의 목적은 인간으로서의 인간을 육성하는 것이다."(Kneller, 1971 ; 안상원 외 역, 1992 : 71). 아들러 역시 허친스의 견해와 마찬가지로 다음과 같이 주장하고 있다.

> 교육목적은 모든 사람에게 동일한 것(즉 언제 어디서나, 어떤 사회에서나, 어떤 생활 조건에서나)이어야 한다. 이 명제는 교육의 목적이 절대적 · 보편적이어야 한다는 명제와 동일한 의미이다. … 교육이 언제 어디서나 (모든 사람에게) 동일한 것을 목표로 한다는 것은 동일한 목적을 가진다는 말과 같다. '절대적 · 보편적'이라는 말은 '모든 사람에게 동일한 것'이라는 말과 동일한 뜻이다(Adler, 1942 : 238).

둘째, 이성은 인간의 본성이므로 이성의 계발에 관심을 기울여야 한다. 인간에게 이성은 가장 고귀한 특질이다. 따라서 인간은 이성을 잘 정선된 목적에 따라 활용함으로써 충동과 욕망을 통제할 수 있어야 한다. 교사는 학생을 무질서한 환경에 방치하거나 적절하지 못한 심리학적 훈련에 내맡겨서는 안 된다. 엄격한 지적 훈련을 통해 학생의 이성을 계발하고 그 이성을 통해 본능과 환경을 통제할 수 있도록 교육해야 한다. 이와 관련하여 가톨릭 진영에 속해 있던 마리탱은 미국 청소년들에게 다음과 같이 호소하고 있다.

> 빵에 굶주려 있을 뿐만 아니라 진리의 해방에 굶주려 있는 세계는 그대들을 필요로 한다. 그대들이 땅이나 하늘이나 바다에서 벌어진 전쟁에서 용감하게 싸운 것과 같이 지성과 이성의 전장에서도 용감하게 싸우기를 기대한다. 그대들의 지성과 이성이 쟁취해야 할 것은 … 이성적 통찰력으로 파악할 수 있는 세계이다. 그 세계는 … 곧 실재의 세계이다. 그것은 지성의 힘으로 인식할 수 있는 고귀한 진리의 실재 세계이다. 그것을 얻고 나면 그대들은 어떻게 인간의 행동이 … 진실한 이상에 조화 · 침투될 수 있는지를 증명할 수 있고, 자유를 위해 생명을 바치는 것이 가능할 뿐만 아니라 정당하기도 한 이유를 분명히 설명할 수 있을 것이다(Maritain, 1943 : 117; 오천석, 1984 : 184-185).

셋째, 교육의 사명은 영원불변하는 진리를 탐구하고 그에 대한 지식을 깨우치게 하는 일이다. 허친스에 따르면 교육은 교수를 포함하며 교수는 지식을 포함한다. 그리고 지식은 곧 진리이며 진리는 어느 곳에서나 동일하다. 따라서 교육은 어느 시대에나 동일해야 한다. 이렇게 볼 때 교육은 아동을 현실 세계가 아닌 진리의 세계에 적응시키도록 노력해야 한다. 진리에 대한 적응이야말로 모든 학습의 궁극적 목적이다.

넷째, 교육은 생활의 모방이 아니라 생활을 위한 준비이다. 학교는 실제적 사회생활과 동일한 곳일 수도 없고 그렇게 되어서도 안 된다. 학교는 사회생활 그 자체가 아니라 특정한 목적을 위해 마련된 인위적 환경이다. 그 특정한 목적이란 다름 아니라 아동들이 인류 문화유산 중 탁월한 것이 어떤 것인지를 배우고 그 가치를 이해하며 그에 정통해지는 것이다. 말하자면, 학교는 가장 이상적인 삶을 배우고 그것을 준비해 나가는 곳이다. 그러나 사회 현실은 온갖 부조리와 모순으로 가득 차 있다. 그곳은 배울만한 것도 있지만 배워서는 안 될 것도 허다하다. 따라서 학교가 그런 사회 현실을 그대로 옮겨 놓을 경우 교육은 그 본래적 기능을 올바로 수행할 수 없다. 학교는 옥석이 구분되지 않는 사회 현실을 모방할 것이 아니라 가장 이상적이고 정련된 환경을 제공함으로써 아동들이 최선의 삶을 준비할 수 있도록 해야 한다.

다섯째, 학교는 기본교과를 철저히 이수하게 해야 한다. 특정 상황이나 시대, 혹은 특정 사람이나 연령층에게만 중요하게 여겨지거나 관심의 대상이 되는 것은 가르쳐서도 배워서도 안 된다. 한마디로 기본교과에 의한 교양교육과 일반교육이 교육의 핵심이 되어야 한다. 기본교과란 세계의 항존성, 영원불변성, 진리를 인식하게 해 주는 교과인데, 여기에는 국어, 어학, 역사, 수학, 자연과학, 철학, 예술 그리고 3R's 등이 포함된다.

마찬가지로 학교는 지성의 개발을 위한 것이 아닌 이상 직업교육이나 산업교육을 해서는 안 된다. 직업교육이나 산업교육은 해당 분야 종사자에게 맡겨야 한다. 또한, 학교는 사회개혁이나 민주주의 발전에 직접 관여해서도 안 된다. 사회개혁이나 민주주의의 발전은 사람들이 거기에 직접 참여한다고 이루어지는 것이 아니라 좋은 교육을 잘 받았을 때 결과적으로 이루어지는 것이기 때문이다.

여섯째, 학생들은 위대한 고전들을 독서해야 한다. 위대한 저서에는 문학, 철학, 역사, 과학과 같은 오랜 세월에 걸쳐 축적된 인류의 위대한 포부와 업적이 담겨 있다. 말하자면, 고대로부터 현대에 이르는 대저서는 새로운 세대를 밝혀 주고 지도해 줄 지식과 지혜 그리고 문화적 전통의 보고(寶庫)인 셈이다. 학생들은 전통을 공부함으로써 자신의 주관적이고 임의적인 흥미나 현실의 일시적 유행보다 더 중요하고 가치 있는 진리를 발견할 수 있다. 대저서를 읽는 것은 고전연구 자체의 목적 때문도 아니고 과거에 대한 고고학적 관심이나 언어적 흥미 때문도 아니다. 대저서는 그것이 출판된 시대에서와 똑같이 현대에서도 생생한 가치를 갖고 있다. 그것이 취급하는 문제나 제시하는 이념은 동서고금을 막론하고 영속적이다. 따라서 학생은 위대한 고전을 필독해야 하며, 그 속에서 인류의 지혜와 진리를 발견해야 한다.

항존주의의 교육목적 ◀

이상의 교육원리에 기초하여 항존주의의 교육목적, 교육내용, 교육방법을 다시 간단히 정리하면 다음과 같다. 먼저, 항존주의자들은 교육목적은 시공을 초월하여 동일해야 한다고 본다. 왜냐하면, 인간성 자체가 동일하고 보편적인 것이라고 믿기 때문이다. 시대적 상황과 관계없이 교육이 추구해야 할 유일한 목적은 당연히 인간다운 인간의 육성에 있다. 그런데 인간은 다른 동물과 달리 진리를 인식할 수 있고 그 진리를 추구하며 살아갈 수 있는 이성적 존재이므로 교육은 이성과 지성의 계발을 그 사명으로 삼아야 한다.

항존주의의 교육내용 ◀

진리를 추구하는 인간의 육성과 이성 및 지성의 계발이 교육의 목적이기 때문에 항존주의에서 교육의 내용은 당연히 지적 훈련을 위한 것이어야 한다. 지적 훈련을 위해 학교는 실재와 진리를 인식할 수 있는 지식을 중심으로 교과를 조직해야 하며, 학생들에게 그 교과를 철저히 이수하도록 해야 한다. 기본교과는 진영에 따라 이성의 도야 및 기본적인 지적 기능과 관련된 과목이나 종교적 교과목으로 이루어진다. 또 교양교육 혹은 일반교육이 강조되는데, 이는 주로 인문학, 사회과학 및 자연과학 영역의 고전, 즉 소위 대저서로 구성된다. 고전 속에 선인들이 발견한 진리와 지혜, 이상적 삶의 전형이 담겨 있다고 믿기 때문이다. 역으로 항존주의자들은 직업이나 실생활과 관련된 것들은 교육내용으로 철저히 배격한다.

항존주의의 교육방법 ◀

마지막으로 교육방법과 관련하여 항존주의자들은 엄격한 도야와 훈련을 강조한다. 학생의 흥미나 관심 또는 개인적 욕구 등은 교육방법상 중요한 고려사항이 아니다. 학생은 진리의 발견과 내면화, 이성의 도야를 위해 인내하고 극기해야 하며 모범인, 자유교양인, 인격자 혹은 신앙인인 교사를 모방해야 한다.

이상에서 살펴본 항존주의의 교육적 주장들은 한창 전성기를 구가하던 진보주의를 무비판적으로 추종하던 많은 교육자에게 일대 경종을 울리기에 충분하였다. 특히, 허친스와 아들러의 '위대한 저서 읽기 운동'은 그 영향력이 지대하였다. 그들은 시카고대학교 및 대영백과사전과 공동으로 '그레이트 북스(Great Books) 재단'을 만들고 이 재단을 통해 '서양 위대한 저서'를 발간하였다. 허친스는 '위대한 저서' 선집을 만들기 위해 편집자문위원회를 구성하여 ① 널리 계속적으로 읽혀지는 베스트셀러, ② 현학적이지 않은 일반적인 저서, ③ 언제나 현대적인(contemporary) 저서, ④ 가장 읽기 쉬운 책, ⑤ 가장 교훈적이며 계몽적인 책, ⑥ 해결되지 않은 인생문제를 다루는 책 등과 같은 기준을 바탕으로 오랜 토론을 거쳐 위대한 저서들을 선정하였다. 여기에는 호메로스, 소포클레스, 아리스토파네스, 헤로도토스, 플라톤, 아리스토텔레스, 니코마코스, 아우렐리우스, 플루타르크, 코페르니쿠스, 케플러, 아우구스티누스, 아퀴나스, 단테, 초서, 마키아벨리, 홉스, 라블레, 몽테뉴, 셰익스피어, 갈릴레오, 베이컨, 데카르트, 스피노자, 밀턴, 파스칼, 뉴턴, 로크, 버클리, 흄, 몽테스키외, 루소, 칸트, 헤겔, 괴테, 다윈, 마르크스, 톨스토이, 도스토옙스키, 제임스, 프로이트 등 서양의 사상과 문화를 대표하는 위대한 인물 74인의 저서가 망라되어 있으며, 미국의 독립선언서와 같은 공문서도 일부 포함되어 있다(신득렬, 2002:430-441). 허친스와 아들러는 고등학교 3년과 대학 6년 총 9년에 걸쳐 매주 1권씩 책을 읽고 토론하는 프로그램을 진행하였으며, 당시 언론과 학계에 큰 반향을 불러일으켰다. 비교적 전통이 짧은 시카고대학교가 일시에 명문의 반열에 올라서게 되고 세계에서 가장 많은 노벨상 수상자를 배출한 대학으로 발전하게 된 것은 아마도 이 위대한 저서 읽기 프로그램의 영향이라고 보아도 틀리지 않을 것이다. 또한, 요즘 한국의 각 대학 및 고등학교가 유행처럼 교양도서를 선정하여 학생들에게 읽히고자 하는 현상 또한 이들 항존주의자들의 영향과 무관하지 않아 보인다.

▶ 항존주의의 한계

그러나 항존주의가 교육실제에 중요하고도 의미 있는 영향을 미치긴 했지만 비판받을 여지도 적지 않다.

첫째, 엘리트주의와 비민주성이다. 항존주의는 다른 어떤 사조보다 지성 혹은 이성적 능력을 강조한다. 항존주의자들은 모든 인간에게 그런 능력이 잠재되어 있다고 보지만 현실적으로는 학생마다 지적 능력의 차이가 있게 마련이다. 따라서 지나치게 지적 훈련만을 강조하게 될 경우 자칫 소수의 엘리트를 위한 귀족교육이 될 수 있다. 이는 곧 항존주의의 여러 교육적 견해가 비민주적이라는 의미이기도 하다. 민주주의는 각 인간의 개성을 존중하고 다양한 가치를 인정한다. 그러나 지적 가치만을 중시하는 항존주의 교육에서 천부적 능력을 지닌 소수의 지적 엘리트 외에 다수의 학생은 그들의 교육적 권리를 박탈당한 채 낙오자로 전락하게 될 것이다.

둘째, 지적 훈련을 강조하는 항존주의는 전인교육에 위배된다. 인간은 지적 측면만 소유하고 있는 것이 아니라 정서적 · 도덕적 · 신체적 측면을 두루 소유하고 있는 전인적 존재이다. 따라서 어느 한쪽만 계발하게 될 경우 균형 잡힌 정상적인 생활을 영위하기 어렵게 된다. 이런 입장에서 볼 때 지적 측면만을 중시하는 항존주의는 필연적으로 정서적 · 신체적 측면을 경시하게 될 것이며, 그 결과 아동의 전인적 성장을 가로막게 될 것이다. 그나마도 항존주의는 인문교양만을 강조하기 때문에 현대인의 삶에서 필요불가결한 사회과학이나 자연과학 등에 대한 지식과 실생활에 요구되는 생산기술을 습득하는 데 전혀 도움을 주지 못한다.

셋째, 항존주의는 모든 현실적 변화를 무시하고 복고주의를 지향한다. 그들에게 있어 변화는 악이고 거짓이며, 고정불변하는 것만이 선이고 참이다. 따라서 세계의 모든 교육은 동서고금을 막론하고 동일해야 한다고 본다. 그러나 고대와 현대의 삶이 다르듯이 고대의 교육과 현대의 교육은 서로 다를 수밖에 없다. 고대의 교육이 그 나름의 가치가 있듯이 현대의 교육도 그 못지않게 의미가 있다. 이는 공간상의 문제에서도 마찬가지이다. 모든 가치 판단의 준거를 고전 속에서만 찾고 고정불변의 진리만을 강요하는 항존주의는 비판적이고 과학적이고 융통성 있는 사고를 지닌 현대인을 육성하는 데 실패할 가능성이 크다.

04 재건주의

1) 재건주의의 개념과 철학적 기반

재건주의의 정의 ◀

진보주의의 역사를 설명하면서 이미 언급했듯이, 미국사회는 1929년 경제대공황이라는 사회적 위기에 봉착하게 되자 교육의 대사회적 역할에 대해 진지하게 반성하기 시작하였다. 이 과정에서 사회적 위기 상황에서 교육을 통한 사회질서 수립의 필요성에 대해 폭넓은 공감대가 형성되었다. 당시 미국 교육계를 지배하고 있던 진보주의는 아동의 개인적 자유를 보장하는 데는 성공했으나, 지나친 아동방임주의로 인해 오히려 사회적 발전을 저해했다고 비판받았다. 본질주의와 항존주의가 중심이 되어 이루어진 다양한 비판에 따라 진보주의는 자신의 입장을 검토, 수정하고 새로운 방향을 설정할 수밖에 없었다. 그 새로운 방향이란 바로 교육의 사회개혁성을 제고하는 것이었다. 말하자면, 중대한 위기 상황에 처해 있는 사회를 보다 바람직한 방향으로 개혁할 필요가 있는데, 교육이 사회개혁의 과정에서 선도적 역할을 수행해야 한다는 것이다. 1930~1950년대에 걸쳐 이런 문제의식에 기초하여 등장한 것이 바로 재건주의(reconstructionism)이다.

듀이는 일찍이 『나의 교육신조』에서 교육이 사회진보와 개혁의 중요하고도 근본적인 방법이라고 표명하였다. 그에 따르면, "교육은 사회적 의식을 공유하는 과정을 조정하는 일이다. 이 사회적 의식을 기초로 하여 개인의 활동을 조절하는 것이야말로 유일하게 확실한 사회재건의 방법이다."(Dewey, 1897 : 93). 즉, 교육은 사회의 진보와 개혁에 기여해야 하는데, 그것은 개인의 활동을 조절함으로써 가능하다는 것이다. 이렇게 볼 때 듀이의 견해에서 아동중심성과 사회개혁성이라는 두 축이 교육 속에 하나로 완전히 통섭되어 있음을 알 수 있다. 그리고 이 양자의 통섭적 관계에 대한 그의 견해는 실험학교 운영이나 『학교와 사회』, 『민주주의와 교육』 등에서도 그대로 유지되었다.

그런데, 아동중심 교육은 그의 사상과 이론을 실천하고자 했던 진보주의 교육을 통해 나름대로 성공을 거두었다고 할 수 있다. 그러나 진보주의가 아동중심주의에 지나치게 경도됨으로써 교육의 사회개혁성이라는 또 다른 축을 상대적으로 소홀히 하게 되었다. 그 결과 진보주의는 사회의 진보와 개혁에 크게 기여하지 못하고 경제공황을 계기로 그 근본적인 한계를 드러내고 말았다. 그리하여 경제공황의 여파와 더불어 불어 닥친 진보주의에 대한 대대적인 비판에 대한 반향으로 일군의 듀이주의자들이 그의 사상을 사회개혁성의 차원에서 적극적으로 해석 · 적용하고자 했던 것이 이 재건주의 운동이다. 지역사회학교 혹은 공동체학교(community school) 운동이 재건주의 운동의 중심을 이루게 된 것도 이런 이유에서이다. 요컨대, 재건주의는 교육이 위기에 처한 사회를 재건하고 민주적인 이상사회를 건설하는 데 전위적 역할을 수행해야 한다고 보는 20세기 중반의 교육사조라고 정의할 수 있다.

재건주의의 철학적 기반 ◀

재건주의는 철학적으로 다양한 기반을 갖고 있다. 재건주의의 태생 자체가 진보주의와 본질주의 그리고 항존주의가 서로 각축을 벌이는 과정에 있었기 때문이다. 그리하여 재건주의는 진보주의와 그 철학적 기반인 프래그머티즘에 기초하면서도, 본질주의와 항존주의 그리고 그 각각이 토대로 하고 있는 관념론, 실재론을 모두 절충적으로 수용한다.

먼저, 존재론적 측면을 보면, 재건주의는 프래그머티즘과 진보주의적 사고방식을 대체로 수용한다. 즉, 고정불변하는 실재나 절대 진리의 존재를 인정하지 않는다. 세계와 인간 사회는 지속적으로 변화되며 역사는 진보한다고 믿는다. 그들이 관심 갖는 것은 형이상학적 차원의 실재 세계가 아니라 현존하는 사회집단과 문화이다. 그들은 실제 사회집단과 문화가 어떻게 구성되어 있고 앞으로 어떻게 변화되어 갈 것인지를 과학적으로 예측하고자 하며 그 변화를 효율적으로 통제하는 데 더 큰 관심이 있다. 그렇지만 현재의 사회가 지향해야 할 이상적인 사회 상태를 사전에 상정하고 있다는 점에서, 그리고 보다 확고한 목표 설정이 필요하다고 주장한다는 점에서 관념론 혹은 실재론적 사고방식도 재건주의에 스며들어 있다고 할 수 있다.

다음으로 지식의 문제와 관련된 재건주의의 견해 역시 매우 절충적이다. 재건주의자들은 지식의 본질적 대상인 실재가 별도로 존재하지 않는다고 보기 때문에 그 실재에 얼마나 정합적인가를 지식의 진위 여부를 판단하는 기준으로 삼지 않는다. 오히려 사회개혁이나 문화재건에 얼마나 도움이 되는가를 지식의 가치를 판단하는 기준으로 삼는다. 그리하여 이상사회 건설에 필요한 것이라면 철학적 입장이나 영역과 무관하게 적극 수용하고 소화하고자 한다. 그 과정에서 지식들 간의 논리적 정합성은 별로 문제가 되지 않는다.

마지막으로 가치에 관련된 재건주의자들의 견해를 보면, 행위의 도덕성 여부를 판단하는 최고의 준거는 사회적 자아실현이다. 사회적 자아실현이란 각 개인이 그가 속해 있는 사회 속에서 타인과의 협동적 관계를 통해 자신의 능력을 최대로 실현한 상태를 의미한다. 그리고 그 협동은 참여, 의사소통, 토론, 합의 등의 방식으로 이루어진다. 따라서 재건주의에서 한 개인의 행위가 갖는 도덕적 가치 여부는 그가 속한 공동체 속에서 타인과의 협동적 관계를 통해 서로의 능력을 얼마나 발휘하는가에 달려 있다고 할 수 있다.

2) 재건주의의 역사

재건주의 운동이 시작된 것은 1930년대이다. 경제공황을 통해 새로운 사회질서의 필요성을 절감하고, 카운츠(G. S. Counts)와 러그(H. Rugg) 등을 중심으로 하는 소위 '전위적 사상가(Frontier Thinkers)'들은 교육이 새로운 사회질서 구현에 앞장서야 한다고 주장하였다. 카운츠는 『학교는 새로운 사회질서를 건설하는가?』에서 교사들에게 기존의 제도를 거부하고 새로운 사회조직 건설에 동참할 것을 호소하였으며, 마이클존(A. Meicklejohn)도 『두 세계 사이의 교육』에서 교육의 최고 목적은 새로운 사회질서 구현에 있다고 역설하였다. 그리고 벅슨(I. B. Berkson)은 1940년에 『교육철학입문』에서 '사회재건주의'라는 용어를 처음 사용하였다.

재건주의가 하나의 교육이론으로 체계화되고 여러 교육프로그램에 구체적으로 반영되기 시작한 것은 1950년대에 이르러 브라멜드(T. Brameld)에 의해서이다. 그는 1950년에 『교육철학의 유형』, 1955년에 『문화적 관점에서 본 교육철학』, 1956년에 『재건된 교육철학의 지향』, 1957년에 『교육의 문화적 기초에 관한 간학문적 접근』 등을 연속 출간하고, 재건주의 교육철학에 기초한 새로운 교육적 전망을 제시하고자 하였다. 그는 특히 『재건된 교육철학의 지향』에서 진보주의, 본질주의, 항존주의 모두 새로운 사회를 건설할 능력이 없다고 비판하였다. 왜냐하면, 진보주의는 아동의 현재 생활에만 집착하는 자유주의이며, 본질주의는 과거에나 적합할 법한 전통적 태도와 습성을 반복하려는 보수주의이며, 항존주의는 수천 년 전의 유산과 정신을 부활시키려는 복고주의이기 때문이라는 것이다. 그리하여 여러 사상의 장점들을 두루 수용하고 있는 재건주의만이 이상적인 새로운 사회를 건설할 수 있다고 주장하였다.

브라멜드는 현대 인류는 심각한 위기에 직면하고 있다고 진단하였다. 그에 따르면, "금세기 후반기는 유사 이래 인류가 직면하는 가장 냉혹한 시기이다. 인간은 드디어 자기 자신을 파괴할 수 있는 힘을 갖게 되었다. 가능하기만 하다면, 우리는 과학 천재가 낳은 이 가공할 만한 결과를 미리 방지하지 않으면 안 된다. 우리에게는 시간적 여유조차 없다."(Brameld, 1956 : vii). 브라멜드가 말하는 현대 인류가 처한 위기는, 예를 들어 ① 생활, 건강, 교육 수준의 불균형, ② 인구의 폭발적 증가와 기아, ③ 대지, 수질, 식품, 공기의 오염, ④ 국가 간의 적대감과 증오심, ⑤ 인종 간의 긴장과 파괴행위, ⑥ 전체주의적 정치체제, ⑦ 도덕성의 붕괴와 매춘화, ⑧ 과학의 폭발적 발달(김정환 · 강선보, 1998 : 214) 등이다. 재건주의자들은 이런 현대문명의 위기를 극복하고 새로운 이상적 미래사회를 건설해야 한다고 주장한다.

나아가 브라멜드는 재건주의가 추구하는 이상적 미래사회는 바로 민주주의 사회라고 보았는데, 민주주의 정신에 입각하여 장차 세워질 사회질서는 다음과 같은 내용을 포함해야 한다(오천석, 1984 : 198).

① 불안정하고 불공정한 요소로 타락되어 있는 경제 대신에 풍요로운 경제
② 필요악인 대신에 건설적 · 통합적 수단으로서의 국가
③ 실험의 자유가 보장되는 가운데 대중의 강력한 지지를 받고 대중의 복지를 책임지는 과학
④ 자유의 풍토 안에서 자신을 재설계하고 경신하는 데 종사하는 문화의 창조적 표현이 되는 예술
⑤ 여론기관을 포함하여 모든 집단의 생활을 향상시키고 건설하는 일에 헌신하는 탁아소로부터 성인교육기관에까지 이르는 조직된 교육
⑥ 인종, 종교, 국적, 성별, 연령, 경제적 지위를 초월하여 인류 장래의 경제적 · 정치적 · 과학적 · 심미적 · 교육적 분야에 관련되는 모든 권리와 의무를 공평하게 분배하고 분담하는 인간

그에 따르면, 바로 이런 이상사회를 건설하기 위해 무엇보다 학교 스스로가 민주적으로 재건되고 재조직되어야 하며, 특히 교사들이 전위부대로서의 역할을 수행

해야 한다. 교사들은 인문학을 포함한 사회과학 및 자연과학 등의 지식은 물론 논리적 설득력을 구비해야 하며, 민주주의적 소양과 사상으로 의식화되어야 하고, 새로운 사회건설에 대한 열망으로 무장되어야 한다. 브라멜드는 당시 4년간의 교사교육 기간으로는 충분한 자질을 갖춘 교사를 양성하기 어렵다고 보고, 그 기간을 7년으로 연장하여 교양교육 2년, 전공교육 4년, 교육실습 1년으로 해야 한다고 주장하였다. 교양교육기간에는 과학, 예술, 언어, 사회 네 영역의 교양교과를 이수해야 하며, 전공교육기간에는 교직과목을 포함하여 인류학, 정신분석학, 교육심리학 등 인간의 문제를 다루는 여러 행동과학을 이수해야 한다. 교육실습 기간에는 실습을 통해 구체적인 교육방법을 익혀야 한다. 브라멜드가 교사교육을 이렇게 치밀하게 기획한 것은 새로운 사회 건설에서 교사의 역할이 그만큼 핵심적이라고 판단했기 때문이다.

3) 재건주의의 교육원리

앞에서 살펴본 것처럼, 재건주의는 경제공황 및 제2차 세계대전 등 인류 사회가 총체적 위기에 직면한 20세기 중반에 진보주의, 본질주의, 항존주의 등 다양한 사조의 장점을 절충적으로 수용하며 등장한 사조이다. 여러 사조가 혼합되어 있기 때문에 논리적 체계가 부족하기는 하지만 교육 혹은 학교가 인류 사회의 민주적 개혁에서 핵심적인 역할을 수행해야 한다는 문제의식에서만큼은 다른 어느 사조보다 뛰어났다.

이하에서는 넬러의 견해를 기초로 재건주의의 교육적 원리에 대해 살펴보기로 한다(Kneller, 1971; 안상원 외 역, 1992:94-98; 김정환 · 강선보, 1998:215-219; 박의수 외, 2004:365-367; 조무남 · 피정만 · 김기수, 1999:361-362).

▶ 재건주의의 교육원리

첫째, 교육은 새로운 사회질서를 창조해야 한다. 그런데 새로운 사회질서는 문화의 기본적 가치를 실현시키는 동시에 현대 세계의 저변을 관통하는 사회 · 경제적 세력과 조화를 이루는 것이어야 한다. 현대 인류는 위기와 자기 파멸의 가능성에 직면해 있다. 따라서 교육은 인간의 정신을 전면적으로 변화시킴으로써 거대한 과학

기술의 힘을 인류의 파멸이 아닌 창조를 위해 사용할 수 있게 해야 한다. 사회는 반드시 변화 · 개혁되어야 하는데, 그것은 단순히 정치적 활동을 통해서 이루어지지 않는다. 보다 근본적인 변화는 교육이 사회 구성원들에게 새로운 삶의 전망을 제시해 줌으로써 이루어질 수 있다.

둘째, 새로운 이상적인 사회는 참다운 민주주의 사회가 되어야 한다. 그리고 민주적인 사회를 실현하는 방법 역시 민주적이어야 한다. 새로운 사회에서는 여러 사회적 제도나 자원을 시민들 스스로 통제하고 지배해야 한다. 또한, 공공의 이해에 영향을 주는 것은 모두 시민이 선출한 대표가 관할해야 한다. 새로운 사회질서의 구조, 목적, 정책 등을 결정하고 실천할 때는 대중의 지지와 동의를 얻어야 한다. 진정한 혁명은 소수 정치가들에 의해서가 아니라 시민들의 마음속에서 일어난다. 왜냐하면, 시민들의 의식에서 일어난 변화는 정치가들에 의해 생긴 변화보다 더 근본적이고 지속적이기 때문이다.

또한, 한 국가가 민주적인 상태로 변화된다고 해서 거기에서 그쳐서는 안 된다. 각 국가의 민주주의는 더 나아가 모든 국가가 참여하는 세계정부 형태의 국제적 민주주의를 지향해야 한다. 그래야 비로소 인류사회가 이상적인 민주주의 사회가 될 수 있다.

셋째, 아동과 학교 또는 교육은 사회적 · 문화적 조건에 의해 지대한 영향을 받는다. 진보주의는 개인의 자유는 강조했지만 정작 그 개인에게 사회가 지대한 영향을 미친다는 사실을 간과하였다. 한마디로 개인에 대한 사회적 영향력을 과소평가하였다. 사실 문명생활을 보면 거의 모든 인간이 사회집단을 이루고 있다. 그만큼 사회집단이 인간의 생활에 큰 영향을 미친다는 뜻이다. 따라서 각 개인의 고립된 자아실현은 불가능하다. 오직 사회 속에서 타인과의 관계를 통해서만 자아실현이 가능하다. 즉, 자아실현은 곧 사회적 자아실현인 것이다. 개인은 사회적 자아실현을 통해서 자신의 내면에 있는 사회적 측면을 발현시킬 수 있으며, 여러 사회적 활동에 참여하는 방법도 배우게 된다. 그러므로 교육은 사회적 자아실현을 중시해야 한다. 사회적 자아실현은 교육의 지표이자 목적이다. 이 목적의 실현을 조장하지 않는 학교는 사실 보잘것없는 기관에 불과하다.

넷째, 우리가 살고 있는 사회를 재건하여 이상적인 인류사회를 건설하도록 사람들을 설득해야 한다. 이 설득은 무엇보다 학교에서 먼저 이루어져야 한다. 사회 재건의 타당성과 절박성을 강조하여 학생들을 설득하는 일이야말로 교사가 담당해야 할 임무이다. 그러나 그 방법은 민주적 절차와 과정을 충실히 준수하며 이루어져야 하지 강제나 억지로 이루어져서는 안 된다. 말하자면, 학생들이 교사의 견해에 대해 찬성 혹은 반대할 수 있는 근거를 충분히 검토할 수 있도록 배려해야 한다. 또한, 교사는 학생들에게 찬성과 반대 양쪽의 방안을 공평하고 균형 있게 제시해야 하며, 학생들이 자신의 주장을 충분히 개진하고 옹호할 수 있도록 해야 한다. 인간은 누구나 자기 나름의 믿음과 견해를 갖고 있다. 그러므로 그 믿음과 견해를 공적으로 표현하고 옹호할 수 있게 해 주어야 하며, 나아가 다수에 의해 수용될 수 있는 기회를 제공해야 한다.

다섯째, 교육의 목적이나 수단은 현재의 문화적 위기가 필요로 하는 바를 충족할 수 있도록, 그리고 행동과학의 연구결과와 합치되도록 전면적으로 개혁되지 않으면 안 된다. 행동과학은 사람들이 확고하게 신뢰할 수 있는 가치들을 발견하도록 도와주었다. 행동과학은 역사상 처음으로 인간이 어떤 감상주의나 낭만주의, 신비주의 혹은 독단적 이성에 의거하지 않고 여러 문화가 가진 공통적이고 보편적인 가치에 대한 객관적 이해와 지식에 의거해서 교육목적을 설정할 수 있는 가능성을 보여주었다. 난해하고 복잡한 분야에서는 아직 연구가 미진하긴 하다. 그러나 각 문화에 공통적으로 들어 있는 보편적 가치를 객관적으로 기술해 내고, 사람들 대부분이 그 보편적 가치를 선호한다는 사실을 증명해 내기에는 충분할 만큼 행동과학의 연구가 발전되었다. 따라서 여러 행동과학의 연구결과들을 적극적으로 활용해서 현재의 문화적 위기를 헤쳐 나갈 수 있도록 교육목적이나 수단을 철저히 재조정해야 한다.

여섯째, 교육과정의 구성, 구체적인 교과내용과 과목, 교수방법, 행정조직, 교사양성제도 등에 대한 기존의 견해를 전반적으로 재검토해야 한다. 이 모든 것은 인간성에 대해 과학적 · 합리적으로 검토하여 도출한 통합적 원리에 따라 개선되어야 한다. 교과와 그 교과를 이루는 세부적인 내용을 분리하여 별도로 취급할 것이 아니라, 각 과목이 통일된 전체 속에서 통합적이고 유기적인 관련을 맺도록 조직해야 한다.

이상에서 살펴본 내용을 바탕으로 재건주의의 교육목적, 교육내용, 교육방법을 정리하면 다음과 같다.

재건주의의 교육목적

먼저 재건주의의 교육목적은 한마디로 이상적인 인류사회 건설에 있다. 이상적인 인류사회는 곧 민주주의 사회이며, 민주주의는 구성원들 간의 의사소통을 통해 사회적 합의가 이루어지고 사회 전체 구성원의 행복이 보장되는 사회이다. 또한, 민주주의 사회는 개인의 사회적 자아실현을 통해 이루어진다. 따라서 사회적 자아실현은 교육의 중요한 지표이며 목적이다.

재건주의의 교육내용

다음으로 재건주의에서 교육내용은 사회적 자아실현에 기여하는 정도에 따라 선정된다. 브라멜드는 이 기준에 의해 선택된 교재의 영역을 ① 문화적 현실, ② 문화적 재건을 위한 제언들, ③ 목적 달성을 위한 방법, ④ 목적 추구를 위한 여러 관심사 등 네 가지로 들고 있다(장찬익 · 노진호 · 이주한, 2005 : 342). 여기에는 정치, 경제, 과학, 예술 등 직 · 간접적 경험이 두루 포함된다. 중요한 것은 교육과정이 문화적 재건이라는 기본 문제를 중심으로 통합되어야 한다는 점이다.

재건주의의 교육방법

마지막으로 재건주의자들은 사회적 자아실현을 위해 다양한 학습방법이 동원될 수 있다고 본다. 이를테면, 자기 자신의 직접적인 경험을 통하거나 다른 사람의 간접적인 경험(예를 들면 역사, 과학 및 예술 등)을 통한 학습, 교실이나 지역사회에서의 언어 또는 문자에 의한 자유스럽고 정확한 대화를 통한 학습, 소수의 이견을 허용하는 과정에서 공개적인 다수의 합의에 도달하는 학습, 행동을 통한 학습, 집단 활동을 통한 학습(오천석, 1984 : 199-200) 등 매우 다양한 방식이 가능하다. 또 개인의 흥미와 관심이 존중되며 필요할 경우 전통적 방식인 주입식 교육이 허용되기도 한다.

이상에서 살펴본 재건주의는 인류가 처한 위기 상황을 냉철히 비판하고 미래를 면밀히 전망해 보는 일이 매우 중요하고도 긴박하다는 사실을 보여 주었다. 또한, 교육을 통해 이상적인 민주주의 사회를 건설할 수 있다는 낙관적이고 고무적인 희망도 제시해 주었다. 그럼에도 불구하고 재건주의는 몇 가지 점에서 한계가 있다.

▶ 재건주의의 한계

첫째, 새로운 미래사회의 질서를 누가 수립할 것이며, 그 질서는 어떤 가치와 기준에 입각할 것인가에 관련된 문제이다. 재건주의자들은 다수의 합의를 통해 결정해야 한다고 주장하지만, 장차 지향해야 할 사회적 모습은 다수가 합의하기에는 너무 복잡하고 어려운 문제이다. 왜냐하면, 이 문제는 정치, 경제, 사회, 문화, 예술 등 우리의 삶에 관련된 모든 측면과 복잡하게 뒤얽혀 있기 때문이다. 또한, 각 개인과 집단, 사회, 국가 등 헤아릴 수 없을 만큼 많은 사람과 집단의 이해관계가 얽혀 있기 때문에 적절한 합의점을 찾아내기란 그리 쉬운 일이 아니다. 현실적인 역학 관계상 의사결정과정에 더 많은 영향력을 행사하는 사람과 집단이 있게 마련이며, 그에 따라 어느 편엔가 유리하면 다른 편에는 불리하게 된다. 따라서 재건주의자들의 낙관적 기대와는 달리 모두를 만족시키는 방안을 마련하기는 사실상 불가능하다.

둘째, 절충주의에서 오는 혼란과 무질서와 관련된 문제이다. 재건주의는 교육의 목적, 내용, 방법, 교사의 역할 등 모든 면에서 진보주의, 본질주의, 항존주의의 장점을 수용하고자 하였다. 그러나 교육이란 그렇게 장점만을 모아 놓는다고 해서 되는 일도 아니고 다양한 방법을 동원한다고 해서 효율적인 것도 아니다. 획일적이어서는 안 되겠지만, 그래도 정연한 논리와 체제가 뒷받침될 때 소기의 성과를 거둘 수 있는 것이 교육이다. 그럼에도 불구하고 재건주의는 서로 대립되고 모순되는 다양한 목적과 내용, 방법을 특별한 원칙도 없이 마치 '꿀꿀이죽'처럼 혼합해 놓는 오류를 범하고 있다. 그리하여 혼란과 무질서를 극복하기보다는 오히려 그것을 더 조장하는 결과를 초래할 수도 있다.

셋째, 재건주의의 지나친 낙관주의 역시 비판받을 만하다. 교육을 통해 인류 사회를 이상적인 민주사회로 재건할 수 있다는 믿음 자체는 소중하지만, 실제로 그것이 가능한가는 별도의 문제이다. 교육은 다양한 사회적 기능 중에 하나에 불과할 뿐이며, 그나마 정치, 경제, 문화 등 다른 여러 요인으로부터 자유롭지도 못하다. 더욱이 교육에는 재정적 · 인적 측면에서 많은 사회적 비용이 소요된다. 따라서 실현가능성에 대한 확고한 신념이 전제되지 않은 상태에서 사회나 국가가 막대한 사회적 비용을 부담할리 만무하다.

CHAPTER 04

현대의 교육철학

01 실존주의와 교육

1) 실존주의의 개념과 철학적 특징

▶ 실존주의의 정의

실존주의(existentialism)는 이성과 합리성을 중심으로 하는 합리주의와 실증주의 등에 반기를 들고 주체적 존재로서의 실존의 본질과 구조를 밝힘으로써 인간성을 회복하려는 현대철학의 한 조류이다. 일반적으로 실존주의는 분석철학과 함께 20세기 서양철학의 양대 조류로 평가받는다. 세부적으로 보면 여러 유파가 있지만, 이 진영에 속한 학자들은 공통적으로 체제와 법칙성, 물성(物性)을 강조하는 모든 철학과 사상을 거부한다.

19세기 후반에 세계를 법칙적으로 해석하려는 헤겔의 합리주의적 낙관주의가 서양문화 전반을 지배하고 있었다(Chambliss et al.), 1996:206). 이를테면, 실증주의, 마르크스주의, 진화론 등은 세계가 법칙과 질서에 의해 존재하기 때문에 그에 대한 객관적 · 과학적 설명과 통제가 가능하며 그 법칙과 질서를 발견하고 활용함으로써 무한한 진보와 발전을 이룰 수 있다는 낙관론에 기초하고 있다는 점에서 공통된다.

그러나 20세기에 들어 인류가 목도한 것은 진보와 발전 이면에 숨겨져 있는 비극적 야만성이었다. 합리주의적 · 실증주의적 사고방식은 과학기술과 산업의 발달을 가져왔지만, 다른 한편에서 제1 · 2차 세계대전, 경제공황, 노동착취 등과 같은 또 다른 참상을 야기하고 인간성을 말살시켰다. 그리하여 제1차 세계대전이 종료되면서 일군의 학자들은 종래의 낙관주의적 세계관에 대해 회의하고 인간을 체제, 구조, 법칙에 의거해서 이해하고 통제하려는 모든 시도에 대해 반성하기 시작하였다. 동시에 체제나 구조 혹은 전체 속에 함몰되어 버린 인간 개인의 주체성과 본래적 가치를 회복해야 한다고 주장하였다. 이런 생각을 가진 학자들의 사상을 일컬어 실존주의라고 한다.

실존의 개념◀

실존주의를 이해하기 위한 가장 핵심적인 개념은 '실존(existence)'이다. 실존이라는 용어는 매우 다양하게 사용되어 왔기 때문에 한마디로 정의하기는 쉽지 않다. 그러나 그중 가장 대표적인 용법은 본질에 대한 대비 개념으로서의 실존(존재)이다. 어떤 것의 본질이 그것이 갖고 있는 보편적이고 불변하는 본성을 의미한다면, 실존은 그것이 개별적으로 존재하는 것을 의미한다. 예를 들어, 소나무가 있다고 하자. 소나무의 본질은 소나무 일반이 보편적으로 소유하고 있는 불변의 본성이다. 이에 대비되는 것이 특정한 공간과 시간에 구체적으로 현존하는 개체로서의 소나무이다. 후자가 존재 혹은 실존이다. 근대철학이 중시했던 것은 불변하는 본성으로서의 본질이었다. 대신에 개별자로서의 실존 혹은 존재는 본질 속에서 소멸되어 버리고 만다. 이렇게 객관적 본질을 절대시하고 그것만을 추구하는 사고방식을 완성한 사람이 헤겔이다. 그에게 세계의 본질은 이성 혹은 정신이다.

그런데 헤겔주의가 한창 유럽 철학을 지배하고 있던 19세기에 그의 사고방식을 거부하며 개체로서의 실존에 특별한 의미와 가치를 부여하려고 하는 학자들이 나타났다. 특히, 그들은 실존이라는 말을 전적으로 인간의 존재양식을 나타내는 용어로 사용하기 시작하였다. 그들은 인간 일반의 보편적 본질보다 인간 개개인의 실존성을 더 강조하였다. 그들은 인간의 본질은 정신이며 이성이라고 보던 헤겔의 견해를 부정하고, 인간 개인의 실존은 타자(他者)로 대체될 수 없는 독자성과 고유성을 갖고 있다고 주장하였다. 헤겔의 객관적 정신을 배격하고 주체적 실존을 추구한 선구적 인물이 바로 키르케고르(S. A. Kierkegaard, 1813~1855)이다. 헤겔이 객관성, 외면성, 보편자, 영원한 필연성에서 진리를 구하고자 했다면, 키르케고르는 주체성, 내면성, 단독자, 시간적 우연성이 진리라고 주장하였다. 그에 의하면 인간은 합리적 체계 속에서 해소될 수 없는 구체적 · 개별적 단독자로서의 존재이다. 실존이란 그런 현실 존재 또는 참된 진실 존재로서의 참된 본래적 자기를 가리킨다(학원사, 1972:654).

키르케고르를 선구로 하는 이런 문제의식이 20세기 전반기의 특수한 시대상황에서 야스퍼스(K. T. Jaspers, 1883~1969), 하이데거(M. Heidegger, 1889~1976), 사르트르(J. P. Sartre, 1905~1980) 등으로 계승되면서 형성된 것이 바로 실존주의이다.

이 중에서 특히 사르트르가 제시하는 두 가지 핵심 명제는 실존의 개념을 이해하는 데 큰 도움이 된다. 하나는 '실존은 본질에 앞선다'는 명제이며, 다른 하나는 '실존은 주체성이다'는 명제이다. 먼저 '실존은 본질에 앞선다'는 명제의 의미는 다음과 같이 설명될 수 있다. 칼이나 종이와 같은 도구적 존재는 본질이 존재에 앞선다. 왜냐하면, 도구는 그 본질에 따라 그것을 만든 사람의 의도에 따라 제작되기 때문이다. 그러나 인간은 제작자의 의도에 따라 만들어지는 그런 도구와 다르다. 무엇에 의해서도 미리 규정되지 않은 채 여기에 실존하고 있으며, 여기에서도 나는 오직 나의 자각적 선택과 자유로운 결단에 의해서 나 자신을 스스로 만들어 나가는 존재이다. 이렇게 내가 나의 본질을 부여한다. 이처럼 인간의 경우 실존이 본질에 앞선다. 실존주의는 이렇게 본질보다 실존의 우위성을 강조하고 보편보다 개체를 중시하는 철학이다.

다음으로 '실존은 주체성이다'는 명제의 의미는 다음과 같이 설명될 수 있다. 물건은 단순히 존재하지만 실존은 행동한다. 실존은 자기 존재에 대해 묻고 자각하며 행동의 자유를 가지며 행동의 결과에 대해 스스로 책임진다. 왜냐하면, 자주적 결단을 통해 행동하고 언제나 선택을 통해 진정한 자기를 만들어가기 때문이다. 그러므로 실존은 자각, 자유, 선택, 책임의 주체이다. 이처럼 실존주의는 객관주의가 아니라 주체주의이며, 객관적 대상을 해석하고 조용히 관조하는 철학이 아니라 주체적 자각, 결단, 실천을 강조하는 행동의 철학이다.

▶ 실존주의의 철학의 특징

이상의 설명을 종합할 때 실존주의 철학의 두드러진 특징을 다음과 같이 정리할 수 있다(한국브리태니커회사 편, 1995:660).

첫째, 인간을 절대적이거나 무한한 실체의 현현(顯現)으로 보는 견해와 대립하며 의식, 정신, 이성, 이데아 등을 강조하는 합리주의적 관념론을 반대한다.

둘째, 인간을 주어진 완성된 실재로 보고 이 실재의 요소를 분석해야만 인간을 인식할 수 있다고 여기는 실증주의 철학과도 대립한다. 그래서 실존주의는 사실의 실재성을 강조하는 객관주의나 과학주의의 모든 형태에 반대한다.

셋째, 모든 형태의 결정주의, 운명론, 필연주의와 대립한다.

넷째, 유아론('나만이 존재한다.')이나 인식론적 관념론('인식대상은 정신적인 것이다.')과 대립한다. 왜냐하면, 실존은 다른 존재와의 관계 안에서 항상 자기 자신을 넘어서는 초월적 존재이기 때문이다.

2) 실존주의의 역사

인간은 모순적이며 비참하고 공허하며 불안한 존재라고 규정하고 신앙에의 귀의를 통해 그것을 극복해야 한다고 보았던 17세기의 파스칼(B. Pascal, 1623~1662)도 넓게 보면 실존주의적 문제의식을 갖고 있었다고 볼 수 있다. 그러나 현대적 의미의 실존주의 선구자는 덴마크 철학자 키르케고르이다. 그는 이미 어릴 때부터 심각한 종교적 번민과 갈등에 빠지기도 했고, 죄의식과 사랑 양 극단의 갈등에서 우울증을 얻어 약혼녀 레기네 올센(R. Olsen)과 스스로 파혼하기도 하였다. 또 한 때 칸트와 피히테의 관념철학을 헤겔로 전달해 준 셸링의 강의를 듣고 객관적 관념론에 심취하기도 했으나, 주체적 진리에 대한 갈증으로 오래 가지 못하였다. 그 후 그는 개인의 주체적 실존 문제에 대해 자신과 처절할 만큼 치열하게 싸우는 한편 헤겔을 비롯하여 철학을 체계적으로 정립하려는 모든 절대주의, 보편주의, 합리주의 진영과 좌충우돌하듯 격렬하게 논쟁하였다. 그러나 그 논쟁에 몰두한 나머지 건강을 해치고 1885년 길 위에서 쓰러져 삶을 마감하였다. 이처럼 그의 짧은 생애는 그 자체가 실존주의적이었다. "나에게 진리인 것, 내가 그것 때문에 살고 또 죽을 수 있는 진리, 그것이 주체적 진리이다."(학원사, 1972 : 655)라는 자신의 말처럼, 그는 평생을 바쳐 주체적 진리를 구했던 실존자였다. 개인의 주체적 실존에 대한 그의 확고한 신념과 사상은 당시에는 거의 주목받지 못했지만 20세기에 들어 실존주의 철학의 성립에 결정적 영향을 미쳤다.

키르케고르는 개인의 실존은 세 단계를 거쳐 이루어진다고 보았다. 그 첫째는 향락 속에서 자기를 찾는 미적 실존이며, 다음은 양심에 의해 자기를 지키는 윤리적 실존이다. 그리고 마지막은 신앙에 의해서 본래적 자기를 찾으려는 종교적 실존이다. 그는 궁극적으로 종교적 실존에서 실존의 이상을 찾았다. 이것은 불안과 절망에서 비약하여 신에게 절대적으로 귀의함으로써 얻어지는 실존이다. 즉, 신 앞의 단독자이다. 어느 것 하나 의지할 것 없는 광활한 암흑의 우주 공간에서 자신의 주체적 결단과 선택을 통해 신 앞에 홀로 서 있는 존재가 바로 키르케고르가 말하는 실존자이다.

실존주의의 성립에 초석을 놓은 또 다른 철학자는 니체(F. W. Nietzsche, 1844~1900)이다. 그는 "신은 죽었다."라고 당당히 선언하였다. 초월자인 신이 죽었으므로 우리는 이제 초월적 세계를 향하지 않아도 된다. 오히려 대지(大地), 즉 현실에 충실하고 생(生)에의 무한한 사랑과 의지를 가져야 한다. 초월적 가치들이 사라져버린 후에 현실의 가치를 적극적으로 인정하려는 의지를 가진 인간, 수천 년 내려온 기존의 낡은 가치와 질서를 과감하게 파괴함으로써 그 굴레로부터 벗어나 완전히 자유롭게 새로운 가치와 질서를 창조하는 인간, 스스로의 진리와 스스로의 가치와 스스로의 도덕을 창조하는 인간, 그리하여 진정 현실을 긍정하고 무한한 애정을 갖는 인간, 그가 바로 니체가 말하는 초인이다. 따라서 니체에게 실존은 인간 자신의 재발견이며 재창조이고 긍정이다.

키르케고르와 니체의 철학은 20세기 초반 야스퍼스의 실존사상 형성에 큰 영향을 미쳤다. 야스퍼스는 키르케고르와 니체는 물론 칸트, 후설(E. Husserl, 1859~1938) 등으로부터 폭넓게 사상적 자양분을 흡수하였다. 그는 20세기 서구사회의 기계문명, 대중적 사회, 정치상황, 실증주의적 과학 등의 한계를 진지하게 성찰하고, 제1차 세계대전 후의 사회가 불안, 죄, 절망, 공포, 허무, 죽음 등과 같은 실존적 위기상황에 처해 있다고 진단하였다. 그리고 그런 위기상황을 극복하기 위한 하나의 방안으로 철학적 자각과 반성의 이론적 체계인 실존주의를 제안하였다. 그에 따르면 철학한다는 것은 논리적 사유의 문제가 아니라 결단과 실천의 문제이다. 철학적 사색의 목적과 의미는 대상에 관한 인식에 있는 것이 아니라 존재의식과 사물에 대한 내적 태도의 변혁에 있다. 따라서 그에게 실존주의는 철학임과 동시에 윤리학이며 종교학이기도 하다.

후설의 사상을 이어받은 하이데거 역시 실존주의를 대표하는 인물이다. 사실 그는 자신의 철학은 현상학적 존재론이지 실존주의가 아니라고 주장하였다. 그럼에도 그를 실존사상가로 보는 것은 『존재와 시간』에서 그가 밝힌 현존재의 성격이 매우 실존주의적이기 때문이다. 그 책에서 그는 인간의 존재문제를 현상학적 · 실존주의적으로 분석하고 현존재를 시간의 지평에서 밝히려고 하였다. 거기에서 그는 불안, 무(無), 죽음, 양심, 결의, 퇴락(頹落) 등 실존에 관계되는 여러 양태를 매우 조직적 · 포괄적으로 드러내고 있다. 그는 키르케고르나 야스퍼스와 달리 신보다 인간의 양심의 소리에 응답함으로써 본래의 자기 모습을 되찾으려는 존재론적 실존을 주장하였다. 그에 따르면, 현대의 인간은 본래의 자기를 망각하고 퇴폐, 향락에 빠져 불안에 싸여 있다. 이때 들려오는 양심의 소리는 일상적 퇴폐 속으로 전락한 자기가 본래의 자기를 되찾으려는 외침이며 하소연이다. 따라서 그는 퇴폐, 향락의 상태로부터 벗어나 실존에 이르기 위해서는 이 양심의 소리에 응답, 호응함으로써 망각한 자신을 되찾아야 한다고 역설하였다.

사르트르는 20세기 실존주의를 가장 대표하는 사상가이다. 그는 실존주의를 유신론적 실존주의와 무신론적 실존주의로 구분하고, 키르케고르, 야스퍼스 등은 전자에, 니체, 하이데거, 사르트르 자신 등은 후자에 속한다고 보았다. 그는 무신론적 실존주의를 부르짖으며 철저한 휴머니즘적 실존주의를 주창하였다. 그에게 절대적 명제는 실존이 본질에 앞선다는 것이다. 인간은 자유로운 선택에 의한 행동이 가능한 주체적 존재이다. 이 주체적 존재는 불안과 고독과 절망 속에 놓여 있다 하더라도 그 속에서 결단적 선택을 감행함으로써 책임 있는 행동으로 스스로를 만들어 나가지 않으면 안 된다. 그런데 이때 선택하는 인간은 자기만 선택하는 존재가 아니라 타인의 선택까지 함께 하는 입법자이다(학원사, 1972:656). 따라서 사르트르에게 실존자는 자신 속에 고립된 단독자가 아니라 실존적 존재인 타자와 교통 · 교섭하며 더불어 공존하는 존재이다. 여기에서 개인 간의 관계 가능성이 열리게 된다. 이렇게 개인이 고립상태를 뛰어 넘어 타인과 공동의 관계를 형성할 수 있음을 강조했다는 점에서 사르트르의 실존주의를 휴머니즘이라고 한다.

한편, 실존주의는 제2차 세계대전 이후 문학, 문화, 예술, 교육 등의 다양한 영역으로 확대되어 나갔다. 특히, 산업화가 고도로 진행되면서 기계물질문명에 의한 인간소외와 인간상실이 심화되고 교육의 영역에서도 그런 현상이 심각해지게 되자, 1970년대에 실존주의는 교육학 및 교육실천에 매우 중요한 영향을 미치게 된다. 교육학에 영향을 미친 대표적인 실존주의자로 교육심리학 영역에서 매슬로(A. Maslow), 알포트(G. Allport), 로저스(C. Rogers), 교육철학 영역에서 부버(M. Buber), 볼노브(O. F. Bollnow) 등이 있다.

3) 실존주의의 교육관

실존주의는 현대교육이 인간성을 파괴하고 있다고 비판한다. 그들의 문제의식에 따르면, 교육의 목적은 개인의 개성과 자율성을 신장하고 자아실현을 추구하기보다는 국가, 사회가 필요로 하는 인력을 효율적으로 양성하는 데 맞추어져 있다. 모든 교육내용은 학교단위, 학년에 따라 평균화·단계화되어 있으며, 교육방법 역시 획일화되어 있고 교육평가에서는 표준화된 도구를 통해 학생들의 학업능력과 적성을 객관화하고 있다. 학교의 조직은 경제적 효율성의 원리에 따라 정형화된 방식으로 운영 관리된다. 모든 교육의 과정이 전체화, 구조화, 단계화, 획일화, 표준화되어 있는 것이다. 실존주의자들은 이런 교육에서 개인의 주체성과 자율성과 창의성은 더 이상 설 곳이 없으며, 교사와 학생 그리고 학생과 학생의 인격적 교감도 더 이상 기대할 수 없다고 비판한다.

따라서 실존주의자들은 교육을 인간화할 것을 주장한다. 학교가 더 이상 획일적 기준으로 평균화된 인간을 양산하는 공장이 되어서는 안 된다고 역설한다. 전체 속에 매몰되지 않는 개성적 인간, 자신의 삶을 능동적으로 개척해 나가는 자율적 인간, 자신의 고유한 존재가치를 깨닫는 주체적 인간이 살아 숨 쉬는 터전이 되어야 한다고 강변한다. 한마디로 학교가 인간을 만드는 곳이 아니라 스스로를 자유롭게 성찰하고 발견하며 선택할 수 있는 곳, 즉 실존의 장이어야 한다는 주장이다.

실존주의의 교육관

엄밀히 말해 실존주의자들은 모든 교육이 마땅히 준수해야 할 당위적 규범이나 원리를 제시하지 않는다. 그런 행위 자체가 비실존주의적이기 때문이다. 그럼에도 교육에 대한 그들의 견해는 나름대로 일관적 특성을 갖고 있다. 여기에서 실존주의자들의 핵심적인 교육관을 몇 가지 살펴보기로 한다(Kneller, 1971; 안상원 외 역, 1992:105-123; 윤완, 2003:526-528).

첫째, 교사는 인간의 자유를 부정함으로써 인간을 비인간화하는 문화적·사회적 모든 세력을 폭로하고 배격해야 한다. 교사는 학생들이 인간으로서의 그들의 자유를 인정하고 실현하도록 격려해야 한다. 교사가 자신의 자유를 존중하듯이 학생들의 자유를 존중함으로써 교사가 그들에게 격려한 것을 스스로 실천하도록 해야 한다.

둘째, 자유는 선택을 통해 이루어진다. 그러므로 학생들이 정당한 선택을 할 수 있도록 지도해야 한다. 중요한 선택을 할 때는 자기 자신을 깊이 통찰하고 전심을 다해 주의를 집중하도록 인도해야 한다. 단순히 추상적 도덕원리를 적용시키려고 해서는 안 된다. 왜냐하면, 그런 선택은 무기력한 선택이며 자신이 아닌 규칙에 의존하는 것이기 때문이다. 학생들에게 타인의 길이 아닌 자신의 길을 선택하도록 지도해야 한다.

셋째, 학생들에게 행동의 결과에 대해 스스로 책임지도록 독려해야 한다. 행위는 반드시 결과를 낳게 되어 있다. 그리고 그 행위 결과는 당사자가 선택한 결과이다. 그러나 실패했다고 해서 나무라서는 안 된다. 왜냐하면, 실패한 결과라고 하더라도 미래의 선택에 도움이 될 요소들을 가지고 있기 때문이다. 특히, 실패의 원인을 환경이나 가정, 기질 또는 타인의 영향으로 돌리지 않도록 유의해야 한다. 미래는 학생 자신이 만들어가는 것이고, 선택 역시 그 자신의 몫이기 때문이다.

넷째, 진정한 자유는 타인과의 관계를 통해 성취된다. 따라서 학생들에게 타인과 충분히 교섭하도록 지도해야 한다. 교섭은 단순한 세속적 친밀함이 아니다. 이를 부버와 마르셀(G. Marcel)은 각각 포섭(inclusion)과 대면(presence)이라고 하였다. 교섭은 자기만의 독자적인 경험을 가진 독립적인 자아들이 서로 만날 때 이루어진다. 인간은 모두 각자의 독자성을 갖고 있기 때문에 서로를 흡수하고 서로에게 흡수되기 어렵다. 그러나 교섭은 서로가 정신과 마음에 있는 것을 말하고 듣는 하나의 대화이다. 부버가 지적한 것처럼, 자아의 내면적 성장은 자신과의 고립된 관계에서가 아니라 자신의 자아를 타인에게 드러냄으로써 이루어진다. 특히, 교사는 학생들에게 자신을 개방해야 한다. 그들과 격의 없이 접촉해서 진정한 자기실현과 교섭이 일어나는 믿을 수 있는 관계를 형성해야 한다.

다섯째, 학생에게 도덕적 규범을 수동적으로 수용하지 말고 자신의 목적을 스스로 창조하도록 지도해야 한다. 사회 혹은 집단의 목적을 추구해야 할 상황이 있을 수 있다. 만약 그렇다면 먼저 자신의 목적에 비추어 보고, 적합할 경우에만 사회집단의 목적을 자신의 것으로 수용해야 한다. 도덕 원리가 일정한 행동을 강요하는 외적 규범으로 취급되면, 그것은 인간을 노예화하는 수단에 불과하다.

여섯째, 교사는 단순히 훈련을 강요해서는 안 된다. 교사는 학생의 지적 발달이나 학급의 조화 같은 목적을 위해 가치 있는 훈련을 학생이 받아들이도록 요청하되 그 결정은 학생의 자율적 생각과 판단에 맡겨야 한다. 이상적이고 어려운 일이기는 하다. 그러나 억압이나 무질서를 넘어서서 교사와 학생 모두의 자기실현과 자유를 목적으로 할 경우 이 방법이 최선이다.

일곱째, 교육은 학생들이 고통, 갈등, 죄, 죽음과 같은 일상의 경험에 대해 통찰하게 해야 한다. 이런 경험들은 늘 인간과 함께 있다. 언제 죽음이 찾아올지 모른다. 죽음은 인생에 의문을 갖게 하며 인간을 실존의 우연성에 직면하도록 한다. 죄 역시 인간의 삶에 늘 존재한다. 어디에서 잘못되었는지, 지금 우리는 올바로 가고 있는지, 우리의 행위에 대한 책임을 적절히 지고 있는지 반성하고 성찰하게 하며 각성하게 한다. 따라서 피할 수 없는 고통, 갈등, 죄, 죽음 등에 지혜롭게 직면하고 이해하게 해야 한다.

여덟째, 교과내용이나 지식은 그 자체가 교육의 목적이 되어서는 안 된다. 교재는 목적이 아니라 교사와 학생의 자기실현을 위한 도구와 수단이 되어야 한다. 교과내용이 우선시되면, 교사는 그 내용을 학생에게 전달하기 위한 수단으로 격하되고 학생은 전달된 지식의 산물로 전락한다. 주객과 본말이 전도되어 지식이 주인이 되고 인간은 그 수단이나 산물이 되어버린다. 따라서 교과나 지식은 학생들이 자신의 삶을 이해하고 선택하는 데 도움이 되는 자료로 제공되어야 한다.

이상에서 살펴본 내용을 바탕으로 실존주의자들의 견해를 교육목적, 교육내용, 교육방법, 교사와 학생의 틀로 다시 정리해 보기로 한다(장찬익 · 노진호 · 이주한, 2005 : 311-314).

실존주의의 교육목적

먼저, 실존주의의 교육목적은 개인으로 하여금 자유로운 창의적 개성을 발달시키고, 자신이 살고 있는 상황 속에서 자아를 실현하도록 도와주는 데 있다. 이를 위해 학생들에게 실존적 의식을 함양시킴으로써 자신이 주관적 개인으로서 끊임없이 자유롭고 창조적으로 선택하고 있다는 것을 일깨워 주어야 한다.

그리고 실존주의자들은 인간을 합리적인 동시에 비합리적인 존재, 사고하는 동시에 느끼는 존재, 인지적인 동시에 정서적인 존재로 보고 있다. 이는 실존주의가 전인교육을 지향한다는 의미이다. 즉, 지적 교육, 정서교육, 도덕교육의 조화를 꾀하고자 한다. 자신의 가치와 지식을 자유롭게 선택하고 창조하며 책임지는 것을 중시하므로 실존주의자들은 특히 도덕교육을 강조한다.

실존주의의 교육내용

다음으로 교육내용을 살펴보면, 실존주의자들은 전통적인 교과들을 주어진 지식체계 또는 정보의 원천으로 인정한다. 그러나 그것을 가르치는 목적은 다르다. 즉, 교과는 지식이나 기술 그 자체의 중요성 때문이 아니라 물리적 · 사회적 현실을 설명하고 인간이 선택한 결과들을 보여 줌으로써 학생이 자신의 삶을 선택하고 실현하는 데 도움을 주는 도구이기 때문에 가르치는 것이다. 이렇게 실존주의는 교육내용 혹은 지식을 인간의 마음을 해방시킴으로써 자유롭게 만드는 수단으로 본다.

따라서 실존주의에서는 인문과학, 과학기술, 예술 등 여러 교과를 폭넓게 수용한다. 문학, 역사, 철학, 종교 등과 같은 인문교과는 인간의 기본 관심사를 검토하고 여러 선택의 관점들을 살펴보고, 과학과 같은 기술적 교과는 현상학적 질서의 여건을 이해하는 데 도움이 되기 때문이다. 그리고 예술교과들은 다양한 재료로 자기 자신의 의식에 나타나는 세계를 창조적으로 아름답게 표현하도록 자극해 주기 때문이다. 이런 사실들을 고려할 때 실존주의자들은 직업교육이나 전문교육보다 자유교육 및 교양교육을 강조한다고 볼 수 있다.

▶ 실존주의의 교육방법

다음으로 교육방법을 살펴보면, 실존주의자들은 교육의 과정에서 학생들을 강요하고 구속하며 관리하기보다는 그들의 자유를 존중하고 다양한 선택의 기회를 제공하려 한다. 그리하여 표준화된 검사도구 등을 사용하거나 나이나 학업성취도 등에 따라 학생들을 일정한 패턴으로 분류하는 것을 거부한다. 지식이나 신념의 강제적 주입과 훈련을 거부하며, 학생들이 무조건 준수해야 할 규정을 일방적으로 만들어 강제하지도 않는다.

자율을 강조하고 보장하는 만큼 학생들은 자신의 선택에 대해 책임져야 한다. 다시 말해 자유와 선택은 무한정으로 허용되지는 않는다는 뜻이다. 따라서 실존주의에 따르는 교실에서는 학생들이 준수해야 할 규칙을 분명하고도 구체적으로 제시해야 한다. 다만, 그 규칙의 결정과정에서 학생들의 참여를 보장하고 그들의 의지를 충분히 반영하게 해야 한다. 또한, 그 규칙은 다른 학생들의 권리를 침해하지 않는 최소한의 선으로 제한되어야 한다.

이런 실존주의자들의 교육방법은 소위 '열린 교육(open education)'이라는 말로 표현할 수 있다. 한마디로 학생들의 자율을 존중하고 그들 스스로 자기 주도적 학습을 통해 자신의 삶을 주체적으로 선택하고 결정해 갈 수 있도록 하는 것이 실존주의의 교육방법적 원리이다.

▶ 실존주의의 교사·학생관

마지막으로 교사 및 학생관을 보면, 실존주의에서 학생은 주체적·자율적 존재이다. 교사 역시 삶에 대해 진지하게 성찰하고 주체적으로 결정해 가는 실존자이다. 말하자면, 학생과 교사 모두 독립적인 인격과 존엄성을 가진 주체들이다. 따라서 그들의 관계는 한편에서 명령하고 가르치며 다른 한편에서 복종하고 배우는 수직적 관계가 아니다. 부버식으로 표현하여 나와 그것의 관계가 아니라, 너와 나의 인격적 관계이며 만남과 대화의 관계이다. 따라서 그들은 서로에 대한 신뢰를 바탕으로 서로에게 자신을 개방하며, 서로를 포용하며, 전일적으로 교섭하는 관계이다.

이상의 실존주의가 교육에 미친 긍정적 영향은 적지 않다. 무엇보다 교육 인간화의 중요성을 인식하게 했다는 점이 가장 핵심적인 기여라 할 수 있다. 교육은 본질적으로 인간 활동임에도 그간의 교육은 인간 일반은 몰라도 최소한 개별적이고 구체적인 인간은 존중하지 못했던 것이 사실이다. 실존주의는 교육의 이런 비인간화 현상을 지적하고 환기시켜 주었다. 이 하나만으로도 실존주의는 다른 어떤 교육사상보다 교육에 값진 공헌을 했다고 평가할 수 있다.

그러나 실존주의도 교육론으로서 중요한 한계를 지니고 있다. 그중 한 가지만 지적하면 구체적 방법론에서 취약하다는 점을 들 수 있다. 실존주의는 우리에게 자유와 실존의 중요성을 통찰하게 해주지만, 그것을 교육을 통해 실현할 수 있는 구체적 방법을 제시하지 못했다. 교사와 학생의 만남과 교섭이 중요하다는 점을 우리에게 인식시켜 주었지만, 현대와 같은 거대한 공교육체제 속에서 그 만남과 교섭이 어떻게 이루어질 수 있는지를 설득력 있게 보여 주지 못했다. 실존주의가 앞으로도 계속 교육철학으로서 의미 있는 기여를 하고자 한다면 이 난해한 과제를 해결하지 않으면 안 될 것이다.

02 분석철학과 교육

1) 분석철학의 개념과 철학적 특징

분석철학의 정의◀

분석철학(analytic philosophy)은 실존주의와 마찬가지로 관념론과 실재론 등 형이상학적 전통철학을 거부하면서 등장한 현대철학의 중심적 사조로서, 철학의 임무는 언어의 논리적 형식구조를 분석하여 그 의미를 명료하게 밝히는 것이라고 보는 철학적 입장이다.

분석철학은 실재나 진리 혹은 가치의 보편성과 절대성을 추구하던 전통적 형이상학이 인간의 문제를 해결하기보다 역으로 더 복잡하고 혼란스럽게 만들었다고 비판한다. 전통철학에 대한 분석철학자들의 비판은 서로 관련되어 있는 두 가지 문제에 집중되어 있다. 하나는 탐구대상의 문제이다. 그들에 따르면, 이데아, 신, 실재, 진리, 가치, 실존 등과 같이 추상적 · 당위적 문제들은 아무리 오랫동안 탐구하더라도 명백한 해결책이 없다. 그럼에도 전통적 형이상학자들은 수천 년 동안 그런 문제들에 매달려 왔다. 그리하여 그들은 철학의 탐구대상을 옳고 그름이 명백히 가려질 수 있는 것으로 한정해야 한다고 제안한다.

다른 하나는 대상을 다루는 탐구방법과 관련된 문제이다. 분석철학자들은 전통철학이 탐구대상을 잘못 설정했을 뿐만 아니라, 그것을 다루는 언어를 잘못 사용함으로써 개념과 사고를 더 혼란스럽게 만들었다고 비판한다. 그리하여 그들은 학문이나 일상생활에서 사용되는 언어의 의미를 명확하게 밝혀야 하며, 철학이 해야 할 일은 언어를 명료하게 분석하는 일이라고 주장한다.

분석철학자들의 이런 사고의 이면에는 실증 과학적 태도가 자리 잡고 있다. 그들은 객관성이나 법칙성, 실증성 등을 중시하는 실증주의를 적극적으로 수용한다. 그리하여 철학을 철저히 과학화하고자 한다. 그래서 그들은 비가시계(非可視界)의 본질적 특성을 밝히거나 삶의 당위적 이상을 제시하는 등 그간 철학이 수행해 온 주요한 역할을 철학의 영역에서 추방해 버린다. 대신에 철학의 역할을 어떤 용어와 개념 그리고 명제를 경험적 사실이나 형식 논리를 통해 분석하여 명료하게 하는 일로 제한한다. 그리고 언어분석의 과정에서 엄정한 중립성과 철저한 검증의 원칙을 고수하고자 한다.

분석철학자들이 언어에 관심을 집중하는 이유는 우리가 언어를 통해 사고하며, 언어를 통해 사물에 대한 지식을 얻으며, 언어를 통해 그 사물에 대한 지식을 기술하고 전달한다고 보기 때문이다. 즉, 언어는 사고와 지식과 표현 및 전달의 주요 수단이라고 보기 때문이다. 따라서 언어가 혼란되고 무질서하면 사고와 지식과 표현과 기술 모두가 역시 혼란과 무질서에 빠지게 된다고 본다. 이처럼 분석철학은 어떤 이론이나 지식체계를 우리에게 전달하려는 것이 아니다. 대신 사실을 탐구한 결과 획득된 지식에 사용된 언어를 분석함으로써 우리가 명료하고 체계적으로 사고할 수 있도록 하려고 한다. 따라서 분석철학은 특정한 내용체계나 탐구영역을 갖는 철학이 아니라 하나의 탐구방법론이라고 할 수 있다.

▶ 분석철학의 기반

분석철학의 철학적 기반은 단연 실증주의라고 할 수 있다. 실증주의란 경험적 사실 배후에 그 어떤 초경험적 실재의 존재도 인정하지 않으며 오직 경험적으로 주어져 있는 사실만이 지식의 대상이라고 보는 근대철학의 한 조류이다. 이 철학의 핵심 의도는 근대 자연과학의 방법과 성과에 의거해서 물리적 · 정신적 현상 세계를 종합적으로 설명하는 데 있다.

실증주의라는 용어는 콩트에 의해 처음 철학적으로 사용되었다. 그에 따르면, 인간의 지식은 신학적 단계로부터 형이상학적 단계를 거쳐 실증적 단계로 발전해 왔다. 그는 이 마지막 단계에 와서야 현상의 배후에 가공의 존재 혹은 추상적 실체를 가정하는 일 없이 현상을 현상 그 자체로 설명하고 현상들 사이의 법칙을 파악하려는 사유방법이 자리잡게 되었다고 보았다. 그리고 모든 실증적 지식을 대상의 복잡성 정도에 따라 수학, 천문학, 물리학, 화학, 생물학, 사회학으로 체계화하였다(학원사, 1972:656-657). 이런 콩트의 실증적 태도는 근대 자연과학의 비약적인 발전에 따라 19세기 후반에 이르러 서구 사상계 거의 모든 분야에 거대한 영향을 미쳤다. 또 실증주의라는 개념의 의미도 더 확대되어 사실에 대한 인식만을 참된 지식으로 보고 모든 학문이 경험과학이 제시하는 확실성을 추구해야 한다고 보는 사유경향을 두루 일컫게 되었다. 이런 실증주의가 철학 영역에 수용되어 발전하게 된 것이 바로 분석철학이다.

2) 분석철학의 역사

용어의 의미를 명확하게 다듬으려는 문제의식은 사실 어제 오늘에만 있었던 것은 아니다. 이미 희랍의 소크라테스는 대화의 과정에서 용어의 의미를 정교하게 추적함으로써 그릇된 관념이나 선입견을 제거하려고 했고, 아리스토텔레스 역시 용어를 정확하게 정의하기 위해 노력하였다. 근대의 라이프니츠(G. W. Leibnitz)도 의사소통이 자주 실패하는 이유는 동일한 단어를 상이한 의미로 사용하거나 상이한 단어를 동일한 의미로 사용하기 때문이라고 생각하고 정신 · 물질 등의 용어가 갖는 의미를 정교하게 정의하려고 했었다.

그러나 분석철학이 본격적으로 대두된 것은 20세기에 들어서부터이다. 분석적 접근에서 20세기 이전과 이후 간의 차이점은 그것이 수단으로 사용되었는가 아니면 목적으로 사용되었는가에 있다. 즉, 20세기 이전의 철학자들에게 분석이란 자신의 철학적 명제들이 갖는 의미를 이해하기 위해 언어를 명료화하기 위한 하나의 수단이었다. 그들은 실재와 진리에 관하여 유의미한 진술을 하려는 목적을 달성하기 위해 언어의 정확한 사용에 가장 큰 관심을 두었다. 반면에 20세기 이후의 분석철학자들은 언어의 정확한 사용을 본래적 목적으로 생각한다. 따라서 이들은 철학적 명제를 만들지는 않지만 다른 사람들이 정립해 놓은 기존 명제들의 정확한 의미를 명료화하는 데 더 관심을 둔다(김정환 · 강선보, 1998:259).

분석철학이 하나의 학파로 성립된 것은 러셀(B. Russell, 1872~1970)과 무어(G. E. Moore, 1873~1958)를 중심으로 하는 영국의 캠브리지(Cambridge)학파와 슐리크(M. Schlick, 1882~1936)와 카르납(R. Carnap, 1891~1970) 등을 중심으로 하는 오스트리아의 비인(Wien)학파에서부터이다.

러셀은 화이트헤드(A. N. Whitehead)와 함께 쓴 『수학의 원리』에서 수학의 기초를 논리학으로 도출함으로써 기호논리학의 발전에 크게 기여하였다. 그는 언어에 내재된 논리적 구조를 발견하고 분석하여 형식화하는 것이 철학의 역할이라고 보고 과학적 · 수학적 언어를 동원하여 철학에 엄정한 객관성과 가치중립성을 부여하려고 하였다. 말하자면, 수학 혹은 기호논리학의 방법을 철학에 적용함으로써 객관적 · 과학적 철학을 수립하려고 했던 것이다. 이런 문제의식은 후에 비인학파의 논리실증주의의 성립에 크게 공헌하였다.

이와 달리 무어는 과학적 · 수학적 언어보다 일상언어와 상식의 분석에 관심이 더 많았다. 그는 언어를 일상적 의미와 용법에서 분리하려는 철학자들의 시도가 매우 그릇된 일이라고 비판하면서 일상언어를 치밀하게 분석함으로써 그 속에 담겨 있는 새로운 문제들을 제기하고자 하였다. 일상언어 분석에 대한 무어의 견해는 후에 일상언어학파로 발전하였다.

분석철학의 성립과 발전에 가장 결정적으로 기여한 인물은 비트겐슈타인(L. Wittgenstein, 1889~1951)이다. 그는 캠브리지대학에서 러셀과 무어에게서 수학하면서 수학, 논리학, 언어분석 등에 대한 관심을 키웠다. 그는 제1차 세계대전 참전 중에 자신의 생각을 메모해 두었다가 러셀의 도움을 빌어 1921년에 출판하였다. 그것이 서양철학의 지각을 흔들어 놓았던 『논리철학논고』이다. 그 책에서 비트겐슈타인은 전통적 형이상학을 공격하는 한편 "철학의 모든 것은 언어비판"이라고 선언하였다. 그러나 일상적 언어는 다의성과 애매성 때문에 참된 의미를 밝혀낼 수 없으므로 언어의 논리적 구조를 이해하기 위해 가공의 인위적 언어가 필요하다고 주장하였다. 이런 생각은 비인학파 및 그들의 논리실증주의 성립과 발전에 결정적 영향을 주었다. 그러나 1930년대 이후 자신의 초기 입장을 번복하고 인공언어가 일상언어의 기능을 결코 대신할 수 없다고 주장함으로써 또다시 논리실증주의와 성격이 다른 일상언어학파를 성립시켰다.

한편, 비인학파는 1922년 비인대학교(Wien University) 슐리크(M. Schlick) 교수가 여러 수학자, 물리학자와 모여 과학 및 인식론의 여러 문제를 논의하면서부터 시작되었다. 그들은 그 후 1928년 마하협회(Der Verein Ernst Mach)를 창립하고 자연과학, 사회과학의 정밀한 과학적 분석을 꾀함으로써 세계를 확고한 과학적 기반 위에서 파악하려고 시도하였다. 한편, 같은 해 베를린대학교(University of Berlin) 라이헨바하(H. Reichenbach) 교수를 중심으로 경험철학협회(Die Gesellschaft für emoirische Philosophie)가 조직되었다. 그들은 개별과학의 성과를 분석 · 비판함으로써 철학적 문제들을 제기하고 해답하는 방법을 모색하는 과학철학을 수립하고자 하였다. 비인학파는 1929년 마하협회와 경험철학협회가 통합되어 설립된 학파이며, 그들이 주도한 철학적 흐름이 논리실증주의이다.

논리실증주의◀

앞서 말했듯이, 논리실증주의는 언어의 형식적 구조를 실증적으로 밝히는 것을 목표로 하는 분석철학이다. 논리실증주의에 따르면 우리가 일상에서 사용하는 언어들은 그 의미가 너무 다양하고 애매해서 언어의 참된 논리적 구조를 보여 주지 못한다. 따라서 그들은 현상 이면에 있는 언어의 본질적 특성을 올바로 이해하기 위해서는 일상언어를 언어의 논리적 구조를 정확하게 드러내 줄 새로운 언어, 즉 인공적 이상언어(ideal language)로 대체하여 분석할 필요하다고 보았다. 일상언어를 인공언어로 환원하여 분석하는 이런 방법을 환원분석(reductive analysis)이라 한다. 이렇게 모든 언어를 인공언어로 환원하여 그 속에 숨겨진 논리구조를 명백히 밝혀야 한다는 것이 논리실증주의이다. 이 주장은 영국과 미국을 중심으로 다양한 학계에 매우 폭넓게 그리고 빠른 속도로 확산되어 갔다.

▶ 일상언어학파

그러나 1930년대에 들어 논리실증주의적 견해에 대해 여러 문제점이 제기되었다. 그중 핵심은 인공언어가 과연 일상적 언어의 기본 구조를 적절하게 나타낼 수 있는가 하는 것이다. 일상적 언어가 매우 다양한 기능을 수행한다는 사실에 대한 인식이 점점 더 확산되는 가운데, 논리실증주의의 기초를 닦았던 비트겐슈타인이 자신의 예전 입장을 번복하면서 아무리 완벽한 인공언어라도 일상언어의 기능을 대신할 수 없다고 주장하였다. 비트겐슈타인의 견해에 라일(G. Ryle), 오스틴(J. Austin) 등이 동조하면서 언어의 의미는 그것이 사용되는 구체적 맥락을 떠나서 이해할 수 없다는 주장이 크게 호응을 받았다. 그 후 분석철학은 논리실증주의와 일상언어학파 양 진영으로 나뉘어 발전하여 오늘에 이르고 있다.

여기에서 논리실증주의와 일상언어학파 모두에 결정적 영향을 미친 비트겐슈타인의 견해를 조금 더 자세히 살펴보기로 한다.

비트겐슈타인의 『논리철학논고』는 75쪽 밖에 되지 않는 짧은 글이지만 철학의 핵심 주제를 매우 참신하고 정교하면서도 간결한 방식으로 다루고 있어 당대 철학계에 큰 파장을 불러일으켰다. 그 책은 언어의 본질, 언명의 한계, 인과성과 귀납성, 자아와 의지, 선과 악 등 다양한 주제를 다루고 있다. 그러나 그 핵심주제는 "언어가 어떻게 가능한가?", "사람들이 단어들을 입 밖으로 내뱉음으로써 어떻게 무엇인가를 말할 수 있는가?", "또 다른 사람들은 어떻게 그것을 이해할 수 있는가?"이다. 즉, "인간은 어떻게 언어를 통해 무엇인가를 나타낼 수 있고, 그것을 이해할 수 있는가?"이다. 비트겐슈타인은 그것이 가능하려면 언어와 그 언어가 나타내고자 하는 대상이 공통된 내적 구조를 갖고 있지 않으면 안 된다고 생각하였다. 말하자면, 무엇인가를 나타내는 문장(명제)은 그것이 나타내고자 하는 바(사태)와 구조적으로 일치해야 한다. 그리하여 그는 언어를 세계의 그림이라고 비유하였다. 이를 '그림이론'이라고 한다. 그에 따르면 마치 그림이 세계를 그려내는 것처럼 명제 역시 세계를 그려낸다. 명제가 세계를 그대로 그려내면 참이며, 그렇지 않으면 거짓이다. 따라서 이제 우리는 세계를 이해하기 위해 굳이 세계 자체를 들여다 볼 필요가 없다. 언어를 분석하여 그것이 가진 논리적 형식구조를 명료하게 밝히면 되기 때문이다.

그런데 우리가 일상에서 사용하는 언어들은 그 의미의 다의성과 애매성 때문에 그 속에 숨겨져 있는 논리적 구조를 명료하게 밝히기 쉽지 않다. 여기에서 비트겐슈타인은 다의성과 애매성이 완전히 제거된 순수하고 투명한 언어, 즉 인공적 이상언어가 필요하다고 보았다. 나아가 그 모델을 엄밀한 논리적 · 객관적 구조로 이루어진 수학명제 혹은 과학명제에서 발견하고 철학을 수학 및 과학적 방식에 정초시키고자 하였다.

비트겐슈타인은 『논리철학논고』 저술 이후 한 동안 철학연구에서 벗어나 교사, 건축설계사, 정원사 등에 종사하다가 1929년 다시 캠브리지대학에 복귀하고 이전과 사뭇 다른 철학적 사고를 전개하기 시작하였다. 그 새로운 분석철학적 사고는 『철학적 탐구』에서 절정에 이르렀다. 그 책에서 그는 『논리철학논고』에서 자신이 제기했던 핵심적 주장, 즉 언어는 세계를 반영하며 다양한 언어는 통일된 논리적 구조를 갖고 있다는 주장을 철회하였다. 그는 오히려 다양한 언어 이면에 통일된 구조가 있다는 생각은 하나의 환상이자 허위에 불과하다고 하면서 단지 유사성만 있을 뿐이라고 주장하였다. 그는 자신의 생각을 게임을 예로 들며 설명했는데 그것이 '게임이론' 또는 '용도의미론'이다.

그에 따르면, 모든 게임에 공통성 혹은 통일성이라는 것은 없다. 어떤 게임은 경쟁과 승패가 있지만 모든 게임이 그런 것은 아니며, 어떤 게임은 즐거움을 주지만 모든 게임이 그런 것은 아니다. 단지 게임들 사이에는 비슷비슷한 가족유사성(family resemblance)이 있을 뿐이다. 마찬가지로 모든 언어에 철학자들이 기대하는 공통되고 통일된 논리적 구조라는 것은 없다. 모든 언어는 맥락과 상황에 따라 각각의 규칙이 있으며 그들 간에는 단지 느슨한 유사성만 있을 뿐이다. 따라서 이제 우리는 언어의 논리적 구조를 밝힐 일이 아니라 그것이 사용된 실제 상황을 살펴야 한다. 즉, 어떤 언어의 의미를 이해하기 위해서는 그것이 어떤 상황에서 어떤 의미로 사용되었는가를 밝혀야 한다는 것이다. 그 상황은 바로 사람들이 살아가고 있는 맥락이요 삶의 양식이다. 그러므로 비트겐슈타인은 철학자들이 분석의 대상으로 삼아야 할 것은 일상언어이며, 그 의미는 그것을 사용하는 사람들의 구체적인 삶의 양식에 기초하여 이해되어야 한다고 주장하였다.

3) 분석철학의 교육관

분석철학은 교육(학)에 대대적으로 수용되어 20세기 후반 교육철학적 흐름의 중심을 이루고 있다. 전통적 교육철학이 진력했던 일은 주로 교육이 나가야 할 당위적 방향이나 교육을 통해 성취해야 할 이상적 기준 등을 마련하고 제시하는 것이었다. 그 방향이나 기준은 주로 진리추구, 이성함양, 자아실현, 도덕성 도야 같은 용어들로 함축될 수 있다. 그러나 진리, 이성, 자아, 도덕성 등이 의미하는 바는 애매모호하기 짝이 없으며, 그렇기 때문에 교육현장에서 교사들의 교육활동에 실제적 도움을 거의 주지 못했다는 비판을 받아왔다.

▶ 분석철학의 교육관

그러나 분석적 교육철학은 전통적 교육철학에서 애매하거나 모호한 의미로 사용되고 있는 교육의 주요 개념이나 의미를 명료하게 하고, 다양한 교육 논의에 들어 있는 각종 논리적 가정과 함의들을 드러내며, 나아가 교육에 관한 주요 주장들을 검토하고 정당화하는 일에 관심을 가진다. 즉, 분석적 교육철학은 교육에서 논의되는 주요 논쟁점과 포인트를 드러내어 교육에서 문제 삼아야 할 것과 그렇지 않은 것을 명확히 함으로써 불필요한 논쟁에서 벗어나 진전된 논의와 정당화가 가능하도록 만든다(신차균 외, 2006:325).

분석적 교육철학은 이처럼 교육실천이 지향해야 할 당위적 방향이나 교육문제에 대한 직접적 처방을 제시하거나 교사가 준수해야 할 실천적 지침이나 원리를 제시하지 않는다. 대신 교육 관련 언어들을 정교하게 분석하여 그 의미들을 명료화함으로써 교육(학)의 과학화를 추구한다. 따라서 분석적 교육철학은 특정한 내용체계를 가진 교육철학이기보다는 과학적 엄밀성을 지향하는 방법론이라고 할 수 있다.

이하에서 분석적 교육철학이 시도하고 있는 작업을 교육개념, 교육목적, 교육내용, 교육방법의 측면에서 검토해 본다.

▶ 분석철학의 교육개념

첫째, 분석적 교육철학자들은 가장 먼저 교육의 개념을 명료화하고자 한다. 사실 교육이라는 용어만큼이나 복합적인 의미를 가진 용어도 흔치 않다. 생활에 필요한 특정 지식이나 기술을 습득하게 하는 일을 의미하기도 하고, 앞 세대가 축적해 놓은 문화유산을 다음 세대에 체계적으로 전달하는 일을 의미하기도 하며, 아동이 성장해 가는 과정을 돕는 활동을 의미하기도 하고, 가장 단순하게는 학교에서 교사들이 수행하는 행위를 의미하기도 한다.

분석적 교육철학자들은 교육개념을 명쾌하게 규정하여 그 다의성에서 오는 혼란을 막으려고 한다. 예를 들어, 피터스(R. S. Peters)는 교육을 여러 가지로 정의하는데, 이 정의들을 일관적으로 관통하고 있는 것은 모든 교육이 충족해야 할 준거 혹은 가치이다. 이를테면, 그는 『윤리학과 교육』에서 교육이라는 말은 "특정한 활동이나 과정을 지칭하는 것이 아니라 여러 가지 활동이나 과정이 준수해야 할 기준을 제시하는 것"(Peters, 1966 : 25), "모종의 가치 있는 것이 도덕적으로 온당한 방식으로 의도적으로 전달되고 있거나 전달된 상태"(Peters, 1966 : 55), "사람을 교육개념 안에 붙박여 있는 세 가지 준거를 모두 충족시키는 방향으로, 가치 있는 활동 또는 사고와 행의의 양식으로 입문시키는 성년식"(Peters, 1966 : 55)이라고 정의하고 있다. 그렇다면 이 정의들 속에서 계속 언급되고 있는 준거 혹은 가치는 무엇인가?

이와 관련하여 피터스는 규범적 준거, 인지적 준거, 과정적 준거 세 가지를 제시하였다(Peters, 1966 : 45). 규범적 준거는 교육의 목적과, 인지적 준거는 교육의 내용과, 그리고 과정적 준거는 교육의 방법과 관련되어 있다.

규범적 측면에서, 교육은 그에 헌신하려는 사람에게 가치 있는 것을 전달하는 것이어야 한다. 여기서 핵심은 '가치 있는 것'이라는 말이다. 그런데 이때의 가치는 외적 가치가 아니라 교육 안에 붙박여 있는 내적 가치이다. 즉, 다른 무엇인가를 위한 수단적 혹은 도구적 가치가 아니라 교육 그 자체를 목적으로 하는 목적적 가치이다. 인지적 측면에서 교육은 지식과 이해 그리고 일종의 인지적 안목을 포함해야 하며, 이런 것들은 무기력한 것이어서는 안 된다. 이 준거는 앞의 내적 가치를 내용의 측면에서 구체화한 것이다. 이 준거에 따를 때 교육이 성립하기 위해서는 마땅히 지식과 이해와 인지적 안목을 포함해야 하며, 이런 요소들을 포함하지 못할 경우 교육의 범주에 해당하지 않는다. 과정적 측면에서 교육은 최소한의 학습자 의식과 자발성을 수반해야 한다. 즉, 교육으로 성립되기 위해서는 학습자의 의식이 개입되어야 하고 자발적 의지와 의사가 전제되어야 한다. 따라서 이 준거에 따를 때 학습자의 의식이 결여된 무조건적 훈련이나 강제적 주입은 당연히 교육에서 배제된다.

요컨대 피터스의 입장에서 보면 어떤 활동이나 행위가 위에서 제시한 교육목적, 교육내용, 교육방법 상의 준거를 모두 합당하게 충족하고 있어야 교육으로 인정될 수 있다.

분석적 교육철학자들은 교육의 개념 외에도 여러 개념과 용어를 분석하고 정의하고자 한다. 그들이 분석의 대상으로 삼는 교육 관련 주요 용어들을 보면, 교수, 훈련, 양성, 학습, 교화, 가치, 목적, 문화, 교육과정, 인문교육(혹은 교양교육), 도덕, 자유, 권위 등이다.

▶ 분석철학의 교육목적

둘째, 분석적 교육철학자들은 교육목적의 준거를 명료화하려고 한다. 앞의 피터스의 교육 정의에서 보았듯이, 교육의 목적이 교육에 내재되어 있는 가치들로 설정되어야 하지 외재적 가치를 위한 수단적 가치들로 구성되어서는 안 된다. 이를 테면 교육목적을 국가발전으로 설정하는 경우를 생각해 보면 교육은 국가발전의 수단 혹은 필요로서 가치를 가진다. 그리고 교육의 개념과 국가발전의 개념 간에는 논리적인 관련이 없다. 말하자면, 아무리 교육개념을 분석해 보아도 국가발전이라는 의미가 들어 있지 않다. 그렇다고 교육과 국가발전이 전혀 무관한 것은 아니다. 그들은 사실적 · 경험적으로 관련되어 있다. 교육을 잘 하면 국가발전에 도움이 된다. 그러나 교육목적의 혼란은 교육개념 속에 붙박여 있는 규범적인 측면을 빼고 교육을 다른 목적을 위한 수단으로 생각한 데서 비롯된 것이며, 교육의 외재적 가치 혹은 목적에 대한 주장은 교육의 본질을 왜곡할 수 있다(신차균 외, 2006 : 354-355).

그렇다면 분석적 교육철학자들이 제시하는 목적은 무엇인가? 앞에서도 말했듯이 그들은 구체적인 것이든 일반적인 것이든 특정한 교육목적을 제시하지 않는다. 엄격히 말해 그들에게 '교육의 목적이 무엇인가'라는 질문 자체가 성립되지 않는다. 왜냐하면, 그 질문은 이미 '교육'과 '목적'을 분리하고 있으며, 암묵적으로 '교육'은 '목적'을 위한 수단이라고 가정하고 있기 때문이다. 따라서 분석적 교육철학자들 입장에서 교육의 목적은 교육 그 자체라고 밖에 답할 수 없다. 그들에게 '구체적인 교육목적'을 설정하고 제시하는 일은 심리학자나 사회학자 또는 경제학자나 정치가가 할 일이지 교육철학자가 해야 할 일이 아니다. 교육철학자가 해야 할 일은 그들이 제시한 구체적인 교육목적을 분석하여 그 의미를 명료하게 밝히고 교육목적으로서 적합한지 그렇지 않은지를 드러내는 것이다.

분석철학의 교육내용

셋째, 분석적 교육철학자들은 학교에서 가르쳐야 할 교육내용 역시 구체적으로 제시하지는 않는다. 다만 그들은 교육내용이 충족해야 할 준거, 이를테면 지식이나 이해 또는 인지적 안목 등과 같은 준거를 제시하고자 한다. 특히, 분석적 교육철학자들은 지식의 의미나 형식 등에 대해 많은 관심이 있다. 왜냐하면, 교육의 내재적 가치로서 중요한 의미가 있는 정신능력이나 성향이 학교에서 가르치는 지식의 형식과 밀접하게 관련되어 있다고 보기 때문이다.

예를 들어, 허스트(P. H. Hirst)는 교육에서 정신능력은 지식의 형식과 무관하게 발달할 수 없다고 보고 지식의 형식을 유형화하려고 하였다. 그는 지식을 사실적 지식, 방법적 지식, 명제적 지식으로 구분하고 진위가 분명히 판별되는 명제적 지식만이 참된 지식이라고 하였다. 또 '독특한 성격을 지닌 중심개념을 내포하고 있는가?', '독특한 논리적 구조를 갖고 있는가?', '경험을 검증할 수 있는 독특한 표현을 갖고 있는가?' 그리고 '경험을 탐구하고 독특한 표현을 검증하기 위한 특수한 방법과 기술을 갖고 있는가?' 등 네 가지 기준에 비추어 지식의 형식을 다음과 같이 유형화하였다(Hirst & Peters, 1970 : 63-64. 괄호 필자 삽입).

① 형식논리학과 수학(수학)
② 물리적인 학문들(자연과학)
③ 우리 자신과 다른 사람들의 정신에 관한 인식과 이해(인간에 대한 지식)
④ 도덕적 판단과 인식(도덕)
⑤ 미학적인 경험(문학과 예술)
⑥ 종교적인 주장들(종교)
⑦ 철학적인 이해(철학)

허스트는 위에서 제시된 지식형식들은 그 안에 인간의 정신능력을 발달시킬 수 있는 구조를 갖고 있기 때문에 교육 내적 가치를 가진 정신능력의 향상을 위해 학생들에게 가르쳐야 한다고 보았다. 그런데 이런 지식형식을 가르치는 교육은 다른 말로 하면 '교양교육'이다. 즉, 정신의 형식과 지식의 형식이 서로 논리적으로 연결되어 있다고 가정하고 정신의 형식을 담고 있다고 판단되는 지식을 몇 가지 형식으로 유형화하여 가르치고자 했던 것이다. 따라서 분석적 교육철학에서 강조하는 교육내용은 결국 논리적 구조를 가진 기초지식이다. 다만 그것을 직접적으로 제시하지 않고 지식의 형식이라는 이름으로 제시하고 있을 뿐이다.

▶ 분석철학의 교육방법

넷째, 분석적 교육철학자들은 교사 혹은 학생들이 따라야 할 구체적 교수 · 학습 지침을 제시하려고 하지 않는다. 그러나 그들의 문제의식에 기초해서 교육방법상의 원칙을 몇 가지 살펴보면 우선 교사는 엄밀히 검증되지 않는 신념이나 이상 그리고 지식을 가르쳐서는 안 된다. 교사는 명료화된 원리나 객관적 · 논리적 지식으로 확인된 것들만 가르쳐야 한다. 또 교사는 스스로 논리학의 공식법칙을 적용하여 논리적 · 합리적으로 사고해야 하며 자신의 생각을 논리적 언어로 조리 있게 표현함으로써 학생들의 사고에 혼란이 오지 않도록 유념해야 한다.

분석적 교육철학은 여러 면에서 교육(학)에 의미 있는 기여를 하였다. 그 대표적인 것을 보면 첫째, 기존 교육(철)학의 개념적 · 이론적 혼란을 제거하여 그것을 과학적으로 체계화하는 데 기여하였다. 둘째, 엄정한 논리적 분석을 통해 교육의 용어나 원리 그리고 이론 등을 명료화하는 데 기여하였다. 셋째, 거의 전적으로 언어를 통해 이루어지는 교수활동에서 교사들에게 정교한 언어 사용의 중요성을 각성시켰다.

▶ 분석철학의 한계

그러나 공헌점 못지않게 많은 한계점도 지니고 있다. 첫째, 분석적 교육철학은 교육의 규범성, 가치성을 지나치게 소홀히 취급하였다. 교육은 근본적으로 가치 지향성으로부터 자유로울 수 없다. 그러나 분석철학은 오직 가치중립적 언어분석에만 치중함으로써 교육에서 가치 판단, 당위성, 원대한 이상을 추방해 버리고 말았다.

둘째, 분석적 교육철학은 교육철학을 전문화하는 대신 탐구영역을 지나치게 협소하게 만들었다. 새로운 이론이나 가치를 적극적으로 탐색하고 제시하는 일을 원천적으로 봉쇄하여 교육철학을 비생산적인 학문으로 만들고 언어적 유희에 빠지게 만들었다.

셋째, 전인교육의 중요성을 간과하여 정의적 · 신체적 차원의 교육문제에 대해 어떤 대책이나 방향도 제시하지 못했다. 분석적 교육철학자들은 오직 마음의 훈련을 위한 지적 교육만을 강조했다.

넷째, 지나치게 엘리트 지향적이다. 교육은 다차원적 활동이다. 고도의 지적 엘리트를 위한 교육도 필요하지만 다른 한편에서 직업이나 실생활을 위한 구체적 지식·기술교육도 필요하다. 그러나 분석적 교육철학자들은 이런 교육은 본질적 의미에서 교육이 아닌 것으로 취급해 버리고 말았다.

03 포스트모더니즘과 교육

1) 포스트모더니즘의 개념과 등장 배경

포스트모더니즘의 정의 ◀

포스트모더니즘(postmodernism)은 제2차 세계대전 이후, 보다 구체적으로는 1960년대 이후에 새롭게 나타난 사회적·문화적·학문적 현상을 포괄적으로 지칭하는 용어이다. 그것은 문학, 건축, 미술 등의 예술 분야를 비롯하여 철학, 미학, 사회학, 정치학 등의 학문 분야 전반에서 나타난 기본적인 인식체계의 변화 현상을 아우르는 개념으로서 후기 산업사회, 정보화사회, 소비사회의 새로운 특징을 대변하고 정당화하는 시대사조 혹은 문화논리이다. 포스트모더니즘이 처음으로 강조되어 사용된 것은 피들러(L. Fiedler)와 핫산(I. Hassan) 등과 같은 문학 비평가들에 의해서였다. 1970년대 초기 및 중엽에 접어들면서 건축 및 각 예술 분야에서 포스트모더니즘이라는 용어가 보편적으로 사용되기 시작하고, 미국에서 촉발된 포스트모더니즘은 파리와 프랑크푸르트를 통해 유럽에 전파되어 1980년대에 들어서는 서구사회의 지식인들 사이에 매우 폭넓게 수용되었다. 포스트모더니즘의 이론적 기초를 구축한 대표적 학자들로는 철학 분야의 데리다(J. Derrida), 료타르(J. F. Lyotard), 역사 분야의 푸코(M. Foucault), 정신분석학 분야의 들뢰즈(G. Deleuze), 정치철학 분야의 마르쿠제(H. Marcuse), 보드리야르(J. Baudrillard), 과학철학 분야의 쿤(T. Kuhn), 문학이론 분야의 바르트(R. Barthes) 등을 들 수 있다. 이렇게 포스트모더니즘의 범위는 인문과학은 물론, 사회과학과 자연과학, 예술 분야에 이르기까지 폭넓게 형성되었다. 나아가 포스트모더니즘은 교육(학)의 영역에도 영향을 미치기 시작하여 교육에 대한 이론적 이해나 실천에 중요한 변화를 불러일으키고 있다.

그렇다면 포스트모더니즘은 구체적으로 어떻게 정의될 수 있을까? 사실 포스트모더니즘의 개념을 한마디로 정의하는 것은 매우 어렵다. 그것은 포스트모더니즘이 어떤 특정한 영역에서 특정한 하나의 이론체계를 기초로 전개된 현상이 아니라는 점에서도 기인하지만, 더 본질적으로는 그것이 지향하고 있는 경향 자체가 불확정성, 상대성, 다원성과 같이 제한적인 규정을 거부하는 특징을 지니고 있다는 사실에서 기인한다. 이를테면, 일종의 분위기와 같은 것, 있는 것 같지만 꼭 집어 무엇이라고 말하기는 쉽지 않은 그 무엇, 실재하는 것 같긴 하지만 실재한다고 단정할 수 없는 그 무엇, 바로 이런 특질을 지닌 것(장경렬, 1992 : 218)이 포스트모더니즘이다. 마치 키르케고르, 야스퍼스, 하이데거, 사르트르 등을 '실존주의'라는 하나의 울타리로 묶는 것 자체가 반실존주의적 태도인 것처럼, 어쩌면 포스트모더니즘의 개념을 명확하게 정의하려는 시도 자체가 비 혹은 반포스트모더니즘적인 것인지도 모른다.

포스트모더니즘의 개념에 대해서는 다음에 더 구체적으로 설명하기로 하고, 여기에서는 그것이 나타나게 된 배경을 정치 · 경제 · 사회 · 문화 · 예술 · 학문적 측면으로 나누어 살펴보기로 한다(목영해, 1995 : 11-27).

▶ 포스트모더니즘의 등장배경

첫째, 정치적인 배경을 살펴보면, 제2차 세계대전 이후로 정치, 경제, 사회, 문화, 교육의 이론과 실천 등을 규제해 왔던 자유민주주의 이데올로기와 마르크스주의 이데올로기의 대립구조가 해체 또는 붕괴되기 시작하고, 환경문제, 여성문제, 인종문제, 지역사회문제 등과 같이 상대적으로 비이데올로기적인 일상생활 문제에 관한 이론과 실천의 정당화 근거로서 포스트모더니즘이 등장하였다.

둘째, 경제적인 배경을 살펴보면, 다국적 자본에 의해 소비가 덕목화되어 부추겨지고, 주체적 자아 및 비판의식의 해체가 시도되는 다국적 자본주의 소비사회에서는 소비를 덕목으로 정당화하거나 주체적 자아 및 비판의식의 해체를 정당화하는 이론적 근거가 필요하다. 이 이론적 근거로 등장한 것이 바로 포스트모더니즘이다.

셋째, 사회적 배경을 살펴보면, 사회의 규모가 커지고 조직이 복잡한 현대 사회에서 인간과 사물은 불가피하게 기호화되고 기호를 통해 의미를 갖게 된다. 복잡하고 큰 규모의 사회를 정보통신망의 도움 없이 효율적으로 통제하고 관리한다는 것은 불가능하다. 이런 사회적 상황에서 인간과 사물의 기호화와 기호적 의미화를 정당화할 수 있는 이론적 근거가 필요하게 되는데, 이 이론적 근거로서 등장한 것이 포스트모더니즘이다.

넷째, 문화적 배경을 살펴보면, 20세기 후반 사회는 문자시대에서 영상시대로 전환되었다. 이에 따라 이성 중심에서 감성 중심으로, 논리적 심사숙고에서 감각적 판단으로, 동질 지향적 가치관에서 이질 지향적 가치관으로, 자기절제에서 자기표현으로, 억제된 감성에서 해방된 감성으로, 정적 문화의 추구에서 동적 문화의 추구로, 소유 욕구에서 소비 욕구로 전환되어 가고 있다. 이런 다양한 가치관의 변화를 정당화할 근거로서 나타난 것이 포스트모더니즘이다.

다섯째, 예술적 배경을 보면, 모더니즘 예술에서 가장 강조되는 것은 예술적 독창성이다. 모더니즘 예술가들은 새로운 차원의 예술성을 추구하기 위해 끊임없는 실험을 시도하였다. 그 결과 각 장르의 예술은 더 이상 새로운 차원을 찾을 수 없는 지경에 이르게 되었다. 그리하여 현대의 예술가들 사이에는 새로운 차원을 개척하기 위한 실험적 시도보다는 기존의 예술작품을 새롭게 다루는 예술적 기법을 시도하고자 하는 분위기가 형성되었다. 예컨대, 패스티쉬(pastiche) 기법이나 패러디(parody) 기법 등이 그것이다. 이렇게 예술적 독창성이라는 굴레를 벗어 던지는 예술가들의 시도를 정당화하기 위한 이론으로서 등장한 것이 포스트모더니즘이다.

여섯째, 기존의 학문은 체계적이고 조직적이며 인과적이고 계량적이며 객관적인 기준을 충족시켜야 학문으로 인정을 받을 수 있었다. 즉, 모든 학문은 고전물리학처럼 정교하게 과학화되어야 했다. 그러나 20세기 후반에 들어 고전물리학적 과학이라는 학문의 절대적 전형이 무너지고 학문과 비학문의 경계도 무너짐으로써 학문적 다원주의 현상이 나타나게 되었다. 따라서 현대의 이런 학문적 상황을 정당화시켜줄 이론적 근거가 요구되었는데, 이런 요구와 더불어 나타난 것이 포스트모더니즘이다.

2) 포스트모더니즘의 특징

포스트모더니즘을 이해하기 위해서는 무엇보다도 모더니즘과의 관계를 파악하는 일이 선행되어야 한다. 크게 보면, 이 양자 간의 관계에 대해 세 가지 입장이 존재한다. 하나는 양자를 연속의 관계로 파악하는 입장인데, 이 경우 'post'라고 하는 접두어가 'after'의 의미로 해석된다. 다른 하나는 단절과 대립의 관계로 파악하는 입장인데, 이 경우에는 'anti'나 'against'의 의미로 해석된다. 또 다른 하나는 양자의 관계를 연속과 동시에 단절의 관계로 파악하는 입장이다. 이 경우 'beyond'의 의미로 해석된다. 예를 들어, 김욱동은 "포스트모더니즘은 단순히 모더니즘 다음에 오는 현상만을 가리키는 것은 물론 아니다. 왜냐하면, 이 용어는 모더니즘의 경우와 마찬가지로 양적인 개념이기보다는 오히려 질적인 개념이기 때문이다. … 포스트모더니즘과 모더니즘의 관계는 단순히 연속이나 단절이라는 관점에서 파악될 수 없다. 포스트모더니즘은 모더니즘의 논리적 계승이며 발전인 동시에 그것에 대한 비판적 반작용이며 단절"(김욱동, 1994:190-191)이라며, 포스트모더니즘의 이중적 양면성을 강조하며 모더니즘과의 관계를 설명하고 있다.

철학적인 측면에서 볼 때, 모더니즘이란 17세기 데카르트(R. Descartes) 이후에 서구 정신 세계를 지배해 온 계몽주의적 세계관을 가리킨다. 계몽주의적 세계관은 인간이성과 합리성, 실재와 진리, 객관성과 중립성, 법칙과 논리, 그리고 구조와 분석 등의 개념들이 핵심적인 근간을 이루는 관점으로서 시간과 공간을 초월한 보편적이며 절대적인 근거가 존재한다는 신념체계이다. 모더니즘과의 관계와 관련해서 포스트모더니즘이라는 이름하에 서로 모순된 입장이 동시에 존재한다는 것은 그만큼 포스트모더니즘의 특징이 다양하며, 그로 인해 일관성 있게 규정하기가 매우 어렵다는 뜻을 내포하고 있다. 이런 전제하에 포스트모더니즘을 연구하는 학자들이 공통적으로 지적하고 있는 포스트모더니즘의 특징을 요약해 보면 다음과 같다(서울대학교 교육연구소, 1999:2672-2673).

▶ 포스트모더니즘의 철학적 특징

첫째, 반합리주의이다. 이성적 합리성은 근대인에게 요구되었던 사고와 행동의 전형이다. 근세 사회는 이성적이고 주체적인 자아인을 추구하였다. 포스트모던 사상가들은 이성적 · 주체적 자아라는 것은 일반인을 속박하기 위하여 만든 허구에 지나지 않는다고 주장한다. 그들에 의하면 인간의 자아란 유희적 관계망을 가진 언술의 산물이다. 따라서 자아는 우연적 · 타율적 · 분열적 · 모순적이므로 결코 합리적 사고와 행동의 주체일 수는 없다. 그럼에도 불구하고 인간으로 하여금 합리적으로 사고하고 행동하기만을 요구하는 것은 부당한 속박에 지나지 않으므로 포스트모던 시대의 인간은 결코 합리성에 집착할 필요가 없다고 본다.

둘째, 상대적 인식론이다. 서양의 전통적인 지식관은 고정불변의 실재를 전제하고 이 실재를 인간의 합리적 사고를 통하여 인식할 수 있으며, 인식 결과는 보편타당하다는 합리적 지식관이다. 이 지식관은 근세 이후 보편적인 주제라고 강변되는 진보 및 해방과 같은 큰 주제를 중심으로 거대서사(grand narrative)를 이루어 학문 활동을 비롯한 다양한 삶의 양식을 규정한다. 그러나 포스트모던 사상가들은 보편타당한 지식을 추구하는 지적 탐구활동의 기초는 존재하지 않으며, 따라서 모든 인식활동은 인식자의 주관에 따른 상대적인 관점에서 이루어질 수밖에 없다고 주장한다. 불변의 실재와 그것에 대한 합리적 인식은 허구라는 것이다. 포스트모던 사상가들의 지적에 따르면 지식이 보편적이라고 주장하는 것은 특정 담론과 삶의 양식을 타인에게 강요하기 위한 권력적 속성을 내재하고 있는 것에 지나지 않는다.

셋째, 탈정전화(脫正典化)이다. 근대의 사회 문화적 정전은 보편적 진리와 가치를 반영하고 있다는 점에서 정당화되었다. 그리고 정전에 부합하는 생활양식은 고급문화로 간주되어 사회 구성원으로 하여금 인정 · 수용 · 계승하게 한다. 그런데 보편적 진리는 타당한 근거가 없는 것으로 해체의 대상이라는 포스트모던의 견지에서 볼 때, 정전이 별도로 존재하는 것도 아니며 고급문화와 저급 대중문화의 구분 또한 무의미하다. 근대 사회에서 문화적 정전으로 간주된 것도 실은 백인, 남자, 성인, 수도권의 생활양식에 지나지 않는다. 따라서 포스트모던 사상가들은 특정 생활양식을 정전에 부합하는 고급문화로 규정하여 타인에게 강요하는 것은 부당하다고 주장한다. 그들은 오히려 사고방식의 차이, 생활방식의 차이를 적극적으로 인정하고 존중하고자 한다. 그들에 의하면 차이의 인정과 존중이야말로 포스트모던적 사고방식이다. 따라서 포스트모던 사상가들은 다양한 사고나 생활양식이 혼재하는 문화적 다원주의를 지지한다.

넷째, 유희적 행복감의 향유이다. 포스트모던 사회의 대중은 주체적 자아의 확립, 보편적 진리의 습득, 고급문화에의 입문 등의 문제로 긴장하거나 갈등할 필요가 없다. 가상실재로 엮여 있는 세상사를 총체적으로 인식한다는 것은 무의미하며 역사 또한 의미의 끝없는 유희장소로서 하나의 텍스트에 지나지 않는다. 따라서 포스트모던 사회의 대중들은 총체성이나 역사성에 굳이 관심을 가질 필요가 없다. 오히려 자신과 자기 주변에 대한 실험적 · 유희적 · 감성적 접근태도를 갖는 것이 더 바람직하다. 역사적 · 도덕적 중압감에서 벗어나 유희적 행복감을 향유하는 것이 자연현상과 인간의 본질에 부합하는 바람직한 삶의 모습이라는 것이다.

한편, 김정환 등은 반정초주의(anti-foundationalism), 다원주의, 반권위주의, 연대의식의 표방 등(김정환 · 강선보, 1998 : 335-337)을, 유혜령은 비재현성(非再現性) 및 비제시성(非提示性), 불확정성 및 불확실성, 다원성 및 상대성, 자체 반영성(허숙 외, 1997 : 79-90) 등을 포스트모더니즘의 특징으로 제시하고 있다. 그리고 심성보는 총체성의 회의 : 거대서사의 거부, 타자성의 정당화 : 정전의 다수성, 자기한계적 인식태도 등(심성보, 1995 : 30-31)을, 조화태는 인간주체성의 강조, 사회적 협동과 대화의 강조, 전통의 중요성에 대한 강조 등(강영혜 외, 1996 : 21-29)을 포스트모더니즘의 특징으로 들고 있다.

이처럼 포스트모더니즘은 특정의 이론이나 원리를 가지고 모든 것을 획일적으로 규정하고 통제하는 전체주의적 사고방식을 비판한다. 현대문화를 지배하는 포스트모더니즘의 정신은 진리와 지식, 그리고 인간과 사회에 대한 기존의 모든 이론체제나 사고체제에 있어서 그것이 갖는 절대적 객관성과 확실성을 부정하고, 다원성과 상대성에 대한 인식을 바탕으로 그들이 가졌던 권위의 허구성을 드러내고 해체함을 그 일차적 특성으로 한다. 그래서 현 시대를 하나의 진리에 의해 지배되지 않는 사회, 즉 수많은 담론이 그 나름대로의 정당성을 인정받으며 존재하는 포스트모던의 사회라고 말한다(김정환 · 강선보, 1998 : 336-337).

3) 포스트모더니즘과 교육

서구 근대화 이래 나타난 대중적 공교육체제는 합리성, 체제성, 보편성, 객관성, 조직성, 효율성 등을 특징으로 하는 모더니즘을 근간으로 발전해 왔다. 교육은 통상적으로 세계와 인간에 대한 객관적 지식과 보편적인 가치체계를 가르침으로써 학생들로 하여금 이성적인 삶을 영위해 나갈 수 있는 능력을 길러주는 것으로 인식되었다. 그러나 후기 산업사회에 나타난 포스트모더니즘은 학교에서 가르치는 지식과 가치체계는 객관적이거나 보편적인 것이 아니며, 따라서 그것은 시·공간을 초월하여 누구나 수용해야 하는 절대적 진리가 아니라고 주장한다. 왜냐하면, 객관적이고 보편적이라고 간주되는 지식과 가치들은 실제로는 특정한 역사적·사회적 상황에서 특정한 관점과 세계관에 기초해 형성되었다고 보기 때문이다. 따라서 포스트모더니즘의 입장에서 볼 때, 학교에서 가르치는 지식과 가치체계는 다른 상황에서 혹은 다른 관점이나 세계관에서 보면 전혀 객관적이거나 보편적이지 않은 것일 수 있다. 포스트모더니스트들의 상대주의적 견해는 교육에 뿌리 깊게 박혀 있던 신념과 인식체계의 근거를 와해시키고 있다. 실제로 교육현장에서 교사들은 상대주의적 사고와 가치관으로 이미 무장된 학생들을 가르치는 데 있어서 무기력한 자신의 모습을 확인하게 된다. 왜냐하면, 포스트모던 문화에 물든 학생들이 교사의 지적·도덕적 권위를 예전처럼 인정하려 들지 않을뿐더러 교사가 가르치고자 하는 지식과 신념의 보편적 의미나 가치를 받아들이려 하지 않기 때문이다(강영혜 외, 1996:30). 이런 상황에서 포스트모더니즘의 교육적 문제의식은 결국 교사 또는 교육학자들로 하여금 교육에 대한 기존의 접근방식을 진지하게 재검토할 것을 요구하고 있다. 교육에 대한 참신하고 새로운 관점이라고 해서 무조건적으로 수용하려 들거나, 이미 익숙해 있는 기존의 이해방식에 적합하지 않다고 해서 혹은 교육현장에 지적·도덕적 혼란을 부추긴다고 해서 감정적으로 무조건 거부하는 것은 현실적으로 당면해 있는 교육문제의 해결을 더욱 어렵게 만들 수 있다.

포스트모더니즘의 교육관 ◀

이하에서는 전환기적 시대에 나타난 포스트모더니즘의 교육에 관한 대표적인 견해 또는 입장 몇 가지를 살펴보기로 한다.

▶ 지식

첫째, 포스트모더니즘은 학교에서 가르치는 지식에 대한 전통적인 관점을 전환할 것을 요구한다. 학교에서 가르치는 다양한 내용 중에서 가장 핵심적인 요소는 무엇보다도 지식이다. 그런데 전통적으로 지식과 관련하여 교육현장에 가장 뿌리 깊게 박혀있는 신념은 그것이 객관적 세계를 사실적으로 정확하게 반영하고 있으며, 그렇기 때문에 보편타당하며 진리라는 생각이다. 학교에서 이런 지식은 교과서라는 형태로 체계적으로 조직되어 학생들에게 제공될 뿐만 아니라 평가에 있어서도 가장 기본적인 준거로 작용한다. 따라서 교과서화된 지식은 교사와 학생들에게 절대적인 영향을 미치게 된다고 해도 크게 틀리지 않는다.

그런데, 포스트모더니즘은 지식의 보편타당성과 진리성에 대한 전통적인 신념을 정면으로 공격한다. 프래그머티즘과 포스트모더니즘의 결합을 시도한 로티(R. Rorty)에 따르면, 교육과 지식을 이성이나 진리 또는 보편타당성 등의 개념을 동원하여 설명하는 것은 사실 '특정한 시대의 언어게임이나 사회제도 또는 자기 관념을 영속화하려는 시도'(Rorty, 1979 : 9-10)에 지나지 않는다. 어떤 지식 또는 신념체계는 완전하고 보편타당한 것이 아니라, 특정한 사회 · 역사적 맥락 속에서 형성되고 지속적으로 재구성되어 가는 것이다,

따라서 이런 지식과 신념체제를 학생들에게 절대적이며 고정적인 것으로 가르치거나 그것을 수동적으로 내면화하도록 강요해서는 안 된다. 오히려 우리 사회의 특수한 전통과 문화 속에서 형성된 역사적 · 사회적 산물임을 인식할 수 있도록 가르쳐야 한다. 그리고 역사적 산물로서의 지식과 신념체제가 어떤 동기와 관심, 가정과 전제, 그리고 어떤 방식의 협동적 노력의 과정을 거쳐 형성된 것인가를 이해할 수 있고, 동시에 그것들이 어떤 제한점과 한계를 갖고 있는가를 비판적으로 생각할 수 있도록 가르쳐야 한다. 또한, 학생들은 그들이 배운 지식이나 신념체계를 절대 보편타당하고 유일한 것 그리고 당연히 옳은 것으로 생각하지 않고, 다른 대안적인 지식과 신념체계가 가능하다는 것을 인식하며 다른 관점과 견해에 대해 개방적이고 허용적일 수 있는 태도를 배울 수 있어야 한다(강영혜 외, 1996 : 32). 푸코의 용어를 빌자면, 한마디로 '한계적 인식태도(limit-attitude)', 즉 다원적이고 유동적인 열린 인식태도, 열린 지식관이 요구되는 것이다.

나아가 교과서 혹은 교육과정 역시 학생들로 하여금 다원적이고 개방적인 인식이 가능하도록 하는 방향으로 재구성되어야 한다. 누구나 옳은 것으로 믿고 수용해야 할 신념이나 가치관 그리고 지식을 담은 성전으로서의 교과서가 아니라, 학생들의 창의적이고 비판적이며 다양한 사고를 자극하고 주체적인 문제해결능력을 길러주는 학습 자료로서의 열린 교과서가 요구된다. 이런 열린 교과서와 교육과정에서는 료타르가 지적한 것처럼, 경험적으로 검증 가능하거나 논리적으로 논증 가능한 '인지적 지식'뿐만 아니라, 그 동안 가치가 없거나 적은 것으로 치부해 왔던 주변적 요소들(기술적 · 윤리적 · 미적인 요소 등)도 인지적 지식과 대등하게 다루어져야 한다. 이런 요소들로 이루어진 다양한 지식을 가진 사람만이 포스트모던 사회에서 다양한 삶의 양식을 창조적으로 구현할 수 있기 때문이다.

교육방법 ◀

둘째, 포스트모더니즘은 전통적 교육에서 지배적인 지위를 차지했던 교육방법의 전환을 요구한다. 전통적 교육에서 중심적인 교육방법은 당연히 전달과 주입이라는 획일적 방식이었다. 일방적 전달과 주입이라는 독단적인 교육방법은 결과적으로 학생들의 사고와 행동에 무비판성, 수동성, 경직성을 초래해 왔다. 이런 교육방법으로는 교사와 학생 간에 밀접한 대화와 토론이 이루어지기란 불가능한 일이다. 프레이리(P. Freire)의 지적처럼, 전통적 교육에서 교사는 가르치고 학생은 가르침을 받으며, 교사는 모든 것을 알고 학생은 아무것도 모르며, 교사는 훈련시키고 학생은 훈련을 받으며, 교사는 선택하여 자신의 선택을 강요하고 학생은 교사의 선택에 동의하며, 교사는 학습과정의 주체이고 학생은 단순한 객체일 뿐인 일방적 관계만 존재하게 된다.

지식 및 교육과정의 다원성과 상대성을 기초로 하는 포스트모더니즘은 이런 전통적 교육의 획일적 · 일방적 방법을 교사와 학생, 학생과 학생 간의 개방적이고 비판적인 대화와 토론, 협동, 자율적인 참여와 창의적인 탐구의 방법으로 전환해야 한다고 제안한다. 포스트모더니즘에서는 무엇보다도 교사와 학생의 관계를 한편은 일방적으로 지시하고 다른 한편은 수동적으로 따르는 주종의 관계가 아니라고 본다. 역으로 끊임없는 대화와 토론을 통하여 공동으로 지식과 가치를 탐색하며 창조하고 재창조해 나가는 동반자적 관계라고 생각한다. 이런 관계에서 학생들의 지엽적이고 주관적인 경험과 느낌, 흥미와 관심, 그리고 판단 등은 더 이상 무시하거나 제거해야 할 몰가치한 것이 아니라, 교사가 갖고 있는 체계적인 지식이나 경험과 동등한 가치와 의미를 갖게 된다. 이 말은 곧 학생들의 주관적이고 개별적인 지식과 경험들도 교육의 과정에서 매우 중요한 학습 자료가 될 수 있으며, 학습내용 및 경험의 선택에 대한 학생들의 자유가 최대한 허용될 수 있다는 의미이기도 하다. 마찬가지로 포스트모던 교육에서는 학생들 간의 공동학습 혹은 협동학습법을 추구한다. 협력학습이란 학생들이 소집단 활동에 주체적으로 참여하여 일정한 역할과 책임을 맡아 공동의 과제를 해결해 나가는 학습방법이다. 협력학습은 개개인을 격려하고, 학습흥미를 유발하며, 이론보다는 학습현장의 실제장면을 중시하며, 토의 · 토론방법으로 수업을 진행한다는 특징을 지니고 있다(길형석, 1993:38). 협력학습을 통해 학생들은 서로의 공통점과 차이점을 확인하고 인정하는 자세와 태도를 익히게 된다. 즉, 포스트모던 시대에 필연적으로 요구되는 다원적인 삶의 태도를 배우게 된다는 것이다.

▶ 교육체제

셋째, 포스트모더니즘은 포스트모던 사회와 정보화사회에 적합한 새로운 교육체제를 요구한다. 근대의 계몽주의와 함께 성장 · 발달한 공교육은 합리적 이성에 기초한 보편적 지식 및 가치체제의 전달과 주입에 의존하는 제도이다. 18세기 근대 공교육사상의 제창자인 콩도르세는 인간의 이성을 절대적으로 신뢰하였다. 그는 한 사람 한 사람의 인간이 그 본질인 이성에 눈뜨고 자율적으로 사유하고 행동하는 인격으로 무한히 고양되며, 그리고 그런 이성적인 인간으로 고양되어 가는 사람들의 수가 확장되어 가는 것을 진보라고 믿었다. 인간이 본래의 자유를 회복하고 평등을 실현하기 위해서는 편견이나 무지를 극복하고 인간정신의 진보를 실현해야 한다. 바로 여기에서 교육의 고유한 임무가 발견된다고 보았다(심성보, 1995:62). 다시 말해 합리적 이성을 계발하여 편견과 무지를 극복하고 누구에게나 보편적으로 적용될 수 있는 지식과 진리를 추구함으로써 진보를 실현해 나가도록 모든 사람을 교육받게 해야 한다는 것이다. 바로 이런 논리에 기초하여 교육에 대한 기획과 운영 그리고 통제를 전체적으로 국가사회가 주도하는 공교육이 성장, 발달해 왔다. 그 결과 공교육체제는 필연적으로 획일성과 경직성을 그 특징으로 가질 수밖에 없었다.

포스트모더니스트들은 시대적 · 사회적 상황이 변화된 포스트모던 사회에 전통적인 공교육체제는 더 이상 적합하지 않다고 생각한다. 다시 말해 거대서사보다 소서사가, 총체성 · 전체성보다 국부성 · 파편성이, 중심성 · 자아성보다 주변성 · 타자성이, 획일성보다 다양성이 중시되는 사회에서 동일한 교육목적(표)을 위해 동일한 교육내용을 동일한 교육방법으로 가르치는 교육체제는 시대착오적이라고 본다. 따라서 포스트모더니스트들은 새로운 사회적 조건에 적합한 보다 유연하고 다양한 교육체제가 요구된다고 주장한다. 물론 포스트모더니즘에 입각한 교육이 기존의 공교육체제를 전면적으로 거부하는 것은 아니다. 다만 한편에서는 기존의 공교육체제에 포함되는 학교교육 내에서 경직성과 획일성을 극복할 수 있는 다양한 운영방식을 모색하고, 동시에 다른 한편에서는 기존의 학교교육에 대한 여러 형태의 대안적 교육모델을 지속적으로 실험하고 개발해 나가야 한다고 믿는다. 오늘날 우리 사회에서 자주 거론되는 열린 교육, 대안교육, 재택교육(home schooling) 등도 결국 포스트모던 사회에 적합한 새로운 교육체제 혹은 학교를 위한 실험들이라고 할 수 있다.

학생 ◀

넷째, 포스트모더니즘에 입각한 교육은 학생에 대한 전통적인 견해를 수정할 것을 요구한다. 전통적인 교육에서 학생은 지식이나 가치를 주어지는 대로 배워나가고 수용해 나가야 하는 수동적인 존재로 간주되어 왔다. 이런 사고방식은 세계에 대한 이해와 지식을 형성해 나가는 데 있어서 학생 개개인이 발휘할 수 있는 능동적인 역할과 주체성에 대한 올바른 인식을 저해해 왔다(강영혜, 1996 : 35). 포스트모더니즘의 문제의식에 볼 때, 미성숙자라고 해서 그들의 목소리를 소외시켜서는 안 되며, 그들도 인간주체임을 잊지 않아야 한다. 학생을 백지(tabula rasa)로 보거나 미성숙을 이유로 단순히 배움의 대상으로 여겨서는 안 된다. 마음대로 휘둘러진 정전을 받아들이기만 하는 수동적 존재도 아니다(심성보, 1995 : 43). 그들은 지식을 단순히 이해하고 습득하는 수동적 존재가 아니라, 그것을 재해석하고 재창조하는 능동적이며 주체적인 존재이다. 따라서 포스트모더니즘에 기초하는 교육에서는 학생들의 관심과 홍미와 기호, 사유와 및 행동양식 등에 깊은 관심과 주의를 기울이고 이해해야 한다. 나아가 교육의 과정에 적극적으로 참여시켜 그들이 지닌 비판적 능력과 창의성 그리고 상상력을 충분히 신장 · 발휘할 수 있도록 해야 한다.

04 생태주의와 교육

1) 생태주의의 개념

▶ 생태주의의 정의

생태주의(ecology)라는 말은 비교적 최근에 형성된 말이다. 따라서 아직 그 개념의 의미나 범위 혹은 특징이 명확하게 정립되었다고 보기는 어렵다. 이에 대한 반증으로 학자에 따라 생태론, 생태학, 생태학적 세계관, 생명사상, 생명주의, 자연주의 등 다양한 용어가 혼용되고 있다. 이러한 용어들이 쓰이게 된 것은 심각한 환경오염 문제를 해결하기 위한 대안을 모색하는 과정에서 인간중심적 사고를 함의하고 있는 '환경'이라는 말 대신 인간을 자연의 일부로 보려는 '생태계'라는 말을 사용하면서부터이다. 본래 생태학에서 말하는 생태계란 모든 생명체가 먹이사슬의 균형을 이루며 살아가는 자연적 공간을 의미한다. 이 말이 인간과 자연의 관계를 파악하는 좀 더 포괄적인 의미로 확대 적용되면서 생태주의라는 말이 쓰이게 되었다(이종태, 1999 : 3).

근대의 물질문명은 진보와 발전에 대한 낙관적 신념에 기초하고 있다는 점에서 지속적인 성장을 그 존재의 전제조건으로 하고 있었다. 그리고 지속적인 성장은 불가피하게 자연에 대한 적극적인 이해와 활용을 요구하였으며, 그 과정에서 자연은 인간의 복지와 행복을 위한 수단 혹은 도구로 취급되었다. 따라서 자연이 인간을 위한 수단이나 도구로 취급되는 한 자연자원의 고갈과 환경의 파괴는 필연적일 수밖에 없다. 이렇게 보면 근대 물질문명은 애초부터 그 자체 속에 심각한 자연 파괴와 재앙의 가능성을 내재하고 있었다고 할 수 있다. 그리고 그 파괴와 재앙의 가능성이 20세기 후반에 들어 구체적으로 그리고 전면적으로 현실화되고 있다.

이와 관련하여 많은 학자가 현대의 생태적 위기의 긴급성과 심각성을 지적하고 그 해결을 위해 세계에 대한 인식과 생활양식의 근본적인 전환이 요구된다는 사실을 강조해 왔다. 가령, 카슨(Carson, 1962)은 이미 오래전에 대규모 화학공업 공장들이 생산한 살충제로 인해 심지어 봄에도 새로운 생명이 태어나지 못할 정도로 생태계가 죽음의 세계로 변해 가고 있으며, 그것은 결국 생태적 순환에 따라 인간에게도 치명적인 해를 입히게 될 것이라고 경고한 바 있다. 그리고 이러한 현상의 근원에 놓여 있는 자연을 통제의 대상으로 삼았던 근대철학의 오만불손한 인간중심적 태도를 극복해야 한다고 주장하였다. 화이트(White, 1967) 역시 생태적 위기의 근간에 인간을 자연의 주재자로 보는 기독교적 관점에 기초한 서구철학이 있음을 지적하고, 인간중심적 기독교 교리에서 벗어나 모든 창조물을 평등한 존재로 이해해야 한다고 주장하였다. 김지하도 『타는 목마름에서 생명의 바다로』(1991), 『생명』(1992), 『생명과 자치』(1996) 등에서 현대를 생명을 해체하고 말살하는 죽임의 시대라고 비판하고 관계성, 순환성 그리고 다양성과 같은 생명현상을 중시하고 보장하는 생명사상을 주창하고 있다. 박이문(1996:80)도 과학기술의 지속적 발명과 개발과 발전이란 명목하에 진행되는 인류에 의한 자연정복이 이대로 계속될 때 예측할 수 있는 명백한 결과는 지구의 황폐화, 생태계의 파멸, 인류의 종말 및 생명체의 멸종이라고 경고하였다. 그는 또 생명의 총체적 위기의 밑바닥에 인간중심적 세계관이 근본적 원인으로 깔려 있다고 지적하고, 이러한 세계관을 버리지 않는 이상 인류가 처한 총체적 위기를 극복할 수 없다고 주장하였다.

오늘날 인류가 봉착한 생태위기는 가히 총체적 혹은 다면적이라 할 수 있다. 즉, 특정한 지역이나 영역 혹은 부분에 한정되거나 일시적인 것이 아니라, 전면적이면서도 총체적이며 근본적인 것이다. 그리하여 환경, 정치, 경제, 교육, 문화, 생활 등 우리 인간의 삶과 관련된 모든 측면에서 심각한 위기적 현상이 나타나고 있다. 생태주의자들은 이러한 생태계의 총체적 위기상황을 타개하기 위해 세계 안에서 인간의 위치, 자연과 인간의 관계에 대한 인식을 근본적으로 전환해야 한다고 주장한다. 다시 말해 인간을 비롯한 생명체 모두가 공존 · 상생할 수 있는 새로운 세계관, 인간관 및 가치관을 수립해야 한다고 본다. 한마디로 근대의 기계론적 인간중심적 세계관으로부터 '탈 인간중심적 세계관', '생태학적 문화'로의 전환이 요구된다는 것이다(박이문, 1996:76-86).

이처럼 생태주의는 자연과 인간을 대립적으로 보지 않고 '인간을 환경의 맥락에서, 환경을 생태계의 맥락에서, 생태계를 자연의 맥락에서' 인식하려는 태도이다. 이러한 태도는 단지 자연과 인간의 관계 개선만을 의미하는 것이 아니라 인간과 인간의 관계에서도 평화와 공존의 원리를 중시한다(이종태, 2004:85).

2) 생태주의의 유형과 특징

▶ 생태주의의 유형

앞에서 말했듯이, 생태주의는 20세기 후반에 노골적으로 드러나고 있는 근대적 물질문명의 한계와 위기에 대해 가장 설득력 있는 대안으로 받아들여지고 있다. 세부적으로 보면 생태주의에는 매우 다양한 담론 유형이 존재한다. 그러나 대체적으로 볼 때 생태주의는 근본 생태주의(deep ecology, 혹은 심층 생태주의)와 사회 생태주의(social ecology)로 구분할 수 있다. 이하에서는 근본 생태주의와 사회 생태주의를 각각을 대표하는 네스(A. Naess)와 북친(M. Bookchin)의 견해를 중심으로 살펴보기로 한다.

▶ 근본 생태주의

먼저, 근본 생태주의이다. 근본 생태주의는 현대 사회가 매우 심각한 환경적 위기에 처해 있다는 절박한 문제의식에서 출발한다. 근본 생태주의자들은 현대의 환경문제들로 핵무기의 위협, 대기오염, 각종 폐기물 및 화학물질 오염, 제3세계의 빈곤, 에너지 고갈, 문화적 질병의 만연, 사회적 병리현상 그리고 현대인의 자아 및 정체성 상실 등을 든다(문순홍, 2006:52). 그러나 그들은 환경문제에 대해 인간중심주의적 입장에서 접근하는 것을 반대한다. 왜냐하면, 현대가 환경적 위기상황에 처하게 된 근본적 원인이 바로 인간을 세계의 중심으로 보는 세계관에 있다고 판단하기 때문이다. 즉, 생태계의 위기는 근대 이후의 원자적이고 기계적이며 이원론적인 세계관에 입각한 인간중심주의에서 기인한다는 것이다. 따라서 그들은 인간중심주의적 관점을 버리고 탈 인간중심주의적 관점에서 인간과 자연의 본원적 관계를 조망하고 그것을 회복해야 한다고 주장한다. 그들에 따르면 인간은 자연과 독립해 있는 존재가 아니라, 자연의 일부로서 그것을 구성하는 다른 여러 존재와 밀접한 관계를 맺고 있는 존재이다. 따라서 생태계 문제를 정확하게 진단하고 해결하기 위해서는 인간과 자연을 전일적(holistic)이고 관계적인 관점에서 접근하지 않으면 안 된다. 이때 전일적이란 생태계를 특정 부분이나 요소를 중심으로 이해하는 것이 아니라 총체적으로 이해하려는 태도를 말하며, 관계적이란 각 부분이나 요소가 서로 분리 · 독립되어 있는 것이 아니라 서로 밀접하게 연관되어 있어서 어느 하나의 변화는 곧 다른 것의 변화를 촉발하는 관계에 있는 것으로 보려는 태도를 말한다.

근본 생태주의의 기본 철학을 집약적으로 드러내 주는 개념은 크게 두 가지이다. 하나는 자아실현이며 다른 하나는 생물중심적 평등이다. 자아실현이란 인간이 자신을 다른 나머지 자연과 상호작용을 통해 존재하는 것으로서 이해하게 되는 과정이다. 여기에서 자아는 자연과 구분 · 대립하여 존재하는 인간의 의식적인 믿음 · 욕구 · 자아관념 등에 의해 형성된 작은 자아가 아니다. 그것은 자연 세계와 하나가 되는 크고 전일적인 자아이다. 따라서 근본 생태주의에서의 자아실현은 우리가 자신을 더 큰 전체의 부분으로서 이해하게 되는 자기반성의 과정이다. 그것은 인간과 비인간은 물론 다른 존재와 존재 사이에서도 확고한 존재론적 구분이 없다는 것을 이해하는 것이며, 우리 자신을 자연에서 분리하여 인식하는 것이 아니라 더 큰 자아의 부분으로서 인식하는 것이다. 말하자면, 인간의 존재가 자연 세계의 다른 부분들과의 관계 속에서 형성되는 것이라면 자아실현이란 이러한 통일성을 충분히 인식하고 이해하게 되는 것이다.

다음으로 생물중심적 평등이란 모든 유기체와 존재가 동등하게 서로 밀접한 관계가 있는 존재라고 믿는 것이다. 즉, 생태계 안의 모든 생명체는 잘 살아가기 위한 평등한 권리와 가치를 갖고 있다는 인식이다. 이와 관련하여 드볼과 세션(B. Devall & G. Session)은 모든 생명체는 더 큰 세계 속에서 자아를 실현하고 자기를 표현할 평등한 권리를 갖고 있다고 믿는다. 그리고 이와 같은 기본적인 직관은 생태계 안의 모든 유기체를 전체와 상호관계를 맺고 있는 한 부분이며, 그들은 본래적 가치에 있어 평등하다는 점을 깨닫고 수용하는 것이라고 본다.

이러한 근본 생태주의에 속하는 주요 인물들로 노르웨이 철학자 안 네스, 미국의 드볼과 세션, 카프라(Capra), 스나이더(G. Snyder), 독일의 그리제바흐(A. Griesebach)와 아메리(C. Amery), 영국의 포리트(J. Porritt) 등이 있다.

요컨대 근본 생태주의는 총체적 생태위기에 봉착하고 있는 우리에게 생명의 존엄성, 자연과 인간의 본원적 · 상호의존적 관계 등을 보다 근본적이고 심층적으로 인식하게 해 주었다. 그러나 동시에 근본 생태주의는 생명중심주의, 생태지상주의에 지나치게 경도되어 있는 것도 사실이다. 그리하여 자연, 생명, 인간 등에 대한 근본 생태주의자들의 생각은 신비주의적 · 형이상학적 경향에 매몰될 위험성이 있다. 이러한 한계를 비판하며 보다 구체적인 사회적 맥락 속에서 생태문제에 접근하며 등장한 것이 사회 생태주의이다.

▶ 사회 생태주의

다음으로 사회 생태주의이다. 사회 생태주의의 핵심체제는 "생태문제는 곧 사회문제이며", "그 원인은 위계구조와 지배에 있다"라는 것이다(문순홍, 2006:150). 사회 생태주의는 이 두 가지 기본적인 문제의식에 입각하여 환경파괴, 자연착취, 자원고갈 등과 같은 생태적 위기의 근본 원인은 극단적 이윤추구, 사회적 차별, 계급착취 등과 같은 자본주의 사회의 모순에 있다고 진단한다. 그리고 생태와 인간의 친화적 관계를 회복하기 위해서는 그 근본 원인인 자본주의 사회의 모순구조를 혁파해야 한다고 주장한다. 이러한 입장에 서 있는 학자들로 북친, 바로(R. Bahro), 그룬트만(R. Grundmann) 등이 있다. 그중에서도 사회 생태주의의 가장 중심에 서 있는 학자는 북친이다. 그는 이미 1940~50년대부터 생태문제에 많은 관심을 기울이기 시작하여 생태주의적 관점에서 노동운동이나 사회주의 운동에 깊숙이 관여하였으며, 저술 및 강연활동을 통해 생태운동을 정열적으로 전개하였다. 그의 여러 저술 속에 일관적으로 유지되고 있는 생태문제는 바로 사회문제인데, 인간에 의한 자연지배의 근원에는 인간에 의한 인간지배가 놓여 있다는 것이다. 따라서 그에게 생태계의 문제는 곧 인간 사회의 문제이다. 그러므로 그는 생태계 위기를 해결할 수 있는 유일한 방법은 인간 사회에 놓여 있는 위계질서를 해체하여 새로운 생태사회를 건설하는 것이라고 믿는다.

이러한 입장에서 북친은 근본 생태주의를 생물중심주의, 반인본주의라고 비판한다. 근본 생태주의는 생태적 위기의 원인을 근대의 이원론적 · 인간중심적 세계관에서 찾는다. 즉, 주체와 객체, 인간과 자연, 정신과 물질 등을 분리하고, 이성을 가진 주체로서의 인간이 자신의 복지를 위해 자연을 자유롭게 그리고 최대한 이용하는 것을 이상적인 삶이라고 보는 세계관으로 인해서 생태계의 파괴와 유린이 발생했다고 본다. 따라서 인간을 세계의 중심으로 보는 세계관에서 벗어나 생태계의 모든 생명체를 세계의 중심으로 보는 세계관을 정립하는 것이 생태계 위기를 해결하는 방법이다. 그러나 북친은 이런 근본 생태주의가 자연을 인간과 분리시켜 신비화함으로써 오히려 그것을 타락시켜 버리고 말았다고 비판한다.

근본 생태주의를 거부하는 북친의 견해는 크게 두 가지로 요약할 수 있다. 첫째, 근대의 도구적·기술적 이성을 변증법적 이성으로 고양해야 한다는 점이다. 그의 견해에 따르면 근대시대에는 이성을 자연을 이해하고 활용함으로써 이익을 최대한 취하기 위한 효율적 도구나 기술로 간주하였다. 그 결과 이성이 발달하면 할수록 자연을 파괴하고 유린하게 되고, 그 결과 오늘날과 같이 세계적인 생태위기를 초래하고 말았다. 이런 문제의식에서 북친은 도구적·기술적 이성을 변증법적 이성으로 전환해야 한다고 주장한다. 그가 말하는 변증법적 이성은 자연과 인간의 관계를 변증법적으로 파악하고, 인간은 자연 진화의 결과이며, 자연은 인간성의 근원임을 발견하는 합리적 태도요 능력이다. 그렇기 때문에 변증법적 이성은 자연과 인간의 상생·공존의 가능성을 확대해 준다.

둘째, 자연에 전면적으로 배치되는 질서인 자본주의를 생태공동체로 전환해야 한다는 점이다. 그에 따르면, 현대 사회가 갖고 있는 진정한 비극은 단순히 환경오염이 심각하다는 점뿐만 아니라, 자연의 생태공동체와 사회관계, 심지어 인간의 정신조차도 왜곡되어 있다는 점이다. 자본주의 사회의 왜곡된 질서는 토양을 척박하게 하고 사막화하는 등 자연 세계를 파편화할 뿐만 아니라 사회와 인간정신을 변질시킨다. 자본주의 사회에서는 시장논리로 인해 세계가 동질화되고 모든 인간관계와 경험이 상품화·객체화된다. 따라서 새로운 인본주의적·합리적 생태사회를 형성하기 위해서는 끊임없이 이윤을 추구하며 억압적이고 위계적인 현재의 자본주의 질서를 파괴해야 한다. 나아가 참여의 원리에 따라 운영되는 생태공동체 사회를 구현해야 한다. 생태공동체는 단순히 공적인 합의를 도출하고 제공하는 공동체가 아니다. 그것은 모든 구성원이 동등한 참여자로서 자신의 위치를 갖고 있으며, 서로에게 영향력을 행사하거나 의존하기도 하며, 네가 없으면 내가 있을 수 없고 내가 없으면 네가 있을 수 없는 공생의 삶을 살아가는 공동체이다(문순홍, 2006:151). 이 생태공동체에서는 인간이 자연 속에서 자신의 자리가 있고, 자연 역시 인간 속에 자신의 자리가 있다. 인간의 문화가 자연에 뿌리를 두고 있음과 동시에 자연이 인간의 문화 속에서 생생하게 살아 움직인다. 또한, 인간과 자연이 오랜 진화과정을 통해 획득해 온 각자의 독특함과 고유성이 서로에게 환원 혹은 함몰되어 버리는 것이 아니라 서로 속에서 생생하게 존재한다. 그리고 생태공동체에서 모든 개체는 균등하지 않지만 서로 자유롭고 평등하다. 한마디로 생태공동체는 민주주의라고 할 수 있다. 이 민주적 생태공동체에서 사회와 자연은 완전히 별개인 독립적 존재도 아니요 그렇다고 해서 독특성을 상실한 획일적 존재도 아니다. 오히려 자연은 인간의 정신, 이성, 자유, 문화를 파생시키는 근원이자 잠재성이며, 인간은 가장 자의식적이고 자기 성찰적이며 이성적인 자연이다.

▶ 생태주의의 특징

이상의 근본 생태주의와 사회 생태주의를 종합하여 생태주의의 특징을 몇 가지로 정리해 보면 다음과 같다.

첫째, 생태주의는 세계를 총체적 · 관계적으로 파악한다. 용어나 세부적인 문제의식에 있어서는 다소의 차이가 있으나, 근본 생태주의나 사회 생태주의 모두 세계를 특정 부분이나 요소를 중심으로가 아니라 총체적으로 이해하며, 각 부분이나 요소를 분리 · 독립된 것으로가 아니라 상호 밀접한 연관관계를 갖는 것으로 이해한다. 즉, 인간을 포함한 모든 존재는 그 자체로 독립된 개별적 존재가 아니라 타자들과의 밀접한 상호 관련 속에서 존재하는 관계적 존재로 규정된다.

둘째, 생태주의는 다양성과 통일성을 존중한다. 근대 모더니즘은 다양성과 통일성을 모순의 관계로 보고 주로 통일성의 관점에서 세계를 이해하였으나, 생태주의에서는 양자가 양립 가능하며, 더 정확하게 말해서 다양성과 통일성은 서로를 전제조건으로 한다고 이해한다.

셋째, 생태주의는 세계의 모든 존재를 변화하는 것으로 이해한다. 서구 근대철학은 각 요소가 그 자체로 독립되어 있을 뿐만 아니라 완성 · 고정되어 있다고 가정해 왔다. 그러나 생태주의는 세계에 존재하는 모든 것은 지속적으로 변화한다고 믿으며 그렇기 때문에 언제나 새로운 가능성이 있다고 믿는다.

넷째, 생태주의는 요소들 간의 경쟁과 대립보다는 협동과 조화, 상생을 강조한다. 네스는 자연계는 적자생존이나 생존경쟁을 위해 서로를 억압하고 착취하며 죽이는 관계가 아니라 복잡하고 복합적인 관계성 속에서 서로 협력하고 상생한다고 주장하며, 북친은 인간은 자연에 뿌리를 두고 있고 동시에 자연은 인간 속에서 생생하게 살아 움직이는 상생적 관계라고 주장한다. 이러한 주장들은 모두 자연과 인간 그리고 모든 개체가 협동과 조화를 통해 서로의 삶을 보장하고 도모하는 것을 강조한 말이다. 생태주의는 죽임의 세계가 아닌 생명과 살림의 세계를 지향한다.

다섯째, 생태주의는 계급적 위계가 아닌 평등주의를 지향한다. 근본 생태주의자들은 모든 인간은 생물체 각각의 다양한 존재양식과 유형을 존중해야 한다고 본다. 사회 생태주의자들은 모든 개체는 불균등하되 자유롭고 평등하다고 믿는다. 따라서 생태주의에서 인간과 자연, 인간과 인간, 국가와 국가, 종족과 종족은 모두 그 자체의 고유성을 유지하며 평등하게 삶을 누릴 권리가 있다. 일자가 타자를 일방적으로 억압하고 지배하며 착취하는 관계는 세계를 파멸에 이르게 할 뿐이다.

여섯째, 생태주의는 민주주의를 지향한다. 근본 생태주의자인 네스는 생태계의 균형은 특정 지역의 특성을 기반으로 하여 이루어져 왔기 때문에 생태적 자기 충족성을 위해 그 특성에 맞는 정책을 입안하고 추진해야 하며, 이를 위해 지방자치와 분권화가 필수적이라고 본다. 사회 생태주의자인 북친 또한 새로운 생태공동체는 자유로운 참여의 정치가 이루어지는 소규모 생태공동체를 기반으로 한다고 본다. 모든 구성원이 동등한 참여자로서 자신의 위치가 있고, 타자를 자신의 존재조건으로 하는 공생의 삶을 살아가는 공동체이다. 이러한 공동체는 필연적으로 지역적 · 소규모적 정치, 즉 지방분권적 자치제도를 요구한다. 한마디로 생태주의는 민주주의를 지향하고 있다.

3) 생태주의와 교육

최근 생태위기가 심화되면서 교육 영역에서도 생태위기를 초래한 원인 중 하나인 근대적 교육에 대한 진지한 반성과 성찰이 일고 있다. 이하에서는 앞서 살핀 생태주의가 오늘날 교육과 관련하여 갖고 있는 함의 혹은 시사점을 유추해 보기로 한다.

생태적 관계에 대한 실증적 이해◀

첫째, 세계를 총체적 · 관계적으로 이해하는 생태주의에서 볼 때, 교육은 인간과 자연, 인간과 인간의 생태적 관계에 대한 심층적 이해를 도모해야 한다.

근대 이래의 교육은 인간중심적 세계관과 합리주의적 인간관에 입각해 있었다. 이는 인간은 이성 혹은 합리성을 지닌 존재라는 태도이다. 따라서 이성을 소유하고 있는 인간은 주체요 그 외의 모든 대상은 객체로 간주한다. 이러한 세계관과 인간관에 따르면, 인간은 사회와 자연 등 세계의 보편적 법칙과 원리를 객관적으로 이해하고 세계를 특정한 목적에 따라 효율적으로 활용할 수 있는 능력을 갖고 있다. 특히, 근대는 중세를 지배해 왔던 신으로부터 자유롭게 해방된 사회였기 때문에 인간만이 소유하고 있는 이성은 세계에 대한 인간의 지배권을 정당화하고 자연을 마음껏 활용하고 착취할 수 있는 권리를 보장해 주는 근거로 작용하였다. 그렇기 때문에 합리적·이성적 능력을 구사하여 자연으로부터 최대한의 이익을 얻음으로써 인간의 복지를 도모하는 일은 그야말로 '가장 인간적인' 일이었으며, 개인과 국가의 진보와 발전을 보장하는 가장 확실하고 보증된 방법이었다. 그러므로 교육을 통해 이성 혹은 합리성을 최대한 함양하는 일은 가장 중차대한 과제로 인식되었으며, 모든 국가가 여러 제도적 장치를 마련하여 교육을 강제하고 체계적으로 관리하고자 하였다. 그 제도적 장치가 바로 근대적 세계관과 인간관의 산물인 공교육제도이다.

그 결과 인류는 어느 시기에도 경험하지 못했던 괄목할만한 진보와 발전을 이룩하였다. 그러나 근대적 교육은 적어도 80년대 이후 이론적으로 도덕적 정당성의 위기에 봉착하고 있다(이종태, 2004:77) 그 계기는 여러 가지일 수 있으나 오늘날 인류의 생존 자체를 위협하고 있는 심각한 생태적 위기현상이 가장 결정적이다. 많은 생태주의자는 교육이 자연 혹은 생태계 위에 마치 주권자처럼 군림하면서 필요할 경우 그것을 무한정 착취하는 인간을 양산함으로써 돌이키기 어려운 생태적 위기를 초래하는 데 기여했다고 비판한다. 그들의 비판에 따르면, 인간과 자연의 위계적 관계는 인간과 인간의 관계에서도 나타난다. 즉, 인간은 자신 이외의 모든 타자를 그의 이익을 위한 대상으로 여기게 되며, 그리하여 극단적인 경쟁과 대립이 발생하게 된다. 그 결과 인간 간의 관계가 계급적으로 위계화되어 자신의 이익을 위해 타인을 일방적으로 지배하고 착취하는 현상이 나타나게 된다. 그리고 이러한 위계화 현상은 지역과 지역, 국가와 국가, 종족과 종족 등 모든 집단 간의 관계로까지 확대된다.

따라서 생태주의자들은 교육이 생태계 전체를 총체적으로 인식하는 인간, 생태계의 모든 개별적 존재가 분리되어 있는 독립적 존재가 아니라 전체 속에서 타자들과 밀접한 관련을 맺고 있는 관계적 존재로 이해하는 인간을 길러야 한다고 주장한다.

통일성과 다양성의 조화·균형

둘째, 생태주의는 통일성과 다양성이 균형과 조화를 이룬 교육을 요구한다.

근대의 교육은 원래부터 보편성과 통일성을 기초로 출발하였다. 절대왕정의 붕괴와 함께 유럽의 여러 나라가 민족국가로 분할·독립함에 따라 국민으로서 모든 구성원을 하나로 결속·통합시키기 위해 교육을 통해 보편적이고 통일된 규범과 사고방식 그리고 지식체계를 내면화하고자 했기 때문이다. 그 과정에서 개인이나 지역 등이 가진 특수한 요소들은 필연적으로 무가치한 것으로 취급될 수밖에 없었다. 그리하여 교육은 개별적이고 특수한 것을 제거하고 그 자리를 보편적이고 통일된 것으로 대체하는 과정으로 시종 점철되어 왔다. 가령 국가 주도적 교육제도를 통해 모든 구성원에게 동일한 교육을 강제해 온 것이 대표적인 예이다. 교육목적도 각 개인의 자기성 실현보다는 추상적인 수준에서는 보편적 인간성을 실현하는 데, 구체적인 수준에서는 국가가 요구하는 인력을 양성·공급하는 데 초점이 맞춰져 있다. 교육내용 역시 동일 연령 혹은 학년에 있는 모든 학습자가 통일된 교과로 학습하도록 조건화되어 있다. 이러한 현상은 교육방법이나 평가, 학교운영 등에서도 마찬가지다. 따라서 특수성이나 다양성은 거의 설 자리가 없다.

교육이 이렇게 특수성과 다양성을 상실한 채 보편성과 통일성에 지배되는 것은 양자가 양립 불가능하거나 양립 가능하더라도 특수성이나 다양성보다는 보편성과 통일성이 더 우선한다는 근대적 가정 때문이다. 그러나 생태주의에서는 양자가 양립될 수 있고 양립되어야 한다고 믿는다. 이미 언급했듯이 다양성과 통일성은 서로를 전제조건으로 하기 때문에 전자를 배제한 채 후자만 추구하는 획일적 교육은 '죽임의 교육'에 불과하다. 따라서 교육목적, 교육내용, 교육방법, 교육평가, 학교운영 등 모든 면에서 국가적 수준의 통일성과 지역, 학교, 개인의 특성 및 고유성이 동시에 존중되어야 하며, 양자가 적절히 조화되어야 한다.

최근 한국교육은 특수성과 다양성을 적극적으로 인정하고 수용하는 방향으로 개선되어 가고 있다. 가령 7차 교육과정은 최소한 이념적인 차원에서나마 '국가 수준의 공통성과 지역 · 학교 · 개인 수준의 다양성을 동시에 추구'하는 교육을 지향하려고 하고 있다. 그럼에도 여전히 국가적 보편성과 통일성의 비중이 절대적으로 높으며, 특수성과 다양성은 구색 맞추기 차원에서 부분적으로 삽입하는 정도를 넘어서지 못하고 있다. 또 '학습자의 자율성 · 창의성을 신장하기 위한 학생중심 교육과정'을 표방하고 있음에도 불구하고 단위학교의 실제 수업에서는 여전히 교사와 교과중심의 획일적 수업이 이루어지고 있다. 따라서 생태주의적 문제의식에 충실할 때 특수성과 다양성이 대폭 강화되지 않으면 안 된다. 그리하여 각 개인, 학교, 지역의 고유한 생명성이 회복되어야만 한다. 이것이 생태주의가 지향하는 '살림의 교육'이다.

▶ 변화 · 새로운 가능성에 대한 주목

셋째, 생태주의는 세계의 모든 존재를 변화하는 것으로 이해하고 새로운 가능성에 주목하고자 한다. 따라서 이미 고정되어 있는 사실, 법칙과 원리에 입각한 교육보다는 변화와 새로운 가능성을 추구하는 교육을 요구한다.

근대의 철학과 과학은 세계를 기계론적으로 해석해 왔다. 즉, 세계는 질서 정연한 일련의 보편적 법칙과 원리에 따라 존재한다고 가정한다. 그리고 사실성과 객관성을 추구하는 과학이 세계를 객관적으로 그리고 확고하게 이해하는 유일한 길이라고 믿는다. 이러한 세계관에서 어떤 명제가 진리이기 위해서는 시공을 초월하여 보편적 타당성을 지니고 있어야 하며, 누구나 인정할 수 있는 객관성을 확보해야 한다. 따라서 개체의 독특성보다는 전체의 공통성과 일관성이 중시되고, 진리의 병렬적 다양성보다는 단선적 절대성이 선호된다(이종태, 2004:73-75). 특히, 기계론적 세계관은 세계가 보편적 법칙과 원리에 따라 존재한다고 가정하기 때문에, 세계는 이미 완성되고 고정되어 있다고 믿었다. 따라서 거기에는 어떤 변화나 새로운 가능성이 존재하지 않는다.

그간의 교육은 사실 이러한 기계론적 세계관에 기초해 있었다. 세계가 일련의 법칙과 원리에 따라 존재하고 있기 때문에 일단 밝혀진 법칙과 원리는 곧 보편적인 진리가 된다. 말하자면 그것은 개인이나 지역과 무관하게 모든 사람이 알아야 할 객관적이고 절대적인 대상이다. 그렇기 때문에 교육내용 혹은 교과는 세계를 이해할 수 있는 객관적 · 보편적 지식으로 구조화되어야 한다. 그리고 모든 학생은 개인적 선호와 관계없이 그것을 익히고 내면화해야 한다. 또한, 인간의 성장과 발달 역시 법칙과 원리에 따라 규율되기 때문에 특정한 발달단계에 있는 모든 학습자는 그에 적합한 지식체계를 보편적인 방법에 따라 체계적으로 학습해야 한다. 근대교육은 바로 이러한 논리에 기초하여 존재하고 발달하여 오늘에 이르고 있다.

그러나 생태주의자들은 세계가 고정되어 있다고 보지 않는다. 세계는 마치 살아 있는 생물체처럼 지속적으로 꿈틀거리며 변화한다. 경우에 따라 좋아지는가 하면 나빠지기도 하고, 현재 존재하는 특성이 사라지기도 하고 이전에 없었던 특성이 새롭게 나타나기도 한다. 그러므로 이미 고정되고 완성되어 있는 사실적 세계보다는 그것이 향후에 어떻게 변화될 것이며, 어떤 새로운 잠재적 가능성이 현실화될 것인가에 주목해야 한다. 사실 교육은 가능성을 전제로 하는 활동이다. 우선 학습자의 가능성에 대한 신뢰 없이 교육은 성립하지 않는다. 학습자의 가능성에 대한 신뢰란 마치 쇳물이 이미 주어져 있는 주형에 따라 구체적인 주물로 조형될 것이라는 차원의 신뢰가 아니다. 그것은 주어져 있는 기존의 주형을 깨고 전혀 새로운 존재로 탄생할 수도 있을 것이라는 차원의 적극적 신뢰를 의미한다. 생태주의적 문제의식에 충실한 교육자는 학습자의 전혀 새로운 변화와 가능성을 적극적으로 이해하고 해석해야 한다. 또한, 기존의 교육제도, 교육내용과 방법, 학교의 형태 등을 타성적으로 고수하기보다는 보다 개방적인 태도로 변화의 가능성을 충분히 열어두지 않으면 안 된다. 교사와 학생의 관계 역시 무미건조하게 고정 · 정체되어 있는 것이 아니라 끊임없이 역동적으로 상호작용하고 호흡하는 관계로 인식해야 한다. 요컨대 생태주의는 교육을 고정되고 완성된 무기물이 아니라 지속적으로 살아 숨 쉬고 역동적으로 움직이는 생명체임을 인식할 것을 요구한다.

협동 · 조화 · 상생 ◀

넷째, 생태주의는 경쟁과 대립보다는 협동과 조화, 상생을 지향하는 교육을 요구한다.

근대는 인간과 자연, 인간과 인간을 서로 대립하고 경쟁하며 투쟁하는 관계로 인식해 왔다. 다윈의 진화론은 서로를 억압 · 착취하는 것을 논리적으로 정당화 · 합리화하는 가장 적절한 이데올로기로 활용되었다. 특히, 자본주의는 자연에 대한 갈취와 파괴를 자행함으로써 생태계 자체를 근본적인 위기에 빠뜨렸으며, 인간을 이윤추구를 위한 도구 · 수단으로 취급함으로써 노동자를 가장 저급한 삶 속으로 내던져

버렸다. 근대적 세계관에 기초하는 교육 역시 효율성과 수월성 추구라는 명분으로 이윤의 극대화를 위한 인재양성에 몰두해 왔다. 제도권하에 있는 거의 모든 유형의 학교는 학생과 학부모의 이기심을 교묘히 조장해 왔으며, 효율성과 수월성을 달성하기 위한 가장 효과적인 방법으로 학생들 간의 경쟁을 독려해 왔다. 이러한 경쟁과 대립의 과정에서 극소수는 성공을 거둘 수 있지만 절대다수는 필연적으로 실패자로 전락할 수밖에 없다.

생태주의는 무엇보다 인간과 자연, 인간과 인간의 상생을 최우선적 원리로 삼는다. 생태주의적 세계관에서 모든 사물과 현상은 무수히 분리된 요소로 구성된 기계가 아니다. 그것은 부분이나 조각으로 분할할 수 없는 조화로운 전체이며 역동적인 관계의 그물이다. 모든 개별적인 개체는 독자적이고 단자적인 존재자가 아니라 상호 연관되어 있고 상호 의존하며 서로 상생하는 존재자이다(김귀성 · 노상우, 2001 : 341-342). 세계의 모든 존재는 "네가 없으면 내가 있을 수 없고, 내가 없으면 네가 있을 수 없는 공생의 삶"(북친, 1997 : 151)을 살아가는 존재들이다.

이러한 상생의 원리에 따를 때 교육은 우선 생태적 인간을 길러내지 않으면 안 된다. 이때 생태적 인간이란 단순히 자연을 보호하는 차원을 넘어 세계를 전일적으로 이해함으로써 자신과 생태계가 유기적으로 연결되어 있으며, 자신의 삶이 생태계에 의존하고 있음과 동시에 생태계가 자신의 삶에 의존하고 있음을 인식하고 실천하는 인간을 이른다. 생태적 인간관에 따를 때 교육은 도구적 이성을 함양하여 자연을 적극적이고 효율적으로 이용하고 활용함으로써 가치와 이윤을 극대화하는 근대적 인간을 기르는 일에서 벗어나야 한다. 그 대신 자연과 조화와 상생을 이루며 인간과 자연의 지속 가능한 삶과 복지를 지향하는 인간을 길러내야 한다.

또한, 상생의 원리는 교육 구성원들, 가령 교사, 학생, 학부모 그리고 기타 교육 관료들이 서로를 조화와 협동의 관계로 인식해야 함을 의미한다. 특히, 교사와 학생은 모두가 교육의 주체이며 역동적으로 호흡하는 상생적 관계에 있음을 인식해야 한다. 전통적 교육에서는 교사가 교육을 주도했음에 반해 진보주의 교육에서는 학생이 교육을 주도하였다. 그러나 상생을 강조하는 생태주의 교육에서는 교사와 학생 모두가 교수와 학습의 주도자요 주체이다.

> 학생이라는 주체와 교사라는 주체가 교육적 관계 속에서 상호 협동하여 주제를 선정하고 이를 함께 토의하며 함께 배워 나가는, … 교사-학생이 목표를 공유하고, 아이디어와 자료를 공유하고, 과제를 공동으로 설정하여 분업하고, 일의 수행 결과를 함께 나누는 상호작용의 과정이 중요하게 취급된다. 따라서 상생을 위한 협동학습은 단순히 학생과 학생들 간의 작업보다는 교사와 학생 간의 적극적인 상호작용을 전제하는 것이다(김귀성 · 노상우, 2001 : 354).

교육적 평등◀

다섯째, 평등주의를 지향하는 생태주의는 진정한 의미의 교육적 평등을 구현할 것을 요구한다.

교육에서의 평등은 교육기회의 평등, 교육과정의 평등, 교육결과의 평등 등 여러 의미가 있다. 어떤 측면에서 보면 오늘날 교육기회의 평등만큼은 거의 충분한 수준으로 성취되었다고 볼 수 있다. 반면, 학교교육이 평등보다는 오히려 계급적 위계화를 조장하고 강화해 왔다는 견해도 있다. 특히, 마르크스주의자들의 주장에 따르면 자본주의 사회에서 학교는 사회적 불평등과 위계를 조장하거나 최소한 은폐함으로써 그것이 지속적으로 재생산되도록 기여해 왔다. 학교는 경제적 이윤을 극대화하는 데 필요한 획일적 능력만을 기름으로써 자본가의 이익에 복무해 왔다. 그리하여 형식적으로 교육기회는 평등화되었으나, 학생 각 개인이 자신의 적성이나 개성 혹은 특성에 따라 능력을 함양할 기회가 봉쇄되었다. 그 결과 오히려 교육의 불평등이 더욱 심화되는 부작용이 초래되었다. 요컨대 양적 · 형식적 측면에서 보면 교육의 평등이 구현된 듯이 보이나 질적인 측면에서 보면 오히려 불평등이 더 심화되고 있으며 그에 따라 계급적 위계가 강화되고 있다고 할 수 있다.

생태주의에서는 이러한 불평등과 계급적 위계를 극복하고 진정한 평등을 실현해야 한다고 주장한다. 생태주의에서 말하는 평등은 크게 두 가지 의미가 있다. 하나는 모든 생명체는 자신의 고유한 존재양식을 다른 생명체와 균등하게 존중받을 권리가 있다는 의미에서의 생물적 평등이다. 다른 하나는 모든 인간, 국가, 종족은 그 자체의 고유성을 유지하며 평등하게 삶을 누릴 권리가 있다는 의미에서의 사회적 평등이다. 사회 생태주의자인 북친은, 특히 사회적 평등에 관심을 갖는다. 그에 따르면 모든 불평등의 근원은 자연에 전면적으로 배치되는 질서인 자본주의 사회에 있다. 따라서 사회적 평등을 구현하기 위해서는 자본주의 질서를 초월·극복해야 한다. 즉, 계급적 위계를 포함하여 자본가와 노동자, 남성과 여성, 도시와 농촌, 중앙과 지방, 성인과 아동, 정신과 육체 등 모든 유형의 위계질서를 철폐해야 한다.

현대 교육이 명시적으로든 암묵적으로든 자본가, 남성, 도시, 중앙, 성인, 정신을 중시하는 풍토로부터 자유롭지 못하다고 한다면, 생태주의에서 말하는 진정한 의미의 평등은 애석하게도 여전히 요원하다. 이런 문제의식에서 보면 향후 교육이 해결해야 할 과제는 명백하다. 그것은 교육 속에 은밀히 존재하고 있는 모든 불평등한 요소들을 치밀하게 분석하고 규명하여 평등화하는 일이다. 그리하여 자본가와 노동자, 남성과 여성, 도시와 농촌, 중앙과 지방, 성인과 아동, 정신과 육체 등이 각각 자신의 고유한 가치와 존재의의를 실현하고 인정받도록 해야 한다. 이러한 상태가 바로 대안적 생태공동체의 참모습이다.

▶ 교육의 민주화

여섯째, 생태주의는 지방분권화와 자치, 교육의 민주화를 요구한다.

생태주의자들이 지방분권화와 자치를 주장하는 논리적 근거는 생태계가 특정 지역의 특수성에 기초한다는 사실에 있다. 상식적으로 보더라도 인간을 포함한 모든 생물체의 삶은 그것을 둘러싸고 있는 생태환경과 밀접하게 관련되어 있다. 사실 생태계가 파괴되는 현실적 이유도 국가의 여러 정책이 해당 지역의 독특한 생태적 조건을 고려하지 않은 채 입안·추진되기 때문이다. 생태주의자들은 생태적 위기를 극복하기 위해 각 지역의 생태적 특성과 여건을 충분히 고려해야 하고, 그러기 위해서는 지방분권화와 자치가 필수적이라고 주장한다. 이는 각 지역의 삶의 방식이 그곳의 생태적 환경과 일치되어야 하며, 여러 관련 정책을 입안하고 추진 과정에 지역 주민들이 각자의 독특성을 잃지 않고 평등하게 참여할 수 있어야 한다는 의미이다. 생태주의자들이 제안하는 생태공동체는 해당 지역 주민들의 자치, 자유롭고 평등한 참여, 상호 간의 유기적 연대, 공생 등을 강조한다는 점에서 민주주의 원리에 따라 구성되고 운영되는 민주사회이다.

이러한 민주사회로서의 생태공동체는 그 자체로 교육적 의미와 가치가 클 뿐만 아니라 오늘날 학교공동체에 시사하는 바도 적지 않다. 왜냐하면, 민주적 생태공동체는 학교공동체, 보다 넓은 의미의 교육공동체의 바람직한 구성 및 운영원리를 제공해 주기 때문이다. 학교가 학생 각자의 독특성을 희석시키거나 제거하지 않고 성장시켜 주기 위해서는 당연히 그들의 삶이 기초하고 있는 특수한 환경을 충분히 고려하고 반영해야 한다. 예를 들어, 농촌의 학교는 학생들이 실제로 살아가고 있는 농촌의 생태적 환경을 교육에 적극적으로 수용하고 반영해야 한다. 오늘날처럼 도시형 이념이나 생활방식을 이입하는 방식의 교육으로는 설사 외관은 화려해 보일지라도 농촌의 고유성과 독특성을 평가절하하고, 그들의 삶을 도시에 더욱 종속되게 만드는 결과를 초래할 뿐이다. 또한, 생태적 교육을 지향하는 학교에서는 학교운영과 관련된 정책들이 중앙집권적 교육 관료에 의해 일방적으로 결정되는 것이 아니라, 지역 주민들의 직접적이고도 충분한 참여와 의사소통을 통해 결정되어야 한다. 그리하여 지역은 학교교육의 중요한 자양분이 되고, 학교는 그 지역의 고유성과 독특성을 고양하고 성장시키는 동력이 되어야 한다. 요컨대, 지역과 그 지역의 학교가 서로 역동적으로 상호작용하고 호흡하는 유기적 관계에 있어야 한다.

마지막으로 캐나다 어느 인디언 추장이 했다는 말은 우리 문명인에게 생태적 문제의식이 얼마나 절박하게 요구되는지를 깨닫게 해 준다.

> Only after the last tree has been cut down,
> Only after the last river has been poisoned,
> Only after the last fish has been caught,
> Only then will you find that money cannot be eaten.
>
> 마지막 나무가 베어 쓰러지고,
> 마지막 강이 오염되고,
> 마지막 물고기가 잡히고 나면,
> 그때서야 그대는 돈을 먹고 살 수 없다는 사실을 깨닫게 되리라.

찾아보기

ㄱ

ㄴ

ㅇ

ㅈ

ㅊ

참고문헌

참고문헌

經國大典
高麗圖經
高麗史
舊唐書
湛軒書
櫟翁稗說
磻溪隧錄
三國史記
三國遺事
三國志
隨書
新唐書
魏書
盆齋亂藁
增補文獻備考
退溪全書
漢書
後漢書

강기수(1998), 교육사상사, 부산: 세종출판사.
강대석(1986), 니체와 현대철학, 서울: 한길사.
강영혜 외(1996), 현대사회와 교육의 이해 -교육철학의 최근동향-, 서울: 교육과학사.
高橋濱吉(1927), 朝鮮敎育史考, 경성: 帝國地方行政學會 朝鮮本部.
구승회(2001), 생태철학과 환경윤리, 서울: 동국대학교 출판부.
畿湖興學會月報 制十二號, 1909년 7월.
길형석(1993), 열린교육에서의 협력학습, 교육철학연구회연차학술대회 발표논문집.
김강기(1991), 고려시대사, 서울: 서울대학교출판부.
김경식(2001), 교육사 · 철학신론, 서울: 교육과학사.
김경태(1994), 근대한국의 민족운동과 그 사상, 서울: 이화여자대학교 출판부.
김귀성 · 노상우(2001), 현대교육사상, 서울: 학지사.
김기수(2006), 교육의 역사와 철학 강의, 서울: 태영출판사.
김대상(1969), "3 · 1運動과 學生層", 3 · 1운동 50주년기념 논문집, 서울: 동아일보사.
김동구(2003), 중세대학의 설립과 발전, 서울: 문음사.
김민하 · 이상혁 · 강기수(2001), 교육사교육철학 강의, 서울: 학문사.
김병우(1982), 존재와 상황: 하이데거와 야스퍼스 연구, 서울: 한길사.
김삼랑(1997), 실존주의 교육론: 변증법적 이해, 서울: 배영사.
김선양(1985), 교육철학, 서울: 교문사.
______(1999), 교육사상의 탐구, 서울: 양서원.

_____(1999), 현대한국교육사상사, 서울 : 양서원.

김성근 감수(1982), 대세계사, 서울 : 도서출판 마당.

김영화(2004), "공교육의 이념과 기능의 시대적 적합성", 황원철 · 김성열 · 고창규 편저(2004), 공교육 - 이념 · 제도 · 개혁, 서울 : 원미사. 49~68.

김용기(1982), 서양교육사, 서울 : 일조각.

김욱동(1992), 포스트모더니즘과 포스트구조주의, 서울 : 현암사.

_____(1994), 모더니즘과 포스트모더니즘, 서울 : 현암사.

_____(1995), 후현대주의 교육학, 서울 : 교육과학사.

_____(1997), "에코페미니즘과 생태중심주의 세계관", 미국학논집, 29(1), 47~70.

_____(편)(1992), 포스트모더니즘의 이해, 서울 : 문학과 지성사.

김인회(1985), 교육사 교육철학 강의, 서울 : 문음사.

_____(1994), 한국교육의 역사와 문제, 서울 : 문음사.

김인회 · 정순목(1982), 교육의 역사적 기초, 서울 : 대은출판사.

김재만(1994), 교육사 · 철학, 서울 : 교육과학사.

김정환(1986), 교육의 철학과 과제, 서울 : 박영사.

_____(1988), 현대의 비판적 교육이론, 박영사.

김정환 · 강선보(1998), 교육철학, 서울 : 박영사.

김지하(1991), 타는 목마름에서 생명의 바다로, 서울 : 동광출판사.

_____(1992), 생명, 서울 : 솔.

_____(1996), 생명과 자치, 서울 : 솔.

김호일(1982), 일제하 민립대학설립운동에 대한 일고찰, 중앙사론 제1집, 중앙대학교 사학연구회.

남궁용권(1998), 교육의 역사 철학적 기초, 서울 : 학문사.

네이버 백과사전 '백과전서파'(http://100.naver.com/ 100.php?id=72391).

네이버 백과사전 '분석철학'(http://100.naver.com/100.nhn?docid=79491).

노상우(1995), "21세기 교육적 패러다임 전환의 사상적 동인", 교육철학, 제13호, 103~120.

_____(2003), "생태적 담론의 교육학적 함의", 교육학연구, 제41집(1), 1~21.

_____(2004), 교육의 역사와 사상, 서울 : 교육과학사.

노상우 · 최진봉 · 김관수(2003), "생태학적 위기와 현대교육의 과제", 교육논총, 제23집, 137~155.

노진호(1994), 듀이의 반성적 사고와 교육론에 관한 연구, 박사학위논문, 성균관대학교 대학원.

_____(1996), 존 듀이의 교육이론 : 반성적 사고와 교육, 서울 : 문음사.

大野謙一(1936), 朝鮮教育問題管見, 경성 : 조선교육회.

대한교육연합회(1965), 교육학사전

大韓每日申報 1908년 10월 27일자 논설.

__________ 1908년 9월 20일자 논설.

목영해 외(2004), 교육의 역사와 철학, 서울 : 교육과학사.

목영해(1995), 후 현대주의 교육학, 서울 : 교육과학사.

목영해 · 양진건 · 이향재 · 한규원(2004), 교육의 역사와 철학, 서울 : 교육과학사.

문순홍(2006), 생태학의 담론, 서울 : 아르케

박봉목(1993), 교육과 철학, 서울 : 문음사.

박연호(편)(2006), 논문으로 읽는 교육사, 서울 : 문음사.

박영만(1992), John Dewey 실험학교의 교육이론과 실제에 관한 연구, 박사학위논문, 성균관대학교 대학원.

박의수 · 강승규 · 정영수 · 강선보(2004), 교육의 역사와 철학, 서울 : 동문사.

박이문(1996), 문명의 위기와 문화의 전환 - 생태학적 세계관을 위하여, 서울: 민음사.
______(2001), "21세기의 화두: 생태학적 세계관", 한국생활환경학회지, 제8권(1), 1~9.
박준철(2001), 루터 종교개혁의 정체성 확립, 서양중세사연구 Vol. 8, 한국서양중세사학회.
반제동(1995), 조선시대사론강, 서울: 교문사.
방영준(2003), "사회생태주의의 윤리적 특징에 관한 연구 - 머레이 북친을 중심으로", 국민윤리연구, 제53호, 285~308.
서규선 · 문종길(2000), 환경윤리와 환경윤리 교육, 경기: 인간사랑.
서울대학교 교육연구소(1997), 한국교육사, 서울: 교육과학사.
____________________(1999), 교육학대백과사전, 서울: 하우동설.
성기산(편)(1999), 교육철학의 이해, 서울: 문음사.
손인수 외(1979), 한국교육사, 서울: 교육출판사.
손인수(1971), 한국근대교육사, 서울: 연세대학교 출판부.
______(1995), 한국교육사 I, 서울: 문음사.
______(1995), 한국교육사 II, 서울: 문음사.
손인수 · 이원호(1981), 교육사신론, 서울: 문음사.
손인수 · 정건영(2000), 교육철학 및 교육사, 서울: 교육출판사.
송양섭(1981), 고려시대의 국자감에 관한 연구, 학생생활연구 제6집, 춘천교육대학 학생지도연구소.
______(1981), 한국초등교育의 역사적 고찰, 교육연구 제4집, 춘천교육대학교 초등교육연구소.
______(1983), 서당에 관한 역사적 고찰, 논문집 제23집, 춘천교육대학.
______(1988), 조선시대의 서원분포에 관한 일고찰, 논문집 제28집, 춘천교육대학교.
______(1989), 서원의 사묘성립과정에 관한 고찰, 논문집 제29집, 춘천교육대학교.
(1990), 조선시대 서원교육에 관한 일고찰, 교육연구 제8집, 춘천교육대학교 초등교육연구소.
______(2005), 화랑도교육에 관한 연구, 인문사회교육연구 제8집, 춘천교육대학교 인문사회교육연구소.
송영일(2001), 조선시대 경연과 제왕교육, 서울: 문음사.
신득렬(2002), 허친스, 연세대학교 교육철학연구회 편, 위대한 교육사상가들 V, 서울: 교육과학사.
신일철(1995), 동학사상의 이해, 서울: 사회비평사.
신종수(2000), "대안 학교에서의 생태주의 교육에 관한 비판적 분석", 석사학위논문, 한양대학교 대학원.
신차균 · 안경식 · 유재봉(2006), 교육철학 및 교육사의 이해, 서울: 학지사.
신채호(1955), 조선상고사, 서울: 종로서원.
심성보(1995), 전환시대의 교육사상, 서울: 학지사.
심승구(1989), 조선초기 武科制度, 북악사론 제1집, 북악사학회.
아우구스티누스(저) · 김병호 역(1991), 고백록, 서울: 집문당.
안상원 외 역(1992), 교육의 철학과 사상, 서울: 학문사.
안상원(1975), 신교육사, 서울: 재동문화사.
______(1981), 한국 · 서양교육사신강, 서울: 형설출판사.
안인희 · 정희숙 · 임현식(1994), 루소의 자연교육사상, 서울: 이화여자대학교 출판부.
오성광(1984), 일제하 노동야학의 성격 ; 이규환 · 강순원(편), 자본주의사회의 교육, 서울: 창작과 비평사.
오인탁(1990), 현대교육철학, 서울: 서광사.
오인탁 · 양은주 · 황성운 · 최재정 · 박용석 · 윤재흥 저(2006), 새로운 학교교육문화운동, 서울: 학지사.
오천석(1975), 한국신교육사, 서울: 현대교육총서출판사.
______(1984), 교육철학신강, 서울: 교학연구사.
요한네스 힐쉬베르거 저, 강성위 역(1992), 서양철학사(하), 서울: 이문출판사.

우메네 사토루 저, 김정환 · 심성보 역(1994), 세계교육사, 서울 : 풀빛.

유현옥(편역)(1994), 현대교육의 주제와 쟁점, 서울 : 내일을 여는 책.

윤건차(1987), 한국근대교육의 사상과 운동, 서울 : 청사.

윤완(2003), 교육의 역사와 철학, 서울 : 원미사.

이규환 · 강순원 편, 자본주의사회의 교육, 서울 : 창작과 비평사.

이돈희(1985), 교육철학, 서울 : 한국방송대학출판부.

_____(편역)(1992), 존 듀이, 서울 :서울대학교출판부.

이만규(1988), 조선교육사 I , 서울 : 거름.

_____(1988), 조선교육사 II, 서울 : 거름.

이병도(1987), 한국고대사연구, 서울 : 박영사.

이병승(2006), 교육에 관한 철학적 담론, 서울 : 원미사.

이숙종(1996), 코메니우스의 교육사상, 서울 : 교육과학사.

이원호(1987), 교육사 교육철학개설, 서울 : 문음사.

이종태(1999), 대안교육의 철학적 기초탐색(1) - 생태주의 교육 이념을 중심으로 -, 한국교육, 제26권(1), 1~19.

_____(2004), "근대교육의 기본 가정과 그 변화", 황원철 · 김성열 · 고창규 편저(2004), 공교육 - 이념 · 제도 · 개혁, 서울 : 원미사. 69~91.

이주한(1998), 듀이의 사회개혁과 민주적 교육사상 연구, 박사학위논문, 성균관대학교 대학원.

_____(2001), 듀이 교육론에서 교육개혁의 방법적 원리, 교육철학 제25집.

_____(2003), 듀이의 사회개혁론, 서울 : 문음사.

_____(2007), Dewey의 공동체 개념과 교육, 교육사상연구 제21권 1호.

이진우(편)(1993), 포스트모더니즘의 철학적 이해, 서울 : 서광사.

이현희(1976), 韓國史大系, 서울 : 삼진사.

이홍우(1990), 교육의 개념, 서울 : 문음사.

이환기(1995), 헤르바르트의 교수이론, 서울 : 교육과학사.

임시선(저) · 차석기 역(1989), 중국교육사상사, 서울 : 교학연구사.

임창재(2000), 교육사철학, 서울 : 양서원.

장경렬(1992), 환유적 단순화와 은유적 신비화 - 포스트모더니즘의 이해와 수용에 따른 문제, 외국문학, 서울 : 열음사.

장덕삼(1999), 신교육사철학, 서울 : 재동문화사.

장동섭(1969), 전근대사회에 있어서 서민협동체로서의 '계'에 관한 연구, 논문집 제15집, 전남대학교.

장재천(2000), 조선조 성균관교육과 유생문화, 서울 : 아세아문화사.

장찬익(1984), 자연주의 윤리관에 조명한 듀우이 도덕교육론의 연구, 박사학위논문, 성균관대학교대학원.

_____(1994), 교육사, 서울 : 동양문화사.

장찬익 · 강준모(1994), 교육사, 서울 : 동양문화사.

장찬익 · 노진호 · 이주한(2005), 교육의 역사와 철학의 이해, 서울 : 백산출판사.

정건영(1988), John Dewey의 教育的 經驗의 原理에 對한 硏究, 박사학위논문, 성균관대학교 대학원.

_____(1989), John Dewey 哲學敎育, 서울: 교육출판사.

정건영 외(1995), 듀이 教育論의 理解, 서울 : 문음사.

정순우(1985), 18세기 서당 연구, 박사학위논문, 한국정신문화원 한국학대학원.

정은해(1999), "생태윤리를 위한 사유전환의 교육", 인문학 연구, 제4권(1), 204~243.

정재철(1985), 일제의 대한국식민지교육정책사, 서울 : 일지사.

조무남 · 피정만 · 김기수(1999), 교육사 교육철학 강의, 서울: 동문사.
조병규(1983), 교육사, 서울: 교육과학사.
조석영(2004), "심층 생태주의 환경 윤리학에서 인간과 자연간의 관계에 관한 연구", 박사학위논문, 서울대학교 대학원.
조연현 편(2002), 세계 어디에도 내 집이 있다, 서울: 한겨레신문사.
조용진(1991), 브라멜드의 교육사상, 서울: 배영사.
조용태(2003), 교육철학의 탐구, 서울: 문음사.
차하순(편)1986), 사관이란 무엇인가, 서울: 청람.
村田昇(편) · 송승석 · 임창호 역(1997), 교육철학, 서울: 교육출판사.
최완기(1981), 조선조 서원성립의 제문제, 한국사론 제8집, 국사편찬위원회.
______(1992), 조선시대사의 이해, 서울: 느티나무.
최정웅(1991), 루소의 교육사상, 서울: 배영사.
최한수(2000), 아동중심교육과 존 듀이, 서울: 문음사.
학원사(1972), 철학대사전, 서울: 학원사.
한관일(1997), 조선전기의 교육사상, 서울: 문음사.
한국브리태니커회사 편(1995), 브리태니커 세계 대백과사전 제13권, 서울: 한국브리태니커회사.
한규원(1997), 개화기 한국기독교민족교육의 연구, 서울: 국학자료원.
한규원 · 이항재(1996), 서양교육사, 서울: 교육과학사.
한기언(1963), 한국교육사, 서울: 박영사.
______(1984), 현대교육사조, 서울: 법문사.
______(1987), 교육사학의 이론과 전망, 한국교육사학 제9집, 한국교육학회 교육사연구회.
______(2004), 교육사학, 경기: 한국학술정보(주).
한동일(1981), 조선시대 향교교육제도의 연구, 박사학위논문, 성균관대학교 대학원.
______(1985), 서양교육사, 서울: 대은출판사.
한동일 · 이학철 · 정건영(1998), 교육의 역사 · 철학적 이해, 서울: 성균관대학교출판부.
한명희 · 고진호(2005), 교육의 철학적 이해, 서울: 문음사.
한상훈(1998), "21세기 생태위기와 녹색교육의 모색", 심포지움 발표원고.
허숙 외(1997), 교육현상의 재개념화 - 현상학, 해석학, 탈현대주의적 이해 -, 서울: 교육과학사.
현상윤(1947), 조선유학사, 서울: 민중서관.

Adler, M. J.(1942), *In Defence of the Philosophy of Education*, Philosophies of Education, 42st, Yearbook Part, NSSE, Chicago: The University of Chicago Press.
Alexander, D.(1998), "On Murray Bookchin's Philosophy of Social Ecology", *Capitalism Nature Socialism*, Vol.9 No.1, 125~130.
Bagley, William C.(1938), An Essentialist's Platform for the Advancement of American Education, *Educational Administration and Supervision*, 24: 241-256, April.
Best, S.(1998), "Murray Bookchin's Theory of Social Ecology: An Appraisal of The Ecology of Freedom", *Organization And Environment*, Vol.11 No.3, 334~353.
Bhatia, B. D.(1957), *Philosophy & Education*, Delhi: The Press of the Workers.
Bookchin, M.(1995), *The Philosophy of Social Ecology* ; 문순홍 역(1997), 사회 생태론의 철학, 서울: 솔.
Boyd, W. and King, Edmund J.(1975), *The History of Western Education*, London: Adam & Charles Black.

Brameld, Theodore(1956), *Toward a Reconstructed Philosophy of Education*, New York : The Dryden Press.

Broudy, H. S.(1979), Philosophy of Education Between Yearbooks, *Teachers College Record* Vol. 81(2).

Brubacher, J. S. 저, 이원호 역(2001), 교육문제사, 서울 : 문음사.

Bruner, J. S. 저, 이홍우 역(1988), 지식의 구조, 서울 : 교육과학사.

Butler, J. D. (1966), *Idealism in Education*, New York: Harper & Row.

Carson, R.(1962), *Silent Spring* ; 이태희 역(1991), 침묵의 봄, 서울 : 참나무.

Chambliss, J. J.(ed.)(1996), *Philosophy of Education : An Encyclopedia*, New York and London : Garland Publishing Inc.

Colwell, T.(1985). "The Ecological Perspective in John Dewey's Philosophy of Education". *Educational Theory*, Vol. 35(2). 255~266.

Comenius, J. A. 저, 정확실 역(1992), 대교수학, 서울 : 교육과학사.

Cubberley, E. P.(1920), *Reading in the History of Education*, Boston : Hought Mifflin Co.

______________(1922), *A Brief History of Education*, Houghton Mifflin Co.

Davey, G.(1989), *Ecological Learning Theory* ; 변홍규 · 온기찬 · 유호상 · 이영식 · 이종삼 · 조현철 역(1998), 생태학적 학습이론, 서울 : 학지사.

Davidson, T.(1959), *A History of Education* ; E. H. Wilds(1959), *The Foundation of Modern Education*, Washington D. C. : Rinehart & Co. INC.

Degenhart, M. A. B. 저, 성기산 역(1994), 교육과 지식의 가치, 서울 : 문음사.

Devall, B & Sessions, G(1985), *Deep Ecology*, Salt Lake City : Peregrine Smith Books.

Dewey, J.(1897), My Pedagogic Creed ; J. A. Boydston(ed.), *John Dewey : The Early Works* Vol. 5, Carbondale and Edwardsville : Southern Illinois University Press.

________(1916), *Democracy and Education* ; Jo A. Boydston(ed.), *The Middle Works of John Dewey* Vol. 9, Carbondale and Edwardsville : Southern Illinois University Press.

________(1938), *Experience and education* ; Jo A. Boydston(ed.), *The Later Works of John Dewey* Vol. 13, Carbondale and Edwardsville : Southern Illinois University Press.

Good, H. G.(1955), *A History of Western Education*, New York : The Macmillan Company.

Grundmann, Reiner(1988), *Marx and Ecology, Oxford* ; 박만준 · 박준건 역(1995), 마르크스주의와 생태학, 서울 : 동녘.

Gutek, Gerald L.(1981), *Philosophical and Ideological Perspective on Education*, N. J.: Prentice-Hall.

Heinemann, Fritz 저, 황문수 역(1986), 실존철학, 서울 : 문예출판사.

Hirst, P. H. & Peters, R. S.(1970), *The Logic of Education*, London : Routledge & Kegan Paul.

Hirst, P. H.(ed.), 최원형 외 역(1994), 교육이론과 그 기초학문들, 서울 : 문음사.

Jonas, H.(1979), *Das Prinzip Verantwortung* ; 이진우 역(1994), 책임의 원칙 : 기술 시대의 생태학적 윤리, 서울 : 서광사.

Kandel, Isaac L.(1939), *Conflicting Theories of Education*, New York : The Macmillan Co.

Kant, I. 저, 장찬익 역(2004), 칸트의 교육사상, 서울 : 배영사.

Kneller, G. G.(1971), *Introduction to Philosophy of Education*, New York : Wiley. ; 안상원 외 역(1992), 교육의 철학과 사상, 서울 : 학문사.

Knight, E. W.(1940), *Twenty Centuries of Education*, Boston : Ginn and Co.

Manheimer, R. J. 저, 이홍우 · 임병덕 역(2004), 키에르케고르의 교육이론, 서울 : 교육과학사.

Maritain, J.(1943), *Education at the Crossroads*, New Heaven : Yale University Press.

Marshall, John P.(1973), *The Teacher and His Philosophy*, Nebraska : Professional Educators Publications.

Meyer, Adolf E.(1949), *The Development of Education in the 21th Century*, New York : Prentice Hall.

Monroe, P.(1921), *A Brief Course in the History of Education*, New York : The Macmillan Co.

Morrison, R.(1995), *Ecological Democracy* ; 노상우 · 오성근 역(2005), 생태민주주의, 서울 : 교육과학사.

Naess, Arne(1973), "The Shallow and the Deep, Long-Lang Ecology Movement : A Summary", *Inquiry*, Vol. 16.

__________(1995), "The Deep Ecology 'Eight Points' Revised", G. Sessions(ed.), *Deep Ecology for the 21st Century*, Boston : Shambhala.

O'Conner, D. J. 저, 성기산 역(1982), 교육철학, 서울 : 집문당.

Passmore, John(1974), *Man's Responsibility of Nature*, London : Duckworth.

Peters, R. S.(1966), *Ethics and Education, London* : George Allen & Unwin Ltd.

Phenix, P. P.(1958), *Philosophy of Education*, New York : Holt, Rinehart and Winson

Plato(1952), *Republic*(Book VI, 485) ; B. Jowett(trans.), *The Dialogues of Plato(Great Books of The Western World* Vol. 7), Oxford University Press. ; 박종현(역주)(2005), 국가 · 정체, 서울 : 세광사.

Power, E. J.(1982), *Philosophy of Education*, New Jersey : Prentice-Hall Inc.

Pratte, R.(1971), *Contemporary Theories of Education, Pennsylvania* : The Haddon Craftsmen Inc.

Rorty, R.(1979), *Philosophy and the Mirror of Nature, Princeton* : Princeton University Press.

Rousseau, J. J. 저, 손정수 역(1993), 에밀, 서울 : 배제서관.

Rousseau, J. J. 저, 이태일 외 역(1994), 사회계약론, 서울 : 범우사.

Russell, B.(1969), *History of Western Philosophy*, London : George Allen & Unwin Ltd.

Sartre, J. P. 저, 방곤 역(1986), 실존주의는 휴머니즘이다, 서울 : 문예출판사.

Schofield, H. 저, 이명준 역(2000), 분석적 교육철학, 서울 : 원미사.

Ulich, R.(1950), *History of Education Thought*, New York : American Book Co.

________(1952), *Education of Nation*, New York : American Book.

UN : World Commission on Enviornment and Development(1987), *Our Common Future*, Oxford : Oxford University Press.

White, Jr. L.(1967), "The Historical Roots of Our Ecologic Crisis", *Science*, Vol. 155, 1203~1207.

Wilds, E. H.(1959), *The Foundation of Modern Education*, Washington D. C. : Rinehart & Co. INC.

Wilds, John(1942), *Philosophies and Education*, Chicago : University of Chicago Press.

저자소개

■ 이주한(李周漢)

성균관대학교에서 문학사 · 교육학석사 · 철학박사 학위를 수여하였으며, 현재 춘천교육대학교 교육학과 교수로 재직 중이다. 관심 분야는 교육철학, 교육사상사 등이며, 듀이(John Dewey)의 교육사상을 중점적으로 연구하고 있다. 주요 논저로는 "듀이의 사회개혁과 민주적 교육사상 연구", "듀이 철학에서 사회적 민주주의 실현을 위한 교육적 방안", "듀이 교육론에서 교육개혁의 방법적 원리", "Dewey의 지성 개념에 입각한 교사상 탐색", "듀이의 습관개념과 교육", "J. Dewey의 정치개혁론", "J. Dewey의 철학개혁론과 교육", "존 듀이의 교육적 사회개혁사상의 발전과정에 나타난 특징에 관한 고찰", "Dewey의 의사소통 개념과 교육적 의미", "Dewey의 공동체 개념과 교육", "듀이 철학의 생태주의적 성격", "현대 교육사조에 비추어 본 초등 예비교사들의 교육철학적 사고 경향과 일관성", 『존 듀이의 사회개혁론』, 『교육학의 이해』(공저), 『교육의 역사와 철학의 이해』(공저), 『양성평등교육』(공저) 등이 있다.

ljh@cnue.ac.kr

개정)

교육의 역사와 철학의 탐구

초판 1쇄 발행 2007년 8월 14일
초판 7쇄 발행 2015년 8월 28일
개정 4쇄 발행 2022년 1월 17일

지 은 이 | 이주한
펴 낸 이 | 김기섭
편 집 인 | 이혜란
펴 낸 곳 | 창지사 www.changjisa.com
08589 서울시 금천구 가산디지털 1로 83 파트너스타워 1차 9층
전화 (02)719-2211~3
팩스 (02)701-9386
등　록 | 1977년 4월 28일 · 제1-421호

ISBN 978-89-426-0926-0 (93370)

값 22,000원